车站信号自动控制系统运用与维护

张亦秋　路　瑶◎主　编
高睿泽　李菊艳　王春梅◎副主编
王　凤◎主　审

中国铁道出版社有限公司
2024年·北　京

内 容 简 介

本书以铁路车站信号自动控制系统的技术发展为线索组织内容，以车站联锁室内外设备为基础，涵盖了6502电气集中及计算机联锁系统不同类型相关设备的基本原理、系统结构、设备组成、设备日常维护及故障处理等方面的内容。全书共分为3个单元，分别是车站联锁认知、电气集中联锁系统的认知和计算机联锁系统的认知。

本书主要作为高等职业院校铁道信号自动控制专业的学历教材，也可为现场技术人员提供学习参考，同时还可作为铁路现场人员的培训教材和参考资料。

图书在版编目(CIP)数据

车站信号自动控制系统运用与维护 / 张亦秋，路瑶主编. —北京：中国铁道出版社有限公司，2022.3（2024.11重印）

ISBN 978-7-113-28685-9

Ⅰ.①车… Ⅱ.①张… ②路… Ⅲ.①车站信号-自动控制系统-维修-高等职业教育-教材 Ⅳ.①U284.18

中国版本图书馆CIP数据核字(2021)第263158号

书　　名：**车站信号自动控制系统运用与维护**
作　　者：张亦秋　路　瑶

策　　划：吕继函
责任编辑：吕继函　　**编辑部电话**：（010）51873205　　**电子邮箱**：312705696@qq.com
封面设计：高博越
责任校对：孙　玫
责任印制：高春晓

出版发行：中国铁道出版社有限公司（100054，北京市西城区右安门西街8号）
网　　址：https://www.tdpress.com
印　　刷：三河市航远印刷有限公司
版　　次：2022年3月第1版　2024年11月第3次印刷
开　　本：787 mm×1 092 mm 1/16　**印张**：17.5　**插页**：2　**字数**：437千
书　　号：ISBN 978-7-113-28685-9
定　　价：55.00元

前　言

车站信号自动控制系统是铁路信号系统中最重要的技术装备之一，是保证行车安全的信号基础设备，遵循“故障—安全”原则，实现车站联锁的基本功能，完成轨道电路和信号设备状态的监督，并与其他相关信号设备进行接口及信息的交换。

本书以铁路车站信号自动控制系统的技术发展为线索组织教材内容，以车站联锁室内外设备为基础，以继电电气集中为主线，以计算机联锁为重点，注重适时性与前瞻性的结合，科学、合理地设计了知识、技能、素质结构。根据高等职业教育的特点，按照高等职业教育相关专业人才培养目标，确定教材的深度和广度，为使铁道信号自动控制专业高技能人才具备车站联锁设备的维护专业理论知识和技能，提供理论支持和保证，同时兼顾现场技术人员学习参考的需要，对现场设备维修人员的素质提升给予一定的专业理论支持。

本书的主要特点是内容比较全面且系统。全书共分为 3 个单元，单元一是车站联锁认知，重点讲解了车站信号控制系统的认知、车站信号设备认知、车站联锁基本内容的认知、联锁表的编制和进路控制过程的分析；单元二是电气集中联锁系统的认知，重点讲解了电气集中设备的认知与操作、选择组电路的认知及维护和执行组电路的认知及维护；单元三是计算机联锁系统的认知，重点讲解了计算机联锁系统的体系结构、计算机联锁系统硬件的认知、计算机联锁系统的软件认知和计算机联锁系统的原理、故障维护。全书不仅对学生的专业理论水平有实质性要求，也对学生的实践能力提出了具体要求，能够满足今后信号工岗位的专业能力需求，努力做到学校与现场无缝对接。

本书由哈尔滨铁道职业技术学院张亦秋、路瑶任主编；中国铁路哈尔滨局集团有限公司哈尔滨电务段高睿泽、哈尔滨动车段李菊艳、哈尔滨职工培训中心王春梅任副主编；哈尔滨铁道职业技术学院王凤任主审。其中，王春梅编写了单元一；李菊艳编写了单元二中的任务一和任务二；路瑶编写了单元二中的任务三；高睿泽编写了单元三中的任务一至任务三；张亦秋编写了单元三中的任务四。

在本书编写过程中，得到了中国铁路哈尔滨局集团有限公司哈尔滨电务段、哈尔滨动车段和哈尔滨职工培训中心等有关单位的大力支持，在此表示诚挚的感谢。

由于编者水平有限，资料收集与编写时间仓促，教材中难免存在疏漏与不妥之处，恳请各院校师生及相关读者批评指正，不断提高本书水准。

编　者

2021 年 5 月

目　　录

单元一　车站联锁认知

项目描述

本项目的内容是车站联锁设备的基础知识，通过本项目的学习应熟练掌握车站信号控制系统的概念、发展趋势及主要组成设备，达到车站联锁信号设备维修的信号工及联锁技术人员岗位要求。

教学目标

学习目标

1. 了解车站信号控制系统的概念、发展趋势和现状。
2. 掌握信号机、道岔、进路等的含义、作用及相关联系。

素质目标

1. 无规矩不成方圆——弘扬鲁班精神，展现大国工匠精神。
2. 行车安全时刻牢记——培养学生严守规矩、艰苦卓绝的职业精神。

任务一　车站信号控制系统的认知

工作任务

理解车站信号控制系统的概念、组成及主要技术；了解车站信号控制系统的发展历史、现状和前景。

知识点分析

铁路运输系统是由铁道线路、车站等基础设施和机车车辆、牵引供电、通信信号等设备组成的庞大系统。其中，铁道线路是列车运行的基础，铁路沿线的各种车站是办理客货运输的生产基地，车辆是运输旅客和货物的工具，机车是提供列车牵引动力的，通信信号系统是保证行车安全和提高运输效率的。

铁路运输系统中，安全是永恒的主题。在铁路发展初期，为了确保行车安全，人们就约定以物体的形状、位置、颜色以及数目等外部特征作为信号，向行车人员传达列车的运行条件和命令，这样，信号的显示意义就与行车安全联系在一起了。当不存在危及行车安全的因素时，就可以给出允许行车的信号，反之则给出禁止行车的信号。

由于保证行车安全的主体是信号，所以把保证行车安全的系统一般称为铁路信号系统，也可简称为铁路信号。车站信号是保证列车或调车车列在车站内行车安全的行车凭证。

1. 车站信号控制系统简介

车站信号控制系统应用于铁路车站，用以实现站内行车指挥，保证站内列车或调车车列运行时不发生追尾、迎面相撞、侧面冲突等事故。

通常，把列车或调车车列由站内某一个指定地点运行至站内另一个指定地点所经过的路段称作进路。

为了保证行车安全，在列车或调车车列驶入进路之前，应保证进路空闲、与进路相关的道岔位置正确并锁闭、其他列车或调车车列不会闯入该进路。只有上述三个条件同时满足时，才允许开放该进路的防护信号机。

把信号机、道岔、进路之间相互制约的关系称为联锁关系，简称联锁。

车站信号控制系统组成如图 1-1 所示，由室内设备和室外设备两部分组成。室内设备主要包括控制台和联锁机构，其中控制台是人机交互的接口，车站值班员可以通过控制台办理进路，了解现场设备的状态；联锁机构是车站信号控制系统的核心，完成联锁逻辑运算。室外设备包括信号机、道岔转辙机、轨道电路等，是联锁系统的控制对象。

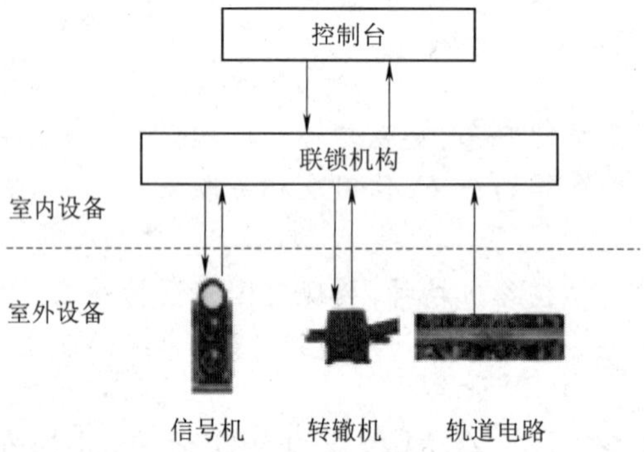

图 1-1　车站信号控制系统组成框图

车站值班员根据行车计划，通过控制台输入控制指令，为列车或调车车列分配进路；联锁机构根据控制指令，进行联锁运算，完成进路的排列。

车站信号控制系统中主要包括“故障—安全”技术、联锁技术、可信性技术和计算机技术，其中联锁技术和“故障—安全”技术是车站信号控制系统应用的核心内容。

(1)“故障—安全”技术

任何技术设备无论多么可靠，总有发生故障的可能，铁路信号系统也不例外。对铁路车站信号系统来说，其主要功能是保证站内行车安全，所以必须考虑在其发生故障后，故障的后果不应危及行车安全。“故障—安全”是指系统中任何部分发生故障及系统处于任何可能的外界环境中时，系统的输出均处于安全状态。“故障—安全”技术就是当器件、部件和系统发生故障时不致产生危险侧输出的技术。为了保障行车安全，“故障—安全”技术在车站信号控制系统中得以广泛应用。例如，信号机及其控制系统发生故障时，应自动地给出限速或停车的显示；道岔的控制系统发生故障时，道岔不应错误地转换而必须锁在原来的位置上。总的来说，故障的后果必须导向行车安全，这已经成为不可动摇的原则。凡是涉及行车安全的器械、部件和系统都必须具有“故障—安全”性能。

(2)联锁技术

车站信号控制系统的主要功能是实现对车站内信号机、道岔、轨道电路等基本信号设备的实时控制，但为了保证行车安全，车站内信号机、道岔、轨道电路等基本信号设备必须遵循一定的条件，按照一定的程序来严格执行，我们称这些条件和程序为联锁，而实现联锁的技术称为联锁技术。由于车站信号控制系统的主要功能是实现联锁功能,所以有时也称车站信号控制系统为车站联锁系统。

应当明确,根据安全要求制订周密而详细的安全规程和措施,由行车有关人员严格执行这些安全规程和措施来保证行车安全是必要的,然而人难免有操作和判断失误的时候,因此仅靠行车有关人员的遵章守纪来保证行车安全是不可靠的。从这个意义上讲,联锁技术是防止失误,且在失误的情况下仍能保证行车安全的技术,是"故障—安全"技术的具体体现。

(3)可信性技术

虽然"故障—安全"技术和联锁技术能保证信号设备故障情况下系统的安全运行,但提高信号设备和系统的可靠性以减少故障出现的频率,依然是非常必要的,对车站信号控制系统中的一些关键控制设备更是如此。在设备使用过程中对设备进行必要的维护,当设备出现故障后,以最短的时间对设备进行修复来保证设备快速投入正常运行,也是非常必要的,因而也就要求信号设备可维护性要好。对一些信号设备,例如,以计算机软件来执行控制功能的信号设备,即使在硬件设备不出现故障的情况下,也可能会出现不能执行正确功能的情况(例如,软件中存在错误),因而通过一些技术手段来保证系统正确执行其功能,以保证系统的可用性也是非常重要的。

可靠性、可用性、可维性和安全性都属于可信性技术范畴,是车站信号控制系统设计、研制和使用过程中都必须考虑的问题。

(4)计算机技术

自 20 世纪 80 年代以来,计算机技术在世界范围内得到了飞速发展,基于计算机硬件和软件的车站信号控制系统——计算机联锁系统,已经在国内外广泛应用,由于其具有自动化程度高、经济效益好、便于与铁路信号其他控制和信息系统实现互联共享等优点,因而计算机技术在车站信号控制系统和整个铁路信号控制领域中都得到了广泛应用。

2. 车站信号控制系统发展历史

1825 年 9 月 27 日第一条铁路在英国诞生,1856 年第一套简单的机械式车站联锁控制设备诞生。在机械联锁中,信号机与道岔的控制杆相互锁闭,联锁关系遵循因果关联原则或者相关进路原则。

1927 年基于布线逻辑的继电联锁控制系统问世。与机械联锁不同的是,继电联锁的联锁逻辑由继电电路实现,道岔和信号机不再由控制杆控制。操作员按压进路的始端和终端按钮发出选路命令后,继电联锁控制系统将自动完成对道岔和信号机的安全控制。

继电联锁控制系统由不对称的重力式安全型继电器构成,该系统很好地实现了安全联锁功能,并且在故障状态下能够保证控制系统的安全性,同时提高了作业效率。经过不断完善,继电联锁控制系统得到了广泛的应用。

20 世纪 60 年代人们开始尝试采用电子器件取代继电器来构成铁路信号电子联锁控制系统。1978 年,由瑞典研制的世界上第一套计算机联锁系统在瑞典哥德堡站的成功应用,掀开了车站联锁系统研究与应用的新篇章。随后,各国竞相开发研究计算机联锁系统,到了 20 世纪 90 年代不少国家已开始大面积推广计算机联锁系统。

20 世纪 80 年代中国铁道科学研究院、中国铁路通信信号研究设计院、北方交通大学等科学研究机构相继展开了计算机联锁系统的研制工作。1984 年中国铁路通信信号研究设计院研制生产出了国内第一个车站计算机联锁系统,并成功地应用于地方铁路,填补了我国计算机联锁系统的空白。1989 年中国铁道科学研究院研制生产的计算机联锁系统在郑州北编组站开通使用，使计算机联锁系统首次应用于国有铁路。1994 年中国铁道科学研究院、中国铁路通信信号研究设计院研制的计算机联锁系统分别在哈尔滨铁路局平房站和上海铁路局交通站开通使用，这是我国铁路首次将国产的计算机联锁设备用于铁路客货列车通过的车站。

3. 计算机联锁系统现状及前景

计算机联锁系统功能正日趋完善，其功能便于扩展，信息量丰富，可与列车调度指挥、列车运行控制等子系统联网，有利于实现远程诊断和信号维修管理，已成为铁路车站信号联锁设备的首选，也为开发应用联锁、闭塞、列车运行控制综合控制技术奠定了基础。

铁路车站信号控制系统将向低成本、高效率、高安全、高可靠及信息化、智能化、网络化、室外设备驱动接口全电子化和综合自动化的方向发展。

任务二　车站信号设备认知

工作任务

理解信号机、道岔转辙机在车站信号设备中的作用；掌握其类型、状态、功能等；掌握进路的概念、进路状态。

知识点分析

1. 信号机

信号机是指引列车或调车车列在车站内运行的主要信号设备，根据信号机的不同显示来决定列车或调车车列是否可以前行、前行的速度级别。不同的信号机用以指挥不同的作业。信号机正常工作时有两种状态：开放状态（点亮允许行车信号灯）和关闭状态（点亮禁止行车信号灯）。信号机开放时显示运行信号，允许列车或调车车列越过该信号机；信号机关闭时显示停车信号，禁止列车或调车车列越过该信号机。信号机故障时，如信号机灯光熄灭、显示不明或显示不正确时，视为停车信号。

（1）列车信号机的分类及布置

①列车信号机的分类

a. 进站信号机

为了防护车站，指示列车能否由区间进入车站，在车站的入口处设置的信号机叫作进站信号机，也叫接车信号机。列车接车作业由进站信号机防护。在车站的列车入口处，必须装设进站信号机，如图 1-2 所示。

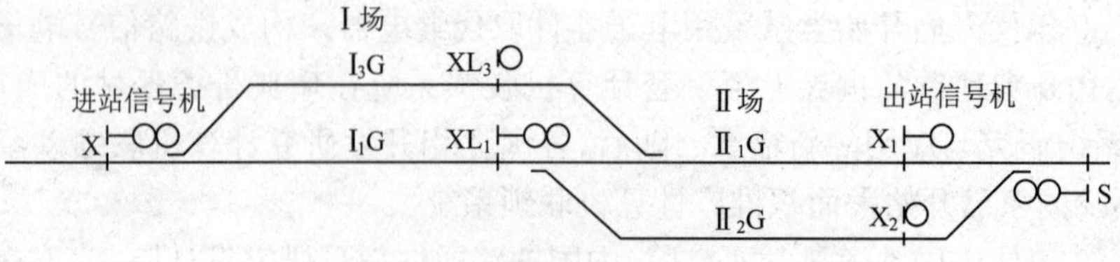

图 1-2　列车信号机

进站信号机的命名与运行方向有关，上行进站信号机用 S 表示，下行进站信号机用 X 表示。若在车站的一端有多个方向的线路引入，则在 S 或 X 的右下角缀以该信号机所属区间线路名称的汉语拼音字头，如东郊方向的进站信号机命名为 X_D。如果双线自动闭塞区间的反向进站口设置有进站信号机，则在 S 或 X 的右下角缀以 F 或 N，表示反向或逆向，命名为 S_F、X_F 或 S_N、X_N。

b. 出站信号机

出站信号机

为了指示列车能否由车站进入区间，在车站的发车股道列车停车地点前方设置的信号机叫作出站信号机，也叫发车信号机。列车发车作业由出站信号机防护。由于站内调车作业的需要，出站信号机一般兼做调车信号机，称为出站兼调车信号机。

出站信号机的命名也与运行方向有关，上行用 S，下行用 X 表示，再在其右下角缀以所在的股道号，如 S_{II}、X_5 等。当有数个车场时，则先加车场号，再在右下角缀上股道号，如 S_{I_3}、X_{II_3}。

c. 进路信号机

一个车站有几个车场时，需要设置进路信号机，用来指示列车由一个车场转线到另一个车场时的转场作业用。

进路信号机根据功能可分为接车进路信号机、发车进路信号机和接发车进路信号机。位于进站信号机与接车线之间，对到达列车指示运行条件的进路信号机称为接车进路信号机。位于发车线与出站信号机之间，对出发列车指示运行条件的进路信号机称为发车进路信号机。对到达及出发列车指示运行条件的进路信号机称为接发车进路信号机。

进路信号机的命名方法是在 S 或 X 的后面加 L 表示进路信号机，再在 L 的右下角缀以所在股道号，如 SL_4、XL_3（上行用双数、下行用单数）。

②列车信号机布置

a. 进站信号机布置

进站信号机防护列车接车作业，指示列车进站的运行条件，保证接车进路的安全可靠。它的具体位置设在车站最外方道岔尖轨尖端（顺向为警冲标）不少于 50 m 的地方。之所以规定不少于 50 m，是因为考虑到调车作业的需要，即要保证一台机车挂一节或两节车辆由一条股道转向另一条股道时不会越过进站信号机。经常利用正线进行调车作业的车站，可适当延长进站信号机与进站道岔岔尖或警冲标之间的距离，使调车车列在进行调车作业时不至于越过进站信号机，但也不宜太远，否则会影响车站的通过能力。

如进站信号机与其前方同方向的第一架列车信号机（出站或进路信号机）之间不能满足规定的制动距离时，可适当外移，但一般不超过 400 m。

在确定进站信号机设置地点时，还要考虑以下情况：

(a)进站信号机的位置初步确定后，还应根据曲线弯度和瞭望条件，考虑是否能保证信号机有不少于 1 000 m 的显示距离和该信号机不致被误认为邻线的信号机，因此要求：在两条平行线路的曲线处设置进站信号机时，不能一前一后，应该并排设置。

(b)当进站信号机初步确定的位置恰好在长大上坡道的地点时，考虑到列车若停在进站信号机的外方再起动时有困难，因此应将进站信号机外移至坡道较小的地方。

(c)在非自动闭塞区段，进站信号机至正线同方向出站信号机之间的距离不得小于列车的制动距离；在自动闭塞区段，两者之间的距离不应小于一个闭塞分区的长度。

(d)进站信号机一般设置在列车运行方向的线路左侧，在双线双向自动闭塞区段，反方向接车的进站信号机若因线路限界不满足要求，可设置于运行方向的线路右侧。

进站信号机一般为高柱型。在进站色灯信号机上均应装设引导信号机，以便信号机临时发生故障或向非接车线路接车时使用。

b. 出站信号机布置

出站信号机作为列车占用区间的凭证，指示列车可否进入区间；在每一条发车股道的列车停车点前方适当地点均要设置出站信号机；对于可双向发车的股道，股道两端均要设置出站信号机。

确定出站信号机地点时，在不侵入限界的条件下，主要应从最大限度地利用股道有效长度考虑，为此，出站信号机应尽量向咽喉区靠近，设置在警冲标内方(对向道岔为道岔尖轨尖端外方)的适当地点。当发车线设有轨道电路时，出站信号机应与轨道绝缘设在同一坐标处。

出站信号机应设置于列车运行方向的线路左侧。设置在正线上、线群上或具有高速通过的线路上的出站信号机都用高柱，其显示距离不得小于 800 m。设置在站线上的出站信号机准许使用矮型，其显示距离不得小于 200 m。

出站信号机有两个及以上的运行方向，而信号显示不能分别表示进路方向时，应在信号机上装设进路表示器，以使行车人员能在出站信号机开放后知道列车的运行方向。双线自动闭塞区段上，有反方向运行条件时，为了区分列车正、反方向运行，出站信号机应装设进路表示器。

c. 进路信号机布置

当两个车场间线路较短，在车场入口处不能装设接车进路信号机时，可在相邻车场出口处的正线上装设接发车进路信号机。当两个车场间线路较长，为了提高站内通过能力，除在车场入口处的正线上装设接车进路信号机外，还应在相邻车场出口处的正线上装设接发车进路信号机。

(2)调车信号机及其布置

①调车信号机

在站内有调车作业的地点，防护调车作业用的信号机叫作调车信号机。调车信号机是为在联锁区内进行调车作业而设置的，它指示调车车列能否进入调车进路。调车信号机的命名方法是用 D 表示，再在右下角缀以顺序号。调车信号机从车站两端进站方向向股道顺序编号，上行咽喉区编为双号，如 D_2、D_4；下行咽喉区编为单号，如 D_1、D_3 等。

②调车信号机布置

由于各个站场线路布置和调车作业的复杂程度不同，调车信号机布置的灵活性较大。应当共同遵守的原则应该是最大限度地满足调车作业的需要，提高作业效率，尽量缩短机车车辆的走行距离以及最大限度地满足平行作业的需要。但也不宜采用单纯增加调车信号机和过多过密地划分轨道电路的方法，这样会增加工程投资、设备维护和维修的成本。

下面结合调车信号机在调车作业中的作用，介绍设置调车信号机时应考虑的几种情况：

a. 调车起始信号机

这类信号机设于一个完整的调车作业的起点。

由股道、专用线、牵出线、机待线、调车场及机务段等处向咽喉区办理调车时，都需要在调车进路的始端设置调车起始信号机。如图 1-3 中，设置于股道头部的 $S_{\mathrm{I}}D$、$S_{\mathrm{II}}D$(出站信号机兼调车信号机)等，设置于牵出线的 D_1，设置于机待线的 D_3，设置于调车场的 D_{19} 等。

b. 调车折返信号机

这类信号机是指挥调车折返作业用的，应设在咽喉区折返道岔岔尖前面。

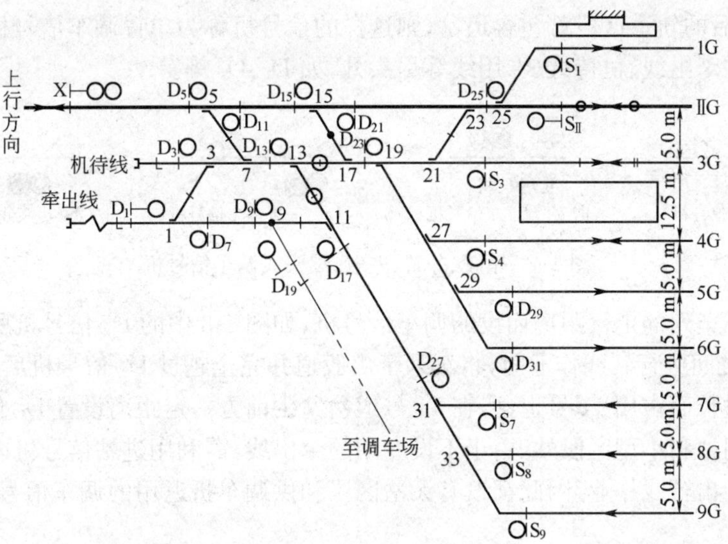

图 1-3　调车信号机布置

假设有一车列要从 1G 转线到ⅡG，为了完成这一调车作业，必须先将车列从 1G 经 25 号道岔的反位向咽喉区调出，直到车列全部越过 25 号道岔后才能停车，这一过程称为牵出作业。然后再将车列经 25 号道岔的定位调至ⅡG，这一过程称为折返作业。在整个调车作业过程中，牵出作业和折返作业的分歧道岔是 25 号道岔，称之为折返道岔。为了防护折返作业，在 25 号折返道岔前方设置的 D_{25} 信号机，称为这一调车作业的折返信号机。

同理，为完成从 3G 至 4G 的转线作业，应在 19 号折返道岔前方设置折返信号机 D_{23}，当然，D_{23} 也是 3G 转线至 5G 或 6G 的调车折返信号机。

c. 调车阻拦信号机

设置这类信号机的目的是增加平行作业，以提高车站的通过能力。

还是以 1G 至ⅡG 的转线作业为例，车列从 1G 牵出并完全越过 D_{25} 信号机后，如果车列较短，停车后其前部不会越过 15 号道岔内方的警冲标，则在该车列停留期间，如果 15 号道岔所在区段未被占用，则应允许办理经由 15 号道岔反位的列车或调车进路，如 3G 向 D_{15} 信号机的调车进路。为了保证 3G 向 D_{15} 信号机的调车进路的安全，可在 15 号道岔警冲标内方设置调车信号机 D_{21}，用来阻拦从 1G 牵出的车列在 D_{21} 信号机前停车，这样就使两条调车进路隔离开来，能够同时进行平行作业，从而提高了车站的作业能力。类似 D_{21} 这样的信号机，称为调车阻拦信号机。

可以看出，以上讨论的三类调车信号机是与某一特定的调车作业相对应的，同一架信号机在不同的调车作业中，所起到的作用往往不同。例如图 1-3 中的 D_{21} 信号机，在从 1G 至ⅡG 的转线作业中，它是阻拦信号机，但在从区段 23DG 向 D_{15} 信号机的调车作业中，它却是调车起始信号机。因此，将调车信号机做上述划分，是为了在布置调车信号机时有所遵循，而不是信号机的固有属性。

在两个背向道岔之间，若能构成不少于 50 m 的无岔区段时，应在无岔区段的两端设置背向的调车信号机，以便在无岔区段内暂时存放车辆，可满足转线作业的需要，如图 1-3 中的 D_{11} 和 D_{15}，称这两架调车信号机为差置调车信号机。与此相对应，如图 1-4 所示两架信号机背向并排设置于线路两侧，则称为并置调车信号机。如果一架调车信号机没有与其并置或差置的信号机，且其前后的轨道区段都包含道岔，则这样的信号机称为单置调车信号机。尽头线调车信号机一般设在牵出线、机待线、专用线等尽头处，如 D_1、D_3 等。

（a）单置调车信号机　（b）并置调车信号机　（c）差置调车信号机　（d）尽头线调车信号机

图 1-4　单置、并置、差置、尽头线调车信号机

为减少调车车列的走行距离而设的调车信号机，如图 1-3 中的 D_{17} 信号机所示。调车车列在 7G、8G、9G 之间进行转线作业时，将车列牵出股道并完全越过 D_{27} 信号机后，为了防止调车车列走行距离过长而占用 11 号道岔，在 11 号道岔岔尖前方一定距离设置 D_{17} 信号机。

一般的中间站和小型区段站，由于不设专用的牵出线，需利用进站信号机内方正线和双线发车口处进行牵出转线作业，因此都设有无岔区段和供调车折返用的调车信号机，如图 1-3 中的 D_5 信号机。

对于到发线股道上设有道岔时，也应设调车信号机进行防护。如图 1-5 所示，27 号道岔是设置在到发线上的道岔，为了防护该道岔，设置 D_{33} 和 D_{35} 信号机。

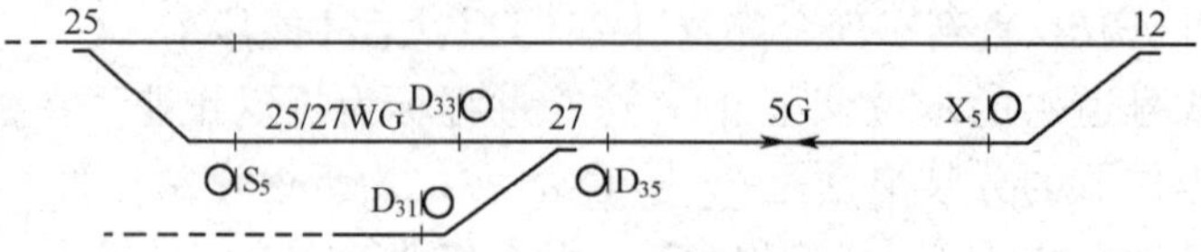

图 1-5　防护到发线道岔的调车信号机

2. 道岔

道岔是使列车或调车车列从一条线路转向另一线路的转辙设备，道岔的开通方向决定了列车或调车车列的走向。

(1)道岔编号

道岔编号是指根据道岔在站场内的排列位置及相互关系给出一个数字序号或名称，要注意与道岔号数的概念相区别。道岔编号，应从列车到达方向起顺序编号，上行咽喉编为双号，下行咽喉编为单号；尽头线上的道岔，应向线路终点方向顺序编号。车站划分车场时，每个车场的道岔要单独编号，一个车站不准有相同的道岔编号。联动道岔必须顺序编号。

图 1-6 为某站场的道岔编号举例。

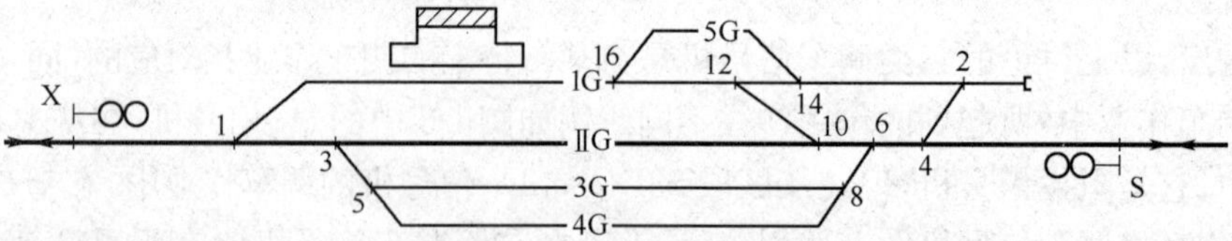

图 1-6　某站场的道岔编号

(2)道岔分类

道岔从使用方式上分为单动道岔、双动道岔和多动道岔。一套控制电路仅能使一组道岔转换，则称该道岔为单动道岔；如果一套控制电路能使两组道岔同时或顺序转换，则称为双动道岔。例如渡线两端的道岔，如图 1-7 中的 1 号和 3 号道岔、2 号和 4 号道岔，都应划为双动道岔。

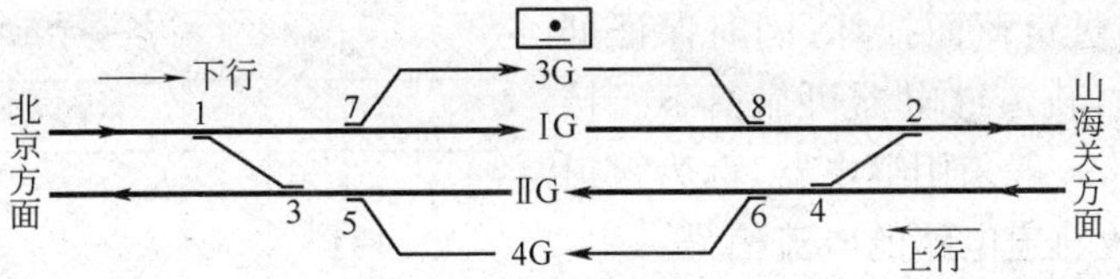

图 1-7　单动与双动道岔

如果一套控制电路可以控制三台或四台转辙机同时或顺序动作，则称为三动或四动道岔。在一些面积狭窄的站场内，为了节省用地面积，会铺设复式交分道岔。

(3)道岔定位位置确定

道岔开通位置决定了列车或调车车列的走向。一般将道岔经常所处的位置称为定位，另一个位置称为反位。道岔定位一般为道岔直向，但不能简单地理解成定位就是直向。

道岔定位位置的确定一般根据以下两条原则：

①考虑站内行车和调车作业的安全；②提高作业效率，减少扳动道岔的次数。

由以上两条原则，道岔定位规定为：

a. 单线铁路——车站两端正线上的进站道岔的定位位置不能定义为导向同一股道。如图 1-8 所示，1 号道岔开通站线 3G 方向为定位，2 号道岔开通正线ⅡG 方向为定位。

b. 双线铁路——车站两端正线上的进站道岔，导向正线股道的位置定义为定位，如图 1-9 所示。

c. 区间内由辅助所所辖的道岔以及站内正线上的其他道岔(除导向安全线和避难线外)，其定位为导向正线的位置，如图 1-10 中的 3、4 号道岔。

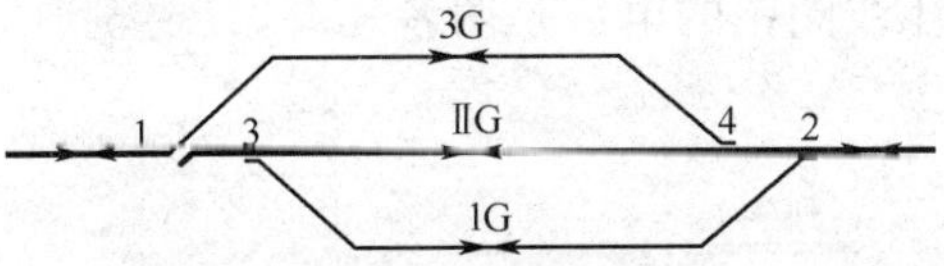

图 1-8　单线车站道岔定位位置确定

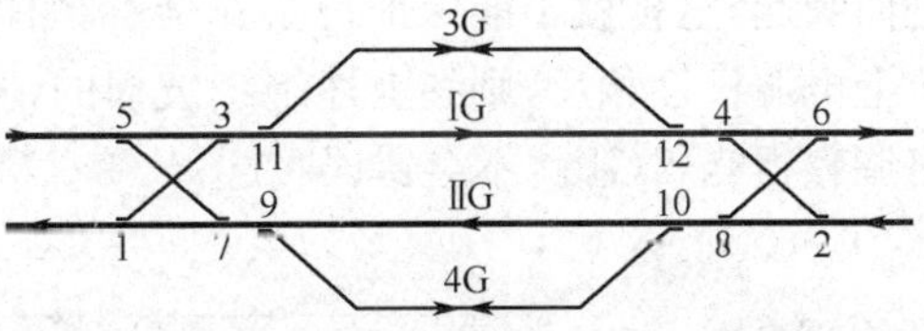

图 1-9　双线车站道岔定位位置确定

d. 引向安全线、避难线的道岔，其定位为导向安全线、避难线的位置，如图 1-10 所示。

e. 站线上的道岔，除引向安全线、避难线外，其定位为向列车进路开通的位置，如果两条进路都是列车进路，其定位为向直股列车进路开通的位置或向靠近站舍方向开通的位置，如图 1-11所示。

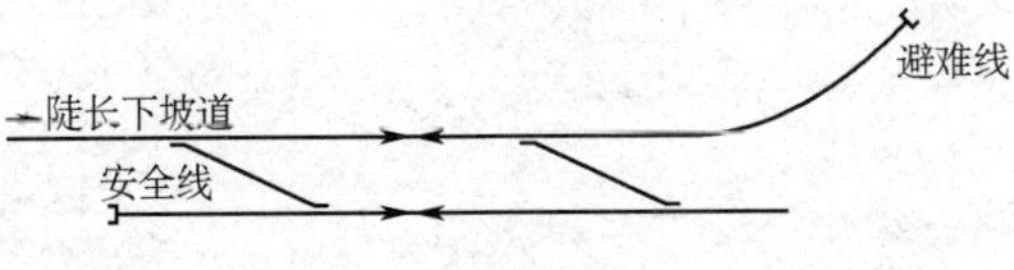

图 1-10　安全线、避难线道岔定位位置的确定

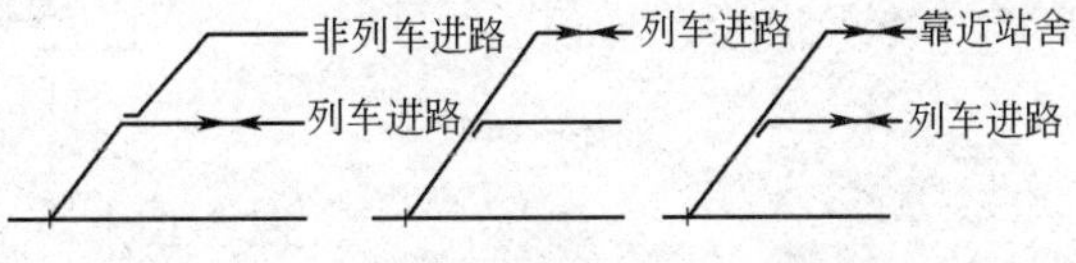

图 1-11　站线道岔定位位置的确定

3. 站内轨道电路

(1)轨道电路基本原理

轨道电路是以铁路线路的两根钢轨作为导体，两端加以机械绝缘(或电气绝缘)，接上送电设备和受电设备构成的电路。轨道电路如图 1-12 所示。

轨道电路的送电设备设在送电端，由轨道电源 E 和限流电阻 R_x 组成。限流电阻的作用是保护电源不致因过负荷而损坏，同时保证列车占用轨道电路时，轨道继电器可靠落下。接收设备设在受电端，一般采用继电器，称为轨道继电器，由它来接收轨道电路的电流信号。

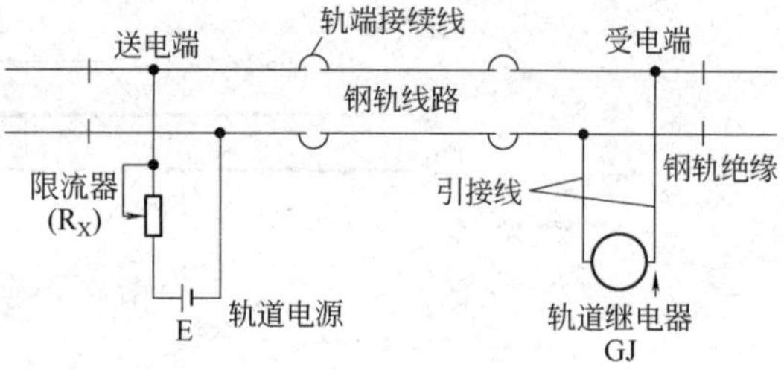

图 1-12　轨道电路示意图

送、受电设备一般放在轨道旁的变压器箱或电缆盒内，轨道继电器设在信号楼内。送、受电设备由引接线（钢丝绳）直接接向钢轨或通过电缆过轨后由引接线接向钢轨。

钢轨是轨道电路的导体，为减小钢轨接头的接触电阻，增设了轨端接续线。钢轨绝缘是为分隔相邻轨道电路而装设的。两绝缘节之间的钢轨线路，称为轨道电路的长度。

当轨道电路内钢轨完整且没有列车占用时，轨道继电器吸起，表示轨道电路空闲。当轨道被列车占用时，轨道电路被列车轮对分路，由于轮对电阻远小于轨道继电器线圈电阻，因此，流经轨道继电器的电流大大减小，轨道继电器落下，表示轨道被占用。

(2)轨道电路极性交叉

相邻轨道电路之间用钢轨绝缘把两段轨道电路隔开（无绝缘轨道电路除外），分成两个互不干扰的独立电路单元，以保证各段都能正确监督该区段是否空闲及完整。

轨道电路中的轨端机械绝缘节是个薄弱环节，它在车轮的冲击下容易破损。为此，作为绝缘破损防护的一种安全措施，规定轨道电路要进行极性交叉。

以图 1-13 所示的极性交叉直流轨道电路为例，在没有极性交叉的情况下[图 1-13(a)]，当 1G 和 3G 间轨端绝缘时，尽管 1G 上有车，1GJ 仍有可能由 3G E 经过破损的钢轨绝缘得到供电而吸起，这样就不能保证行车安全了。有极性交叉时[图 1-13(b)]，由于两相邻轨道电路钢轨上电源极性相反，则在上述绝缘破损的情况下，1GJ 线圈中的电流是两者之差，只要轨道电路调整得当，1GJ 就不会错误吸起。

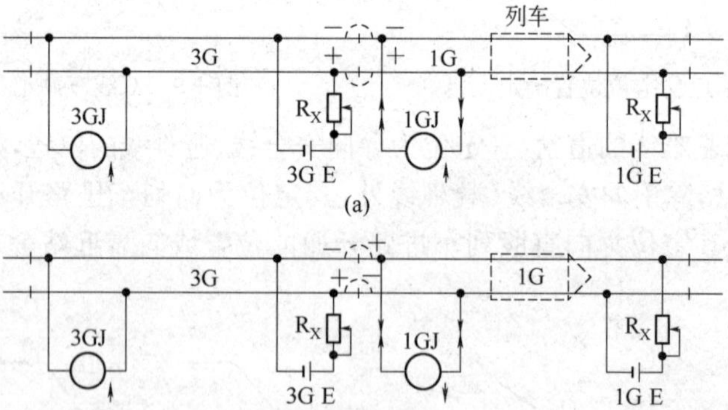

图 1-13　极性交叉

对交流连续式轨道电路来讲，电源在某一瞬间是有方向性的，即相位有变化，如使相邻轨道区段钢轨的电源相位相差 180°，也可达到极性交叉的目的。

为满足极性交叉的要求，交流计数电码轨道电路和移频轨道电路在相邻轨道电路之间采用发送不同周期的电码信息和不同的频率信息的实现。25 Hz 相敏轨道电路具有可靠的相位选择性，各设备连接时应严格遵守同名端相连的原则，使相邻轨道电路有不同的相位配置，以保证有可靠的绝缘破损防护能力。

(3)有分支轨道电路

①道岔区段轨道电路的连接形式

在股道或无岔区段上装设的轨道电路,称为无分支轨道电路;在道岔区段装设的轨道电路,称为有分支轨道电路。

在道岔区段上装设轨道电路时,为了防止短路,在轨距杆、连接杆、尖端杆、密贴调整杆以及连接垫板等连接两根轨条的导电设备上都要装设绝缘。为了使轨道电路构成电流封闭回路,除了轨端接续线和引接线外,还需要装设道岔连接线(短线)和跳线(跨于轨道间的长线)。另外,为了避免轨道电路被辙叉短路,还要加装一副道岔绝缘。

有分支轨道电路的道岔绝缘安装方法有两种:直股切割和弯股切割。道岔绝缘设置在直股上的,叫直股切割;道岔绝缘设置在弯股上的,叫弯股切割,如图1-14所示。

其中,图1-14(a)和图1-14(b)为直股切割,图1-14(c)和图1-14(d)为弯股切割。图1-14(a)和图1-14(b)的区别在于受电端设置位置不同,图1-14(a)中流过轨道继电器线圈的电流不经过道岔跳线,这意味着轨道电路不能检查该跳线的完整性。一旦跳线断了,在分支轨道上即使有车,轨道继电器仍然能够吸起,这是十分危险的。所以为了安全,必须设置两根跳线,作为跳线断线的防护措施。图1-14(b)则不然,轨道电流流经跳线,其完整性就能经常得到检查,一旦跳线断线,轨道继电器必然落下,符合故障导向安全的原则。同理,分析图1-14(c)和图1-14(d)可以得出,图1-14(c)在无车时无法检查跳线的完整性,而图1-14(d)符合故障导向安全的原则。

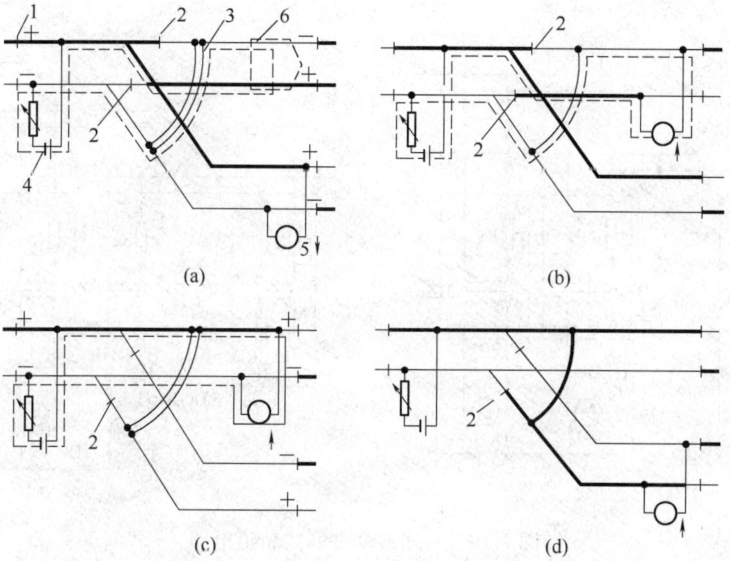

图1-14 直股切割与弯股切割

1—钢轨绝缘;2—道岔绝缘;3—跳线;4—送电端;5—受电端(轨道继电器);6—列车

对于站内的有分支轨道电路,既可以直股切割,也可以弯股切割,但如果是在自动闭塞区段的中间站或正线装有机车信号的电气集中的大站上,为保证机车信号的可靠工作,道岔绝缘必须装设在直股上。另外,在非自动闭塞的中间站上,若把道岔绝缘装设在直股,则可以延长其寿命,方便维护。

②道岔区段轨道电路的结构

从结构上来分，道岔区段轨道电路有串联式和并联式两种。如图 1-15 所示，串联式轨道电路可以检查所有跳线和钢轨的完整，因而它是比较安全的，但却增加了一对道岔绝缘，直股和弯股两根轨条间加装了两根电缆构成连接线，给施工和维护带来不便，这种轨道电路没有被广泛采用。并联式轨道电路结构比较简单，当有车占用直股或弯股时，轨道继电器均被分路，能起到监督轨道区段是否有车占用的作用。无车空闲时，弯股处于开路状态，只有电压而无电流流过。当道岔跳线被折断时，弯股有车占用的状态将得不到检查，这是非常危险的。另外，当弯股钢轨断轨时，轨道继电器也不会落下，不符合“故障—安全”的原则。

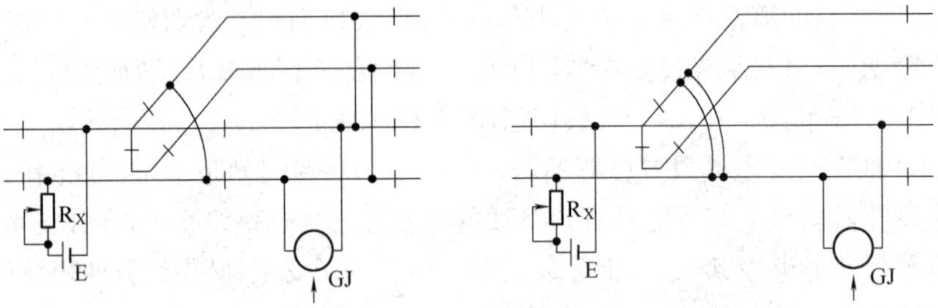

(a) 串联式轨道电路　　(b) 并联式轨道电路

图 1-15　串联式与并联式轨道电路

一送多受并联式轨道电路可以克服上面的问题，如图 1-16 所示的一送多受并联式轨道电路。

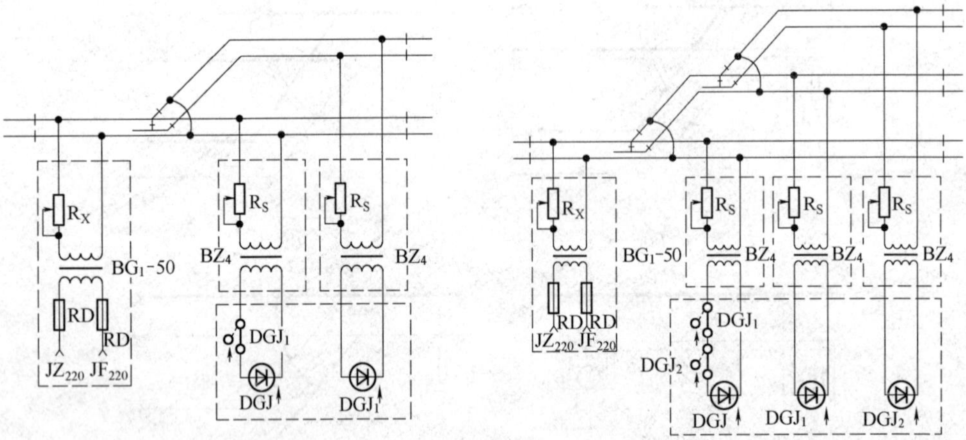

(a) 一送两受　　(b) 一送三受

图 1-16　一送多受并联式轨道电路

一送多受轨道电路设有一个送电端，在每个分支轨道电路的另一端各设一个受电端。各分支受电端轨道继电器的前接点串联在主轨道继电器电路中。当任一分支分路时，分支轨道继电器落下，主轨道继电器也落下，将主轨道继电器接点用在联锁电路中。图 1-16(a)和图 1-16(b)分别为一送两受和一送三受轨道电路。一送两受轨道电路，当分支轨道电路有车占用或跳线折断时，DGJ_1 落下，DGJ 也落下，就可监督轨道电路的状态。一送三受轨道电路，当 DGJ_1 或 DGJ_2 落下时，都使 DGJ 落下，以实现对整个轨道电路空闲与否的检查。

在受电端均串接可调电阻器，是为了提高轨道电路的分路灵敏度，以及使同一轨道电路内各轨道继电器的电压基本平衡。

一送多受轨道电路的安全程度较高，已在铁路上普遍采用。

③轨道电路的划分与绝缘布置

轨道电路的划分就是确定轨道电路的范围，利用轨道绝缘节（包括机械绝缘和电气绝缘）来划分。

a. 站内轨道电路的划分

划分轨道电路区段应遵循一定的原则，首先应能保证轨道电路的可靠工作，其次要满足排列平行进路的需要和便于车站作业。

(a)凡是有信号机的地方，都要将其内外方划分成不同的轨道区段，如图 1-17 所示。

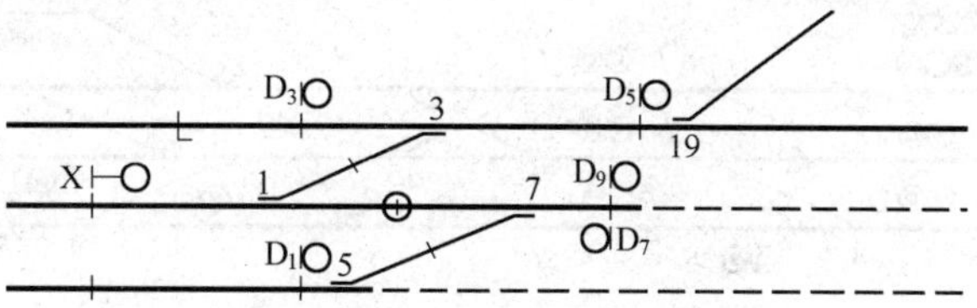

图 1-17　轨道电路划分

(b)牵出线、尽头线、机待线、专用线等处的调车信号机外方应设一段不小于 25 m 的轨道电路，作为接近区段。

(c)在双线区段，在出站口最外方对向道岔处设调车信号机时，在信号机与站界间应设一段长度不小于 50 m 的轨道电路区段，以便利用该调车信号机进行折返作业时不占用区间线路。

(d)凡是能构成平行进路的地点，都应设置钢轨绝缘把它们隔开，如图 1-17 所示的道岔 5、7 之间渡线上的绝缘节，以及道岔 1、7 之间的绝缘节等。

(e)为了保证轨道电路的可靠工作，每个道岔区段内道岔数不应超过三组，交分道岔不得超过两组。

(f)为了提高咽喉通过能力，可把轨道电路区段适当划短。

b. 绝缘节的设置原则

(a)在进站、出站及调车信号机处均应装设绝缘节，原则上应当和信号机并列在同一坐标处。

(b)道岔处的绝缘节，在岔尖一端的绝缘节应安装在基本轨接缝处，另一端原则上安装在距警冲标位置不小于 3.5 m 且不大于 4 m 的地方。

(c)为了满足平行作业的需要，两组背向道岔之间即使距离很近，也必须用绝缘节隔开。该绝缘节与警冲标之间的距离若小于 3.5 m，则称为超限绝缘节，在平面图上应加一个小圆圈以示区别。如图 1-17 所示道岔 1 和 7 之间的绝缘节，即为超限绝缘。应当指出的是，渡线上的绝缘节一般都是超限绝缘，但可不作为超限绝缘处理。但是如果渡线两端的道岔不是双动道岔，则渡线上的绝缘节是超限绝缘。

(d)安全线、避难线上的绝缘节应设在尽头处，以利于监督该线路的情况。

(e)在半自动闭塞区段，预告信号机处的绝缘节应安装在预告信号机外方 100 m 的地方。

(f)两根钢轨的绝缘应尽量设在同一坐标处，当不能设在同一坐标处时，其错开距离最大不能超过 2.5 m。这样规定是为了防止轨道电路的死区段有小车占用时检查不出来。

(g)为了减少工务换轨、锯轨等工作,实际安装信号机处的钢轨绝缘时,允许有如下的变动范围:进站信号机、接车进路信号机和调车信号机处的钢轨绝缘允许安装在信号机外方或内方各 1 m 的范围内;出站信号机或发车进路信号机的钢轨绝缘可安装在信号机外方 1 m 或内方 6.5 m 的范围内。

④轨道区段命名方法

如图 1-18 所示,道岔轨道区段用 DG 前冠以道岔编号的方式命名,如 5DG、19-27DG 等;无岔区段用两端相邻道岔编号以分数形式表示,如 1/19WG;接车口处因设置调车信号机而形成的线路区段,根据衔接股道的编号再加以 A 或 B 表示,下行咽喉加 A,上行咽喉加 B,如ⅠAG、ⅡBG 等。

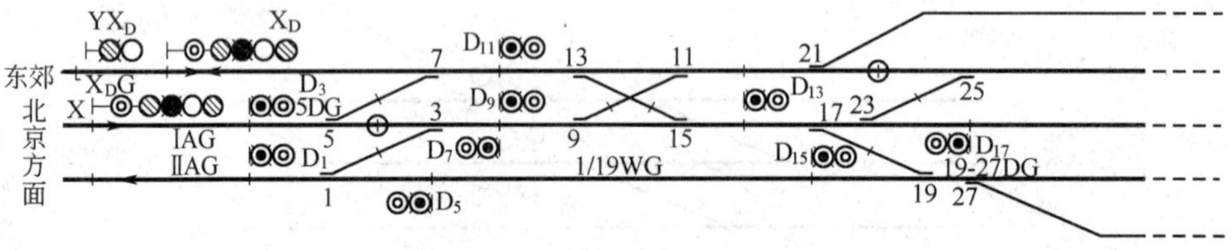

图 1-18　车站轨道区段的命名

股道的编号方法:单线区段内的车站,从靠近站舍起,向远离站舍方向顺序编号,正线用罗马数字编号,站线用阿拉伯数字编号,如图 1-19(a)所示。双线区段内的车站,先编正线股道号码,下行正线一侧用单数,上行正线一侧用双数,从正线向外顺序编号,如图 1-19(b)所示。尽头式车站,向终点方向由左侧线路开始顺序编号,如站舍位于线路一侧时,从靠近站舍的线路起,向远离站舍方向顺序编号。

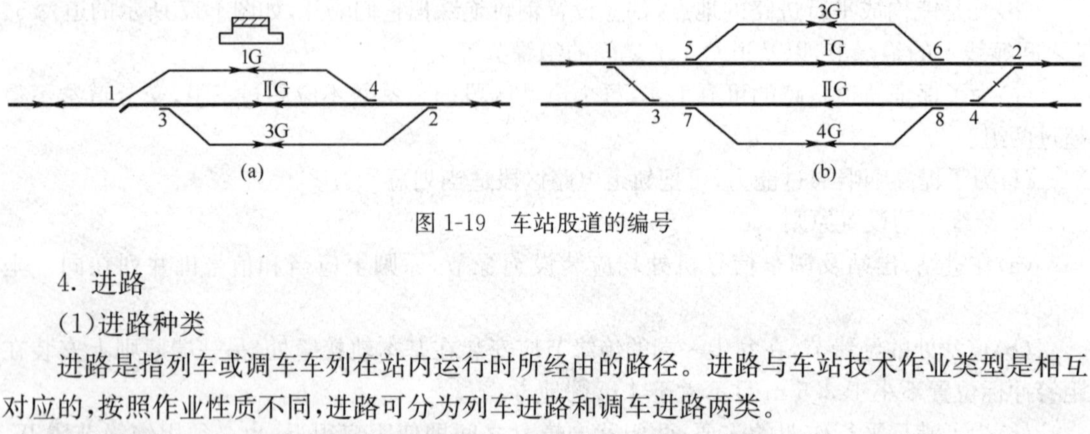

图 1-19　车站股道的编号

4. 进路

(1)进路种类

进路是指列车或调车车列在站内运行时所经由的路径。进路与车站技术作业类型是相互对应的,按照作业性质不同,进路可分为列车进路和调车进路两类。

列车进路又可分为接车进路、发车进路、通过进路和转场进路。列车由区间进入车站所经由的路径叫接车进路。列车由车站发往区间所经由的路径叫发车进路。列车由车站通过所经过的正线接车进路和正线同方向发车进路组成的进路,叫通过进路。列车由一个车场开往另一个车场时所经由的路径叫转场进路。调车进路是指调车车列所经由的路径。

不同类型的进路,应由不同类型的信号机进行防护。进站信号机防护接车进路,出站信号机防护发车进路,进路信号机防护转场进路,而调车信号机防护调车进路。同一种类型的几条进路,只要其始端相同,就可以由位于其始端的同一架信号机进行防护。比如,通往站内不同股道的接车进路,由于其始端都是进站口的进站信号机,就可以由同一架进站信号机来防护,例如下行咽喉的 X 进站信号机。

需要指出的是，由于调车作业的需要，往往要开放同方向的几架调车信号机才能达到调车作业的目的，这种需要连续开放几架同方向调车信号机的调车进路叫作复合调车进路，也叫长调车进路，它由两条或多条基本调车进路构成。例如，排列 $D_3 \to D_9$ 为调车基本进路，排列 $D_3 \to$ ⅠG 进路为复合调车进路，也称为长调车进路，它由两条基本调车进路组成（$D_3 \to D_9$ 和 $D_9 \to$ ⅠG）。

(2)进路范围

进路的范围由进路的始端和终端确定。进路以防护信号机为始端，也多以同方向的阻拦信号机为其终端，在进路的终端处无信号机时，以车挡、站界标或警冲标（不设出站信号机的车站）为其终端。

以图 1-20 为例，具体的进路划分方法如下：

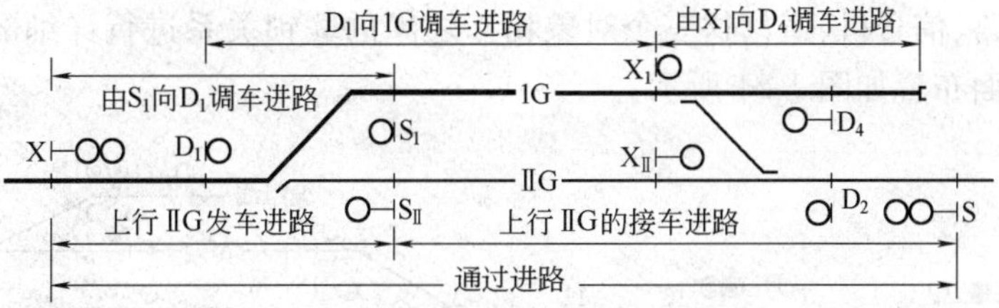

图 1-20　进路的划分

①接车进路的始端是进站信号机，其终端则为所接入股道上与进站信号机同向的出站信号机。由于列车要进股道停车，因此进路的范围包含要接入的股道。例如，上行ⅡG 接车进路的始端是上行进站信号机 S，其终端是上行ⅡG 上同向的出站信号机 S_{II}，接车进路的范围是从 S 到 S_{II}，其中包括ⅡG。

②发车进路的始端是股道头部发车方向的出站信号机，其终端则为出站口处的进站信号机，区间双线时为站界标。发车股道不包含在发车进路范围内。例如，上行ⅡG 发车进路的始端是 S_{II}，而终端是下行进站信号机 X，上行ⅡG 发车进路的范围是 S_{II} 至 X，不包括ⅡG。

③通过进路的始端是列车运行方向的进站信号机，其终端则为运行方向出站口处的进站信号机，出站口处没有进站信号机的，站界标为其终端。例如，上行通过进路的始端是上行进站信号机 S，终端是下行进站信号机 X，通过进路的范围是 S 至 X，包括股道。

④调车进路的始端是起始调车信号机（或出站兼调车信号机），其终端则为同方向起阻拦作用的调车信号机（或出站兼调车信号机）、车挡或站界标。例如，由 D_1 向 1G 的调车进路的始端是 D_1，终端为下行 1G 的出站兼调车信号机 X_1，进路范围包括了 1G。由 X_1 向 D_4 信号机的调车进路的始端是 X_1（出站兼调车信号机），而终端是车挡，进路范围是信号机至车挡，包括了牵出线。由 S_1 向 D_1 的调车进路的始端是出站兼调车信号机 S_1，而终端是下行进站信号机 X，即站界标，其中包括无岔区段。

任务三　车站联锁基本内容的认知

工作任务

理解车站联锁的概念；理解车站联锁的各种联锁关系。

知识点分析

要实现车站作业,必须首先办理相应进路。每一条进路都经由一组或若干组道岔,道岔的位置不同,则进路不同。每一条进路必须有信号机防护。信号机开放的条件是其所防护的进路范围内的轨道区段空闲、相关道岔都开通并锁闭在了规定位置、敌对进路没有建立等。信号机开放后,进路范围内的道岔不允许再被改变位置,否则列车或调车车列的运行路径将被改变,有可能导致冲撞事故。在列车或调车车列顺序压过进路中的每一个轨道区段后,进路被解除,该轨道区段中的道岔也被解锁,进路完成逐段解锁(小站进路一次性解锁)。

为了保证行车安全,防止发生列车或调车车列迎面相撞、追尾、侧面冲撞、脱轨等危险,在进路、信号机、道岔之间建立的一种互相制约的关系,我们称之为联锁关系。

下面就把进路、信号机、道岔这三个对象相互之间的联锁关系进行详细的说明,举例站场车站信号设备平面布置如图 1-21 所示。

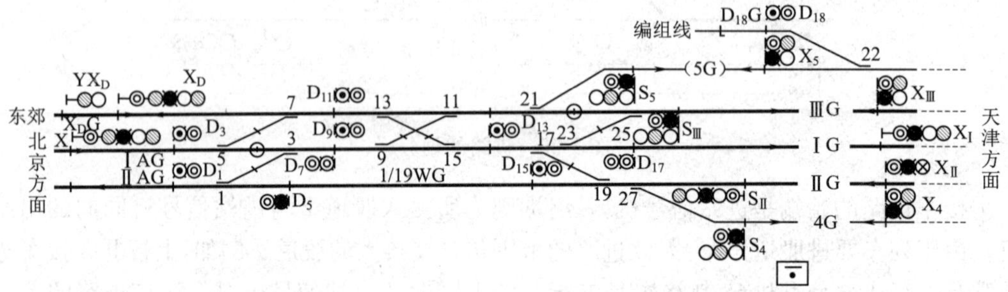

图 1-21　举例站场车站信号设备平面布置

1. 进路与进路之间的联锁关系

任意两条进路如果有重叠部分,即两条进路都包括同一个或几个区段或道岔,那么这两条进路就称为敌对进路。因为敌对进路同时建立发生列车或调车车列迎面相撞、追尾、侧面冲撞等危险,因此为保证作业安全,建立一条进路前,应检查与该进路相敌对的进路均未建立,该进路建立后,与该进路敌对的进路必须锁闭在未建立状态。即在任意时刻敌对进路必须互相照查,不得同时建立。防护敌对进路的信号机称为敌对信号机。

以下进路互为敌对进路:

(1)同一到发线上对向的列车进路与列车进路。如举例站场下行ⅠG 的接车进路和上行ⅠG 的接车进路,属于迎面敌对进路。

(2)同一到发线上对向的列车进路与调车进路。如下行ⅠG 的接车进路和上行咽喉至ⅠG的调车进路,属于本咽喉敌对进路。

(3)同一咽喉区对向或顺向重叠的列车进路。如下行ⅠG 的接车进路和由ⅠG 上行反方向的发车进路。

(4)同一咽喉区对向或顺向重叠的列车进路与调车进路。如下行ⅠG 的接车进路和 D_3 至ⅠG 的调车进路。

(5)同一咽喉区对向或顺向重叠的调车进路。如 D_1 至 D_{15} 的调车进路与 D_5 向 D_1 的调车进路。

(6)防护进路的信号机设置在侵限绝缘节处,禁止同时开通的进路。

(7)进站信号机外方制动距离内接车方向为超过 6‰的下坡道，而在该下坡道方向的接车线末端未设有线路隔开设备时，该下坡道方向的接车进路与对方咽喉的接车进路，非同一到发线上顺向的发车进路以及对方咽喉的调车进路。

2. 进路与信号机之间的联锁关系

为保证作业安全，建立一条进路。如果该进路的敌对信号未关闭时，防护该进路的信号机不能开放，否则可能造成列车或调车车列的冲突。如果进路锁闭或空闲条件不满足时，信号机不能开放。如果要解除进路，则必须先关闭其信号机。防护进路的信号机因进路故障关闭后，不能自动重复开放。

如果某进路的敌对信号开放，则该进路不能建立，该联锁关系还可以用该进路与其敌对进路之间的联锁关系来描述。

在较复杂的站场，建立一条进路时，进路之外的某一信号机，有时不允许其开放，即为敌对信号；在某些特定的条件下又允许其开放，即为非敌对信号，称这样的信号为条件敌对信号。

3. 进路与道岔之间联锁

只有当进路范围内的全部道岔位置正确，没有被其他进路征用或锁闭，则道岔锁闭后，进路才能建立；进路建立后，进路范围内的道岔被锁闭在规定位置，不能扳动；当进路解锁后，才能扳动。如举例站场建立下行ⅠG 接车的基本进路时，检查 5/7、1/3、9/11、13/15、17/19、23/25 号道岔在定位；建立下行ⅢG 接车的基本进路时，检查 5/7、1/3、9/11、13/15、17/19 号道岔在定位和 23/25 道岔在反位。

对于一条进路，不是只与本进路范围内的道岔有联锁关系，有时，进路与该进路范围以外的道岔也存在联锁关系，建立进路时，这些道岔也要转换和锁闭。

(1)防护道岔

为了保证作业安全，建立一条进路时，有时要求进路之外的道岔必须锁闭在规定的位置，称这种道岔为防护道岔。

经由交叉渡线的一组双动道岔反位排列进路时，应使与其交叉的另一组双动道岔防护在定位。如举例站场中排列 D_{11} 至 D_{13} 的调车进路，尽管 9/11 号道岔不在该进路上，但仍然要求 9/11 号道岔必须锁闭在定位，以防止 9/11 号道岔和 13/15 号道岔同时反位，在交叉渡线处造成车列的侧面冲突。

(2)带动道岔

在电气集中车站，如果两道岔位于同一区段，经其中一组道岔建立进路时，即使不经过另一组道岔，该道岔也要受锁闭，即同一区段的道岔同时锁闭。为了满足平行作业的需要，排列进路时还需把其他不在进路上的有关道岔带动到规定位置，称这种道岔为带动道岔，带动道岔一般均为双动(或三、四动)道岔(非进路调车等特殊作业除外)。

如举例站场中下行ⅡG 接车时，要求 17/19 号道岔反位，进路中其他道岔在定位。虽然 23/25 号道岔不在该进路内，但考虑经 25 号道岔定位的平行作业，需将 23/25 号道岔带动至定位。因 17 号道岔与 23 号道岔同属一个区段 17-23DG，如 23/25 号道岔被锁在反位，无法再排列经 23/25 号道岔定位的进路。此时若要办理东郊方面至ⅢG 的接车进路，必须等 17-23DG解锁后才能建立，这就影响了平行作业的进行，降低了效率。如果在建立下行ⅡG 接车进路时，将 23/25 号道岔带动至定位再锁闭，就能满足平行作业的要求。

必须注意，防护道岔与带动道岔不同，虽然二者都是进路之外的道岔，但其含义不同，对其要求也不同。防护道岔是为了保证作业安全，对其必须进行联锁条件的检查，防护道岔不在防护位置，进路不能建立，信号不许开放。带动道岔是为了提高作业效率，能带动到规定位置就带动，带动不到(若它还被锁闭)也不影响进路的建立。即使带动道岔位置不对，不应该影响信号开放。

4. 进路与轨道区段之间联锁

进路是由多个轨道区段相互连接而构成的一条路径。只有当该进路所包含的全部轨道区段空闲、侵限绝缘相邻区段空闲且没有被其他进路征用或锁闭时，进路才能建立。当调车进路的最后一个区段是股道或足够长的无岔区段时，即使不空闲，该调车进路也能建立。需要注意的是，经由此区段的长调车进路是不允许建立的。对于列车接车进路来讲，如果进路上的某个轨道区段故障，经值班人员确认该区段空闲，可以排列经由该区段的引导进路，允许列车以不超过 20 km/h 的速度引导进站。

进路建立后，进路所包含的轨道电路区段被锁闭。

进路建立、防护进路的信号机开放后，如果进路中的轨道区段故障或占用，则应立即关闭信号机，但进路仍然处于锁闭状态。

进路建立、信号机开放后，如果列车或调车车列顺序正常通过进路，则进路中的轨道区段可随之逐段解锁。如果列车或调车车列还未进入进路的接近区段，则可采用“总取消”的方式解锁进路。如果列车或调车车列已进入接近区段，须采用“总人工解锁”方式并经延时后才能解锁进路。

5. 信号机与信号机之间联锁

信号机与信号机间的联锁关系与其所防护的进路与进路间的联锁关系等同。如果两条进路敌对，则两个防护信号机就构成了敌对信号机。防护某进路的信号机开放时，其敌对信号机就不能再开放；如果敌对信号机已经开放，则该信号机不能再开放。例如：下行咽喉办理北京方向接车进路时 X→ⅢG，不能办理以其为始端或终端的调车进路，如 D_3→D_9 调车进路为本咽喉接车进路的敌对进路，此时调车信号机 D_3 为下行进站信号机 X 的敌对信号机。

6. 信号机与道岔之间联锁

信号机与道岔之间的联锁关系是指信号机与其所防护进路的相关道岔(包括进路中的道岔和进路外的防护道岔)之间的联锁关系。

如果与进路相关的道岔没有被锁在规定位置，则防护该进路的信号机不能开放。

如果信号机开放了，则进路的相关道岔必须保持在当前的锁闭位置。

如果进路相关道岔的位置或锁闭状态因故发生变化，则已开放的信号机必须立即关闭。

7. 信号机与轨道区段之间联锁

如果进路中的轨道区段被占用，或者已经被其他进路征用或锁闭，则防护该进路的信号机不能开放。

如果信号机已开放，则进路中的轨道区段一旦被非正常占用，信号机须立即关闭。

列车正常驶入已开放的列车信号机内方第一轨道电路区段时，信号机应立即关闭。调车车列正常驶入已开放的调车信号机内方时，需待车列全部越过信号机后该信号机才关闭；如果调车信号机外方接近区段留有车辆或未设轨道电路时，须待车列出清信号内方进路第一道岔区段后调车信号机才关闭。例如：以北京方向下行进站信号机排列接车进路时，X 进站信号机开放信号后，列车第一轮对越过信号内方，X 进站信号机立即关闭。以 D_3 为始端排列调车进路时，D_3 信号机的关闭时机，需要车列完全出清接近区段 ⅠAG，越过 D_3 信号机内方才可关闭。如接近区段 ⅠAG 留有车辆，D_3 信号机的关闭时机，须待车列出清信号内方进路第一道岔区段 5DG 后调车信号机才关闭。

8. 道岔与轨道区段之间联锁

如果道岔所在轨道区段被占用或处于锁闭状态，则道岔不能被扳动。

如果道岔不在进路规定的位置，则该轨道区段不能锁闭。

轨道区段进路锁闭时，区段中的道岔不能解除进路锁闭状态；轨道区段解除进路锁闭后，区段中的道岔随之解除进路锁闭状态。

综上所述，建立一条进路必须检查的基本联锁条件，可概括为：进路空闲、道岔位置正确且锁闭、敌对进路未建立（敌对信号未开放，包括迎面咽喉的敌对进路和本咽喉的调车敌对进路）。只有实时、准确地对上述联锁条件进行不间断地检查，才能保证车站行车作业安全。

任务四　联锁表的编制

工作任务

了解联锁表的作用；掌握联锁表的主要内容和编制规则。

知识点分析

联锁表是描述铁路车站信号设备联锁关系的图表，表内逐条罗列了车站内所有可能的基本进路和部分变更进路，并表示出了进路、道岔、信号机之间的基本联锁内容，是车站联锁系统设计和联锁试验的主要依据，具有十分重要的作用。

联锁表中分别以列车进路和调车进路为主体，逐条地把排列进路需顺序按压的按钮、防护该进路信号机及信号表示器的名称和显示、进路应检查并锁闭的道岔编号和位置、进路应检查其空闲的轨道电路区段名称，以及所排进路的敌对信号填写清楚。

表 1-1 是根据图 1-21 编制的部分联锁表。

表 1-1　联锁表（部分）

方向			进路	进路方式	排列进路按下按钮	确定运行方向道岔	信号机 名称	信号机 显示	表示器	道岔	敌对信号	轨道区段	迎面进路 列车	迎面进路 调车	其他联锁	进路序号
列车进路	东郊方向	接车	至5股道		X_DLA、S_5LA		X_D	U、U		5/7、9/11、13/15、(21)	D_{11}、S_5、<23/25>S_{III}	7DG、11-13DG、21DG、<23/25>25DG、5G	5G	5G		1
列车进路	东郊方向	接车	至Ⅲ股道		X_DLA、S_{III}LA		X_D	U		5/7、9/11、13/15、21、23/25	D_{11}、S_{III}、S_5	7DG、11-13DG、21DG、25DG、ⅢG	ⅢG	ⅢG		2
列车进路	东郊方向	发车	由Ⅲ股道		S_{II}LA、X_DLA		S_{II}	LL		23/25、21、9/11、13/15、5/7	D_{11}、X_D、S_{III}D、S_5	25DG、21DG、11-13DG、7DG			BS	3
列车进路	东郊方向	发车	由4股道		S_4LA、X_DLA		S_4	LL		(27)、(17/19)、{23/25}、(13/15)、[9/11]、5/7	D_{15}、D_{13}、D_{17}、D_{11}、D_9、X_D、S_4D、S_{III}、S_5	19-27DG、17-23DG、9-15DG、11-13DG、7DG			BS	4

续上表

方向			进路	进路方式	排列进路按下按钮	确定运行方向道岔	信号机		表示器	道岔	敌对信号	轨道区段	迎面进路		其他联锁	进路序号
							名称	显示					列车	调车		
列车进路	北京方面	接车	至Ⅰ股道		XLA、D_{17}LA		X	U		5/7、1/3、9/11、13/15、17/19、23/25	D_{3}、D_{7}、D_{9}、D_{13}、D_{17}	ⅠAG、5DG、3DG、9-15DG、17-23DG、ⅠG		ⅠG		5
列车进路	北京方面	接车	至5股道	1	XLA、S_{5}LA	(5/7)	X	UU		(5/7)、9/11、13/15、(21)	D_{3}、X_{D}、D_{11}、S_{5}D	ⅠAG、5DG、<1/3>3DG、7DG、11-13DG、21DG、<23/25>25DG、5G	5G	5G		6
列车进路	北京方面	接车	至5股道	2	XLA、D_{7}A/D_{9}A、S_{5}LA	5/7	X	UU		5/7、1/3、(9/11)、[13/15]、(21)	D_{3}、D_{7}、D_{9}、D_{1} $S_{Ⅲ}$、S_{5}D	ⅠAG、5DG、3DG、9-15DG、11-13DG、21DG、<23/25>25DG、5G	5G	5G		7
列车进路	北京方面	发车	由Ⅱ股道		$S_{Ⅱ}$LA、SLZA		$S_{Ⅱ}$	L或U		27、17/19、1/3	D_{15}、D_{9}、D_{1}、$S_{Ⅱ}$D、S_{4}	19-27DG、1/19WG、1DG、ⅡAG			BS	8
列车进路	北京方面	发车	由4股道		S_{4}LA、SLZA		S_{4}	L或U		(27)、17/19、1/3	D_{15}、D_{5}、D_{1}、S_{4}D、$S_{Ⅱ}$	19-27DG、1/19WG、1DG、ⅡAG			BS	9
调车进路	由	D_{1}	至D_{9}	D_{1}A、D_{7}A		D_{1}	B		(1/3)	D_{5}、<(1/3)>S_{5}L、$S_{Ⅱ}$L、$S_{Ⅲ}$L、S_{4}L	1DG、3DG、<5/7>5DG					10
调车进路	由	D_{1}	至D_{15}	D_{1}A D_{5}A		D_{1}	B		1/3	D_{5}、<19>$S_{Ⅱ}$、S_{4}	1DG					11
调车进路	由	D_{11}	至5股道		D_{11}A、S_{5}DA		D_{11}	B		9/11、13/15、(21)	S_{5}、<23/25>$S_{Ⅲ}$、X_{D}	11-13DG、21DG、<23/25>25DG	5G			12
调车进路	由	D_{11}	至Ⅲ股道		D_{11}A、$S_{Ⅲ}$DA		D_{11}	B		9/11、13/15、21、23/25	$S_{Ⅱ}$、S_{5}、X_{D}	11-13DG、21DG、25DG	ⅢG			13
调车进路	由	D_{11}	至D_{13}		D_{11}A、D_{13}A		D_{11}	B		(13/15)、[9/11]	X_{D}、D_{17}、D_{9}、$S_{Ⅲ}$、<(13/15)>$S_{Ⅱ}$、S_{4}	11-13DG、9-15DG				14

下面对联锁表各栏目做说明：

(1)方向栏。填写进路性质(接车、发车、通过、转场、调车或延续进路)和运行方向。

(2)进路栏。逐条列出列车及调车的基本进路。在较大车站，两点之间列车进路或调车进路同时有多条路径可选择时，可依照前面介绍的“路径最短、经过道岔最少、影响平行作业最小”的进路选为基本进路的原则，确定优先顺序，列出各种进路方式。在确定基本进路对平行作业的影响时，首先考虑不影响接车进路，其次考虑不影响发车进路，最后考虑少影响调车进路。在进路方式栏中用“1”表示基本进路，“2”表示变更进路。调车进路只填写基本进路。

进路栏的具体写法如下：

①列车进路

列车接至×股道时，写成“至×股道”；列车由×股道发车时，写成“由×股道”；通过进路应写成“经×股道向××方向通过”。

②调车进路

a. 由 $D_{××}$ 信号机调车时，写成“由 $D_{××}$”。

b. 调车至某一顺向调车信号机时，写成“至 $D_{××}$”。

c. 调车至股道时，写成“至×股道”。

d. 向尽头线、专用线、机务段、双线出口等处调车时，写成“向 $D_{××}$”。

e. 当进站信号机内方仅能做调车终端时，写成“至××进站信号机”。

(3)排列进路按下按钮栏：按照进路按钮按下的先后顺序，填写排列该进路时需按下的按钮名称。列车进路和调车进路的始端按钮一般是始端信号机按钮，而进路的终端按钮的确定分为以下几种情况：

①接车进路的终端按钮是接车股道上与进站信号机相反方向的出站信号机按钮。

②发车进路的终端按钮是位于发车口的反向进站信号机按钮，发车口上没有进站信号机的，需另设列车发车终端按钮，如向上行方向发车，发车按钮命名为 SLZA，意为上行列车终端按钮。反之，如向下行方向发车，则命名为 XLZA，意为下行列车终端按钮。

③如果调车进路的终端阻拦信号机是差置或并置信号机，则该调车进路的终端按钮是与终端阻拦信号机背向的差置或并置信号机按钮。

④如果调车进路的终端阻拦信号机是单置信号机，则该调车进路的终端按钮是终端阻拦信号机按钮。

⑤如果调车进路的终端是尽头线、牵出线，且尽头线、牵出线设置有反方向的调车信号机时，则调车进路的终端按钮为该反方向调车信号机按钮。

⑥如果调车进路的终端没有合适的调车信号机按钮，则需另设调车终端按钮。

变更进路时，除了列出进路始、终端按钮外，还要列出变更按钮，但变更按钮最多不超过两个。变更按钮可以由变更处的调车信号机按钮兼作，也可以在变更处单独设置，如 BA、B2A 等。

通过进路的始端按钮一般为专设的通过按钮，如下行通过按钮 XTA 或上行通过按钮 STA。如果通过进路的发车口处有反方向的进站信号机，则其终端按钮为该进站信号机按钮，如果发车口处没有进站信号机，需另设列车终端按钮，如 SLZA 和 XLZA。

延续进路除了列出始、终端按钮、变更按钮外，还要列出延续终端按钮。延续终端按钮可以由延续进路终端处的列车或调车信号机按钮兼作，延续进路终端处没有列车或调车信号机按钮的，需另设延续终端按钮，如 YZA。

(4)确定运行方向道岔栏：当有两种以上方式运行时，为了区分开通的路径，填写关键的对向道岔位置。如下行 5G 接车进路，方式 1 的对应栏内填(5/7)，方式 2 的对应栏内表明 5/7。

(5)信号机及表示器栏：填写排列该进路时开放信号机的名称及显示，色灯信号机按显示颜色表示；进路表示器以面对信号机开通不同的进路，分别以左、中、右或 A、B、C 来表示，如果进路超过三个方向，以两组进路表示器组合后的灯位分别表示不同的进路。

(6)道岔栏：在道岔栏中，应顺序填写与所排列进路相关的全部道岔的编号和位置，包括进路范围内的道岔、进路的防护道岔和带动道岔。

用道岔号码外加小括号“()”表示进路要求该道岔处于反位位置，不加括号则表示要求该道岔处于定位位置，如(1)表示要求 1 号道岔应处于反位位置。

防护道岔用道岔号码外加中括号“[]”表示该防护道岔要求防护在的位置，例如[5]表示要求 5 号道岔防护在定位，而[(3)]则表示要求 3 号道岔防护在反位。

带动道岔用道岔号码外加大括号“{}”表示该带动道岔应该被带动到的位置，例如{5}表示要求带动 5 号道岔到定位，而{(3)}则表示要求带动 3 号道岔到反位。

对于双动道岔来讲，应满足“要定位全定位，要反位全反位”的原则，即使进路只经过其中一个道岔的定位，另一个道岔也要扳动到定位，因此在道岔栏中双动道岔要一并填写，中间用“/”隔开。如 1 号和 3 号道岔是双动道岔，进路经过 1 号道岔的定位，则表示为 1/3；如进路经过 1 号和 3 号道岔的反位，则表示为(1/3)。如果某条进路要求 1/3 道岔防护在定位，则表示为[1/3]；如果某条进路要求 1/3 道岔带动到反位，则表示为{(1/3)}。

(7)敌对信号栏：站内联锁系统中，敌对进路要相互照查，不得同时开通，防护敌对进路的信号机不得同时开放。为此，要把有敌对关系的信号机名称填写在敌对信号栏内。填写排列该进路时本咽喉区的全部敌对信号的名称，其填写方式举例如下：

对于列车出站兼调车信号机，如果填写方式为 S_{I}，表示 S_{I} 信号机的列车和调车信号均为所排进路的敌对信号；如果填写 S_{I}L，表示 S_{I} 信号机的列车信号为所排进路的敌对信号；如果填写 S_{I}D，表示 S_{I} 信号机的调车信号为所排进路的敌对信号。

对于调车信号机，如果填写方式为 D_1，表示 D_1 信号机为所排进路的敌对信号。

有条件敌对信号时，填写方式为敌对信号机名称前加区分条件，如＜1/3＞D_1，表示经 1/3 号道岔定位的 D_1 信号机为所排进路的敌对信号；＜(23/25)＞S_{III}，表示经 23/25 号道岔反位的 S_{III} 信号机的列车信号为所排进路的敌对信号。

(8)轨道区段栏：顺序填写排列进路时须检查空闲的轨道电路区段名称，其填写方式举例如下：

5DG 表示排列进路时须检查 5DG 区段的空闲；＜5/7＞5DG，表示当 5/7 号道岔在定位时，排列进路须检查侵限绝缘相邻区段 5DG 区段的空闲；＜21＞21DG，表示当 21 号道岔在定位时，排列进路须检查侵限绝缘相邻区段 21DG 的空闲。

(9)迎面进路栏：所谓迎面进路，实际上是指向到发线接车或调车时，同一到发线对方咽喉对向的敌对进路。因此该栏内填写同一到发线(或场间联络线)上对向列车、调车进路的敌对关系，实际上是以线路区段的名称表示对另一咽喉的对向敌对进路的检查。

例如，建立下行ⅠG 接车进路，对方咽喉至ⅠG 的接车和调车进路均为敌对进路，因此，在迎面进路的列车和调车对应栏内均标明“ⅠG”，而建立 D_{13} 至ⅠG 调车进路，对方咽喉至ⅠG 的接车为敌对进路，而ⅠG 的调车进路不是敌对进路，因此，只在迎面进路的列车对应栏内均标明“ⅠG”，调车栏内不标。

(10)其他联锁栏：是指对前面的各栏没有包含联锁条件的检查。举例站场下行咽喉，只有发车进路对应的栏内表明了“BS”，表示所排发车进路应检查与邻站间的闭塞关系(含各种闭塞)。在上行咽喉，凡经过非进路调车推送线上道岔的进路，在“其他联锁”栏内应填“F”，表明这些进路建立时应检查未办理非进路调车作业。由本联锁区向其他联锁区或专用线、机务段排列进路时，须取得对方同意以确保照查条件满足，在这种情况下，“其他联锁”栏应填写 T 以表示需要得到对方同意。与另一咽喉区接车时的延续进路敌对时，应以 Y 表示。

(11)进路序号栏。将全站的列车进路和调车进路顺序编号，每条进路给出一个序号。通过进路由通过方向的接车进路和发车进路组成，将包含的接车进路和发车进路号码以分数形式填写在进路序号栏内，不另编号。

此外，非进路调车的联锁表应该单独编写。当进站信号机外方制动距离内进站方向为 6‰下坡道时，一般须设计有接车进路的延续进路，延续进路在联锁表内应单独编写。

任务五　进路控制过程的分析

工作任务

掌握进路控制过程：进路建立和进路解除；了解相关的技术条件。

知识点分析

车站信号控制系统的功能是实现车站内列车作业和调车作业的过程控制，并确保该过程满足安全的要求，避免发生列车或调车车列冲撞等危险。

无论是列车进路还是调车进路，它们的控制过程基本相同。进路控制过程可分成进路建立和进路解除两个阶段。进路建立阶段是指从车站操作人员开始办理进路，进路锁闭，直到防护该进路的信号机开放的过程；进路解锁阶段是指从列车或调车车列驶入进路，到驶过进路的全部轨道区段，并使其逐段解锁的过程；或者在进路建立后，采用“总取消”或“总人工解锁”方式一次性解锁进路的过程。

进路控制过程如图 1-22 所示。

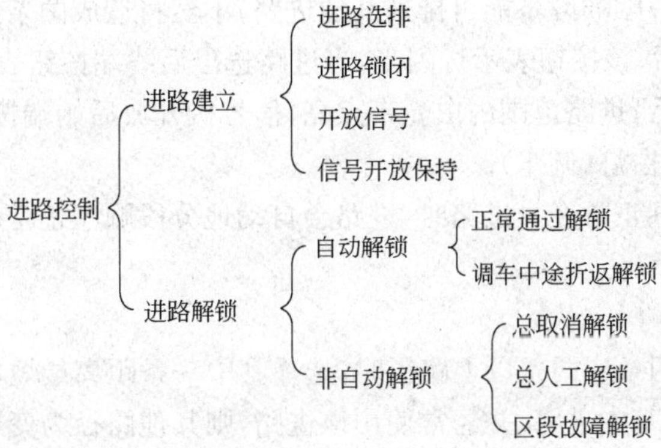

图 1-22　进路控制过程

1. 建立进路

(1)进路建立过程

①建立进路阶段可以分解为以下几个小阶段：

a. 人工操作阶段。操作员按压一条进路的始端按钮和终端按钮以确定要排列的进路。

b. 进路选排阶段。联锁系统根据按压的始端按钮和终端按钮确定进路范围，并检查进路选排的联锁条件是否满足。相应的联锁条件满足后，如果道岔位置与进路要求的位置不符，联锁系统将控制道岔转换到规定的位置。

c. 进路锁闭阶段。进路选排完成后，联锁系统检查进路锁闭的技术条件是否满足。满足相关条件后，联锁系统锁闭该进路。锁闭进路也就是锁闭进路中的道岔和轨道区段，使道岔不能再转换位置、轨道区段不能再被其他进路使用。

d. 开放信号阶段。进路锁闭、信号开放的技术条件满足时，开放其主体信号机。

信号开放后，如果进路的接近区段处于空闲状态，则称进路处于预先锁闭状态；信号开放后，如果接近区段有车占用或故障，则称进路处于接近锁闭状态。当接近区段未设轨道电路时，信号机开放后立即构成接近锁闭。

e. 信号保持阶段。信号机开放后必须不断地检查信号保持开放的技术条件是否满足，一旦条件不能满足，信号机应立即关闭。

上述几个阶段中，操作阶段由人工办理，其他阶段由联锁系统自动完成。

②排列进路操作方法

a. 排列基本进路

(a)排列基本进路的方法是顺序按下始、终端进路按钮。

(b)为了减少按钮数量，进路始端按钮一般均可兼作同性质反方向进路的终端按钮。由于单置调车信号机不能阻拦反方向的调车车列，因此，对应单置调车信号点的 D_{11}A、D_{13}A，只能兼作同方向调车进路的终端按钮。选路时，顺序地按压两个按钮，先按的起始端按钮作用，后按的起终端按钮作用。同一个按钮，既可作始端按钮，又可作终端按钮，因而，同一咽喉区不准许同时选两条进路，即一个进路按钮不能同时有两种用途。

(c)对于需要开放两架或两架以上调车信号机的长调车进路，既可按基本调车进路分段排列，也可以顺序按下长调车进路的始、终端按钮一次排列。

(d)办理正线通过作业时，可分别排列正线接车和正线发车进路，也可以先按下通过按钮，再按下发车进路的终端按钮，一次排成通过进路。

(e)按下始、端按钮至进路选出前，进路排列表示灯一直亮红灯，进路选出后灭灯。在进路排列表示灯未灭前，同一咽喉区不能再排列其他进路，不然将造成两条进路相互干扰。

(f)按下进路按钮后，该按钮表示灯闪光，当进路选出后终端按钮表示灯灭灯，始端按钮改亮稳定灯光，进路锁闭后，进路范围内白光带点亮，信号机开放后始端按钮表示灯灭灯，信号复示器点亮绿灯(列车)或白灯(调车)。

(g)列车或调车车列正常经过进路时，进路会自动地分段顺序正常解锁，即出清一段、解锁一段。

b. 排列变通进路

(a)在两点之间有两条或两条以上路径时，选择其中一条距离最短、经过道岔最少、影响平行作业最小的路径作为基本进路，并经常使用该进路，则其他路径为变通进路。有两条以上路径时，应按上述原则确定进路优先的顺序。

(b)排列变通进路时，按顺序先按下始端按钮，再按下一个或多个变通按钮，最后按下终端按钮。专设的变通按钮，排列列车或调车变通进路均可使用。列车进路中能起区分作用的各调车按钮均可兼作变通按钮使用。对于调车进路，只有单置调车按钮可兼作反方向进路的变通按钮使用，其他情况可分段排列。

c. 重复开放信号

信号开放的过程中，因故关闭，当故障恢复后，若进路仍在锁闭状态，可按下进路始端按钮使信号重新开放。

(2)进路建立的技术条件

①进路选排技术条件

进路选排时应检查如下技术条件：

a. 进路中的轨道区段空闲且未被锁闭，进路的超限区段空闲。

列车进路选排时必须检查进路中所有轨道区段的空闲和未锁闭条件。调车进路选排时则不必检查最后一个无岔区段的空闲条件，因为即使该无岔区段有车占用，仍可允许其他调车车列进入该区段进行牵出或推送作业。如果调车进路的最后一个无岔区段是股道，则不用检查该股道对向调车进路的锁闭条件，因为股道上允许办理对向调车作业。

检查进路的超限区段空闲，是为了防止列车或调车车列发生侧面冲撞事故。超限区段占用时，进路不能选排。

b. 进路中的道岔未区段锁闭、进路锁闭和封锁，进路的防护道岔未锁闭在错误位置。必须检查进路中所有道岔均未区段锁闭、进路锁闭和封锁，否则进路不能选排。如果进路中的道岔被单独锁闭在进路要求的位置，则不影响进路的选排。

进路选排时还必须检查防护道岔未锁闭在错误位置，否则进路不能建立。

以上条件满足后，还要检查进路中的道岔和防护道岔是否处在进路要求开通的位置。如果道岔不在规定位置，联锁系统控制道岔向规定位置转换；如果在规定时间内道岔不能转换到位，则进路选排失败，进路不能建立。

c. 敌对进路未建立。

必须检查所有的敌对进路处在未建立状态，否则进路不能选排。

d. 进路的其他照查条件满足。

当进路存在场间联系、站间联系等照查条件时，必须满足相关照查条件后，进路才能选排。

②进路锁闭技术条件

进路锁闭时要检查的技术条件与进路选排的条件基本一致，区别在于进路锁闭时进路中的道岔和进路的防护道岔必须处于进路要求开通的位置，否则进路不能锁闭。

③信号开放技术条件

进路锁闭后，必须满足以下条件才能开放信号：

a. 进路中的轨道区段空闲，进路的超限区段空闲；出站信号机和发车进路信号机开放时，应检查离去区段的空闲情况，如果离去区段有车占用，则不能开放相应的信号机。

b. 进路中的道岔和进路的防护道岔已锁闭在规定的位置。

c. 敌对进路未建立。

d. 进路的其他照查条件满足。

e. 未办理取消进路或总人工解锁操作。

如果办理了取消进路或总人工解锁进路操作，在信号机关闭至进路解除前的时间段内，为防止人为或自动重复开放信号，不允许防护该进路的信号机再次开放。

f. 进站信号机、有列车通过作业的正线出站或进路信号机，开放前应检查红灯灯丝完好。

信号开放前检查红灯灯丝的完好，是指如果红灯灯丝断丝，即使允许灯泡的灯丝是完整的，该信号机的允许灯光也禁止点亮。这样就能保证允许灯光开放后，如果一旦允许灯丝断丝，信号机能自动点亮红灯。防止由于列车速度太快或瞭望条件所限司机不能及时发现灭灯信号而导致冒进信号事故，危及行车安全。

侧线出站信号机和调车信号机在开放允许信号前不用检查红灯或蓝灯灯丝的完好，原因是侧线股道一般不办理列车通过作业，而调车作业速度较低，即使红灯或蓝灯因灯丝断丝不能点亮，司机也有足够的时间或较好的瞭望条件来发现信号机灭灯而及时采取制动措施，不至于冒进信号。

当然，对于允许办理列车通过作业的侧线股道，该股道列车通过方向的出站信号机开放前也应该检查其红灯灯丝的完整性。

g. 站内的各类信号机，除非办理了自动通过手续，否则在信号关闭后，不经再次办理，不能自动重复开放。

例如，进路建立、信号机开放后，进路中的某段轨道电路因故障导致信号机关闭，如果轨道电路又自动恢复，但信号机不能自动开放，必须经人工确认且办理了重复开放手续后，信号才能再次开放。

h. 信号开放时，不允许给出不符合相关规程要求的乱显示。

④信号保持开放技术条件

信号开放后，必须持续检查信号保持开放的技术条件，如果条件不满足，信号机应立即关闭。在下列情况下，信号机应及时关闭：

a. 如果是列车进路，当列车第一轮对压入进路内方第一轨道区段时，防护该进路的信号机应立即关闭，不允许其他列车再进入该进路。

b. 如果是调车进路，当调车车列全部进入进路内方时，调车信号机应及时关闭。如果调车进路外方区段留有车辆或未设轨道电路，须等调车车列出清进路内方第一区段时，调车信号才关闭。

对于调车作业来讲，调车机车既能牵引车列运行，也能从后部推送车列运行。当需要推送车列进入进路时，如果车列的第一轮对一压入进路内方就关闭信号机，调车司机将不得不在看到信号机显示禁止灯光的情况下继续推送车列前进，这是非常不严肃的。因此，规定当调车车列全部进入调车信号机内方后再关闭信号机。

如果调车进路外方区段留有车辆或未设轨道电路时，因联锁系统无法确认运行中的调车车列何时全部进入进路内方，只有当进路内方第一轨道区段占用并出清后才能确认车列已全部进入进路内方，然后再关闭信号机。

c. 在专用的机走线和机务段出口处以及机待线上的调车信号机，当机车第一轮对进入信号机内方时，信号机应及时关闭。

机走线、机务段和机待线都是机车专用线路，通常只有机车单机或连挂进出，没有推送车列作业，所以规定机车第一轮对进入进路内方时立即关闭信号机，而不必等全部进入进路内方后才关闭信号机。

d. 信号机发生故障时应及时关闭。

当信号机出现供电故障时，如电源断线等，信号机灯泡因失电而灭灯。当信号机灯泡的允许灯丝断丝时，信号机自动改点禁止灯光。

e. 办理取消或人工解锁进路时，应首先关闭信号机。

办理了取消进路或人工解锁进路操作后，应首先关闭信号机，符合取消进路或人工解锁进路的联锁条件后再解锁进路。

f. 复示信号机的主体信号机关闭时，复示信号机应立即关闭。

2. 解除进路

(1)进路解除过程

进路解除也称进路解锁，就是解除已建立进路的锁闭状态，包括解除对道岔、敌对进路和轨道区段的锁闭。根据进路解锁的条件和时机，有 5 种进路解锁方式，即正常通过解锁、调车中途折返解锁、取消进路、人工解锁进路和区段故障解锁。其中正常通过解锁和调车中途折返解锁是自动解锁方式，由联锁系统自动完成，不需要人工参与。取消进路、人工解锁进路和区段故障解锁是非自动解锁方式，需要人工参与才能完成。

①正常通过解锁

进路建立、信号机开放后，列车或调车车列可进入进路。列车或调车车列顺序驶过该进路后，进路应自动解锁。通常有两种自动解锁方式：一次性解锁和逐段解锁。一次性解锁是指当列车或调车车列顺序驶过了进路中的全部轨道区段后再一次性解除锁闭，而逐段解锁是指随着列车或调车车列顺序压过进路，顺次出清的轨道区段和道岔逐个解除锁闭。一次解锁方式在技术上容易实现，但道岔不能及时解锁，影响作业效率，适用于小站。逐段解锁方式虽然技术实现较为复杂，但能提高作业效率和咽喉通过能力，因此目前的车站联锁系统一般采用逐段解锁方式。

②调车中途折返解锁

调车中途折返解锁是为了满足调车转线作业时中途折返需要，提高作业效率而实现的一种自动解锁方式。调车转线作业包括牵出和折返两个过程，牵出时往往不必走完整个牵出进路就按最近的反向折返调车信号机的显示进行折返，这就可能使原牵出进路的部分区段或全部区段不能正常解锁。调车中途折返解锁就是为了使该部分区段在满足相关联锁条件后能够自动解锁。

③取消进路

进路建立，信号机开放后，如果列车或调车车列尚未进入进路的接近区段，可采用总取消方式取消已建立的进路。操作员先按压"总取消"按钮，再按压进路始端的信号机按钮，联锁条件满足，可一次性取消该进路。

④人工解锁进路

进路建立，信号机开放后，列车或调车车列已进入进路的接近区段，可以采用总人工解锁方式解锁进路。办理方式是操作员先按压"总人工解锁"按钮，再按压进路始端的信号机按钮，联锁系统检查相应的联锁条件满足且延时规定的时间后可一次性解锁该进路。

⑤区段故障解锁

当发生停电恢复或漏解锁等故障使区段不能按进路方式解锁时，在确认本区段空闲的条件下，一个人破铅封按下控制台上的"总人工解锁"按钮，另一个人同时按下区段人工解锁盘上要解锁区段的"事故"按钮，该区段立即解锁。

当设备发生故障，以正常手续不能关闭信号机时，可以一个人破铅封按下控制台上的"总人工解锁"按钮，另一个人同时按下进路中任一区段的"事故"按钮，使该区段不能解锁，也可使信号机强制关闭。

区段故障解锁是一种非常规的解锁方式，需要严格的审批手续并需破铅封处理或输入正确密码后才能实施。

(2)进路解除的技术条件

①正常通过解锁

正常通过解锁必须具备 3 个条件：

a. 防护进路的信号机因列车或调车车列进入进路而自动关闭。

b. 保证列车或调车车列确已顺序压入并出清进路区段。

c. 列车或调车车列出清某轨道区段后，该区段应及时自动解锁。

其中第 2 条是关键。列车或调车车列压入轨道区段后又出清，反映在轨道电路上，就是轨道继电器落下后又吸起的动作过程。

采用单个轨道区段的轨道继电器落下后又吸起来证明列车或调车车列曾压入又出清了该轨道区段的方法，叫作一点检查法。一点检查法并不能保证列车或调车车列确实曾占用又出清了某轨道区段，因为轨道电路故障后自动恢复，或人为短路该轨道电路后又恢复，其轨道继电器同样会落下后再吸起。如果由此而使区段自动解锁是非常危险的，因此不能采用。采用本区段轨道继电器落下后又吸起，下一区段轨道继电器落下来证明列车或调车车列曾压入又出清了本轨道区段的方法，叫作两点检查法。两点检查法存在的问题是：在列车或调车车列运行过程中，如果中间某节车辆出现轻跳或车轮与钢轨因轨面锈蚀瞬时接触不良，会使轨道继电器错误吸起，如果因此而使该区段自动解锁也是不允许的。

长期实践证明，采用三点检查法能有效保证轨道区段的安全解锁。所谓“三点检查”，是指区段必须满足3个条件才能解锁：前一区段出清并解锁；本区段曾占用后又出清；下一区段占用。如果上述3个条件均满足，则可保证列车或调车车列确实已经压过该区段，区段可以自动解锁。

满足三点检查条件后，为了防止本区段的轨道继电器吸起是由于轨道电路瞬时分路不良引起的，规定延时3 s才使区段解锁，以保证列车或调车车列确已出清该区段。

列车或调车车列顺序压过进路，使进路范围内的轨道区段逐段解锁的过程，就是轨道区段逐个完成三点检查而自动解锁的过程。在有些情况下，比如进路的接近区段未设轨道电路时，进路内方第一区段无法实现三点检查，此时可允许使用两点检查法解锁进路内方第一区段。

②调车中途折返解锁

进行中途折返调车作业时，在下列条件下调车进路应能实现中途返回自动解锁。

a. 当车列驶入调车进路后，因中途折返而使该进路的部分区段不能解锁时，在检查车列确已根据开放的折返信号机驶入该信号机的内方，且出清全部未解锁的区段后，该部分区段应自动解锁。

b. 当车列驶入调车进路后，因中途折返作业而使该进路全部区段均不能解锁时，在检查车列顺序退出该进路和其接近区段后解锁。

c. 当车列驶入并置信号机内方后，因中途折返作业而使该进路全部区段均不能解锁时，在检查车列确已根据开放的反向并置信号机驶入该信号机的内方，且出清全部未解锁的区段后，该进路自动解锁。

③取消进路

联锁系统取消进路时必须检查以下条件：

a. 进路的接近区段无车占用，即进路处于预先锁闭状态。

b. 防护该进路的信号机已因办理取消进路手续而关闭。

c. 进路处于空闲状态。

上述条件满足后，进路可立即解锁，进路相关的道岔和轨道区段也应随之立即解锁。

④人工解锁进路

办理了人工解锁操作后，防护进路的信号机应立即关闭，自信号机关闭时起延时一定的时间后进路才能由终端至始端，依次解锁。接车进路及正线发车进路延时3 min，侧线发车进路和调车进路延时30 s。

进路的人工解锁，应检查以下条件：

a. 进路的接近区段有车占用，即进路处于接近锁闭状态。

b. 防护该进路的信号机已关闭。

c. 在延时过程中，进路处于空闲状态，即列车或调车车列未冒进信号。

⑤区段故障解锁

除下列区段外的任何区段均可采用区段故障解锁的方式解锁：

a. 轨道电路占用区段。

b. 处于列车或调车车列运行前方的区段。

轨道区段有车占用时，包括区段故障解锁在内的任何操作都不能使该轨道区段解锁。列车或调车车列运行前方的区段不能解锁，是为了防止区段解锁后道岔扳动到错误的开通方向而危及行车安全。

3. 特殊进路控制

前面介绍的进路控制过程以及相关技术条件是针对普通进路而言的，在车站信号控制系统中，还存在着一些特殊进路，需要满足相应的特殊技术条件。

(1)引导进路控制

因进站或接车进路信号机自身故障或轨道电路故障不能正常开放接车信号，以及在道岔失去表示或向非接车线路接车时，可采用将接车进路上的道岔实行锁闭或对全咽喉所有道岔实行总锁闭然后开放引导信号的方式将列车以低速引导进站。

引导锁闭有两种方式：一是按进路方式锁闭道岔，称为引导进路锁闭；二是全咽喉的道岔全部锁闭，称为引导总锁闭。

①引导进路的办理方式

如果因进站或接车进路信号机自身故障(如允许信号灯丝断丝等)而不能正常开放时，可采用按压始、终端按钮方式正常办理接车进路，进路排出后再按压相应的“引导”按钮，开放引导信号。

如果因进路中的轨道电路故障而不能正常办理接车进路时，可先将进路上的道岔单独操纵至规定位置，再按压相应的“引导”按钮，开放引导信号。

如果因表示电路故障导致道岔失去表示或向非接车线路接车时，人工确认引导进路正确后，按压该咽喉的“引导总锁闭”按钮和相应的“引导”按钮，锁闭该咽喉全部道岔后，开放引导信号。

无论采用哪一种引导接车方式，当发生进路内方第一区段轨道电路故障时，值班员必须一直按下“引导”按钮，直至列车进站才能松手，否则引导信号不能保持开放状态。

②引导信号开放的条件

开放引导信号应检查如下技术条件：

a. 引导进路中道岔位置正确。

b. 未建立敌对进路。

c. 引导进路在锁闭状态或者对道岔进行了引导总锁闭。

d. 主体信号机必须为红灯显示。

③引导信号的关闭时机

引导信号在下列情况下应及时关闭：

a. 列车未驶入引导进路之前，信号保持开放的条件不能满足时。

b. 信号机内方第一轨道区段无故障的情况下，列车第一轮对进入该区段时。

c. 信号机内方第一轨道区段故障，未能在 15 s 内进行维持开放信号的操作时。

d. 办理引导进路解锁时。

e. 解除道岔总锁闭时。

f. 人工关闭信号时。

④引导进路解锁

引导进路的解锁方式与正常进路的解锁方式也存在区别。列车通过引导进路后，引导信号关闭，但进路并不按逐段解锁的方式解锁，而是保持进路锁闭状态。人工按压“总人工解锁”按钮 ZRA 后，按压进路的始端按钮 LA(注意是 LA 不是 YA)后，引导进路一次性解锁。

(2)延续进路控制

当进站信号机外方列车制动距离内为超过 6‰ 下坡道时，列车的接车进路必须设相应的延续进路，以防列车制动不及时冒进信号，危及行车安全。所谓延续进路，即在沿上述下坡道方向办理接车进路时，必须将原接车进路延长至适当地点，其终端可以是另一咽喉的安全线上的车挡、牵出线尽头、专用线入口处的调车信号机或车站进站口处的进站信号机或站界标等，其延长部分即为延续进路。

排列接车进路时，必须将其延续进路一并排出并锁闭，才能开放接车信号。排列进路时，应依次确定接车进路的始端、终端和延续进路的终端。引导接车时不设延续进路。

进站信号机开放应检查接车进路及延续进路上的道岔位置正确并被锁闭、轨道区段空闲、敌对信号未开放。延续进路锁闭后，可不检查延续进路上的轨道区段空闲。

当延续进路已通向出站口时，如需连续发车，应按压出站信号机的信号按钮，检查出站信号机开放的条件满足后，即可开放出站信号机。

延续进路的解锁时机：

①在正常情况下，在列车头部进入股道 3 min 后，延续进路一次性解锁。

②根据需要，在列车头部进入股道后，可采取坡道解锁的特殊操作实行不限时解锁。

③在取消或人工解锁接车进路后，延续进路随之一次性解锁。

(3)到发线出岔进路控制

所谓到发线出岔，是指在到发线中间铺设有道岔，这一道岔称作中间道岔或分歧道岔，如图 1-23 所示。为防护分歧道岔，在到发线上一般设置有调车信号机。

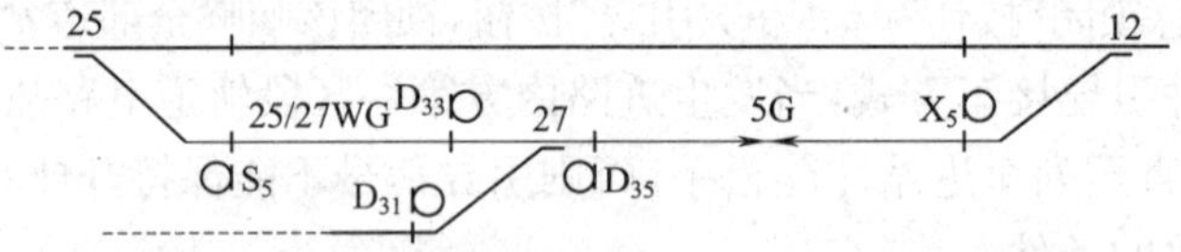

图 1-23　防护到发线道岔的调车信号机

向有分歧道岔的到发线上排列接车进路，或由有分歧道岔的到发线排列发车进路，分歧道岔应自动转换到规定位置并锁闭，进站或出站信号机才能开放。

当防护该分歧道岔的调车信号机开放时，通向该到发线的接车进路不得建立，但发车进路可以建立。

①接车时分歧道岔的解锁

a. 进站列车全部进入到发线并按顺序通过分歧道岔，分歧道岔应自动解锁。

b. 进站列车全部进入到发线，但未压入分歧道岔区段，分歧道岔应经 3 min 延时解锁。

c. 进站列车全部进入到发线，占用分歧道岔区段，该分歧道岔应经 3 min 延时并在列车出清后自动解锁。

②发车时分歧道岔的解锁

a. 出发列车全部出清到发线，分歧道岔应立即自动解锁。

b. 无岔区段留有车辆时，列车出清出站信号机内方第一区段后，分歧道岔才能解锁。

c. 取消发车进路，分歧道岔和发车进路应同时解锁。当分歧道岔区段有车占用时，应保留区段锁闭。

(4)非进路调车控制

所谓非进路调车，是指在某些调车作业繁忙的车站，根据调车作业需要，可利用集中联锁区的部分线路作牵出线和推送线进行解体和编组作业，若允许由现场调车员用手信号指挥调车车列往返调车，就构成了非进路调车。

车站值班员必须确认推送线上各道岔区段空闲且未利用这些区段排列任何进路后，才按压非进路调车按钮以允许进行非进路调车。按压非进路调车按钮后，非进路调车范围内的道岔将自动转换到规定的位置并锁闭，然后开放非进路调车区内的所有调车信号机并一直保持在开放状态。

再次按压非进路调车按钮，可取消非进路调车。取消时，必须确认调车车列已全部出清有关道岔区段，所有非进路调车信号机立即关闭，延时 30 s 后，非进路调车进路解锁。

单元总结

在铁路车站联锁区域内，为了保证列车或调车车列在站内的运行安全，需要把列车或调车车列运行所防护的信号机和进路之间、进路中的所有相关道岔之间建立一种相互制约的关系，我们把信号机、道岔、进路三者之间相互制约的关系称为联锁关系，简称联锁。

将联锁关系用各种符号表示，并将每一条进路的联锁关系用表格的形式表示出来，即构成联锁表。联锁表完整地显示了车站的联锁关系，是检查验收车站联锁控制功能的依据。每一个从事车站联锁设备施工和维护的人员，必须全面掌握所负责车站的联锁关系，能够检查核对联锁关系，熟练识别车站联锁表的各栏目内容，检查发现联锁中存在的问题。

实现联锁控制功能的设备被称为联锁设备。按照联锁控制方式的不同，联锁设备分为非集中联锁设备和集中联锁设备。非集中联锁设备目前已基本淘汰，现在应用的联锁设备主要是 6502 电气集中联锁(继电集中联锁)设备和计算机联锁设备，并将由计算机联锁设备逐步取代电气集中联锁设备。

复习思考题

一、填空题

1. 信号、道岔和进路必须按照一定程序并满足一定条件才能动作和建立的这种约束关系称作(　　)。

2. 在铁路信号系统中，凡是涉及行车安全的继电器电路都必须采用(　　)继电器。

3. 安全技术首先是从铁路信号开始的，(　　)是铁路信号领域必须贯彻的原则。

4. 从排列进路到列车或车列通过了该进路是一过程，我们称该过程为进路控制过程。进路控制过程可分为进路(　　)两个大的阶段。

5. (　　)是通过对系统进行完善设计，力求使系统避免发生故障的一种技术。

6. 计算机联锁系统的软件包括系统软件和(　　)。

7. 在承认故障不可避免的前提下，进而考虑解除故障影响的措施属于(　　)。

8. (　　)是指在限定的时间内对外来事件能够做出反应的系统。

9. 在编制电气集中联锁表时，对于防护道岔位置在反位时其道岔号码外加(　　)符号。

10. 在联锁表中，道岔一栏中填写符号(　　)，表示将2号道岔带动到定位。

11. 在编制电气集中联锁表时，对于防护道岔的填写应在道岔号码外加(　　)符号。

12. 联锁表的编制程序一般是先填写(　　)。

13. 联锁表中道岔栏填写符号(　　)，表示将10号道岔带动到定位。

14. 车站信号联锁系统的发展大致经历了机械化联锁阶段、机电联锁阶段、继电联锁阶段和(　　)阶段。

15. 引导进路解锁需人工按压“总人工解锁”按钮ZRA后，按压进路的(　　)。

二、简答题

1. 什么叫联锁？
2. 什么是进路、进路的分类？
3. 车站联锁系统的作用是什么？
4. 车站信号控制系统设备的组成是什么？
5. 车站信号控制系统中主要应用了哪些技术？
6. 简述列车信号机的分类与设置。
7. 什么是单置、并置、差置、尽头线调车信号机？
8. 简述道岔的编号、分类及定位的确定方法。
9. 说明相邻轨道电路为什么要采用极性交叉。
10. 简述轨道区段的命名方法。
11. 简述进路与进路之间的联锁关系。
12. 简述进路与信号机之间的联锁关系。
13. 简述进路与道岔之间的联锁关系。
14. 简述联锁表中进路栏的具体写法。
15. 简述进路的控制过程。
16. 什么是基本进路？什么是变通进路？
17. 进路的五种解锁方式是什么？

单元二　电气集中联锁系统的认知

项目描述

用电气方式集中控制和监督全站的道岔、信号机、轨道区段和进路的状态，并实现它们之间联锁关系的设备称为电气集中联锁设备，简称电气集中。采用继电器电路实现联锁逻辑控制的电气集中设备，叫作继电式电气集中，6502 电气集中即是继电集中的一种，通常把 6502 电气集中简称为电气集中。学习者通过本项目的学习应熟练掌握电气集中联锁系统的设备组成、操作方法；掌握电气集中系统需检查的联锁条件，并掌握继电控制电路如何实现对各种联锁条件的检查。

教学目标

学习目标

1. 理解继电电路对各种联锁条件的检查方法，进而深刻理解各种联锁关系对车站作业安全的保证。

2. 熟练掌握电气集中车站联锁设备的组成及 6502 电气集中设备的操作使用方法。

素质目标

1. 规范就是工具书——强调规范的重要性。

2. 规范大于经验——培养学生尽管规范来源于经验，但操作规范理论大于经验。

任务一　电气集中设备的认知与操作

工作任务

1. 根据车站信号设备平面布置图，掌握电气集中联锁车站室内外信号设备的组成和各种信号设备的基本性能，进行日常维护和故障处理时，能快速准确找到相关设备和器材的位置。

2. 按照 6502 电气集中设备的操作要求，在设备维护和联锁试验时，办理相关的登记手续后，熟练正确地进行控制台上各种操作，根据控制台表示现象正确地分析设备的工作状态。

知识点分析

1. 电气集中车站的设备组成与功能

6502 电气集中设备组成如图 2-1 所示。由图可见，6502 电气集中设备分室外和室内两部分，室外设备有指挥列车及调车车列运行的色灯信号机、转换道岔的转辙机、监督轨道上有无车占用的轨道电路，以及连接这些设备的电缆线路(包括电缆、箱、盒)。室内设备包括安装在信号楼或行车室内的控制台、区段人工解锁按钮盘、电源屏、继电器组合及组合架、分线盘。控制台用来选排进路、控制道岔转换和信号开放，并监督进路、信号、道岔和轨道电路状态。区段人工解锁按钮盘的作用是因道岔区段故障不能解锁时，用它办理区段故障人工解锁，使设备解锁和恢复电路的正常状态；在取消进路不能关闭信号的情况下，也可用它来紧急关闭信号。继电器组合插放在组合架内，包含控制和监督用的各种继电器，实现对室外设备的控制和监督，是联锁设备的核心设备。电源屏为整个车站电气集中设备不间断地供给各种交直流电源。为了可靠地不间断供电，原则上应由两路工业电网分别作为主、副总电源。主、副两路电源必须能自动互相切换。分线盘是室内外电缆连接的地方，承担室内设备和室外设备连接作用。

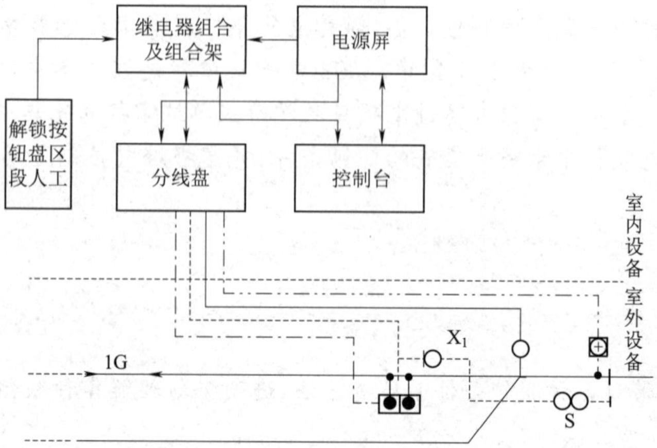

图 2-1　6502 电气集中设备组成

2. 电气集中联锁设备的使用

(1)控制台布置

我国生产的大站电气集中控制台，都是用各种标准单元块拼成的，简称为单元控制台。图 2-2是单元控制台盘面略图。在控制台上，设有以下各种用途的按钮和表示灯。

作为操纵部件，一律采用按钮，不用手柄，按钮用于进行各种操作，其中涉及行车安全的按钮必须加铅封，必要时可装设计数器进行监督。

在控制台盘面上利用光带模拟站场线路，排列与取消进路时，控制台上有明显的表示，通过光带的不同状态监督进路的开通、解锁以及轨道区段的占用、空闲和故障等，同时利用信号复示器和道岔表示灯监督现场信号机、道岔的状态。

①进路按钮及表示灯

a. 列车进路按钮

二位自复式绿色按钮，设在进站及出站信号复示器旁的光带上，办理列车进路时作为始、终端按钮。按钮名称根据相应列车信号机命名，例如对应下行进站信号机 X 设置 XLA、对应上行 5G 出站信号机 S_5 设置 S_5LA。

b. 调车进路按钮

二位自复式白色按钮，设在调车信号复示器旁边，办理调车进路时作为始、终端按钮。按钮名称根据相应调车信号机命名，如 D_1A、D_3A。

在出站兼调车信号复示器旁的光带上设一个列车进路按钮，在光带下方设一个调车进路按钮，分别作为办理列车和调车进路用，如 S_4LA、S_4DA。

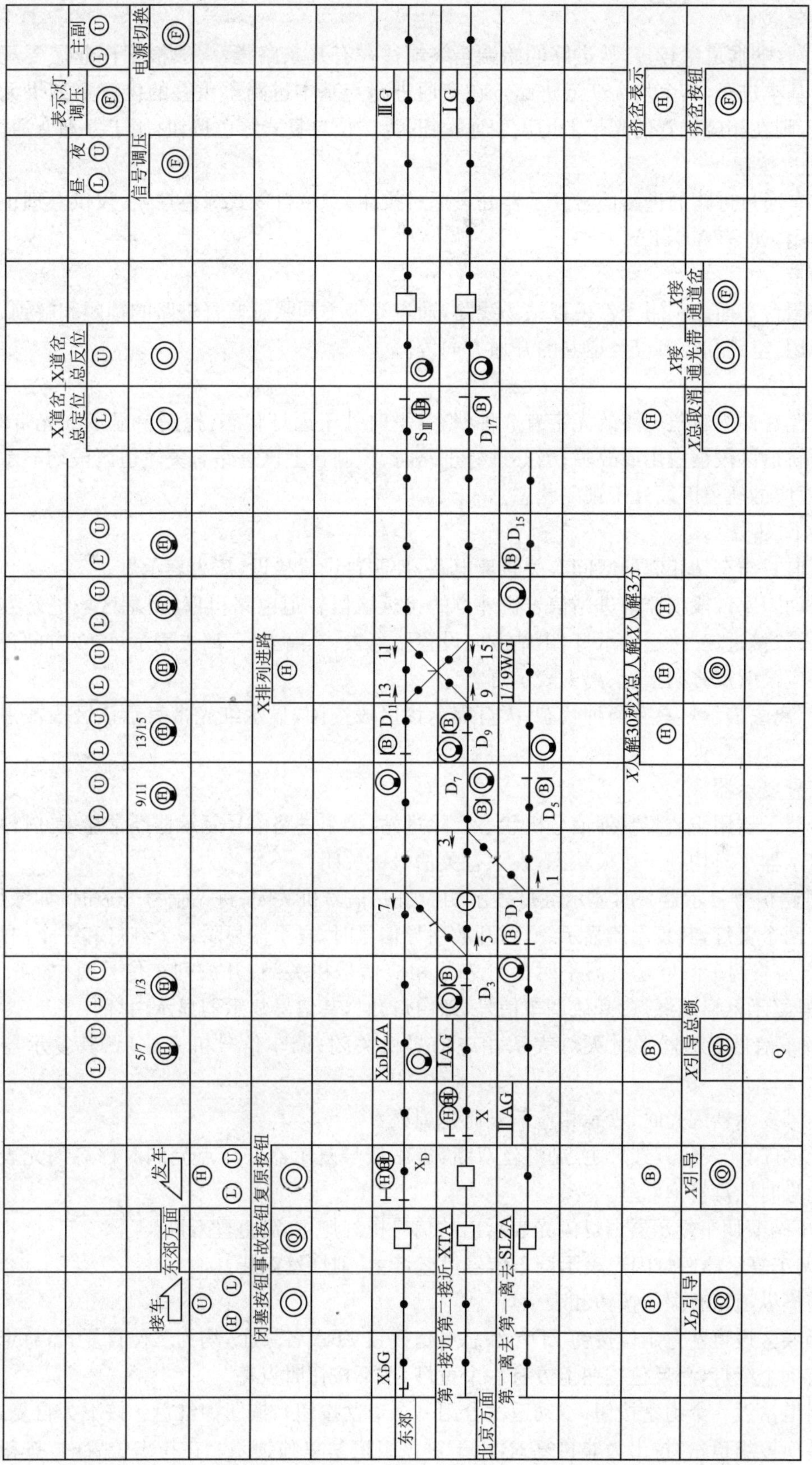

图 2-2　单元控制台盘面略图

c. 变通按钮

在大站，咽喉道岔较多，从进路的始端至终端往往有几条路径，一般根据作业需要规定其中一条为基本进路，其余均为变通进路。在变通进路与基本进路不重叠的位置上如果无调车进路按钮，则在相应位置的光带上增设变通按钮，为二位自复式绿色按钮，用于办理变通进路。

d. 通过按钮

对应有通过进路的进站信号复示器处设通过按钮，二位自复式绿色按钮，仅供办理正线通过进路使用，如 STA、XTA。

②光带

在控制台盘面上利用光带模拟站场线路，通过光带不同状态监督进路的锁闭和解锁、轨道区段的占用、空闲和故障以及道岔的开通方向等。

a. 站内部分

用于监督站内轨道电路的光带有 3 种状态：平时处于灭灯状态；控制台显示红光带时，表示对应的轨道区段被占用或故障；当办理好进路时，控制台上该进路有关轨道区段均显示白光带，表示对应的轨道区段处于锁闭状态。

b. 区间部分

为了监督与车站相邻的区间有关轨道电路，控制台设置接近、离去表示灯。

半自动闭塞区段仅监督进站信号机外方的接近区段轨道电路；自动闭塞区段进站方向设置一接近、二接近、三接近表示灯，出站方向设置一离去、二离去、三离去表示灯，双方向自动闭塞区段还应设置反方向接近、离去表示灯。

接近、离去表示灯只有两种状态，灭灯表示该区段空闲，显示红光带表示该区段被占用或故障。

③信号复示器

信号复示器用于监督室外信号机状态。除进站、接车进路信号复示器经常显示红灯外，其他信号复示器平时均处于熄灭状态，表示有关信号机关闭。

a. 进路信号复示器平时显示红灯表示相应进站信号机关闭；进站信号开放时，如绿灯、一个黄灯及两个黄灯，其复示器显示绿灯；开放引导信号时，复示器显示一个红灯和一个白灯。

b. 出站兼调车信号复示器平时灭灯表示相应信号机关闭；开放列车信号时，如黄灯、绿灯，其信号复示器显示绿灯；开放调车信号(即白灯)时，其信号复示器显示白灯。

c. 调车信号复示器平时灭灯表示相应信号机关闭；调车信号机开放后，其复示器显示白灯。

当信号复示器闪光时，表示相应信号灯光熄灭：

(a)红灯闪光表示其红灯主、副灯丝双断，进站信号复示器红灯点亮同时白灯闪光表示开放引导信号时白灯灯泡断丝。

(b)出站兼调车复示器白灯闪光表示出站信号机红灯主、副灯丝双断。

(c)调车复示器白灯闪光表示调车信号机蓝灯主、副灯丝双断。

④与操纵道岔有关的按钮和表示灯

每咽喉区设道岔总定位按钮 ZDA 和总反位按钮 ZFA 各一个，均为二位自复式，总定位按钮上方有一个绿灯，总反位按钮上方有一个黄灯，按下按钮时点亮。

每组道岔设一个道岔按钮(双动道岔合用一个道岔按钮)，按钮为红色。按下为自复式，用于单独转换该组道岔；拉出为非自复式，用于对该组道岔单独锁闭。在拉出位置时，按钮表示灯点亮。新型 6502 控制台上对应每组道岔设置两个控制按钮，一个用于单独转换道岔，另一个用于单独锁闭道岔，按下时按钮表示灯点亮。

每个道岔按钮上方设两个表示灯，亮绿灯表示道岔在定位，黄灯表示道岔在反位，道岔在转换中或挤岔时，其黄灯和绿灯均不亮。

⑤闭塞有关的按钮和表示灯

单线半自动闭塞区段的车站，控制台上设置"闭塞"按钮、"事故"按钮、"复原"按钮以及接车表示灯、发车表示灯，用于与相邻站办理闭塞。

自动闭塞区段不需要办理闭塞，不设置闭塞表示灯。但在双线双向自动闭塞区段，为改变区间运行方向，增设了"允许改变方向"按钮、"接车辅助"按钮、"发车辅助"按钮、"总辅助"按钮以及监督区间表示灯、辅助办理表示灯等。

⑥其他按钮和表示灯

除上述外，控制台上还设置有引导按钮 YA、引导总锁闭按钮 YZSA、总取消按钮 ZQA、总人工解锁按钮 ZRA 等按钮及各种报警表示灯，将在后面结合应用进行介绍。

(2)列车进路办理

6502 电气集中采用双按钮选路方式，即只需在控制台上顺序按压进路的始端、终端按钮，就能够按照操作意图自动选出进路、转换道岔、锁闭进路、开放信号，而且不论进路中有多少道岔，均能自动转换，简化了操作手续，提高了效率。

在大站上，进路的始端和终端之间往往有几条路径可走，规定其中一条为基本进路，其余则为变通进路，也叫迂回进路。当基本进路由于某种原因不能办理时，可以改为排列迂回进路。

6502 电气集中设备同一咽喉同时只能办理一条进路，即在排列进路表示灯点亮时不能办理第二条进路。只有第一条进路已经选出，排列进路表示灯熄灭后才能办理第二条进路。进路上有车占用、轨道电路故障、正在进行人工解锁以及敌对进路已建立时，都不能办理进路。防护进路的信号机只有在其防护的进路空闲(包括超限绝缘检查)，有关道岔位置正确，进路锁闭，未进行人工解锁，敌对进路未建立时才能开放。下面以图 2-3 为例说明进路办理方法。

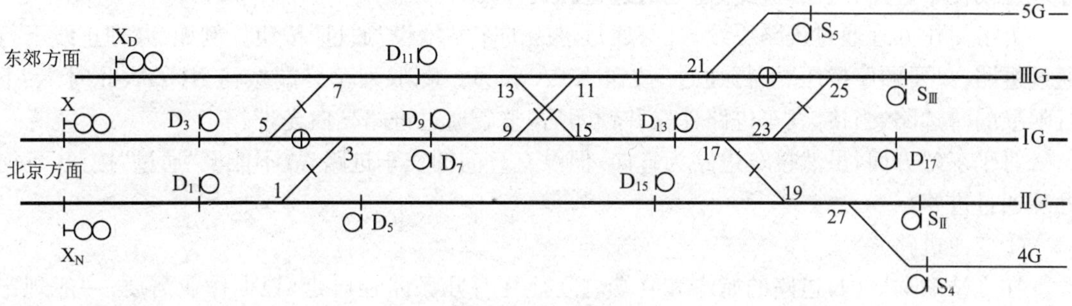

图 2-3　车站示意图

①接车进路

办理接车进路时，以防护接车进路的进站信号机的列车按钮为始端按钮，以股道入口处的列车按钮为终端按钮。

如办理北京方面至 4G 的下行接车进路：

a. 按下防护进路的信号机的列车按钮，即 X 进站信号机的列车按钮 XLA 作为始端按钮，其按钮表示灯闪绿灯，本咽喉的排列进路表示灯 LPD 显示红灯。

b. 按下 4G 入口处的列车按钮，即 S_4LA 作为终端按钮，其按钮表示灯闪绿灯，开始选路。

c. 当排列进路表示灯 LPD 红灯熄灭时，表示进路已选出，此时本咽喉才可以选排其他进路。

d. 根据选出的进路，有关道岔顺序转换至要求位置，按照联锁关系的要求进行检查后，控制台上从进站信号机 X 至 4G 下行出站信号机 X_4(即进路的始端至终端)显示白光带，表示实施了进路锁闭。

e. 进路锁闭后，控制台上相应的信号复示器显示绿灯，说明防护进路的信号机 X 开放。

f. 有关进路按钮表示灯熄灭，接车进路建立。

同样，办理东郊方面向 5G 的下行接车进路，顺序按下 X_D 进站信号机的 X_DLA 和 5G 入口处的 S_5LA 办理进路，有关表示灯显示同上。

②发车进路

办理发车进路时，以防护进路信号的列车按钮为始端按钮，以发车进路终端处的列车按钮为终端按钮。

如办理选由ⅢG 向北京方向的上行发车进路时，则要求先按压 $S_{Ⅲ}$LA，后按压 SLZA。注意，北京方向是双线单向运行区段，发车口设 SLZA，而不是 XLA。这里的 XLA 只能作为始端按钮使用，而 SLZA 只能作为终端按钮使用。

在办理接、发车进路时，应注意进路中有超限绝缘的情况。

例如：东郊方面向 5G 接车进路中 21DG 涉及有超限绝缘，当它们的邻近区段 25DG(23/25 号道岔在定位时)有车占用时，进路不能建立。只有在 23/25 号道岔反位时，才允许在 25DG 有车占用的情况下办理 5G 向北京方面发车进路。

进站信号机和有通过进路的正线出站信号机或进路信号机，红灯灭灯时，即信号复示器闪光时，不得开放信号，也就是说，这些信号机开放前要检查红灯灯丝的完好，防止信号开放后突然关闭时不能点亮红灯而危及行车安全。

③通过进路

通过进路是由正线接车进路和同方向正线发车进路构成的，可采用分段办理方式，即分别办理正线接车进路和发车进路，建立通过进路。

为了简化办理通过进路手续，凡有通过进路的车站增设“通过”按钮。例如：办理正线下行通过进路，只要顺序按压“下行通过”按钮 XTA 和另一咽喉列车终端按钮 XLZA，此时上、下行咽喉同时选路，当接、发车进路建立并锁闭后，整条通过进路亮白光带。

对于东郊方面，虽然接车进路为直向，但没有直向的发车进路，故不能设“通过”按钮，不能办理通过进路。

④变通进路

在大站咽喉区内，进路的始端和终端之间往往有几条路径可走，根据作业需要，一般规定路径最短或对其他进路影响最小的进路为基本进路，其余为变通进路，又称作迂回进路。

例如图 2-4 中北京方面至ⅢG 之间有三条进路，其中经由道岔 23/25 反位的进路，对其他进路影响最小，规定其为基本进路，其他两条进路，即一条经由道岔 5/7 反位的进路，一条经由道岔 9/11 反位的进路，规定为变通进路。

又如：由ⅢG 向北京方面发车时有两条进路，一条是经由道岔 23/25 反位的进路，规定它为基本进路，另一条经过道岔 9/11 反位的进路，称为变通进路。

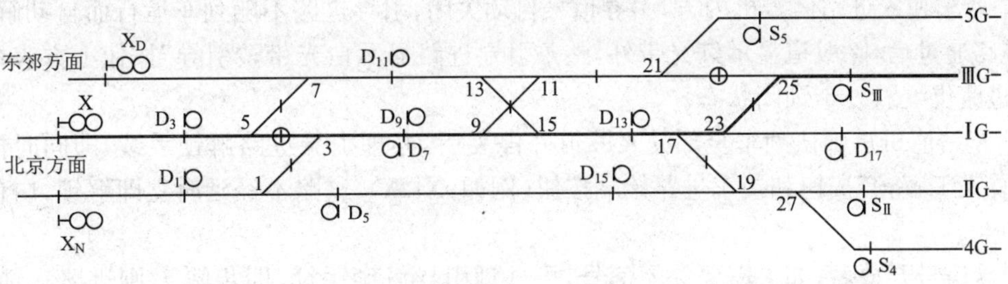

图 2-4　基本进路与变通进路

采用双按钮方式选路时规定了一条原则，即顺序按压进路始、终端按钮之后，只准选出预先规定的基本进路，不准自动改选变通进路，保证选出的进路与操作人员的意图相符合，也就是选排一致性。

如果需要选用变通进路时，必须在附加操作手续的情况下，即顺序按压始端的列车进路按钮、变通按钮和终端列车进路按钮，才能选出变通进路。下面说明列车进路变通按钮的确定方法。

a. 在变通进路而不在基本进路上（以下简称变通位置）的调车信号按钮，无论单置、并置、差置均可作为列车进路变通按钮。如果同时有几个调车信号按钮满足要求，办理时只需按压其中任意一个。

例如，办理由 4G 向北京方面发车变通进路，应顺序按压 S_4LA、D_{13}A（或 D_7A、或 D_9A）、SLZA 三个按钮。

b. 在变通位置没有调车按钮时，应设置专门的变通按钮作为列车进路的变通按钮。

例如，办理ⅢG 向北京方面发车的变通进路，应顺序按压 $S_{Ⅲ}$LA、BA、SLZA 三个按钮。

(3)引导接车

引导接车是车站联锁设备故障时采用的接车办法，采用引导接车时，进站信号机显示一个红灯和一个白灯，准许列车在该信号机前方不停车，以不超过 20 km/h 的速度进入站内，并准备随时停车。

办理引导接车时，为了保证行车安全，也要锁闭进路上的道岔，叫引导锁闭。引导锁闭分为两种：一种是按照进路锁闭方式进行，称为引导进路锁闭，另一种是锁闭全咽喉的联锁道岔，称为引导总锁闭。

为办理引导进路锁闭及引导总锁闭，控制台下部的左右两端，对应每个进站信号机设置一个带有铅封的引导按钮，按钮上方有白色表示灯；每咽喉设置一个带有铅封的非自复式引导总锁闭按钮，按钮上方有白色表示灯。

①引导进路锁闭

当进站信号机或接车进路信号机因故不能正常开放，以及接车进路上某一段轨道电路区段故障不能正常建立接车进路时，应使用引导进路锁闭方式接车。

引导进路锁闭的办理手续是：

a. 执行规定的手续，在“行车设备检查登记簿”（即运统 46）上登记。

b. 将进路上的有关道岔转换到规定位置开通进路，如果有道岔区段轨道电路故障，还要对该区段的道岔进行单独锁闭（防止故障排除后，该区段的道岔自动解锁）。

c. 破除铅封按压相应“引导”按钮，其上方白色表示灯点亮，沿道岔开通方向锁闭进路，控制台显示白光带，进站信号机开放引导信号。

d. 列车驶入进站信号机内方，引导信号自动关闭，引导进路不随列车运行而自动解锁，列车沿进路通过后，除股道显示红光带外，整条引导进路显示白光带，“引导”按钮上方表示灯不熄灭，进路仍继续处于锁闭状态。

e. 车站值班员确认列车全部驶入股道并停妥后，办理引导进路解锁手续，即同时按压本咽喉“总人工解锁”按钮和接车进路始端按钮(例如:XLA)，进路不经延时立即解锁，白色光带熄灭。

引导信号开放后，如果需要关闭信号，可办理引导解锁手续，即步骤 e，则进路解锁，引导信号关闭。

如果接车进路范围内轨道电路故障，而且故障区段内道岔需要转换，须在现场采用手摇道岔的方式进行道岔转换，这将使道岔失去表示，不能按进路方式进行锁闭，只能采用引导总锁闭的方式办理接车。

②引导总锁闭

引导总锁闭用于接车进路上道岔失去表示时，以及向非接车线路接车或向无联锁线路接车(如向调车线、货物线接车)，是将全咽喉联锁道岔全部进行锁闭的方式。这种方式由于没有进路锁闭，因此在控制台上没有白色光带。

引导总锁闭的办理手续是:

a. 执行规定的手续，在“行车设备检查登记簿”(即运统 46)上登记。

b. 将进路上的有关道岔转换到规定位置并开通进路。

c. 破除铅封按下本咽喉的“引导总锁闭”按钮，其上方白色表示灯点亮，表示将全咽喉联锁道岔锁闭。

d. 破除铅封按下相应“引导”按钮，进站信号机开放引导信号，但没有白光带。

e. 列车驶入进站信号机内方，引导信号自动关闭，在控制台上可以通过红光带监督列车运行。

f. 车站值班员确认列车全部驶入股道并停妥后，办理解锁手续，拉出“引导总锁闭”按钮，本咽喉道岔解锁。

采用“引导总锁闭”方式接车，不检查本咽喉的联锁条件，也不锁闭另一咽喉的敌对进路，此时应停止本咽喉区的一切其他接、发车和调车作业，以及另一咽喉的敌对作业，行车安全完全由人工保证。

开放引导信号后，如果要关闭引导信号，拉出“引导总锁闭”按钮即可。

采用上述两种方式引导接车时，都是利用进站信号机内方第一区段轨道电路关闭引导信号的。当进站信号机内方第一区段轨道电路故障时，引导信号不能保持，需一直按压“引导”按钮才能保证引导信号开放，待确定列车头部进站后才能松开。

需要说明的是，不论采用哪种方式，均要求进站信号机红灯完好，如果进站信号机红灯故障，则只能按照规定在指定地点人工采用手信号引导方式将列车引导进站。

(4)进路解锁

办理好的进路能够随着列车的出发、到达、通过以及调车车列的牵出、折返，进路上有关轨道区段自动解锁，控制台相应轨道区段的白光带自动熄灭，无须任何操作。除进路的自动解锁外，还可使用以下方式使进路解锁:

①进路的“取消解锁”

信号开放后，列车或调车车列尚未进入进路的接近区段，即进路处于预先锁闭时，如需解锁进路关闭信号，可使用“取消解锁”的方法，同时按压进路始端按钮和本咽喉的“总取消”按钮，信号自动关闭，进路解锁，进路上白光带熄灭。

为了办理进路的“取消解锁”，控制台下方设置有“总取消”按钮，小站控制台设置一个，大站每咽喉区设置一个，如图 2-2 车站需设置“X 总取消”按钮、“S 总取消”按钮，按钮上方有红色表示灯。

例如：取消北京方面下行ⅠG 接车进路，在列车尚未进入第二接近区段时，同时按压 XLA 和“X 总取消”按钮，X 进站信号机自动关闭，进路解锁。

通过进路的取消必须分别办理接车进路和发车进路的取消，而不能采用一次办理的方法。长调车进路的取消同样需分段取消各短调车进路。

②进路的“人工解锁”

列车或调车车列驶入进路的接近区段后一般不允许解锁进路，如特殊情况需解锁进路，必须使用“人工解锁”的方法。

办理“人工解锁”的方法是：同时按压进路的始端按钮和本咽喉的“总人工解锁”按钮，信号随即关闭，进路延时解锁。自信号机关闭时起，接车进路和正线发车进路延时 3 min 解锁，此时“总人工解锁”按钮上方“3 分人工解锁”表示灯点亮，到发线发车进路和调车进路延时 30 s 解锁，此时“总人工解锁”按钮上方“30 秒人工解锁”表示灯点亮。

同一咽喉区不能同时办理两条进路的人工解锁，只有前一条进路延时解锁后，才能办理另一条进路的人工解锁。

使用引导进路锁闭方式接车，列车进入股道停妥后，引导进路不能自动解锁，只有办理“引导解锁”才能将进路解锁。

③区段人工解锁

在列车或调车车列沿进路通过后，某些区段因故不能正常解锁，或由于某种原因（如停电后恢复供电）引起错误锁闭时，应采用区段人工解锁的方法使有关轨道区段解锁。办理时需要两个人协同操作，一个人按压控制台上本咽喉“总人工解锁”按钮，另一个人同时按压区段人工解锁盘上需解锁区段的“事故”按钮，光带熄灭，区段解锁。对于无列车通过的无岔区段，不设“事故”按钮，其两端道岔区段实施区段人工解锁后，其白光带即自动熄灭。

3. 15 条网络线设计

车站的规模大小不一，对于较大型的车站，如果把所有控制条件都放在一个控制网路里，不仅看起来非常复杂，而且要实现条件控制和安全保证都非常困难。因此，在设计中把功能相对独立，控制条件相对简明的设备分离出来。

在设计过程中，把进路的控制过程可依次详细分解为：

①进路操纵记录过程。

②进路选路过程。

③进路选排一致性检查过程。

④信号开放条件检查过程。

⑤进路锁闭过程。

⑥信号开放保持过程。

⑦进路解锁过程。

上述控制过程从时间上来看是相互分离和独立的，要想实现每个过程的独立控制和结果的递进推导，对应每个过程设计一条或几条控制电路来实现。考虑到继电器的结构特点和继电电路的设计方法，每个过程用一个或几个继电器的动作来表明阶段运算的结果，而继电器动作后的接点状态作为下一个阶段的电路条件，从而实现逻辑上的递进和结构上的层次分明。在电路构造时，每个条件控制电路对应着一条或几条网络线，每个控制电路都有独立的条件电源和网络连接关系。基于这种设计思想，最后形成了 6502 电气集中的主要 15 条网络线进路控制电路。其中 1～7 线为选择组电路；8～13 线为执行组电路；14、15 线为轨道光带表示灯电路。

(1)选择组电路

选择组电路由记录电路和选路网路组成，主要用以记录车站值班员按压按钮的动作，按要求自动选通所需进路，并将操作意图传给执行组电路。

进路选出前的记录电路，包括方向继电器电路和按钮继电器电路。在记录电路中，由按钮继电器电路记录按压进路按钮的动作，由方向继电器根据所按压进路按钮的顺序来区分进路的性质和运行方向。

选路网路包括选岔电路和开始继电器电路。在 7 条网路线中，1～6 线是道岔操纵继电器动作网路线，组成六线制选岔电路，用来在排列进路的过程中自动选出进路上的各有关道岔所需的位置及信号点；第 7 线是开始继电器励磁网路，用以检查所选进路和所排进路的一致性。进路选定后，即将车站值班员的操作意图传达到执行组电路，构成执行组的动作条件。

(2)执行组电路

执行组电路的作用是检查进路中的道岔位置、区段空闲、未建立敌对进路，实现进路锁闭和开放信号，以及完成进路的解锁。执行组电路可分为信号检查、区段检查、信号开放、进路锁闭及解锁等环节。

执行组电路主要由 8 条网路线组成。8 线是信号检查继电器电路，用来检查开放信号的可能性，即进路空闲、没有建立敌对进路、道岔位置正确。9 线是区段检查继电器和股道检查继电器电路，用来检查进路空闲，实现进路锁闭。10 线是区段检查继电器自闭电路，用来防止利用区段故障解锁方式使进路迎面错误解锁。11 线是信号继电器电路，检查进路上各区段处于锁闭状态、道岔位置正确，以及迎面敌对进路检查，符合条件即可开放信号。12、13 线为进路继电器网路，用来实现进路锁闭，完成进路的正常解锁、取消、人工解锁、调车中途返回解锁以及引导解锁等。14、15 线是控制台光带表示灯电路。

除了 8 条网路线外，执行组电路还包括一些局部电路，如道岔控制电路、信号灯光控制电路、取消继电器电路、接近预告继电器电路、照查继电器电路、传递继电器电路、锁闭继电器电路，以及控制台的各种表示灯电路、报警电铃电路等。

4. 电气集中的继电器组合

在长期实践过程中，发现电路与车站站场线路的布置形状有关，即以道岔、信号机及轨道区段为控制和监督对象。这样，就可以按信号机、道岔和轨道区段作为基本单元，设计成几种定型的单元电路，这种单元电路称为继电器组合，简称组合。

6502 电气集中电路是按车站信号平面布置图组合拼接而成的。任何一个站场都可以按所布置的信号机、构成站场的道岔形状以及划分的轨道电路区段，选用相应的组合拼接起来，以组成整个站场电路。采用组合拼接起来的电路，其电路结构完全与其站场线路和道岔布置的形状相似。

(1)继电器组合类型

道岔组合、信号组合、区段组合是 6502 电气集中的 3 种基本组合。在设计中有一个规则，即每个组合内的继电器的数量不超过 10 个，于是共设计成 12 种定型组合。

由于道岔有单动道岔和双动道岔之分，其电路接线不同，双动道岔所使用的继电器数量又超过 10 个，因此道岔组合有以下 3 种类型：

①DD 组合，即单动道岔组合，用于单动道岔。

②SDZ 组合，即双动道岔主组合，用于双动道岔（或三动、四动道岔）。

③SDF 组合，即双动道岔辅助组合，一组双动道岔占用半个 SDF 组合。所谓半个组合，即一个组合中包含两套相同的电路，其中的一套即为半个组合。

按电路接线，信号组合分列车信号组合和调车信号组合两大类。

列车信号组合有 4 种类型：

①LXZ 组合，即列车信号主组合，用于进站、出站信号机和接车进路、发车进路信号机。

②1LXF 组合，即一方向列车信号辅助组合，用于仅有一个发车方向的出站信号机，以及单线区段的进站信号机。

③2LXF 组合，即二方向列车信号辅助组合，用于有两个发车方向的出站信号机。

④YX 组合，即引导信号组合，用于带引导信号的进站信号机及接车进路信号机。

调车信号组合有两种类型：

①DX 组合，即调车信号组合，用于并置、差置、单置和尽头线等调车信号机。

②DXF 组合，即调车信号辅助组合，用于单置调车信号机、变通按钮及无信号机处的列车进路和调车进路的终端按钮。它们都各占用半个 DXF 组合，半个组合的含义同 SDF 组合。

无论是道岔区段还是无岔区段，区段组合均只有一种组合，即 Q 组合。区段组合用于有道岔的轨道区段以及列车进路内的无岔区段。

另外，还有两种全咽喉共用的组合，即 F 组合和 DY 组合。F 组合为方向组合，其组合中主要有方向继电器，用于区分本咽喉进路的性质和运行方向，每一咽喉共用一套。方向组合中还包括道岔总定位、道岔总反位、总取消和总人工解锁等继电器。DY 组合为电源组合，其组合中主要有人工解锁电路用的继电器和挤岔电路用的继电器。

(2)继电器组合的选用(图 2-5)

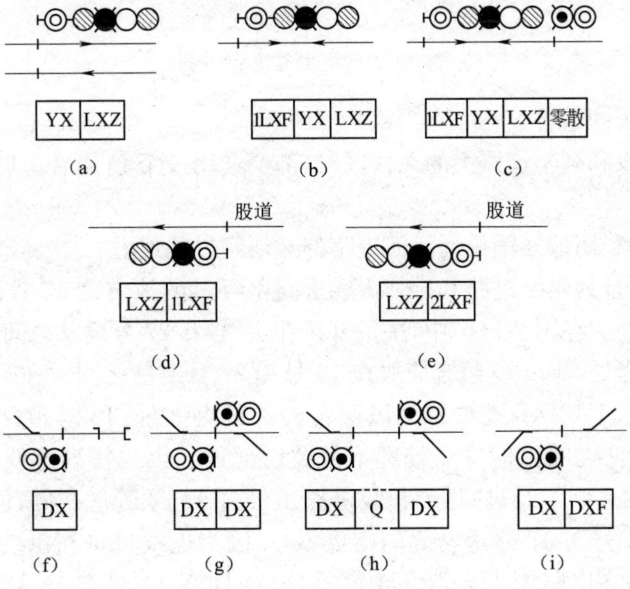

图 2-5　选用信号组合举例

①进站信号机选用的组合

a. 在双线单向运行区段,每架进站信号机相应选用 YX 和 LXZ 两个组合。

b. 在单线双向运行区段和双线双向运行区段,每架进站信号机应选择 1LXF、YX 和 LXZ 3 个组合。

c. 当进站信号机内方有一无岔区段和同方向的调车信号机时,因为进站与调车信号机之间没有道岔,可作为一个信号点看待,一般称为进站内方带调车,可不设 DX 组合,仅选用 1LXF、YX 和 LXZ 3 个定型组合,再增选一个零散组合(所谓零散组合就是根据具体情况设计的非定型组合)。

②出站兼调车信号机和发车进路信号机选用的组合

a. 当只有一个发车方向时,每架出站兼调车信号机应选用 LXZ 和 1LXF 两个组合。

b. 若有两个或两个以上发车方向时,则对每架出站兼调车信号机应选用 LXZ 和 2LXF 两个组合。

③调车信号机选用的组合

a. 尽头式、并置、差置和单置调车信号机,它们应各选用一个调车信号组合 DX。

b. 对应每架单置调车信号机,除选用一个 DX 组合外,还应选用半个调车信号辅助组合 DXF。

④道岔选用的组合(图 2-6)

每组单动道岔选用一个 DD 组合,每组双动道岔应选用一个 SDZ 和半个 SDF 组合。还应注意,SDZ 放在岔尖一侧,而 SDF 是放在辙叉一侧,不能颠倒。

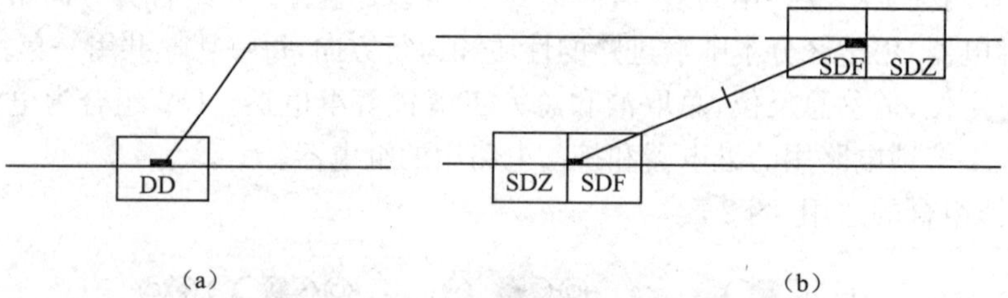

图 2-6　选用道岔组合举例

⑤轨道区段选用的组合

每一个道岔区段和列车进路上的无岔区段,都要选用一个 Q 组合。Q 组合必须设在对应区段的关键部位。

关键部位是指:利用该区段排列任何进路都必须经过的地方。

在图 2-7(a)中,排列粗线进路和排列虚线进路都经过的地方是 17 号道岔的左侧,所有 Q 组合必须放置在该处。在图 2-7(b)中,关键部位在 19 号和 27 号道岔之间,此处是排列粗线进路和虚线进路必经之处,所以 Q 组合应放在 19 号和 27 号道岔之间。在图 2-7(c)中的交叉渡线上,例如对其中的 11-13DG,能放置区段组合的部位有 3 处:13 号道岔左侧,11 号道岔右侧,11 号与 13 号道岔之间。但这 3 处都不是关键部位。因为排列虚线进路,虽经过 13 号道岔的左侧,但粗线进路不经过;排列粗线进路虽经过 11 号道岔右侧,但虚线进路不经过;若把 Q 组合放在 11 号与 13 号道岔之间则更不行,因为虚线进路和粗线进路都不经过。为找出它的关键部位,在电路图上采取了道岔换位法,即将 11 号和 13 号道岔互换一下位置(同样,9 号与 15 号道岔也互换位置)。注意,如图 2-7(d)所示,换位时,岔尖的开向不变,换位后，将原来双动的两个道岔，再用线连接起来。换位后，11 号与 13 号道岔之间，就形成了关键部位。因为这时虚线进路和粗线进路都经过此部位（经 11 号和 13 号道岔定位的直线的进路也必须经过此处）。所以，11-13DG 用一个 Q 组合（换位的目的，就是想一个区段只用一个 Q 组合），并且可放在换位后的 11 号与 13 号道岔之间的关键部位上。注意，以后跑电路时，例如排列虚线进路时，电路即按虚线构成，因此要按虚线跑。

图 2-7(e)中 9 号和 15 号道岔分别划在两个道岔区段中。此时，9DG 的关键部位在 9 号道岔的左侧，15DG 的关键部位，在 15 号道岔的右侧，即不需要换位了。但对图中上边的 11-13DG 来说，仍需换位。上边换位，下边不换位的情形，如图 2-7(f)所示。注意，虚线进路和粗线进路的经路也有所改变。

图 2-7(g)是复式交分道岔。为了找出途中 3-11DG 的关键部位，在电路图上采用了道岔移位法，即图 2-7(h)所示。将渡线道岔 1/5(3 是可动辙叉，1/3/5 为三动道岔，编号简化为 1/5)右移，9/13 左移。道岔移位后，3-11DG 的关键部位在 5 号与 9 号道岔之间，3-11DG 用的 Q 组合就放在图 2-7(h)所示的关键部位上。

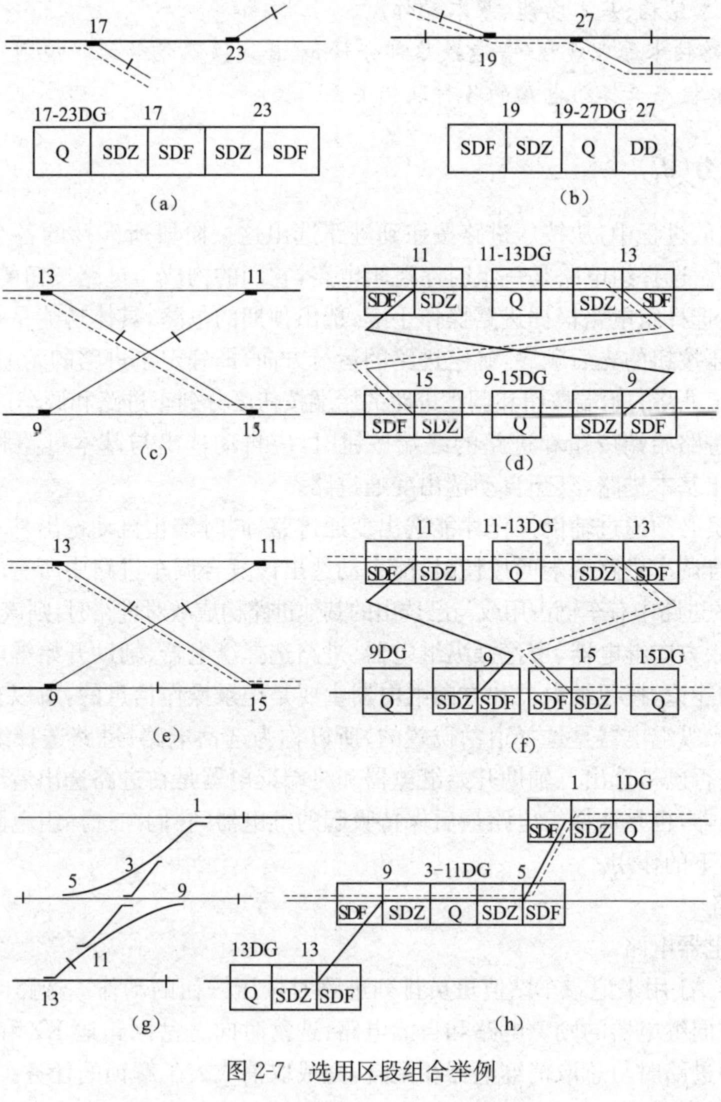

图 2-7 选用区段组合举例

⑥方向组合和电源组合的选用

对应每个咽喉应选用一个方向组合 F 和一个电源组合 DY。

(4)组合架

6502 电气集中采用通用的大站电气集中组合架。图 2-8 是继电器组合及组合架示意图。组合架分上下 11 层,一般从下到上编号为 1、2、3……,1～10 层安装继电器组合,每层安装一个继电器组合。每个继电器组合包括两个端子板和 10 个继电器插座的位置。第 11 层为零层,安装各种电源端子和接线端子。组合架与控制台和按钮盘间的连线,都要经过零层端子。

任务二　选择组电路的认知及维护

工作任务

1. 掌握电气集中联锁选择组电路的各项技术要求及电路实现方法;掌握 6502 电气集中选择组电路的基本结构、基本功能、基本动作。

2. 根据《铁路技术管理规程(普速铁路部分)》和《普速铁路信号维护规则　技术标准》,在日常检修时,认真检查选择组电路的各种联锁关系。

知识点分析

在建立进路的过程中,从按压进路按钮到进路选出这一阶段所涉及的各个继电器电路统称为选择组电路。选择组电路是一组时序逻辑电路,它们的构成与进路按钮的配置、作用以及操作过程有关。选择组电路根据进路操作手续,选出预期的电路,具体功能是:

(1)依照按压按钮的先后顺序,确定进路的运行方向,即确定了进路的始端和终端。

(2)利用列车进路的始端按钮和调车进路的始端按钮区分列车进路和调车进路的不同性质。

(3)仅按压进路始端按钮和进路的终端按钮时,应自动选出与基本进路相符合的道岔位置,即只允许选出基本进路,禁止自动选出变通进路。

(4)值班人员必须通过辅助操作才能选出变通进路,同时禁止自动选出基本进路。

(5)按压复合调车进路两端的按钮时,能自动选出该复合调车进路中所有的基本进路。

(6)当所选的进路中有车辆占用或与已选出的其他进路构成敌对进路时,则该进路不应选出。

按钮继电器、方向继电器、道岔操纵继电器、进路选择继电器、辅助开始继电器和调车终端继电器。若按功能论,按钮继电器和方向继电器主要是记录操作信息的,所以它们的电路称为记录电路;道岔操纵继电器是选择道岔位置的,所以称为选岔电路;进路选择继电器的主要功能是检查进路是否已被选出。辅助开始继电器和终端继电器是在进路选出后继续记录进路始端和终端的继电器,也是选择组电路最后保持吸起的继电器,它们在选择组电路与执行组电路之间起着承上启下的作用。

1. 记录电路

(1)按钮继电器电路

按钮继电器 AJ 用来记录车站值班员排列进路时按压按钮的动作。选路时用按钮继电器的前接点接通方向继电器的励磁电路和自闭电路;选岔时向选岔网路送 KZ 和 KF 电源;取消进路或人工解锁进路时与总取消继电器相配合,完成取消或人工解锁的任务。

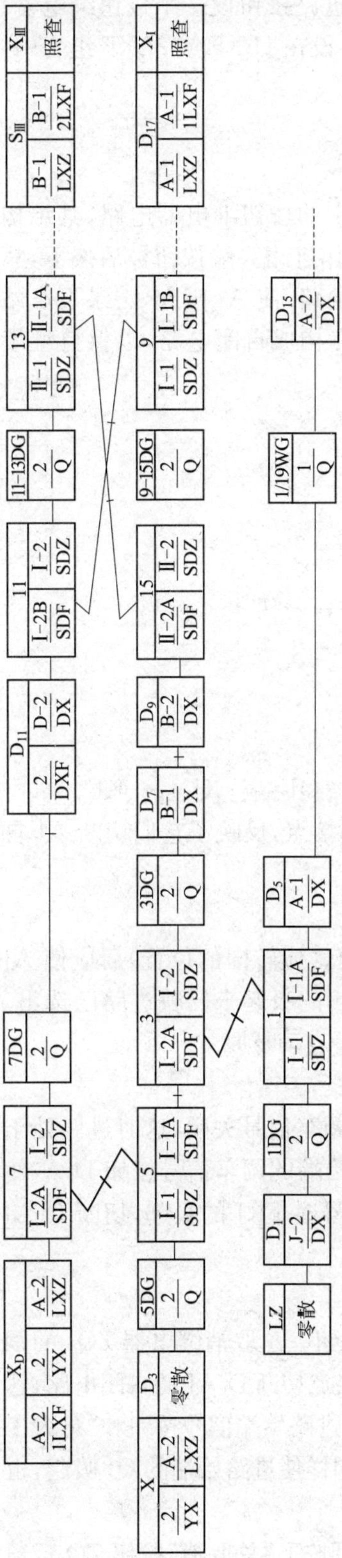

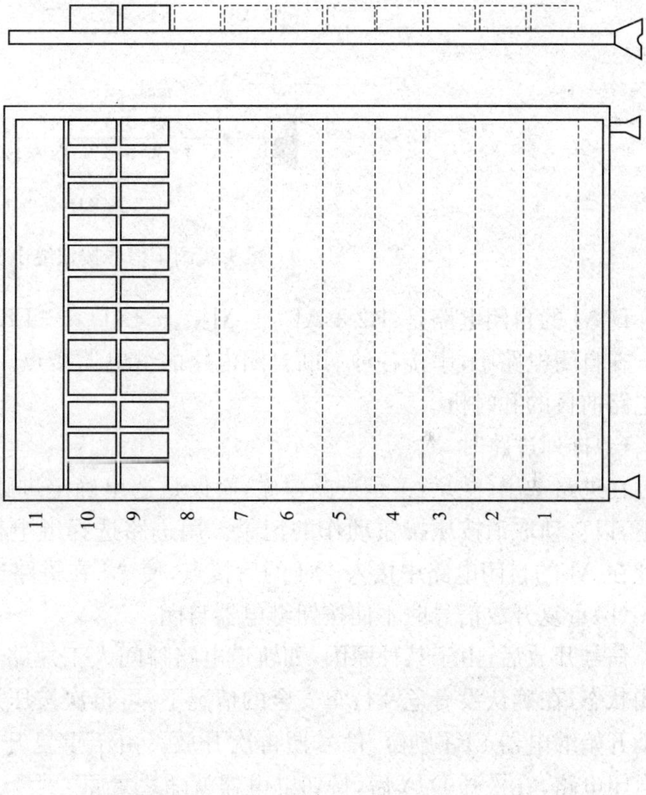

图 2-8　继电器组合及组合架示意图

①按钮继电器的设置

不论是列车进路按钮，还是调车进路按钮，一般对应每一个进路按钮设一个按钮继电器。列车兼调车信号的列车按钮继电器 LAJ 和调车按钮继电器 DAJ 设在 1LXF 或 2LXF 组合中。所有调车信号机的 DAJ 均设在 DX 组合中。

②按钮继电器电路

a. 尽头线调车信号按钮继电器电路

图 2-9 是尽头线调车信号按钮继电器电路。凡是 DX 组合中的按钮继电器电路，其结构均与它基本相同。无论 D_1A 是作进路始端按钮被先按下，还是作进路终端按钮被后按下，只要按压 D_1A，经 D_1A 的第 1 组接点接通按钮继电器 AJ 的励磁电路，使 AJ 吸起，记录下车站值班员按压 D_1A 的动作。松手后，AJ 通过其本身第 6 组前接点构成自闭电路，以保持继续励磁。

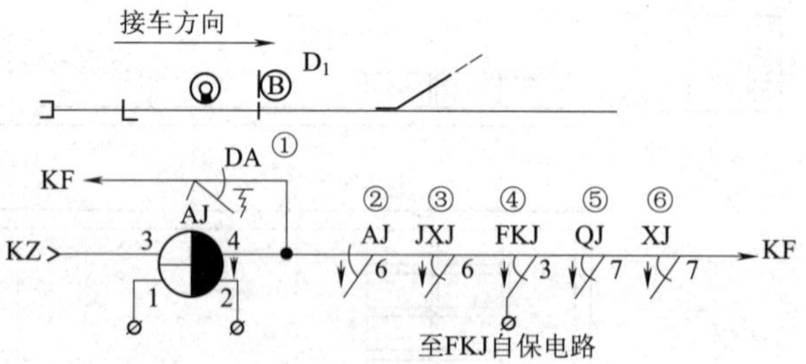

图 2-9　尽头线调车信号按钮继电器电路

D_1AJ 的自闭电路是：KZ—$AJ_{3\text{-}4}$—$AJ_{62\text{-}61}$—$JXJ_{63\text{-}61}$—$FKJ_{33\text{-}31}$—$QJ_{73\text{-}71}$—$XJ_{73\text{-}71}$—KF。

在自闭电路中，串接各种切断自闭电路的继电器接点。这些接点，反映了它们切断 AJ 自闭电路的目的和时机。

(a)排列进路时

在进路选出(注意：不是进路建立，而仅是选出确定进路上道岔应转向的位置)后应使 AJ 落下，以自动取消按压按钮动作的记录。用进路选择继电器 JXJ 的吸起来反映进路已选出。因此在 AJ 的自闭电路中接入 JXJ 的后接点，使 AJ 在进路选出后自动复原。

(b)重复开放信号时不使按钮继电器自闭

信号开放后，由于某种原因，如轨道电路瞬间人工短路导致调车信号关闭，这时进路处于锁闭状态，在确认没有危及行车安全的情况下，可再次按压进路始端的调车信号按钮 D_1A，使辅助开始继电器 FKJ 励磁，信号便再次开放。由于重复开放信号时 FKJ 的吸起，切断 D_1AJ 的自闭电路，在松开 D_1A 后，按钮继电器就随之复原。

(c)取消进路或人工解锁进路时不使按钮继电器自闭

在取消进路时，要同时按下进路始端信号按钮和“总取消”按钮。总取消继电器 ZQJ 的励磁，使得进路始端的取消继电器 QJ 也吸起。用 QJ 的第 7 组后接点切断 D_1AJ 的自闭电路，达到按钮继电器不自闭的目的。在办理人工解锁进路时，同时按下进路始端信号按钮和“总人工解锁”按钮，此时总人工解锁继电器 ZRJ 励磁将带动 ZQJ 励磁，同样使进路始端的 QJ 吸起，也切断 D_1AJ 自闭电路使其复原。

在选路过程中，如因故进路选不出来，即 JXJ 不能励磁时，可按下“总取消”按钮 ZQA，通过已吸起的 D_1AJ 的接点，同样可使始端的 QJ 吸起，达到使按钮继电器复原取消选路的目的。

(d)为防止信号开放后误按始端信号按钮造成按钮继电器错误保留在 D_1AJ 的自闭电路中，接有信号继电器 XJ 的第 7 组后接点，它吸起断开自闭电路。

当 D_1 调车信号开放后，即 D_1XJ 吸起，如果误按 D_1A，由于 XJ 早已吸起断开了 D_1AJ 的自闭电路，在松开 D_1A 后，不会使按钮继电器错误保留。

由于 AJ 的吸起，使得选岔电路中的 JXJ 吸起，而 JXJ 的吸起又切断 AJ 的自闭电路，它们之间的逻辑关系是：AJ↑→JXJ↑→AJ↓。为了使 JXJ 可靠吸起，要求 AJ 采用缓放型继电器(JWXC-H340)。同时由于 AJ 的缓放还延长了方向继电器的落下时间，从而可以确保 FKJ 和 ZJ 的可靠吸起。

b. 并置、差置调车信号机的按钮继电器电路

图 2-10 是并置、差置调车信号机的按钮继电器电路。我们以 D_7 和 D_9 并置调车信号机为例。对于差置调车信号机，如 D_5 和 D_{15}，其电路结构与并置完全相同，也是对应于一个按钮设一个按钮继电器。它们同属于 DX 组合。按钮继电器 3-4 线圈的励磁电路和自闭电路与尽头线调车信号机的按钮继电器电路相同，各接点作用也一样。这里只增加了按钮继电器 1-2 线圈的励磁电路。

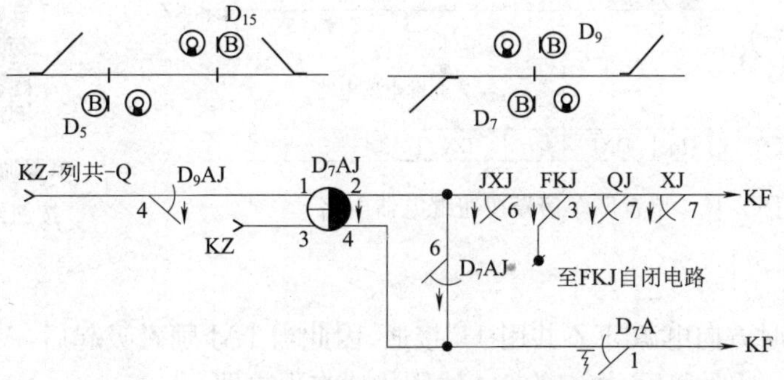

图 2-10　并置、差置调车信号机的按钮继电器电路

前述办理列车变通进路时所有处于变通进路上的调车信号机的进路按钮，均可作变通按钮使用。办理变通进路时，对并置、差置调车信号机的两个按钮，只需按下其中任何一个即可构成两段选路。显然，另一个未被按压的信号按钮，所对应的按钮继电器是被带动励磁参与另一段选路的。其 1-2 线圈励磁电路就是作为办理列车变通进路时互相带动用的，故在 1-2 线圈电路中都接有另一个按钮继电器的前接点。为了使 AJ 的 1-2 线圈只有在办理列车变通进路时才互相带动，励磁的正电源采用办理列车进路时才有的"KZ-列共-Q"方向电源，以防止正常办理以 D_9 为始端的调车进路时，也把 D_7AJ 错误地带动励磁。这样一来，差置和并置信号机的按钮就不能作调车变通进路的变通按钮使用了。

c. 单置调车信号机的按钮继电器电路

单置按钮继电器电路是由 DX 组合中的 AJ 和 DXF 组合中的 1AJ 和 2AJ 3 个按钮继电器组成的。图 2-11 是单置调车信号按钮继电器电路。1AJ 是按钮接点的复示继电器；AJ 是进路始端的按钮继电器；2AJ 是进路终端的按钮继电器。平时它们均不励磁，根据排列进路时按压 D_{11}A 的先后次序，3 个继电器互相配合来完成进路的始端、终端及变通按钮 3 种作用。

(a)1AJ 电路

按下按钮后，1AJ 由 3-4 线圈励磁，由 1-2 线圈构成自保电路。

复原时机：当进路选出，JXJ 励磁吸起后，就取消记录。如果由于某种原因进路选不出来

时，则用方向电源“KF-共用-Q”取消记录，即让它随着方向继电器复原而复原(使方向继电器复原按一下“总取消”按钮即可)。作始端按钮使用时，1AJ 是随着方向电源“KF-共用-Q”自动复原或手动复原的(此时 DXF 内的 JXJ 不励磁)。

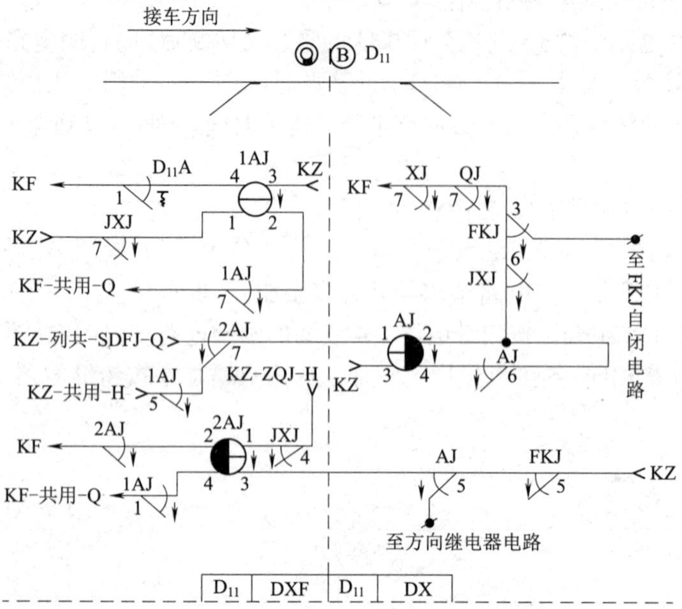

图 2-11　单置调车信号按钮继电器电路

单置调车信号机的
按钮继电器电路

(b)AJ 电路

作始端时，此时方向电源“KZ-共用-H”接通，因此当 1AJ 励磁吸起后，AJ 的 1-2 线圈被接通，AJ 励磁吸起。AJ 吸起后，由它的 3-4 线圈构通自保电路。

作变通时，此时方向电源“KZ-列共-SDFJ-Q”接通和 2AJ 已励磁吸起，因此 AJ 的 1-2 线圈被接通，AJ 励磁吸起。AJ 吸起后，由它的 3-4 线圈构通自保电路(1AJ↑—2AJ↑—AJ↑)。

作终端时，此时方向电源“KZ-共用-H”和“KZ-列共-SDFJ-Q”均未接通，因此 AJ 不能励磁吸起。

复原时机：当进路选出，JXJ 励磁吸起后，就取消记录。如果由于某种原因进路选不出来时，则用 QJ 吸起取消记录。

重复开放信号时，通过 FKJ 接点防止 AJ 误动。信号开放后，通过 XJ 接点防止 AJ 误动。

(c)2AJ 电路

作终端时，此时方向电源“KF-共用-Q”接通，因此当 1AJ 励磁吸起后，2AJ 的 3-4 线圈被接通，2AJ 励磁吸起。2AJ 吸起后，由它的 1-2 线圈构通自保电路。

作变通时，同上。

作始端时，2AJ 不能励磁吸起。

复原时机：当进路选出，JXJ 励磁吸起后，就取消记录。如果由于某种原因进路选不出来时，则用方向电源“KZ-ZQJ-H”取消记录。

d. 变通按钮和终端按钮继电器电路

变通按钮继电器也是用 DXF 组合中的 1AJ 和 2AJ，用其接点参加选变通进路。它作为变通按钮继电器电路，只需将 BA 的接点作为 1AJ 接通条件，而 2AJ 的 3-4 线圈电路去掉 FKJ 和 AJ 第 5 组接点的串联支路，直接接入 KZ 电源即可，如图 2-12 所示。

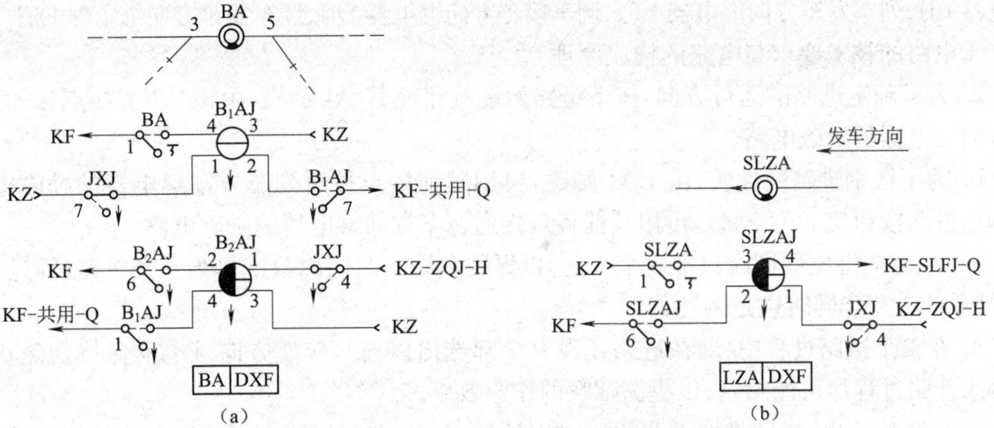

图 2-12　变通按钮和列车终端按钮继电器电路

如果电路上没有别的联锁条件要求，列车终端按钮继电器也可采用 DXF 组合中的 2AJ 来代替，只需将“KF-共用-Q”改接相应方向电源即可。例如双线单方向运行区段的列车终端按钮继电器 SLZAJ 接入“KF-SLFJ-Q”方向电源，使它在作列车进路终端按下时才励磁。

e. 出站兼调车信号机的按钮继电器电路

对应出站兼调车信号机处，分别设有列车进路按钮和调车进路按钮。由于性质不同，对应列车按钮 LA 设一个 LAJ，对应调车按钮 DA 设一个 DAJ。图 2-13 是上行ⅢG 股道的出站兼调车信号机按钮继电器电路。LAJ 和 DAJ 的 3-4 线圈作励磁用，它们分别由 LA 和 DA 控制。由于同一始端不能同时排列列车进路和调车进路，即不能同时按下 LA 和 DA。而 LAJ 和 DAJ 的取消记录的条件又是相同的，所以它们可以共用一条自闭电路。虽然电路结构上有些不同，但其电路原理和接点作用与调车信号按钮继电器电路是相同的。

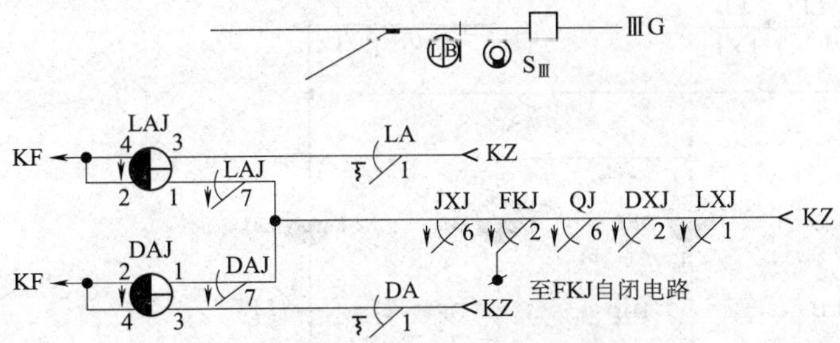

图 2-13　出站兼调车按钮继电器电路

在进站信号机内方设有无岔区段和同方向调车信号机时，其电路和出站兼调车的按钮继电器完全一样。例如 X 进站信号机内方带 D_3 的按钮继电器电路，用 X 进站信号机的 XLA 控制 LAJ，而用 D_3A 来控制 DAJ，同样不能同时按下 XLA 和 D_3A，所以电路是相同的。

f. 通过按钮继电器电路

为了简化办理操纵手续，凡有通过进路的车站，其控制台上对应进站信号机处应设通过按钮，并增设通过按钮继电器电路。

(2)方向继电器电路

方向继电器电路的作用是记录所办进路的性质和运行方向。方向继电器设在 F 组合中，每个咽喉区共用一套方向继电器电路。对每个咽喉区设置 4 个方向继电器，它们是：列车接车方向继电器 LJJ、列车发车方向继电器 LFJ、调车接车方向继电器 DJJ、调车发车方向继电器 DFJ。

①电路的技术要求与电路的构成原理

a. 为了确定进路的运行方向，按下进路始端按钮使其 AJ 励磁，由该 AJ 前接点接通相应的方向继电器的励磁电路。

b. 为了区别进路的性质，由 LAJ 励磁，再用其前接点接通列车方向继电器的励磁电路；由调车进路按钮使 DAJ 励磁，再用其前接点接通调车方向继电器的励磁电路。

c. 4 个方向继电器同时只准一个吸起，以保证在同一时间内只准排列一条进路(同运行方向、性质的进路能同时选是例外)。

d. 在整个选路过程中(即在进路还没有全部选出以前)，应使方向继电器保持励磁状态，并要求选路过程尽可能缩短，以提高咽喉的作业效率。

e. 进路的选出，指的是把进路的始、终端记录下来，并将进路上所有道岔应处的位置确定下来。为了缩短选路时间，要求选路的动作时间只包括记录进路的始、终端时间及选出确定进路上道岔位置(即 DCJ 或 FCJ 励磁)的时间，而不包括各组道岔的转换时间。这样不等进路上每组道岔转完，即可另选其他进路。

f. 进路选出后应使方向继电器及时自动复原；如果因故不能复原，则应手动复原。

g. 在重复开放信号、办理取消进路和人工解锁进路时，由于不是选路，进路始端按钮的按压，不要使方向继电器空动。

②方向继电器电路分析

图 2-14 为方向继电器电路的励磁电路，将全咽喉能作为始端的按钮，按进路性质及运行方向分为 4 组，将每组 AJ 前接点分别接入其方向继电器励磁电路，哪一个按钮先被按下，哪一个方向继电器就励磁，并用其后接点切断了其余 3 个方向继电器的励磁电路。

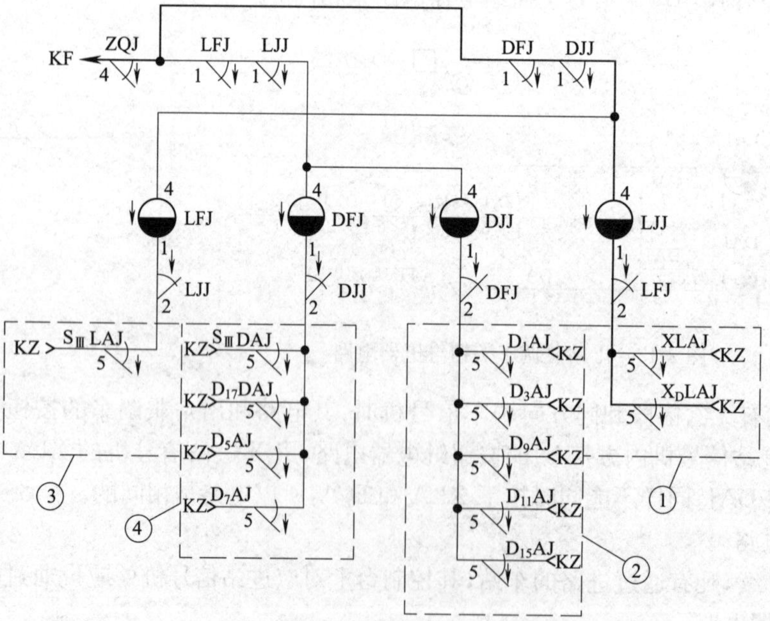

图 2-14　方向继电器的励磁电路

①为列车接车方向始端按钮组；②为调车接车方向始端按钮组；
③为列车发车方向始端按钮组；④为调车发车方向始端按钮组。

方向继电器电路

自闭电路有 3 种情况:在选基本进路时,方向继电器设一条自闭电路;在按压 BA 选变通进路时,方向继电器设两条自闭电路;在以调车信号按钮为变通按钮时,方向继电器设三条自闭电路。

a. 励磁电路。例如,选由 X_D 至ⅢG 的接车进路,先按 $X_DLA \rightarrow X_DLAJ\uparrow$。$X_DLA$ 是先被按下的,平时 4 个方向继电器都在落下状态,所以这时接通的是粗线的 LJJ 励磁电路,LJJ 励磁吸起,说明所选的是接车进路。

同时 X_DLAJ 和 $S_{Ⅲ}LAJ$ 也励磁吸起,说明这条接车进路以 X_DLA 为始端、以 $S_{Ⅲ}LA$ 为终端。如果先按 $S_{Ⅲ}LA$,后按 X_DLA,则 $S_{Ⅲ}LAJ$、X_DLAJ 和 LFJ 励磁吸起,这 3 个继电器吸起,说明所选的是以 $S_{Ⅲ}LA$ 为始端、以 X_DLA 为终端的发车进路。

b. 自保电路。为了实现上述第 3 项技术要求,即在进路还没有全部选出以前,要使方向继电器保持在吸起状态,首先应弄清楚有哪些按钮继电器参与选路工作。

不论选列车进路还是选调车进路,始端按钮继电器和终端按钮继电器都必须参与选路工作,这是双按钮进路式选路法所决定的。因为参与选路工作的始端按钮继电器和终端按钮继电器,在选路过程中,停止工作的时间不同(后面有说明),所以,如图 2-15 及图 2-16 所示,不论调车方向继电器还是列车方向继电器,除经由始端按钮继电器前接点接通的如粗线所示的励磁电路外,还都有一条或三条经由终端按钮继电器和变通按钮继电器前接点接通的,如虚线②或③、④所示的自保电路,以便在选路过程中,任何一个按钮继电器不停止工作,都会使方向继电器保持在吸起状态。

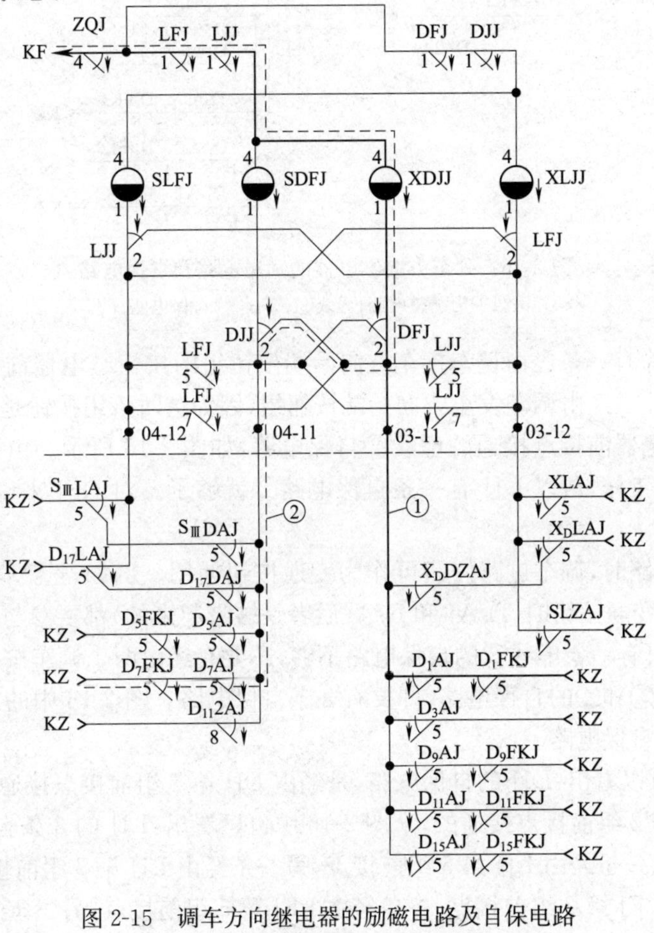

图 2-15　调车方向继电器的励磁电路及自保电路

粗线①为励磁电路;虚线②为自保电路。

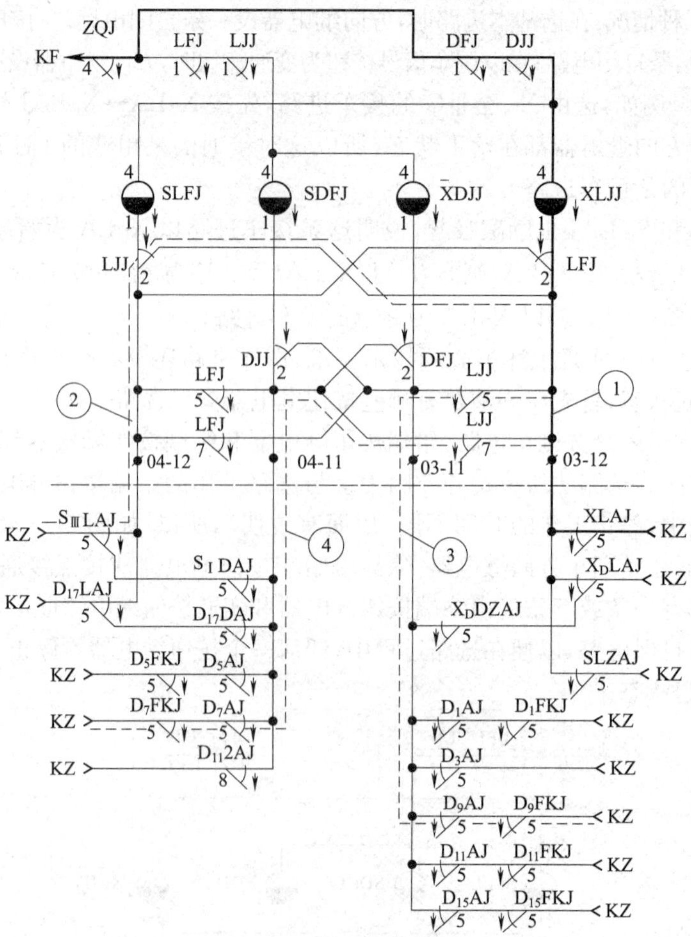

图 2-16　列车方向继电器的励磁电路及自保电路

粗线①为励磁电路；虚线②、③、④为自保电路。

对 DJJ 来说，除有一条经由调车接车方向始端按钮组的按钮继电器前接点接通的粗线①励磁电路外，还有一条经由调车发车方向始端按钮组(因为这时该组按钮是作为进路终端按钮使用的)的按钮继电器前接点接通的虚线②自保电路，如图 2-15 所示。由于列车进路按钮不参与选调车进路的工作，所以 DJJ 有一条自保电路②就够了。对 DFJ 来说也一样，它也只有一条自保电路。

选列车变通进路时，调车进路按钮可作为变通按钮使用。例如，选 X 至ⅢG 的接车变通进路，以 D_9A 作为变通按钮时，D_9AJ 和 D_7A(后者是被带起来的)都要参与选路工作，因此，对 LJJ 和 LFJ 来说，只有一条虚线②的自保电路不够，还要有经由两个调车按钮组的按钮继电器前接点接通的虚线③和④的自保电路，即要有 3 条自保电路。图 2-16 中的 3 条虚线②、③、④即是 LJJ 用的 3 条自保电路。

从图 2-15 中可以看出：DJJ 的自保电路，是经由 DJJ 第 2 组前接点接通的，而 DFJ 的自保电路是经由 DFJ 第 2 组前接点接通的，从图 2-16 中也可看出：LJJ 的 3 条自保电路，一条经由 LJJ 第 2 组前接点，一条经由 LJJ 第 5 组前接点，另一条经由 LJJ 第 7 组前接点；LFJ 的三条自保电路，一条经由 LFJ 第 2 组前接点，一条经由 LFJ 第 5 组前接点，另一条经由 LFJ 第 7 组前接点。

如果以并置调车信号按钮兼作列车变通进路的变通按钮时，例如，以 D_7A 兼作由 X 至ⅢG接车变通电路的变通按钮时，则 LJJ 的 3 条自保电路(图 2-16)，一条要经由 $S_{Ⅲ}$LAJ(终端按钮)第 5 组前接点接通 KZ 电源，一条要经由 D_7AJ(变通按钮)第 5 组前接点接通 KZ 电源，另一条要经由 D_9AJ(变通按钮)第 5 组前接点接通 KZ 电源。这说明凡是参与选路工作的按钮继电器，如果其中一个不停止工作，都会使方向继电器保持在励磁吸起状态。前面已说明，选这条变通进路除 XLAJ、SLAJ 外，D_7AJ 和 D_9AJ 也都参与选路工作。

在划分按钮组时，没有包括只能为进路终端按钮使用的按钮。前面已经提到，终端按钮继电器也参与选路工作，也应经由其前接点，使已经励磁吸起的方向继电器保持在吸起状态。因此，在图 2-15 及图 2-16 的按钮组接点中，又把只能作为进路终端按钮用的按钮继电器前接点加进去了。例如，图中的 D_{17}LAJ、SLZAJ、X_DZAJ、D_{11}2AJ(2AJ 吸起反映该按钮作为进路终端按钮使用)等前接点，都是为此目的接入的(从控制台上看，对于头朝左的不作变通按钮使用的单置调车按钮，其 2AJ 接点，可以不接入方向继电器电路中，由于选路网络是由左向右顺序选出的，所以位于左侧的列车、调车终端按钮亦可不接入)。

c. 自动复原和手动复原。解决上述第六项技术要求，主要取决于怎样反映进路已全部选出。6502 电气集中是用参与选路工作的所有按钮继电器都失磁落下来反映的。因此，在图 2-15及图 2-16 中，不需要加另外的任何条件，只要这些按钮继电器都失磁落下，便切断方向继电器励磁电路和自保电路。这样，也就达到了使方向继电器在进路选出后，自动复原的目的。即自动复原时机：X→ⅢG 接车进路全部选出后，JXJ↑→AJ↓→LJJ↓。

若因为某种原因(进路在锁闭状态)，进路选不出来时，可按压“总取消”按钮 ZQA，ZQJ 励磁吸起。用 ZQJ 后接点，断开方向继电器负极性电源，迫使方向继电器复原。ZQA→ZQJ↑→LJJ↓，可随时手动使方向继电器复原。

实现第七项技术要求是比较容易的。在取消进路和人工解锁进路时，都可用上述的ZQJ 后接点进行控制。在取消进路时，要求按压“总取消”按钮和进路始端按钮，这时 ZQJ 必定励磁吸起，因此可进行控制。在人工解锁时，要求按压“总人工解锁”按钮和进路始端按钮，这时，ZRJ 必定励磁吸起。只要我们使 ZQJ 随着 ZRJ 励磁吸起，就能对方向继电器进行控制。

重复开放信号时，只按压进路始端按钮，这时，方向继电器将随着按钮继电器的吸起空动。为了防止空动，在图 2-15 及图 2-16 中，接有 FKJ 的后接点。因为在重复开放信号时，FKJ 必定励磁吸起(它是开放信号的必要条件)，所以接入这个接点，能防止方向继电器空动。在图 2-15 及图 2-16 中，还有些支路没有接 FKJ 后接点，从防止方向继电器空动的意义上来说，凡是能作为始端使用的支路，最好都串接上 FKJ 后接点。

③方向电源及条件电源

6502 电气集中的很多电路，如按钮继电器电路、进路选择继电器电路、终端继电器电路等，均要用方向继电器的接点作为控制电路的条件。为了节省方向继电器的接点，简化电路和使电路定型化，选用经过方向继电器接点供出的各种条件电源，来代替方向继电器的接点。通过方向继电器接点供出的电源叫方向电源。

方向电源共有 10 种：

a. KF-共用-H(图 2-17)：用于单置调车信号重复开放信号时 FKJ 励磁电路。

b. KF-共用-Q(图 2-18)：用于 JXJ 单置调车信号 1AJ 的自闭电路和 2AJ 的励磁电路。

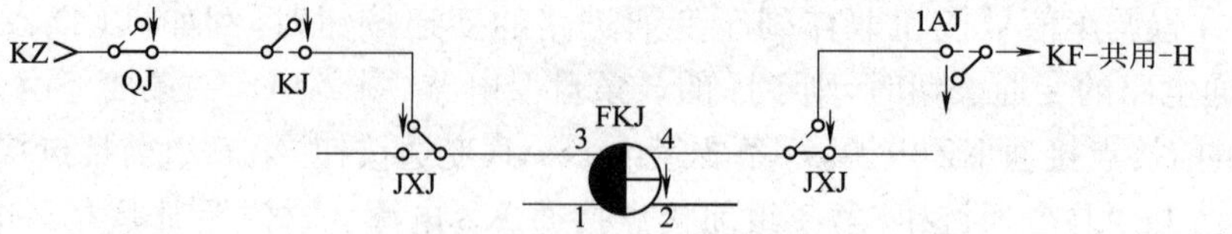

图 2-17　KF-共用-H 电路

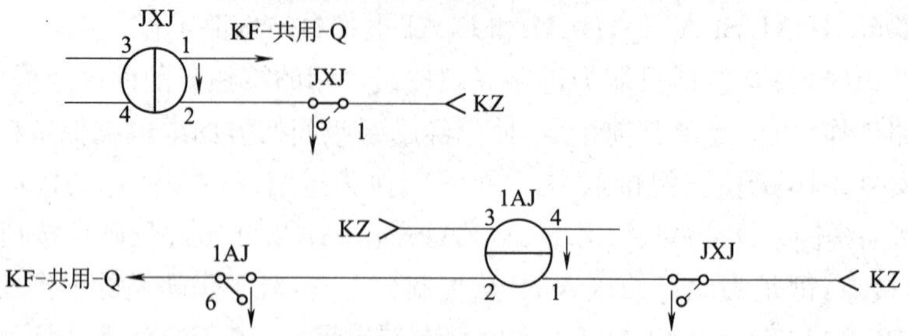

图 2-18　KF-共用-Q 电路

c. KF-LJJ-Q：用于接车方向 LKJ 励磁电路。

d. KF-LFJ-Q：用于发车方向 LKJ、LZJ 励磁电路。

e. KF-DJJ-Q：用于接车方向调车信号 FKJ、ZJ 励磁电路。

f. KF-DFJ-Q：用于发车方向调车信号 FKJ、ZJ 励磁电路。

g. KZ-列共-DJJ-Q：用于调车发车方向单置调车信号 AJ 的励磁电路(作变通用)。

h. KZ-列共-DFJ-Q：用于调车接车方向单置调车信号 AJ 的励磁电路(作变通用)。

i. KZ-列共-Q：用于并置、差置调车信号作列车变通按钮时互相带动的 AJ 励磁电路。

j. KZ-共用-H：用于单置调车信号 AJ 励磁电路。

方向电源电路如图 2-19 所示。

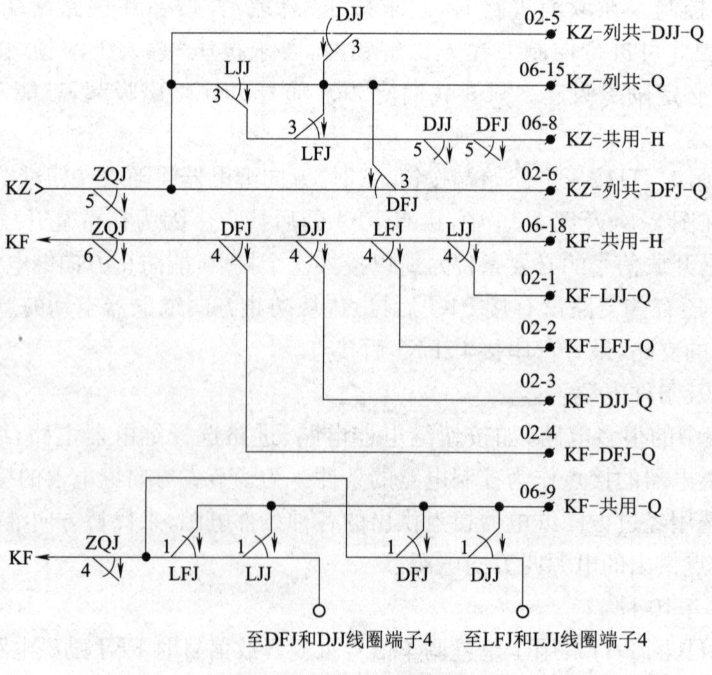

图 2-19　方向电源电路

条件电源共有 12 种：

a. KZ-YZSJ-H(图 2-20)：用在 SJ 电路中，在办理全咽喉道岔总锁闭引导接车时道岔总锁闭继电器 YZSJ↑，切断全咽喉各个道岔的锁闭继电器电路，使全咽喉锁闭继电器 SJ↓。

b. KZ-GDJ(图 2-21)：为防止轨道供电线束停电又恢复后使已建立的进路提前错误解锁，在轨道反复示继电器 FDGJ、传递继电器 CJ、进路继电器(1LJ、2LJ)电路中使用了 KZ-GDJ 电源，用其快断、缓通的特性，防止了错误解锁。

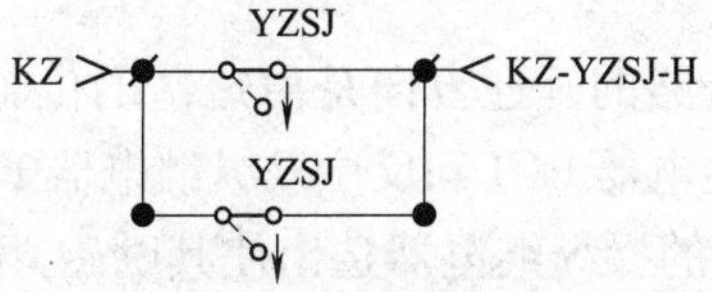

图 2-20　KZ-YZSJ-H

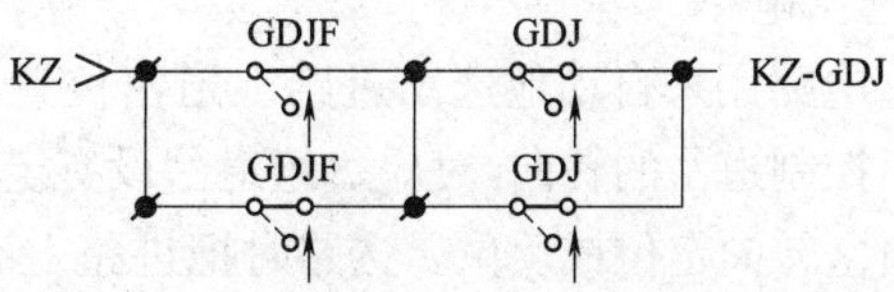

图 2-21　KZ-GDJ

c. KF-ZRJ-Q(图 2-22)：用于引导信号组合引导解锁继电器 YJJ 励磁电路、CJ 1-2 线圈励磁电路。

d. KZ-ZQJ-H(图 2-23)：用于单动及双动道岔组合 DCJ 和 FCJ 自闭电路。

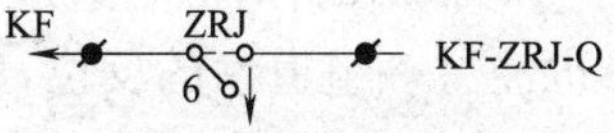

图 2-22　KF-ZRJ-Q

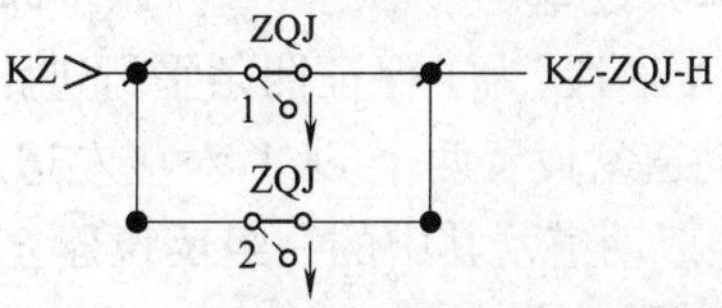

图 2-23　KZ-ZQJ-H

e. KF-ZQJ-Q(图 2-24)：用于信号组合中取消继电器 QJ 的励磁电路。

f. KF-3 分(图 2-25)：用于列车信号主组合中 12 线接车及正线发车人工解锁供电电源。

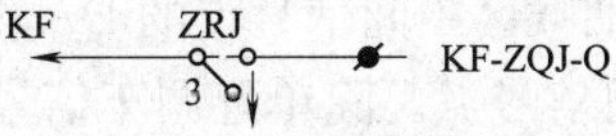

图 2-24　KF-ZQJ-Q

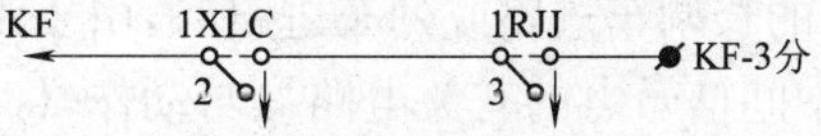

图 2-25　KF-3 分

g. KF-30 秒(图 2-26)：用于调车信号组合及列车信号主组合中 12 线侧线发车及调车人工解锁供电电源。

h. KF-ZDJ(图 2-27)：用于单独操纵道岔时道岔启动继电器(1DQJ、2DQJ)电路。

i. KF-ZFJ(图 2-28)：用于单独操纵道岔时道岔启动继电器(1DQJ、2DQJ)电路。

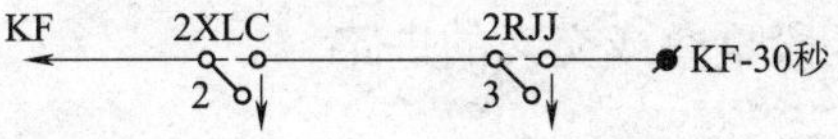

图 2-26　KF-30 秒

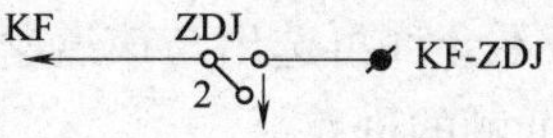

图 2-27　KF-ZDJ

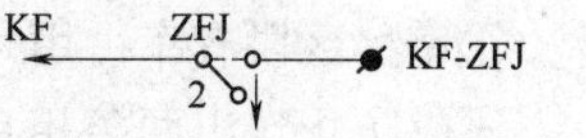

图 2-28　KF-ZFJ

j. KZ-RJ-H(图 2-29)：用于信号检查继电器 XJJ 在人工解锁时的励磁电路。

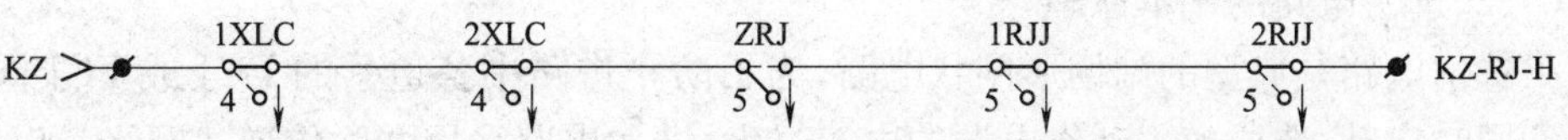

图 2-29　KZ-RJ-H

k. JZ-TGJ(图 2-30)：用于光带表示灯电路。

l. JF-TCJ(图 2-31)：用于道岔表示电路。

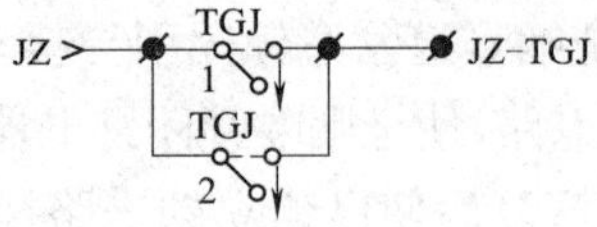

图 2-30　JZ-TGJ

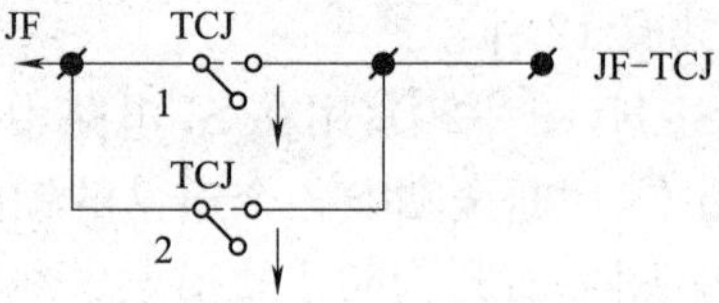

图 2-31　JF-TCJ

2. 选岔电路

选岔电路用来自动地选出进路上道岔位置。每条进路的开通方向是由道岔的位置来确定的。为了控制道岔的转向,对应每组道岔设有定位操纵继电器 DCJ 和反位操纵继电器 FCJ,分别控制该道岔转向定位或反位。选路时把进路上有关道岔的操纵继电器选出使其励磁,用操纵继电器的前接点来接通道岔控制电路,使道岔转换。进路已选出的含义是,一条进路上所有道岔的 DCJ 或 FCJ 都励磁(不包括每组道岔的转换)。为了缩短办理进路的时间,进路选出后应及时使该进路的始、终端按钮继电器和方向继电器复原,以便再办理其他进路,提高作业效率。

为了选出道岔位置,对应选道岔定位,设置了 DCJ;对应选道岔反位,设置了 FCJ;对于每一组单动道岔,只设置一个 DCJ、一个 FCJ 即可完成任务;对于双动道岔,由于构成双动的两组道岔不在一个区段,为了保证两条平行进路可以同时建立,对应其中的每一组道岔应设置一个 DCJ,即双动道岔设置两个 DCJ,对应左边道岔设置的称为 1DCJ;对应右边道岔设置的称为 2DCJ。由于经双动道岔其中的一组反位建立进路必然也经另一组道岔的反位,所以双动道岔可以设置一个 FCJ。但由于一个 FCJ 接点不够用,双动道岔也设置两个 FCJ,左边的称为 1FCJ,右边的称为 2FCJ。2FCJ 相当于 1FCJ 的复示继电器,1FCJ 先动,2FCJ 后动。

选岔电路除了控制道岔的 DCJ 和 FCJ 外,信号点用 JXJ。设置 JXJ 一方面是为了进路选出以后,使起记录作用的 AJ 和方向继电器及时复原,以便选下一条进路;另一方面在选经过中间信号点的长调车进路或列车进路时,由于没有按压咽喉区中间信号点的 DA,通过 JXJ 的动作,能使中间信号点的有关电路参与动作,即带起中间信号点。除单置调车信号点之外,对应每一个信号点设置一个 JXJ,而每一个单置信号点,设有一个 DX 组合和半个 DXF 组合,在 DX 和 DXF 组合分别设有 JXJ,即单置信号点设有两个 JXJ。

(1)技术条件

①选出的进路应与操纵意图一致。根据双按钮进路式选路的要求,顺序按压始、终端按钮后,只允许选出基本进路。只有当值班员附加操纵手续,才能选出变通进路。

②进路在锁闭状态时,不允许选岔电路工作。

③道岔区段有车占用时,不允许再选出与该道岔区段重叠或交叉的进路。

④应防止选出两条相互抵触的进路。

⑤应防止选岔电路中产生迂回电流或串电现象而错误选路。

⑥要求选岔电路工作稳定可靠,并符合定型化的要求。

(2)选岔电路的基本原理

选岔电路是典型的站场形网状电路,为了防止进路中各道岔的 DCJ 或 FCJ 同时吸起,各道岔同时启动,造成道岔动作电源的电流过大,选岔电路采用并联传递式网络。以 1、2 网络线为例,如图 2-32 所示。排列进路,当进路的始、终端 AJ 均吸起后,用左端 AJ 前接点向 1 线送 KZ 电源,右端 AJ 前接点向 2 线送 KF 电源,使网络线中最左边继电器先吸起,前一个继电器吸起,其前接点将 KZ 电源下传,使下一个继电器吸起,这样使网络线中各继电器由左至右顺序吸起，吸起后由其自闭电路保持在吸起状态。

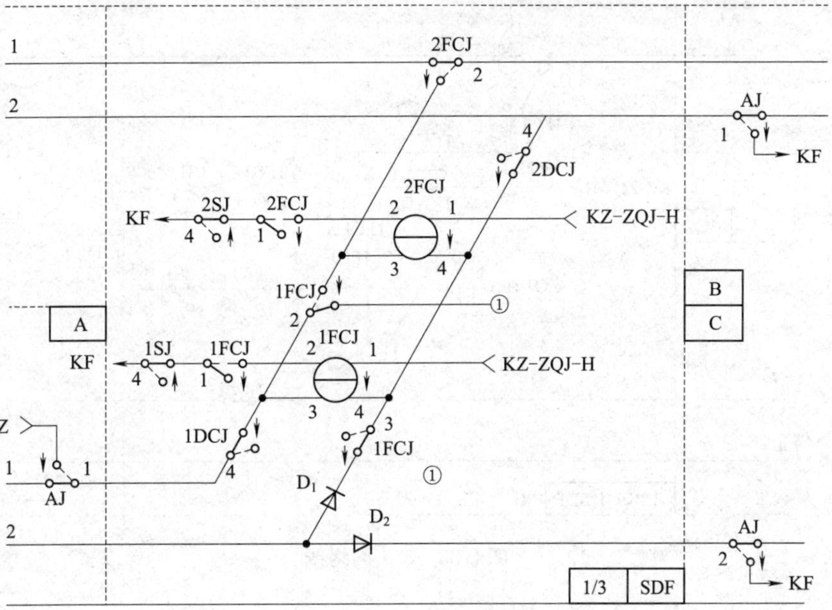

图 2-32　1、2 网络线

为了避免由于串电造成电路错误动作，选岔电路设计了 6 条网络线，各网络线的分工是：1、2 网络线控制八字第一笔双动道岔 FCJ；3、4 网络线控制八字第二笔双动道岔 FCJ；5、6 网络线控制双动道岔 DCJ、单动道岔 DCJ 和 FCJ，另外在 5、6 网络线上控制各信号点的 JXJ。

(3)六线制选岔电路的工作原理

当选经由八字第一笔双动道岔反位的进路时，例如选 D_1→D_9 的进路如图 2-32 所示。当先后按下 D_1A、D_7A 后，由于 1/3 的 1FCJ 能由左边信号点经 D_1AJ 前接点得到 KZ，由右边信号点 D_7AJ 前接点得到 KF，所以，1/3 的 1FCJ 和 2FCJ 可由 1、2 网络线先后励磁并自闭；如果进路经由多组八字第一笔双动道岔反位，则各道岔的 1FCJ 和 2FCJ 由 1、2 网络线控制自左至右顺序励磁且下一组道岔的 1FCJ 吸起后，将切断前面道岔的 2 线 KF 电源，以避免网络线上的继电器过多。

当选经由八字第二笔双动道岔反位的进路时，其 3、4 网络线如图 2-33 所示。例如，选 D_{13}→4G 的进路，17/19 的 1FCJ 和 2FCJ 可由 3、4 网络线控制先后吸起，原理与 1、2 网络线相同。

当选经由双动道岔定位或单动道岔定、反位进路时，其 5、6 网络线如图 2-34 所示。如选 D_1→ⅠG 调车进路时，按下 D_1A 和 D_5A 后，由于此进路不包括双动道岔的反位，所以 1、2 网络线和 3、4 网络线均不参与选岔工作。而 5、6 网络线在两个 DAJ 吸起后，立即使 D_1 的 JXJ 吸起，而后 1 号道岔的 DCJ、3 号道岔的 DCJ、D_5 的 JXJ，由 5、6 网络线控制顺序吸起。

值得注意的是，对于每一个信号点，由于 JXJ 接在 5、6 网络线上，无论作始端、终端、变通还是中间信号点，只要该信号点在进路范围内，其 JXJ 就参与选岔电路动作。对于中间信号点，虽然排列进路时未按下该信号点的 DA，但靠并联传递控制可使 JXJ 吸起。对于单置信号点，作始端时，DX 组合里的 JXJ 电路接通；作终端时，DXF 组合里的 JXJ 电路接通；作中间信号点时，两个 JXJ 都吸起参与工作；作列车或反方向调车变通信号点时，先使 2AJ 和 AJ 吸起，然后再带起两个 JXJ。

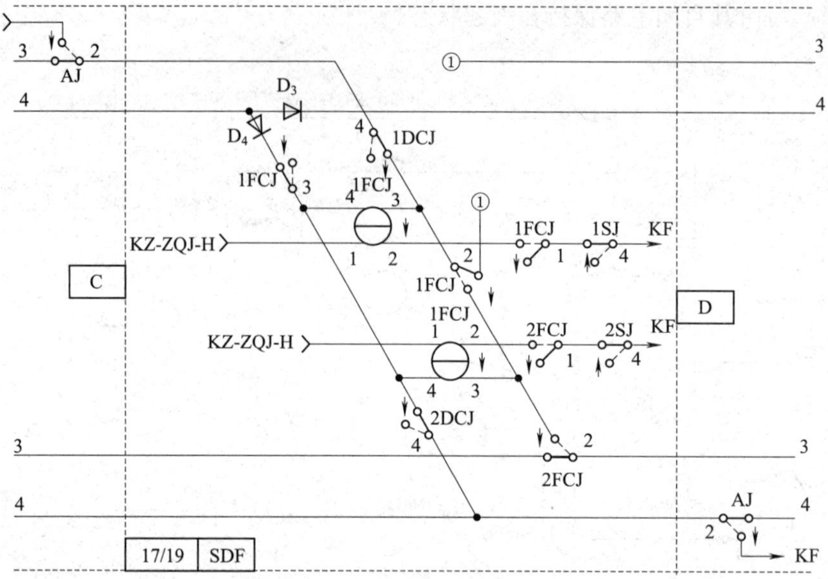

图 2-33　3、4 网络线

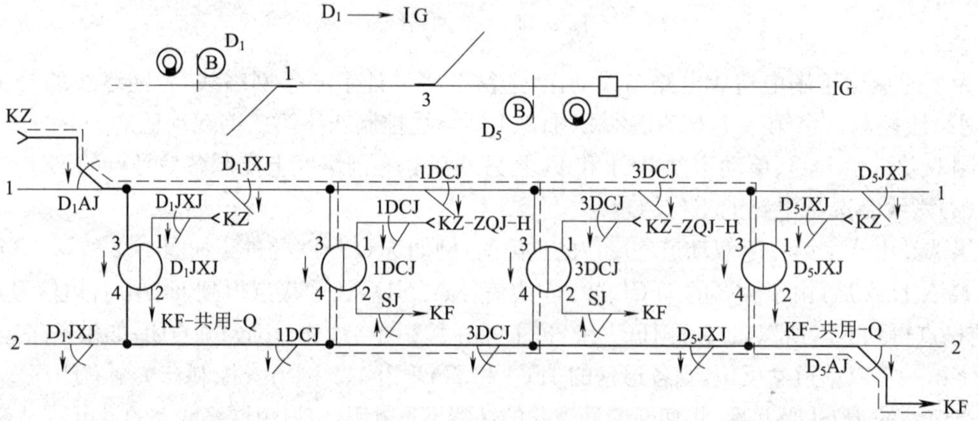

图 2-34　5、6 网络线

当一条进路中，包括有双动道岔时，必须先选出反位，然后才能选出定位（包括单动道岔反位和信号点）。

同一个道岔的 DCJ 和 FCJ 实行互切，即 DCJ 吸起后，要切断 FCJ 的励磁电路，FCJ 吸起后，要切断 DCJ 的励磁电路，为此在电路中加了一些接点，防止同一道岔 DCJ 和 FCJ 同时吸起。

在 DCJ 和 FCJ 吸起自闭后，当进路锁闭，SJ 落下，用 SJ 的前接点切断 DCJ 或 FCJ 自闭电路，使 DCJ 和 FCJ 复原。对于双动道岔，用 1SJ 前接点控制 1DCJ 和 1FCJ 自闭电路，用 2SJ 前接点控制 2DCJ 和 2FCJ 自闭电路。在选路过程中，由于某种原因进路不能进行锁闭时，可以按压“总取消”按钮，使 ZQJ 吸起，条件电源“KZ-ZQJ-H”断电，从而使 DCJ 或 FCJ 手动复原。

(4)八字进路电路实例

图 2-35 是八字进路电路实例，包括有撇形道岔 1/3 和捺形道岔 5/7 四个道岔点，还有 D_1、D_3、D_7、D_9 四个信号点和 BA 一个变通按钮信号点。

在道岔点仅画出道岔操纵继电器的电路，在信号点仅画出与向网路线送电有关的按钮继电器接点，与道岔无关的组合及其电路均未画出。图 2-35 把六条选岔网路线画在一起了。

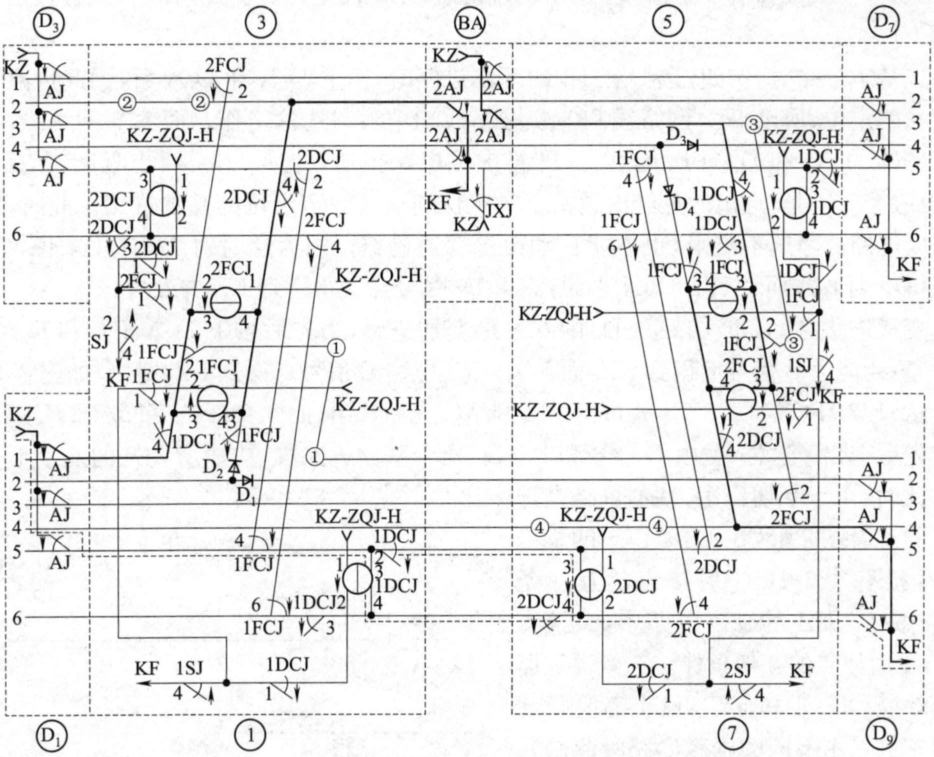

图 2-35　八字进路电路实例

因为双动道岔的 FCJ 接点不够用，所以增加了一个 FCJ。实际上，2FCJ 相当于 1FCJ 的复示继电器，1FCJ 先动，2FCJ 后动。这样一来，双动道岔有两个 DCJ 和两个 FCJ。它们的编号方法是，面对图纸看，靠近左边的道岔编为 1，靠近右边的道岔编为 2。每个道岔还有一个 SJ，其编号方法也相同。例如，图中的道岔 5/7，与 5 号道岔有关的继电器为：5/7 1DCJ、5/7 1FCJ 和 5/7 1SJ；与 7 号道岔有关的继电器为：5/7 2DCJ、5/7 2FCJ 和 5/7 2SJ。

在 1、3 网络线上，各增加了一个 1FCJ 接点，使其起传递作用，只有 1FCJ 吸起后，才能使 2FCJ 励磁吸起。但在 2、4 网络线上，没有增加 2FCJ 后接点，即当 2FCJ 吸起后，没有切断 1FCJ 的 KF，这样节省了一组接点；但由 1、2 网络线和 3、4 网络线同时供电的继电器数，就由两个增加到 3 个了。

同一个道岔的 DCJ 和 FCJ 要实行互切，即 DCJ 吸起后，要切断 FCJ 的励磁电路，FCJ 吸起后，要切断 DCJ 的励磁电路。为此目的，在电路中加了一些接点，例如，在 1 线道岔 1 部位上接有 1DCJ。在 5 线道岔 1 部位上，起防止迂回电流作用的 1FCJ 也兼起互切作用。

在 DCJ 和 FCJ 的 1-2 线圈自保电路中，接有 1SJ 或 2SJ，当进路锁好后，用以使 DCJ 和 FCJ 复原。在选路过程中，由于某种原因进路不能进行锁闭时，可按压“总取消”按钮，使 ZQJ 吸起，这时因为条件电源“KZ-ZQJ-H”断电，所以，DCJ 或 FCJ 也都能手动复原。1、2 网络线和 3、4 网络线的结构都没有改变，只是在网络线中，标有①、①，②、②，③、③、④、④等记号，这是表示选平行进路时，需要在这些地点断线或有条件地连通，在无平行进路时均应连通。5、6 网络线的结构也没有改变，只是在渡线道岔部位，都加有 FCJ 或 DCJ 的接点，用以防止产生迂回电流。加入这些接点后，在进路中，包括有双动道岔时，必须先选出反位，然后才能选出定位（包括单动道岔反位和信号点）。这里的 DCJ 接点（在 5 线上）兼起传递作用，此种接法可节省一组 2FCJ 接点。

要选基本进路时，例如，选 $D_1 \to D_9$ 的基本进路时，按下 D_1A 和 D_9A 后，因此进路不包括双动道岔的反位，所以，1、2 网络线和 3、4 网络线均不参与选岔工作。而 5、6 网络线，在两个按钮继电器 D_1AJ 和 D_9AJ 吸起后，立即将虚线电路接通，先使 1/3 1DCJ 吸起，随后使 5/7 2DCJ 也吸起。于是，选出的是经由道岔 1/3 定位和道岔 5/7 定位的基本进路。此时，即使基本进路因电路故障选不出来，也不能自动改选变通进路。因为这时对 1/3FCJ 来说，它由 D_9 信号点得不到 KF，而对 5/7 1FCJ 来说，它由 D_1 信号点又得不到 KZ 的缘故。

选变通进路时，例如，选 $D_1 \to D_9$ 的八字形变通进路，当先后按下 D_1A、BA 和 D_9A 后，由于 1/3 1FCJ 能由 B 信号点得到 KF，而 5/7 1FCJ 能由 B 信号点得到 KZ，所以，如图 2-35 中的粗线所示，1/3 1FCJ 和 1/3 2FCJ 可由 1、2 网络线先后选出；而 5/7 1FCJ 和 5/7 2FCJ 可由3、4 网络线先后选出。这样，就由 $D_1 \to$B 和 B$\to D_9$ 两个基本进路段，构成所要选的八字形变通进路了。此时，由于互切作用，基本进路是选不出来的。看图 2-35，在 1/3 1DCJ 的励磁电路中，接有 1/3 1FCJ 后接点的互切条件，而在 5/7 2DCJ 的励磁电路中，又接有 5/7 2FCJ 后接点的互切条件。选变通电路时，要求 1/3 1FCJ 和 5/7 2FCJ 都要吸起（注意，它们是由不同的励磁电路吸起的），即使是其中一个因故障不能吸起，还有另一个在起互切作用，所以在选变通进路时，是不可能自动改选出基本进路来的。

（5）防止自动改选平行进路的方法

变通进路有两种：一种是平行变通进路，另一种是“八”字变通进路。两种变通进路的办理方法都一样，即按先后顺序按下始端按钮、变通按钮或能起变通作用的调车按钮和终端按钮。

对于平行进路，顺序按压进路始、终端两个按钮后，只准选出基本进路。对此，6502 电气集中是采用断线法来实现的，即断开平行变通进路道岔操纵继电器的励磁电源 KZ 或 KF，只使基本进路的道岔操纵继电器有励磁电源。

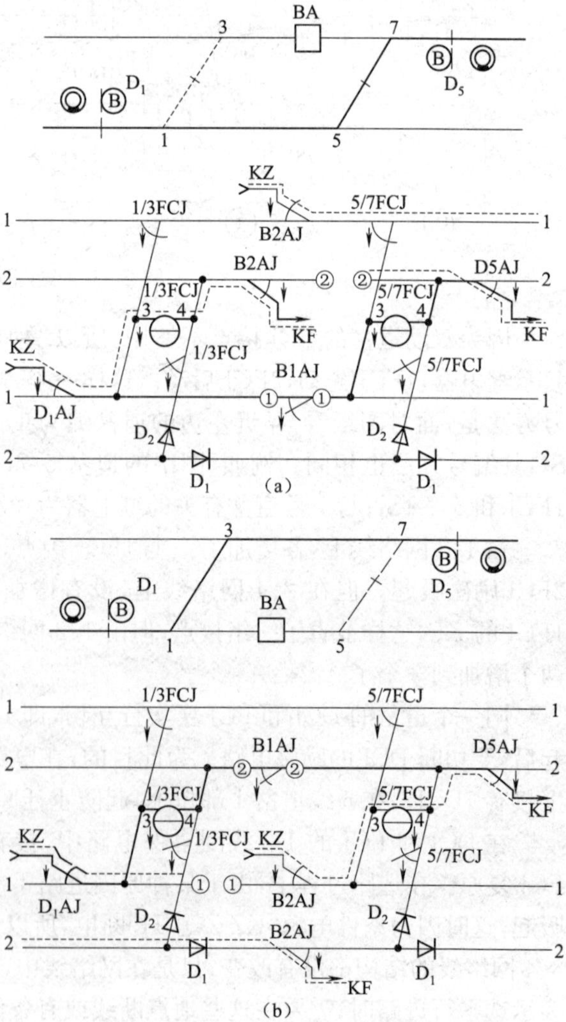

图 2-36　1、2 网络线平行进路选岔原理图

图 2-36 是“八”字第一笔撇形双动道岔组成的平行进路选岔原理图。如图 2-36(a) 所示，按下 D_1A 和 D_5A 后，如果选 1/3 号道岔定位、5/7 号道岔反位为基本进路，则应使 5/7FCJ 励磁，而不准 1/3FCJ 励磁。可

将其2线KF电源断开，即在5/7号道岔选岔网路线锐角处断开2线，使KF电源不能接入1/3FCJ的励磁电路。若要选出经1/3号道岔反位、5/7号道岔定位的平行变通进路时，在按压变通按钮BA后，使B1AJ吸起用其后接点切断5/7FCJ的KZ电源，又用B2AJ的前接点从断开的2线处接入KF电源，就使得1/3FCJ励磁而5/7FCJ不能励磁，即可选出变通进路。这样即使选不出变通进路，也不会自动改选基本进路。

如图2-36(b)所示是确定选1/3号道岔反位、5/7号道岔定位为基本进路的情形，应在选岔网路中断开1线，这样使1/3FCJ能励磁，而不准5/7FCJ励磁，即可选出D_1至D_5之间的基本进路。选1/3号道岔定位、5/7号道岔反位的平行变通进路时，也是通过按下BA，用B1AJ吸起切断2线上供1/3FCJ励磁的KF电源，又用B2AJ的吸起向5/7FCJ送KZ电源，同样能保证在变通进路选不出来时不会自动改选基本进路。

根据以上的论述，可从几个方面归纳如下：

①各网路线的用途

a. 1、2网络线用来选双动撇形道岔的反位。

b. 3、4网络线用来选双动捺形道岔的反位。

c. 5、6网络线用来选单、双动道岔的定位、单动道岔反位和进路中所有的信号点，包括始端、终端和中间信号点。

②各网路线的送电规律

a. 1、3、5网络线由左向右送KZ，送至第一个道岔(对1、3网络线)或信号点(对5线)，然后按照选出顺序向右传递，一直传送到所选进路的右端。

b. 2、4、6网络线由右向左送KF，它不是传递式的，一开始就直接送到所选进路的左端。

③道岔选出顺序

a. 在进路中包括有双动道岔时，先选出双动道岔反位，然后才能选出信号点和道岔定位(包括单动道岔反位，以下同)。

b. 不论是双动道岔反位，还是信号点及道岔定位，都是由左至右顺序选出的。

④选平行进路用断线法的规律

a. 优先道岔在左侧(面对图纸看，一个在左，一个在右，与上下无关)时，要断1线或3线的KZ，撇形道岔断1线，捺形道岔断3线，要在图纸上的①与①间[具体地点如图2-36(b)，在变通按钮前，不准越过变通按钮]或③与③间无条件地断开；与此同时，又必须在图纸上的②。与②间[具体地点如图2-36(b)，在KF传送方向上，在基本进路上的最末一个对向道岔，即3号道岔前]或与④与④间，有条件地连通，条件是变通按钮的后接点。

b. 优先道岔在右侧时，要断2线或4线的KF，撇形道岔断2线，捺形道岔断4线，要在图纸上的②与②间[具体地点如图2-36(a)，在KZ传送方向上，在变通按钮前，不得越过变通按钮]，或④与4间无条件地断卄；与此同时，又必须在图纸上的①与①间[具体地点如图2-36(a)，在KZ传送方向上，在基本进路上的最末一个对向道岔，即5号道岔前]或③与③间有条件地连通，条件是变通按钮的后接点。

3. 进路选择继电器(JXJ)电路

JXJ与按钮继电器在同一个信号组合中，其作用是为缩短选路时间，使完成选岔任务的AJ及时落下；当证明进路已全部选出后，及时地使方向继电器电路复原，以便再选其他进路；使进路始端的FKJ和进路终端的ZJ励磁，以便AJ落下后，继续记录进路的始端和终端。

JXJ起承上启下的作用，在使记录电路及时复原和完成选岔任务后，将电路动作转入执行组电路。

(1)设置

每个信号点设一个 JXJ。单置调车信号设两个 JXJ,即 DX 组合和 DXF 组合各设一个,没有信号机但设有终端按钮可以看作一个信号点,如 SLZA。

(2)任务

缩短排列进路的时间。用始端和终端 JXJ↑证明进路全部选出。

排列长调车进路时,中间信号点通过 JXJ↑与方向电源配合使信号开放。

(3)选进路始、终端及中间信号点

JXJ 跨接在 5、6 网络线上,当 1~4 网络线动作完后,顺序由左至右使 JXJ、单动道岔 DCJ、FCJ 及双动道岔 DCJ 顺序传递励磁。

6 线上检查 QJJ↓、CJ↑、DGJ↑,即:区段空闲,没有锁闭,相当于 SJ↑以达到禁止存储进路和防止道岔错误转动的目的。

图 2-37(a)是一个并置信号点,而图 2-37(b)是一个单置信号点。这两个信号点都是咽喉中间的信号点。图 2-37(a)布置有两个 DX 组合,每个组合内设有一个 JXJ;图 2-37(b)布置有一个 DX 组合和一个 DXF 组合(实际占半个组合位置),也分别设有一个 JXJ。

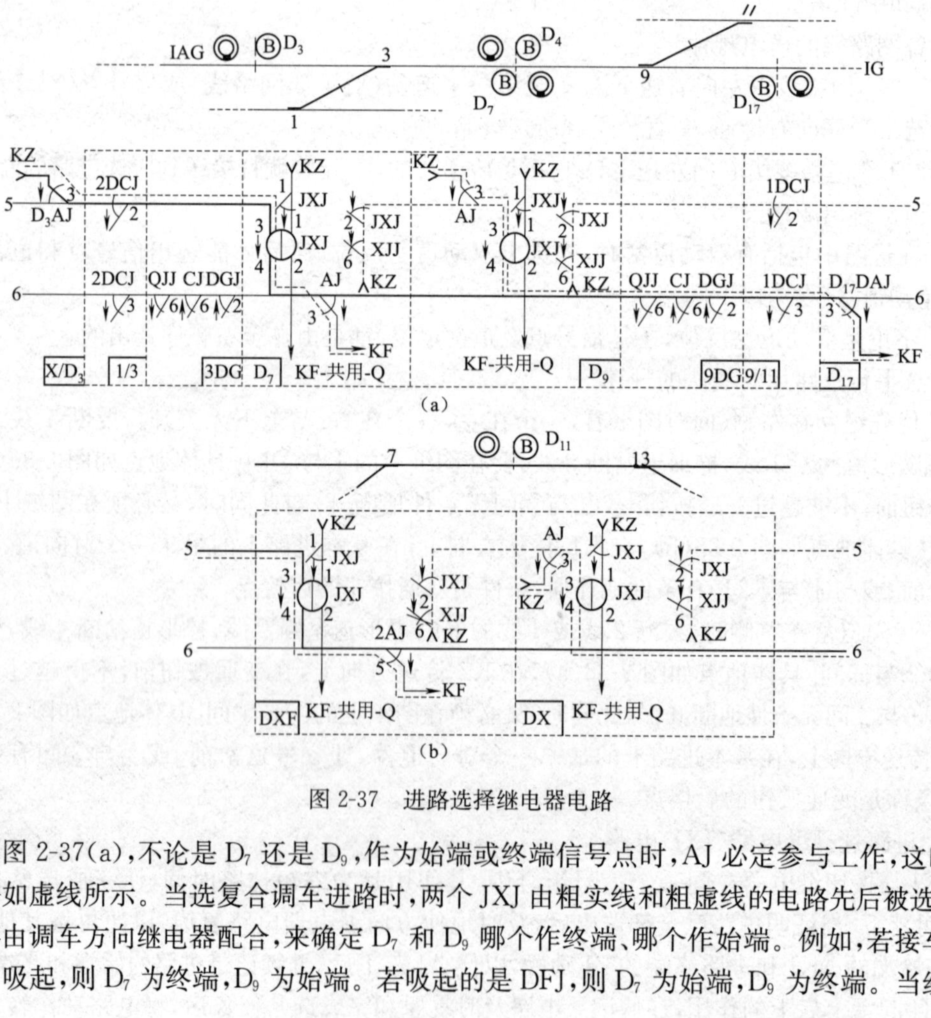

图 2-37 进路选择继电器电路

如图 2-37(a),不论是 D_7 还是 D_9,作为始端或终端信号点时,AJ 必定参与工作,这时 JXJ 的电路如虚线所示。当选复合调车进路时,两个 JXJ 由粗实线和粗虚线的电路先后被选出,选出后再由调车方向继电器配合,来确定 D_7 和 D_9 哪个作终端、哪个作始端。例如,若接车方向的 DJJ 吸起,则 D_7 为终端,D_9 为始端。若吸起的是 DFJ,则 D_7 为始端,D_9 为终端。当经由此并置信号点选列车进路时，此时，D_7AJ 和 D_9AJ 都不参与选路工作。如果选的是基本进路，则只有两个 JXJ 由粗实线和粗虚线电路选出，点亮按钮表示灯，以反映传递道岔网络工作情况。因为此时，方向继电器吸起的是 LJJ 或 LFJ，D_7 和 D_9 既不是始端也不是终端。若以此并置信号点作为变通按钮使用时，则这两个 AJ 先吸起，随后两个 JXJ 由虚线电路也吸起，使它们都参与选路工作。

图 2-37(b)是单置信号点的情况。作终端时，DXF 组合里的 JXJ 由虚线电路接通；作始端时，则 DX 组合里的 JXJ 由虚线电路接通。经由此点选相反方向的调车变通进路时，先使 2AJ 和 AJ 吸起，然后由虚线电路选出两个 JXJ。经由此点选列车基本进路时，由粗线电路只使两个 JXJ 吸起参与工作，而 2AJ 和 AJ 均不参与工作。

若以此点作为列车变通按钮使用时，则 2AJ 和 AJ 先吸起，随后两个 JXJ 由虚线电路吸起，它们都参与选路工作。

单置调车作始端时，DX 组合 JXJ↑；单置调车作终端时，DXF 组合 JXJ↑。

调车信号作列车或长调车进路的中间信号点时，JXJ 均励磁。

自闭电路：通过“KZ-共用-Q”电源及自身前接点构成自闭电路。

复原时机：进路中最右边的 JXJ↑证明进路已全部选出，切断 AJ 电路，方向继电器落下，“KF-共用-Q”无电，JXJ 全部落下。

4. 辅助开始继电器(FKJ)与终端继电器(ZJ)电路

在进路选出、记录电路复原之前，为了继续始端按钮继电器、方向继电器和终端按钮继电器的工作，通过进路选择继电器和方向继电器供出的条件电源，使 FKJ 和 ZJ 励磁吸起。但此时道岔正在转换，在进路锁闭直到信号开放之前的这段时间内，还将利用 FKJ 来作为 7 线的区分条件和防止信号自动重复开放。

所谓防止信号自动重复开放，是指信号必须经 FKJ 吸起才能开放。当信号开放后，因故(如轨道电路的瞬间分路)引起信号关闭，如不再次办理开放信号手续(即重新按压进路始端信号按钮)，就不准信号自动重复开放，这样，FKJ 相当于每次开放信号的开关。因此 FKJ 在信号开放后必须落下，在它落下后必须用 KJ 来继续记录进路始端工作。KJ 和 ZJ 在整个执行网路中都一直起作用，直到进路解锁才自动复原。

(1)辅助开始继电器(FKJ)电路(图 2-38)

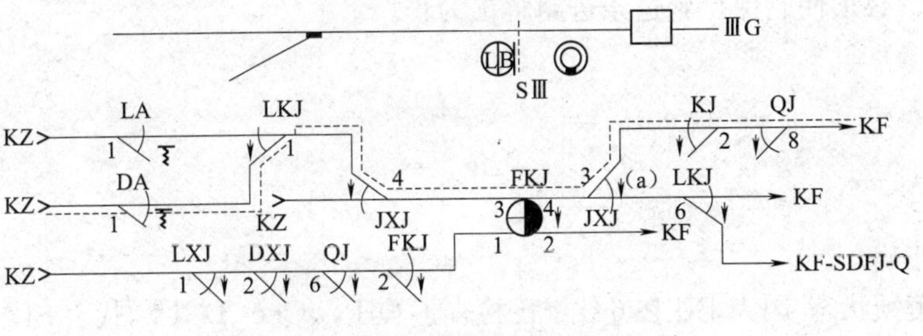

图 2-38　列车和调车共用的 FKJ 电路

辅助开始继电器电路

①设置：每架信号机设置一个 FKJ。

②作用：

a. 记录电路复原后，接续始端按钮和方向继电器工作，继续记录始端。

b. 防止信号自动重复开放。

c. 排列长调车进路时，控制同方向调车信号由远而近顺序开放。

③电路动作：以出站兼调车处的 FKJ 电路为例，如图 2-38 所示。

a. 励磁电路：

(a)选列车进路：KZ—JXJ_{42-41}—FKJ_{3-4}—JXJ_{31-32}—LKJ_{61-62}—KF。

(b)选调车进路：KZ—JXJ_{42-41}—FKJ_{3-4}—JXJ_{31-32}—LKJ_{61-63}—KF-SDFJ-Q。

(c)重复开放信号时：因为进路在锁闭状态，KJ 仍在吸起，此时选路工作早已结束 JXJ↓，KZ—LA—LKJ_{13-11}—JXJ_{43-41}—FKJ_{3-4}—JXJ_{31-33}—KJ_{22-21}—QJ_{83-81}—KF。LKJ_{13-11} 接点在此处的作用是区分列车或调车进路。

b. 自闭电路：FKJ↑后，经 LXJ↓、DXJ↓、QJ↓、FKJ↑接点使其 1-2 线圈有电自闭。

c. 失磁时机：

(a)正常时，信号开放 XJ↑—FKJ↓。

(b)办理取消进路或人工解锁进路时，QJ↑—FKJ↓。由于进路在锁闭状态，在办理取消进路手续时，需要按压进路的始端按钮，防止 FKJ 通过 3-4 线圈错误励磁吸起。办理取消进路或人工解锁进路时，QJ 必定吸起，利用 QJ 第 8 组接点切断电路。

d. 电路分析：

(a)XJ↑接点：FKJ 自动复原条件。

(b)QJ 第 6 组落下接点：FKJ 手动复原条件。

(c)QJ 第 8 组落下接点：在办理取消或人工解锁时，防止 FKJ 错误动作。

(d)KJ↑接点：证明该信号点为始端且进路在锁闭状态。

(e)FKJ 要求缓放原因：

因为 FKJ↑—XJ↑，而 XJ↑—FKJ↓，为使 XJ 可靠吸起，FKJ 要求缓放。

(f)单置调车信号 FKJ 电路中使用“KF-共用-H”：为了保证分段办理长调车进路时使信号由远及近开放。

(2)终端继电器(ZJ)

凡是调车进路终端的地方，都必须设 ZJ。

①ZJ 的技术要求

a. 接续记录电路的工作，既接续终端信号点的 JXJ 和方向继电器的工作。

b. 要检查进路必须在解锁状态，否则禁止 ZJ 励磁吸起。

c. ZJ 一旦励磁吸起后，必须使它保持到这条进路解锁为止。

②励磁电路

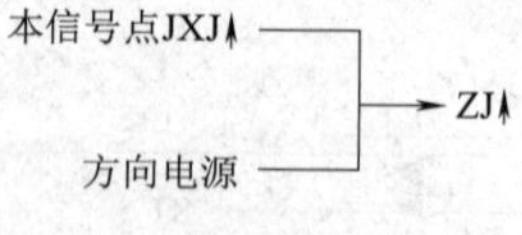

即：进路的锁闭方向正确。

JXJ 励磁说明进路在解锁状态，因为 JXJ 在 6 线上已检查了 QJJ↓、CJ↑、DGJ↑，代表 SJ↑。

③自闭电路有两条

经 DCJ↑或 FCJ↑构成，在进路选择完毕，尚未锁闭前，由于方向继电器落下使 JXJ↓，但 FCJ、DCJ 仍在吸起状态，用 DCJ↑或 FCJ↑构成第一条自闭电路。

当 SJ↓—DCJ↓或 FCJ↓，切断第一条自闭电路，构成第二条自闭电路。

④复原时机

当进路完全解锁，最后一个区段 SJ↑—ZJ↓。

⑤电路分析

ZJ 采用缓放型，在 SJ 由↑到↓时即第一、二条自闭电路转换时，ZJ 不落下。调车终端继电器电路如图 2-39 所示。

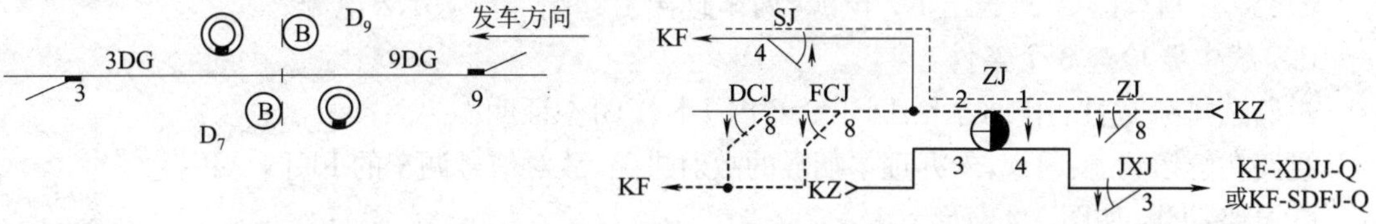

图 2-39　调车终端继电器电路

在差置信号的 ZJ 励磁电路中，检查另一架调车信号的 ZJ↑和 1LJ(2LJ)↑。

互加 ZJ↑是防止同一咽喉两个方向同时向无岔区段调车，有一个 ZJ↑而另一个 ZJ 就不能吸起。

调车终端继电器电路特例如图 2-40 所示。

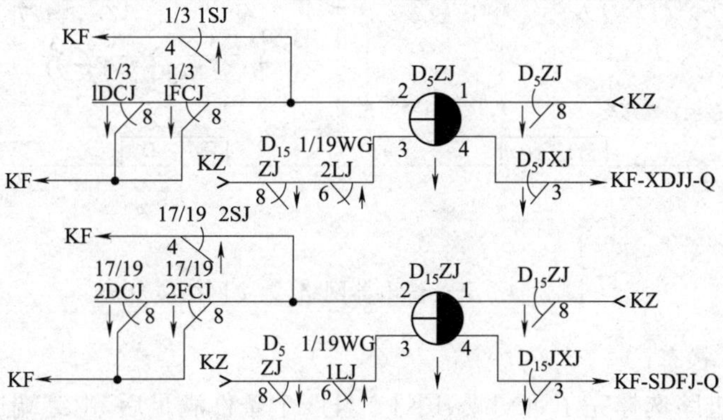

图 2-40　调车终端继电器电路特例

另外，因为 1/19WG 区段有列车通过，为了防止调车追尾列车，在调车终端继电器电路中，还必须接有 1/19WG 区段无列车占用的条件。在 D_5 ZJ 电路中，用 1/19WG 的 2LJ 前接点(见后面的解锁电路)，证明进站列车已全部越过 1/19WG 区段；在 D_{15} ZJ 电路中，用 1/19WG 的 1LJ 前接点，证明出站列车已全部越过 1/19WG 区段。电路采用了这样方法处理，就避免了调车尾追列车了。

5. 开始继电器(KJ)电路

①设置：每架信号设一个 KJ，列车还设一个 LKJ。

②作用：

用 KJ 作为电路的区分条件；用 KJ 检查选排一致性；用 KJ 确定进路的始端。

③技术要求：

a. 接续记录电路的工作，既接续始端信号点的进路选择继电器和方向继电器的工作。

b. 检查进路的选排一致性。

c. 检查进路在解锁状态。

d. KJ 一旦吸起后，必须使它保持到这条进路解锁为止。

7 线开始
继电器电路

④电路结构：

a. KJ 电路以网络形式构成，7 线为 KJ 网络线。

b. 始端以 FKJ↑将 KJ 接入 7 线。

c. 终端：调车以 ZJ↑送出 KZ 电源，列车直接由终端部位送 KZ 电源。

d. 7 线中要检查 3 个条件：

进路选排一致性：用 DCJ↑、DBJ↑和 FCJ↑、FBJ↑证明。

进路在解锁状态：SJ↑，未办理本咽喉的敌对进路，敌对信号调车的 FKJ↓、ZJ↓。

⑤电路动作，如图 2-41 所示。

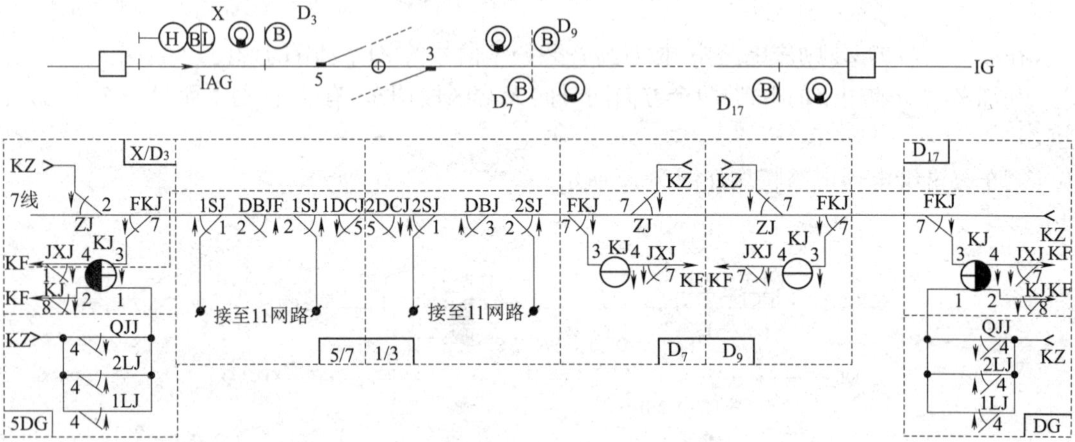

图 2-41　开始继电器网络(第 7 网络线)

a. KJ 平时在↓状态。

b. 励磁电路：进路选择完了，JXJ↓、FKJ↑且 3 个条件满足后，由终端送 KZ，使 KJ 经 3-4 线圈有电励磁。

c. KJ 自闭电路检查 QJJ↑、1LJ↓、2LJ↓3 组接点组成的并联接点组，其目的是用该 3 组接点代替 SJ↓接点。

d. 当列车轧入列车信号内方 XJJ↓进入本区段 QJJ↓、1LJ↑(2LJ↑)。

当车完全出清本区段进入下个区段时 2LJ↑(1LJ↑)—KJ↓。

e. 列车信号 KJ 采用缓放型的目的：

因为 QJJ↑1LJ、2LJ↓SJ↓切断了 KJ 励磁电路，而在 QJJ 由落下到吸起，1LJ、2LJ 由吸起到落下的接点转接过程中，为使 KJ 不落下。

为保证在主、副电源转换过程中(0.15 s)使 KJ 不落下，以保证列车信号的正常开放。

在网络中，进路始端的电路区分条件是 FKJ 接点，进路终端的电路区分条件是 ZJ 接点(列车进路到网络的两端，不需要区分)。例如，排列 X→2G 的接车进路时，X/D_3 组合里的 FKJ 励磁吸起后，如图 2-41 所示，该组合内的 KJ 线圈就被接到网络里。因为这时进路的终端，相当于网络的最右端，所以可从网络最右端，得到正极性电源。如果在网络中，所检查的条件都符合要求，则虚线的电路被接通，KJ 就能励磁吸起。KJ 吸起后，由其 1-2 线圈构成自保电路，直到进路解锁后复原。

又如排列 D_{17}→ⅠAG 的复合调车进路。当 D_{17}FKJ、D_9ZJ(注意，因为 D_{17} 进路的终端按钮是 D_9A，所以它的终端继电器是 D_9ZJ，而不是阻拦信号 D_7 的 D_7ZJ)和 D_7FKJ、X/D_3ZJ 励磁吸

起后如图 2-41 中的粗线所示，分别接通了 D_{17}KJ 和 D_7KJ 的 3-4 线圈的励磁电路，使 D_{17}KJ 和 D_7KJ 均能励磁吸起。使 D_{17}KJ3-4 线圈接到网络里来的是 D_{17}FKJ 前接点，这条粗线电路的 KZ 电源，是通过该进路的终端继电器 D_9ZJ 的前接点送进来。同理，通过 D_7FKJ 的前接点和 D_3 进路终端继电器 X/D_3ZJ 的前接点，接通了 D_7KJ 线圈的励磁电路。D_{17}KJ 和 D_7KJ 吸起后，均由自身的 1-2 线圈自保电路保持吸起，一直到进路解锁后复原(在图 2-41 中，未画出 D_7KJ 和 D_9KJ 的自保电路，以后将单独绘出)。

在这里要注意，KJ 的励磁吸起，是通过 FKJ 前接点这个条件实现的。因为 FKJ 前接点闭合，能说明始端信号点的进路选择继电器和与所选进路的性质及方向相符合的方向继电器，都曾经吸起过，所以 KJ 励磁吸起，能接续这两个继电器的工作(第一项技术要求)。在进路锁闭的整个过程中，执行组电路都可用 KJ 前接点，证明所建进路的始端在网络的什么地方。

在 7 线中检查了下列条件：

(a)进路选排的一致性(第二项技术要求)。这是用每组道岔的 DCJ 前接点和 DBJ 前接点(或 FCJ 前接点和 FBJ 前接点)相串联证明的。即 DCJ 励磁吸起时，道岔必须转换到定位，定位表示继电器 DBJ 也必须励磁吸起。

(b)进路在解锁状态(第三项技术要求)。这是用每组道岔的 SJ 前接点证明的，励磁吸起反映道岔在解锁状态。因为 DBJ 和 SJ 的接点与信号继电器网络共用，所以，在这里接入了两组 SJ 前接点。

KJ 吸起后，执行组电路的 XJJ 和区段检查继电器 QJJ 将相继励磁吸起，两个进路继电器 1LJ 和 2LJ 将跟着失磁落下，SJ 和 DCJ 或 FCJ 也将相继失磁落下。关于执行组电路用的继电器，以后将详细介绍。

SJ 失磁落下后，7 线被断开。在这以后，一直到进路解锁，KJ 是由 1-2 线圈保持吸起的(第四项技术要求)。因为 SJ 的失磁落下是由于 QJJ 的励磁吸起，以及 1LJ 和 2LJ 的失磁落下所引起的，所以通过 QJJ 前接点、1LJ 后接点和 2LJ 后接点的并联电路环节，能接通 KJ 的自保电路。考虑到 QJJ、1LJ 和 2LJ 的接点闭合时间，可能在 SJ 前接点断开时间之后，为了使 KJ 能可靠保持励磁吸起，所以 KJ 使用的是缓放型继电器。列车用的 KJ 使用缓放型继电器，还能使列车信号机在主、副电源切换的 0.15 s 断电时间内不致关闭，这在以后执行组电路中再进行分析。因为在进路解锁时，QJJ 必须先失磁落下，1LJ 和 2LJ 必须相继励磁吸起，所以，KJ 是随着进路解锁而自动复原的。

调车信号处 KJ 电路分析：

(a)KJ 自闭电路中用 SJ↓构通，保证在进路锁闭后 KJ 保持吸起。

(b)为保证 KJ 在由励磁电路转向自闭电路过程中不断电，在自闭电路中加入 FKJ↑接点。因为 FKJ↑先于 SJ↓，使 KJ 的励磁电路被切断之前就用 FKJ↑构通了自闭电路。

(c)在自闭电路中加入 XJJ↑接点：为防止调车信号错误重复开放。

在调车信号开放后，调车车列完全驶入信号内方 XJ↓，若此时误碰始端按钮，AJ↑—FKJ↑，若不加 XJJ↓接点，则在车列出清第一区段进路解锁后 KJ 仍可经 FKJ↑继续自保使信号错误重复开放。

调车专用的开始继电器局部电路如图 2-42 所示。

根据接点的实际运用情况，在调车信号机专用的开始继电器自保电路中，如图 2-42 中的细虚线所示，没有接上述的并联电路环节，而是以 SJ 后接点作为自保条件的。在 SJ 前接点断开(即 7 线断开)，它的后接点还没有闭合的瞬间，由粗虚线上的 FKJ 的前接点，接通 KJ 的自保电路。因为 FKJ 前接点闭合以后，才能引起 KJ、XJJ 和 QJJ 的相继励磁吸起，这些继电器吸起才能引起 SJ 失磁落下，所以，调车专用的 KJ 自保电路，不要求继电器缓放。另外，由于执行组电路的关系，在主、副电源切换的瞬间断电过程，不能保证调车信号机不关闭，所以对调车专用的 KJ，没有采用缓放型继电器。信号开放后，FKJ 失磁落下，及时断开粗虚线的自保电路，使 KJ 必须经由 SJ 后接点（即细虚线的电路）才能自保。因此，在信号开放以后，用 KJ 前接点也可反映进路在锁闭状态。

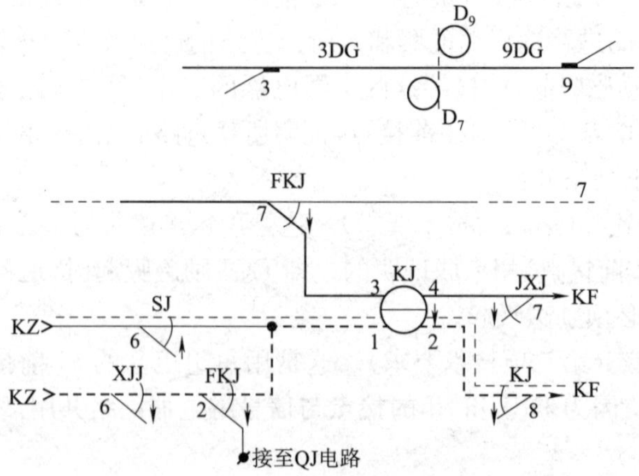

图 2-42　调车专用的开始继电器局部电路

在调车专用的 KJ 粗虚线的自保电路中，与 FKJ 前接点相串联的，还接有 XJJ 前接点，这是为防止产生信号错误重复开放用的。当调车信号开放后，机车车辆已驶入信号机内方，出清了接近区段，并正在进路中第一个区段内运行过程中（注意，这时第一个区段尚处于锁闭状态，KJ 还在吸起，但 DXJ 已失磁落下，信号机已经关闭），如果值班员误碰了该信号的按钮，则将使 FKJ 通过虚线的励磁电路吸起而后自保。这时，若在 KJ 的粗虚线自保电路中，不接入 XJJ 前接点（此时，执行组电路中的 XJJ，由于列车已驶入进路内方而早已失磁落下），则 KJ 将又一次接通了经由 FKJ 前接点的粗虚线自保电路，并在第一个区段解锁，SJ 吸起后，即细虚线的自保电路断开后，仍能保持吸起。于是，就在列车出清最末一个区段后，在 ZJ 缓放过程中，又使 XJJ 吸起，使信号错误重复开放。在粗虚线上接入 XJJ 前接点后，在上述情况下，因为 XJJ 的前接点已断开，所以，KJ 就不致在第一个区段解锁后，仍能保持吸起因而能防止产生错误重复开放信号的现象。

这里需要特别指出的是：在 KJ 自保电路中的 SJ 接点，一般都是进路内方第一个道岔区段的 SJ 接点。

6. 复合调车进路上信号机开放顺序

对于长调车进路，同方向的调车信号机要由远至近顺序开放，以防止司机错误判断信号。如果第一、三架调车信号机开放了，第二架调车信号机由于某种原因没有开放，机车越过第一架调车信号机后，错误地把第三架调车信号机的允许信号，误认为是第二架调车信号机的显示，因而导致冒进信号第二架调车信号机，造成挤岔事故。复合调车进路由远至近顺序开放调车信号的措施如图 2-43 所示。

采取措施：

(1)在 KJ 线圈的粗线电路中，通过一个 JXJ 第 7 组后接点，接入负极性电源。这样，在整条复合调车进路未全部选出以前，因为 JXJ 不失磁落下，所以 KJ 也就不能励磁吸起，因而能控制信号不能开放。

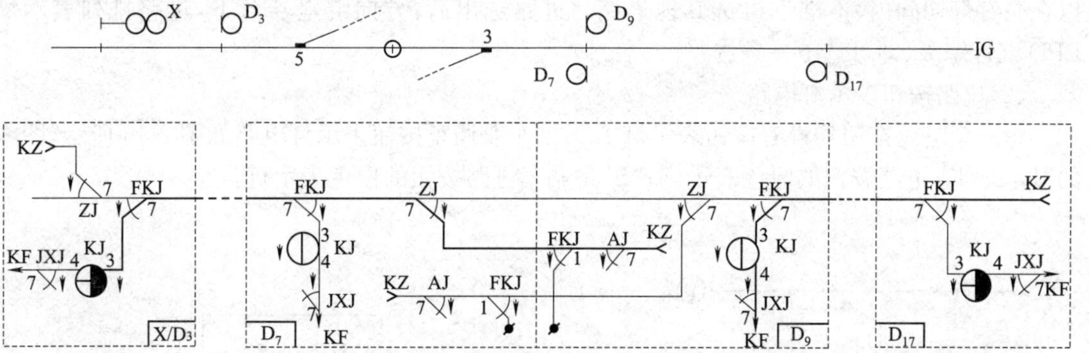

图 2-43　复合调车进路由远至近顺序开放调车信号的措施

(2)在 KJ 线圈的粗线电路中，通过第二架调车信号机(例如，以 D_3 为始端时，第二架调车信号机为 D_9；而以 D_{17} 为始端时，第二架调车信号机为 D_7)的 AJ 后接点和 FKJ 后接点接入正极性电源。这样，当复合调车进路全部选出、JXJ 失磁落下后，虽然 KJ 线圈粗线电路的负极性电源被接入，但因此时第二架调车信号机的 FKJ 已经励磁吸起，KJ 线圈粗线电路的正极性电源又被断开，所以 KJ 仍不能励磁。但当第二架调车信号机开放后，其 FKJ 就失磁落下了，于是 FKJ 后接点闭合，使第一架调车信号机的 KJ 励磁吸起，即第二架调车信号机开放后，第一架调车信号机才能开放。这里的 AJ 后接点是因为与其他电路共用 KJ 接点带来的，在此不起作用。

7. 列车开始继电器(LKJ)电路(图 2-44)

(1)用途和技术要求。列车和调车共用一个 KJ 时，要增设一个 LKJ，以便用它的接点，区分列车电路和调车电路。即选列车进路时，要求 KJ 和 LKJ 都励磁吸起，而选调车进路时，只要求 KJ 励磁吸起，LKJ 不励磁吸起。选列车进路时，LKJ 励磁吸起后，在该进路解锁前，要求它要一直保持在吸起状态，参与执行组电路的工作。

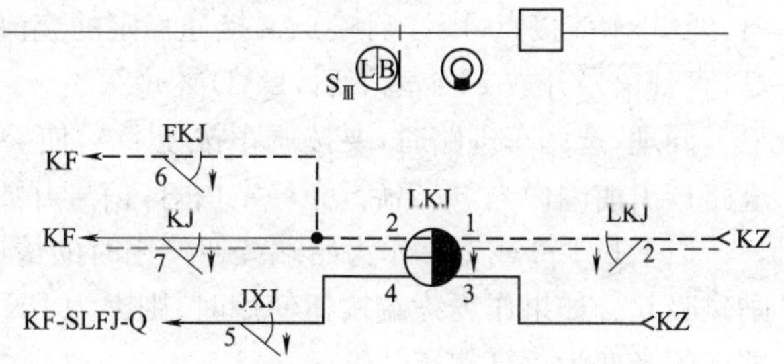

图 2-44　列车开始继电器电路

(2)电路。图 2-44 是 LKJ 的电路，LKJ 的 3-4 线圈是励磁电路，1-2 线圈是自保电路。当 $S_{Ⅲ}$ JXJ 励磁吸起和 SLFJ 励磁吸起(“KF-SLFJ-Q”有电)，说明所选的是以出站信号机 $S_{Ⅲ}$ 为始端的发车进路。因此，这时图中的 LKJ 线圈粗线电路接通，该出站信号机的 $S_{Ⅲ}$ LKJ 励磁吸起。若励磁吸起的是 X/D_3JXJ 和 XLJJ，则说明所选的是接车进路，这时进站信号机的 XLKJ 将励磁吸起。选发车进路时，当 SLFJ 失磁落下后，$S_{Ⅲ}$ LKJ 将由 1-2 线圈的细虚线自保电路保持吸起。在细虚线上的 KJ 前接点尚未闭合以前，先经由 FKJ 前接点，接通粗虚线的自保电路。信号开放后，FKJ 失磁落下，粗虚线的自保电路断开，这时细虚线的自保电路早已接通。直至进路解锁后，KJ 失磁落下，细虚线的自保电路才断开，LKJ 便随着 KJ 落下而复原。

图 2-44 中 LKJ 需要缓放的原因是：保证列车信号在主、副电源切换过程中不致关闭。

8. 选择组表示灯电路

(1)进路排列表示灯电路

在控制台上，对应每一个咽喉区设置一个进路排列表示灯，进路排列表示灯电路如图 2-45

所示，四个方向继电器前接点并联接通进路排列表示灯电路。在选路过程中，任何一个方向继电器励磁吸起，进路排列表示灯均亮红灯。因为规定每一个咽喉区同时只准许选一条进路，所以在亮红灯期间内，不准许再选其他进路。进路选出后，方向继电器落下，进路排列表示灯LPD红灯熄灭，即可选下一条进路。

(2)进路按钮表示灯电路

每一个进路按钮均设有按钮表示灯AD，列车兼调车按钮表示灯电路如图2-46所示，图中的“L”是列车进路按钮的绿色表示灯；“B”是调车进路按钮的白色表示灯。

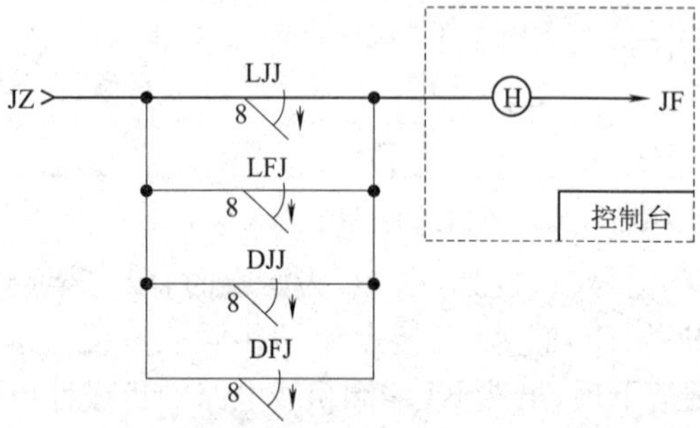

图2-45　进路排列表示灯电路

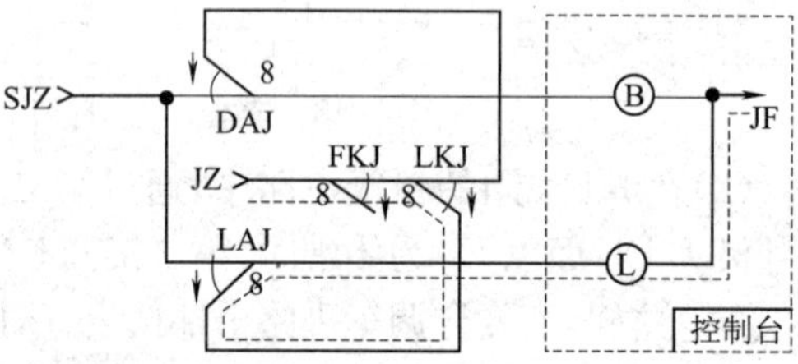

图2-46　列车兼调车按钮表示灯电路

在排列列车进路时，按下列车进路按钮LA，LAJ励磁吸起，经由其前接点接通闪光交流表示电源“SJZ”，使LAD电路被接通，表示灯立即闪绿灯，表示选路工作正在进行中。

进路选出后，LAJ失磁落下。如果该按钮作终端，则LAD熄灭；如果该按钮作始端，此时，经FKJ前接点、LKJ后接点又接通稳定的交流表示电源“JZ”，使按钮表示灯改点稳定的绿灯，直到信号开放FKJ落下后，LAD才熄灭。

同理，选调车进路时，要按调车按钮DA，使DAJ励磁吸起，因为此时LKJ不吸起，所以在进路选出前闪白光，选出后，亮稳定白灯，信号开放后熄灭。

以上是LA或DA作为始端按钮使用时的情形，因为只有作为始端按钮使用时，FKJ才会励磁吸起。如果作为终端按钮使用时，则因为FKJ不励磁，所以在进路选出后，该按钮表示灯即由闪光变为灭灯状态。

咽喉中间调车进路按钮表示灯电路，与上述有所不同，图2-47是单置调车按钮表示灯电路。

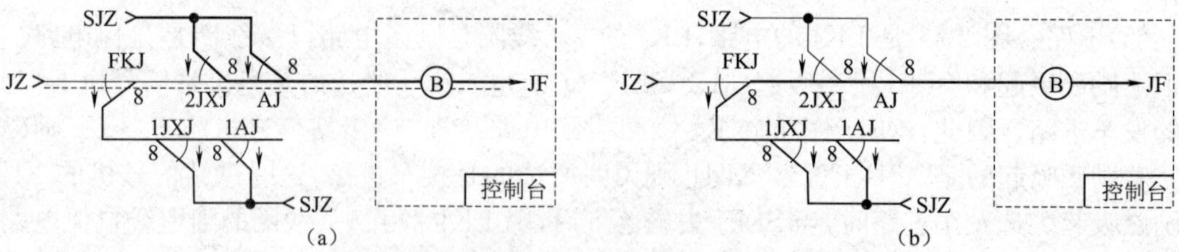

图2-47　单置调车按钮表示灯电路

该按钮作为始端按钮使用时，因为AJ的励磁吸起，所以在选路过程中，AD闪白灯；进路选出后，因为AJ和设在DX组合的2JXJ相继失磁落下，FKJ在励磁吸起状态，所以，AD由闪白灯变成稳定白光，在信号开放、FKJ落下后熄灭。如果该按钮作为终端按钮使用时，由于此时AJ不励磁，所以又接入DXF组合的1AJ前接点和1JXJ前接点，保证其在选路过程中，经上述条件闪白灯，进路选出后灭灯。

9. 选排进路举例及选择组电路的时序逻辑表达式

(1)选调车基本进路继电器电路动作分析

如图 2-48 所示,选择组电路的时序逻辑表达式是根据给出的信号平面图办理 D_1 至 D_5 的调车进路时而画出的。

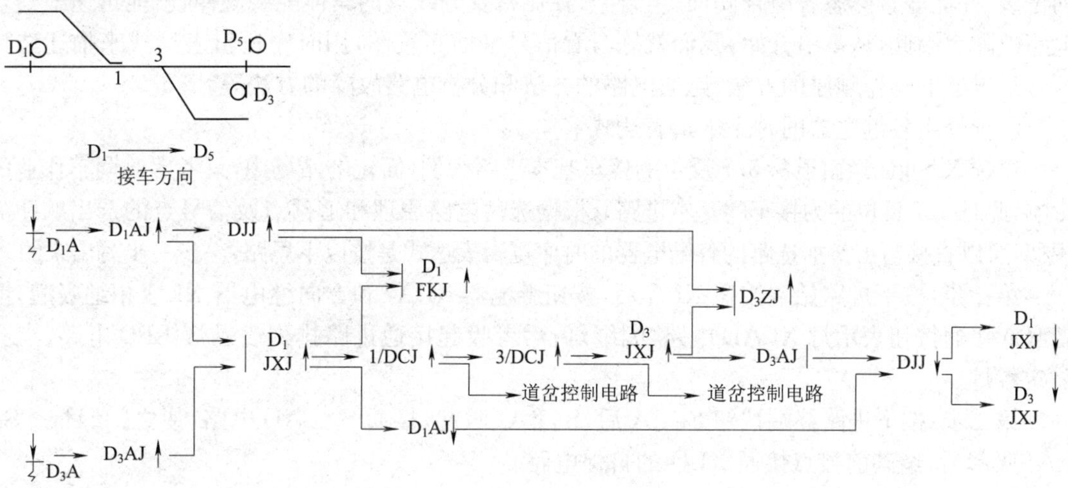

图 2-48　选择组电路的时序逻辑表达式

现在办理的是 D_1 至 D_5 的调车进路且为接车方向,故 DJJ 是随着 D_1AJ 的吸起而励磁吸起的。DJJ 一旦吸起后就排除了同时选择列车进路和反方向调车进路的可能。

采用单一接点的自复式按钮,便于操作且免除了复位操作,但操作按钮的动作必须用 AJ 记录下来。如图 2-48 中的 D_1AJ↑和 D_3AJ↑说明了这两个按钮均被按压过。

当 D_1AJ 和 D_3AJ 先后励磁吸起后,如欲选的进路在解锁状态,则 D_1 处的 D_1JXJ 就吸起。说明所选进路在解锁状态,而且该信号点 D_1 已被选出。至此 D_1AJ 的任务已经完成,它应及时失磁以实现其他任务。

为了在始端按钮继电器失磁落下后不致丢失“进路始端”的信息,对应每一进路的始端部位设置了一个 FKJ,如 D_1FKJ。该继电器是用 DJJ 和 D_1JXJ 的励磁吸起作为励磁条件的。D_1FKJ 吸起记录了进路的始端和性质。

进路左端的 D_1JXJ 吸起后,1DCJ 和 3DCJ 顺序由左至右吸起。1 号道岔 1DCJ 吸起,说明所选的进路要求 1 号道岔在定位。同样 3DCJ 的吸起说明 3 号道岔应在定位。以后将用道岔操纵继电器来控制相应道岔的动作电路,使道岔转换到被选定的位置。

进路上的道岔操纵继电器均吸起后,进路右端的 D_3JXJ 吸起,它说明了该进路已全部选出。D_3JXJ 吸起后,D_3AJ 也就完成了选路任务而失磁落下。

为了不丢失进路终端这一信息,对应于每一进路部位设一个终端继电器如 D_3ZJ(只对调车进路而言)。该继电器是以 D_3JXJ 和 DJJ 吸起作为励磁条件。D_3ZJ 吸起就记录了进路的终端和性质。

既然进路的性质和始终端都记录下来且道岔也已确定,那么随着参与选路的各按钮继电器全部失磁落下后,方向继电器就可以复原了。方向继电器落下后也导致了 D_1JXJ 和 D_3JXJ 复原。选择组电路按时序工作,最终有始端部位的D_1FKJ、进路终端部位的 D_3ZJ 和进路中各道岔 DCJ(或 FCJ)保持吸起,为后续的执行组电路的工作做好准备。

(2)选列车基本进路举例

下面,我们以图 2-49 简化了的典型局部站场为例,用时序逻辑表达式来描述选择组各继电器的动作顺序,若能看信号平面布置图,就可以写出选择组各继电器的时序逻辑表达式,才有可能较熟练地跑通电路,分析电路故障;若能进一步地熟知各个继电器在组合架上的具体排列位置,并能非常熟悉各组合侧面、组合架、控制台及分线盘的具体配线规律,就能迅速地处理电路故障。因此,从本节开始,我们就练习看信号平面布置图,用时序逻辑表达式来描述选择组各继电器的动作顺序的方法、跑通电路的方法和分析电路故障的方法等。

①选择组各继电器的时序逻辑表达式

以选 X→ⅢG 经由道岔 5/7 反位的接车基本进路为例(简化的站场中,只考虑对调车作业的影响,此时 5/7 反位的为接车的基本进路),根据选岔电路原理和道岔点及信号点的选出顺序的规律,可以直接写出参加选路的各继电器的时序逻辑表达式是按以下思路,一步一步写出来的。

第一步:按下进路始端按钮 XLA 后,按钮继电器 XLAJ 和方向继电器 XLJJ 相继吸起,前者吸起接通按钮表示灯 XLAD 电路,闪绿灯;后者吸起接通进路排列表示灯 LPD 电路,点亮稳定红灯。

第二步:按下进路终端按钮 $S_{Ⅲ}$LA 后,$S_{Ⅲ}$LAJ 吸起,接通 $S_{Ⅲ}$LAD 电路,使之闪绿灯。$S_{Ⅲ}$LAJ 吸起后,经其前接点接通 XLJJ 的自保电路。

第三步:当进路始端和终端两个按钮继电器都吸起来以后,看看所选的进路中,有无要求双动道岔的反位。如有,再确认它是撇形的还是捺形的,在 X→ⅢG 的基本进路中,要求 5/7 撇形双动道岔反位,它需要由 1、2 网络线选,并且要先选出它。于是,依次选出 5/7 1FCJ 和 5/7 2FCJ。

第四步:我们知道,双动道岔反位选出后,可立即接通 5、6 网络线,从左向右,依次选出进路中信号点的 JXJ 和道岔点的 DCJ(包括单动道岔的 FCJ)。看看图中所选的进路,第一个点是 X/D_3,因此用 5、6 网络线先选出的是 X/D_3JXJ。第二个点是道岔 5/7,要求它反位,已经用 1、2 网络线先选出来了。第三个点是中间信号点 D_{11},它是单置调车信号点,有两个组合,从左向右是 DXF 和 DX,因此,在第一点选出后,接着又依次选出了 D_{11}JXJ(DXF)和 D_{11}JXJ(DX)。第四个点是道岔 11,第五个点是道岔 13(注意,它们已经换位),所以在 D_{11}选出后,又接着依次选出了 9/11 2DCJ 和 13/15 1DCJ(注意,道岔 11 对道岔 9 来说在左边,编号为偶数;道岔 13 对道岔 15 来说在右边,编号为奇数)。第六个点是所选进路最右端的最末一个信号点,即 $S_{Ⅲ}$信号点,$S_{Ⅲ}$JXJ 最后一个被选出。

第五步:当选出 X/D_3JXJ 时,因方向继电器 XLJJ 的吸起,所以可确定所选进路是列车进路,并且是以 X 为始端,因此使 X/D_3LKJ 和 X/D_3FKJ 相继吸起。X/D_3JXJ 的吸起,使 XLAJ 复原。随着 XLAJ 的落下和 X/D_3FKJ 的吸起,XLAD 由闪绿灯,改亮稳定绿灯。

第六步:当中间信号点 D_{11}JXJ(DXF)和 D_{11}JXJ(DX)先后被选出后,它的D_{11}AD闪白灯。这时,虽然两个 D_{11}JXJ 都吸起,但方向继电器吸起的是列车的,而不是调车的,所以,D_{11}既不是所选进路的终端,也不是所选进路的始端,因此,D_{11}ZJ 和 D_{11}FKJ 均不动作。

第七步:当选出 $S_{Ⅲ}$JXJ 时,随着 $S_{Ⅲ}$LAJ 的复原,终端按钮表示灯 $S_{Ⅲ}$LAD 熄灭。因 $S_{Ⅲ}$JXJ 吸起,能证明进路已全部被选出,这时,参加选路用的 XLAJ 和 $S_{Ⅲ}$LAJ 都已经落下,所以方向继电器也跟着复原,进路排列表示灯熄灭。方向继电器复原后,参加选路的进路选择继电器 X/D_3JXJ、D_{11}JXJ(DXF)、D_{11}JXJ(DX)、$S_{Ⅲ}$JXJ 均跟着复原。至此。该条进路选好(注意,是选好,而不是排好。进路选出后,执行组电路才开始工作,转换道岔、锁闭进路和开放信号),准许接续选其他的进路。

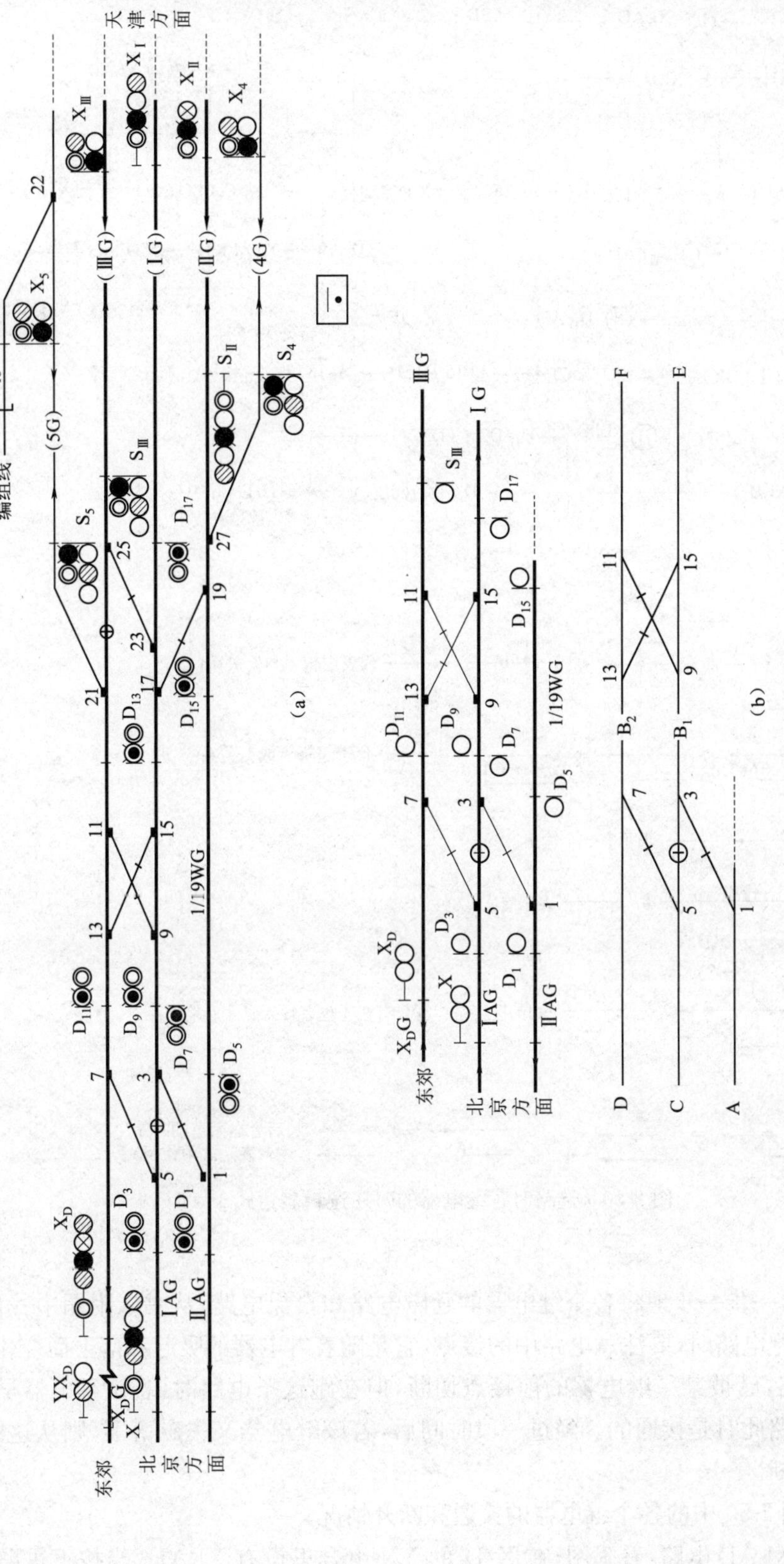
东郊
北京方面
天津方面
编组线
$D_{18}G$
D_{18}
X_5
(5G)
(ⅢG)
(ⅠG)
(ⅡG)
(4G)
$X_Ⅲ$
$X_Ⅰ$
$X_Ⅱ$
X_4
S_5
$S_Ⅲ$
$S_Ⅱ$
S_4
YX_D
X_DG
X
X_D
ⅠAG
ⅡAG
1/19WG
(a)
ⅢG
ⅠG
(b)
A
B
C
D
E
F
B_1
B_2

图 2-49　简化局部站场

进路时各继电器的时序逻辑表达式如图 2-50 所示。

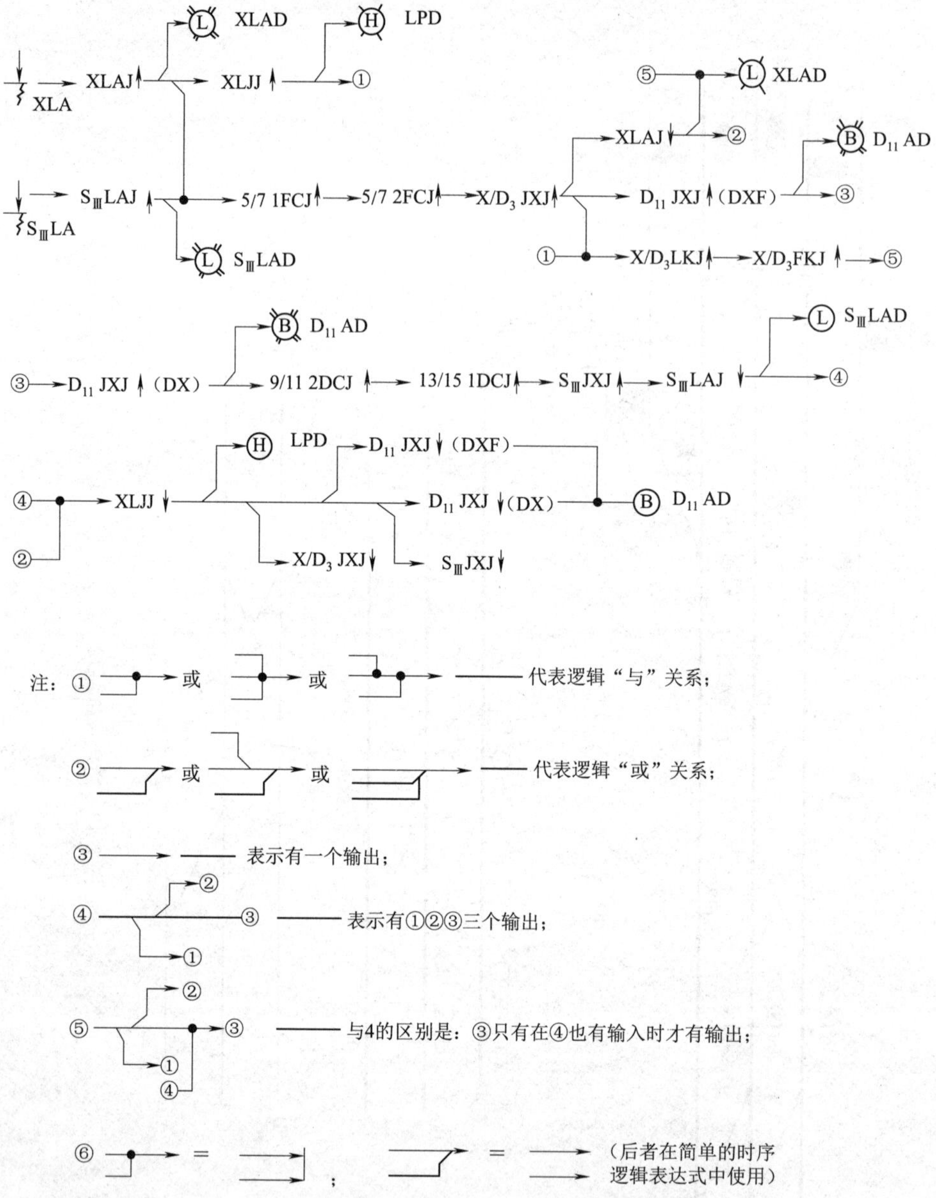

图 2-50　选路时各继电器的时序逻辑表达式 1

②跑通电路

根据图 2-50，一步一步地将各个继电器的励磁电路和自保电路，从书末附图中找出来，并逐条电路跑通。跑电路时，要注意电路中的接点，它是随着继电器的吸起和落下而变化的。例如，所看到的电路，已被某一继电器的前接点切断，但在跑这条电路时，若该继电器早已经吸起，那么，这条电路此时是接通的。经过一段时间后，若该继电器又失磁落下，则从这时起，那条电路就又被切断。

下面，看看图 2-50 中的各个继电器的接通和断开情况。

a. XLAJ 及 XLAD 电路：看附图，在 X/D_3 的 YX 组合里设有 XLAJ。当按下进路始端按钮 XLA 后，该按钮的按下接点接通，于是，XLAJ 的红线励磁电路闭合，使 XLAJ 吸起。它的前接点闭合后，由绿线的自保电路保持吸起，一直到 X/D_3JXJ 吸起，其后接点断开，绿线电路才被切断，XLAJ 便失磁落下。

XLA 的 XLAD 电路，在 YX 组合左边的零散组合 L5 里。当 XLAJ 前接点闭合后，靠红线电路接通闪绿灯；当 X/D_3LKJ 和 FKJ 吸起，XLAJ 落下后，靠绿线电路点亮稳定的绿灯；信号开放，FKJ 落下后，绿线电路断开，该按钮表示灯熄灭。

b. XLJJ 及 LPD 电路：XLJJ 是通过 XLAJ 前接点，接通粗线的励磁电路吸起的。它吸起后，又通过 $S_{Ⅲ}$LAJ 前接点和它自己的 LJJ 前接点，接通了自保电路保持吸起，一直到进路全部选出、XLAJ 和 $S_{Ⅲ}$LAJ 都落下，XLJJ 才复原。

进路排列表示灯 LPD 的电路。当 XLJJ 在吸起过程中，它一直靠粗线的电路点亮红灯。进路全部选出，方向继电器落下，这个红灯才熄灭。

c. $S_{Ⅲ}$LAJ 及 $S_{Ⅲ}$LAD 电路：这两个电路，都在附图最右端 $S_{Ⅲ}$ 用的 2LXF 组合里。按下 $S_{Ⅲ}$LA，其按下接点闭合，靠红线的励磁电路，使 $S_{Ⅲ}$LAJ 吸起。它吸起后，其前接点闭合，又将 $S_{Ⅲ}$LAJ 的绿线自保电路接通。直至进路选出、$S_{Ⅲ}$JXJ 吸起，它的后接点断开，才切断了绿线电路，使 $S_{Ⅲ}$LAJ 复原。

在 $S_{Ⅲ}$LAJ 吸起期间，其 $S_{Ⅲ}$LAD 是靠红线的电路一直闪绿灯的。因为，方向继电器吸起的是 XLJJ，而不是 SLFJ，所以，$S_{Ⅲ}$LAJ 吸起，是作为终端用的。因为这时 $S_{Ⅲ}$FKJ 不会吸起，所以，当 $S_{Ⅲ}$LAJ 落下后，这个闪光的绿灯立即熄灭。

d. 5/7 1FCJ 及 5/7 2FCJ 电路：由于 5/7 是撇形双动道岔，所以，当进路两端的按钮继电器都吸起来以后，附图中的 1、2 网络线如红线和红虚线所示，先后接通。先选出 5/7 1FCJ，后选出 5/7 2FCJ。这两个反位操纵继电器吸起后，都接通有它们自己的，如蓝线所示的自保电路。直至道岔转好、进路锁闭，锁闭继电器 SJ 落下，蓝线的自保电路才被切断，使 5/7 1FC 和 5/7 2FCJ 复原。

在这里要注意，DCJ、FCJ 和 SJ 的编号，双动道岔中，左边那个道岔用的编号为 1，右边那个道岔用的编号为 2。

e. X/D_3JXJ、D_{11}JXJ(DXF)、D_{11}JXJ(DX)、9/11 2DCJ、13/15 1DCJ、$S_{Ⅲ}$JXJ 电路及有关的按钮表示灯电路：这些继电器都是用附图中的 5、6 网络线选出来的。当 5/7 1FCJ 和 5/7 2FCJ 都吸起后，图中绿色的 5、6 网络线即从左向右依次接通，使上述的这些继电器顺序地吸起。它们吸起后，都接通了各自的如图中蓝线所示的自保电路。对 JXJ 来说，一旦进路选出、方向电源断电后即复原；对 DCJ 或 FCJ 来说，需等待道岔转换好、进路锁闭好(SJ 落下)以后，才能复原。

X/D_3JXJ 吸起后，一方面切断了 XLAJ 的绿线自保电路，使 XLAJ 落下；一方面配合 XLJJ 的吸起(“KF-XLJJ-Q”有电)，接通了附图中 X/D_3LXZ 组合里的 LKJ 的红线励磁电路。LKJ 吸起后，在方向电源没有断电以前，即在 X/D_3JXJ 尚在吸起的期间，又接通了同组合里的 FKJ 的红线励磁电路，使 FKJ 吸起。这两个继电器都有自保电路，LKJ 是靠绿线电路自保的，FKJ 是靠黄线电路自保的。LKJ 一直到进路解锁、绿线上的 KJ 落下后才复原，而 FKJ 一旦 LXJ 吸起，信号开放，就切断了黄线电路，使 FKJ 立即复原。

D_{11}JXJ(DXF)和 D_{11}JXJ(DX)的相继吸起，立即接通了在 DX 组合里的D_{11}AD的红线闪光电路。D_{11}AD 闪白灯，说明 5、6 网络线的工作已传递到此点，该中间信号点已被选出。D_{11}AD 灭灯，说明 D_{11}JXJ(DXF)和 D_{11}JXJ(DX)由于方向电源断电而落下，而方向电源断电，说明进路已全部选出。

$S_{Ⅲ}$JXJ 吸起，一方面切断了 $S_{Ⅲ}$LAJ 绿线自保电路，使 $S_{Ⅲ}$LAJ 复原；另一方面随着 $S_{Ⅲ}$LAJ 复原，切断了 $S_{Ⅲ}$LAD 的表示灯电路，使其 LAD 灭灯。也说明进路已全部选出。

③电路的故障分析

【例一】选 X→ⅢG 经道岔 5/7 反位的接车基本进路。按下 XLA 后，XLAD 闪绿灯，LPD 亮红灯。又按下 $S_{Ⅲ}$LA，则 $S_{Ⅲ}$LAD 也闪绿灯。随后，XLAD 改点稳定绿灯，但 $S_{Ⅲ}$LAD 一直保持闪绿灯，进路选不出来。分析故障的出处。

分析的步骤：

a. XLAD 改点稳定灯光，说明 X/D_3JXJ 和 X/D_3FKJ 已经吸起。X/D_3JXJ 吸起证明 1、2 网络线工作正常，并且 5、6 网络线已经开始工作。但其传递作用尚未传到 $S_{Ⅲ}$ 信号点，因为 $S_{Ⅲ}$LAD还在闪绿灯。

b. 根据以上的判断，下一步就应注意到 D_{11}AD 有无表示。若 D_{11}AD 闪白灯，则证明 D_{11}DXF组合里的 D_{11}JXJ 已经吸起，故障发生在 5 线 D_{11}DXF 组合的右边，X/D_3JXJ 和 D_{11}JXJ (DXF)的吸起，说明 6 线没有问题，若 D_{11}AD 不闪白灯，则说明故障发生在 5 线 D_{11}DXF 组合的左边。

c. 假设故障发生在 D_{11}DXF 组合的右边，那么，接着就可以采取逐渐缩小故障范围的办法，去查找故障的出处。即要确认 9/11 2DCJ 是否在吸起。若未吸起，则说明故障出在 D_{11} DXF组合与 9/11 SDF 组合之间。然后再确认 D_{11}DX 组合里的 D_{11}JXJ 是否已经吸起。若尚未吸起，就进一步证明故障出在 D_{11}DXF 组合与 D_{11}DX 组合之间。

d. 最后按照配线图，测试上述两组合间的 5 线是否有断线处所，或者是 D_{11}JXJ(DX)本身因故障不能吸起。

【例二】选 X→ⅢG 经道岔 5/7 反位的接车基本进路。办好手续后，XLAD 和 $S_{Ⅲ}$LAD 均闪绿灯后灭灯，但进路选不出来(不出现白光带)。分析故障的出处。

分析的步骤：

a. $S_{Ⅲ}$ 信号点是所选进路的最右端信号点，根据选岔网络构成原理可知，$S_{Ⅲ}$LAD 闪绿灯后灭灯，并且 LPD 亮红灯后也灭灯，说明选岔网络工作正常。对所举的接车进路来说，即 1、2 网络线和 5、6 网络线均工作正常。

b. 按正常情况，在选岔电路工作正常进路不能锁闭(不出现白光带)，信号不能开放的情况下，进路始端按钮表示灯应该亮稳定的灯光。对所举的例子来说，即 XLAD 应亮稳定的绿灯。因此，根据图 2-50 可以判断：在 X/D_3JXJ↑→XLAJ↓后，X/D_3LKJ 或 X/D_3FKJ 应当吸起而没有吸起。所以，故障可能出在这两个继电器的局部电路上。

c. 确认 X/D_3LKJ 和 X/D_3FKJ 是否吸起。如均不吸起，则测试 X/D_3LKJ 的励磁电路是否有断线处所，或者是继电器本身出了故障。若 X/D_3LKJ 吸起，而 X/D_3FKJ 未吸起，则测试 X/D_3FKJ 的励磁电路，是否有断线处所，或者是继电器本身出了故障。

【例三】选 X→ⅢG 经道岔 5/7 反位的接车基本进路。办好手续后，XLAD 闪绿灯，LPD 点亮红灯。无其他表示，进路选不出来。分析故障的出处。

分析的步骤：

a. XLAD 闪绿灯，说明 XLAJ 已经吸起。LPD 点亮红灯，说明方向继电器 XLJJ 也已经吸起。

b. 确认 $S_{Ⅲ}$LAD 是否闪绿灯，可重新再办理一次。若 $S_{Ⅲ}$LAD 不闪绿灯，其他表示也不出来(如 D_{11}AD),则可判断 $S_{Ⅲ}$LAJ 应该吸起而没有吸起来。

c. $S_{Ⅲ}$LAJ 没有吸起的原因可能有二:一是按钮按下接点接触不良;二是 LAJ 的励磁电路有了问题。

d. 按下 $S_{Ⅲ}$DA,若 $S_{Ⅲ}$DAD 闪白灯,则一般能说明 $S_{Ⅲ}$LA 的接点不好;经检查修理,如仍无效,则再检查它的励磁电路接线部分。

(3)选调车基本进路举例

①选择组各继电器的时序逻辑表达式

以选 D_{17}→X_D的调车基本进路为例。该进路的始端按钮为 D_{17}DA、终端按钮为 X_DDZA。注意,D_{11}不是所选进路上的阻拦信号,进路的终端一直到站界,所以,终端按钮是 X_DDZA,而不是 D_{11}A。

当先后按下 D_{17}DA 和 X_DDZA 之后,选择组各继电器的动作顺序,可用图 2-51 来接续。图 2-51 是按以下思路,一步一步写出来的。

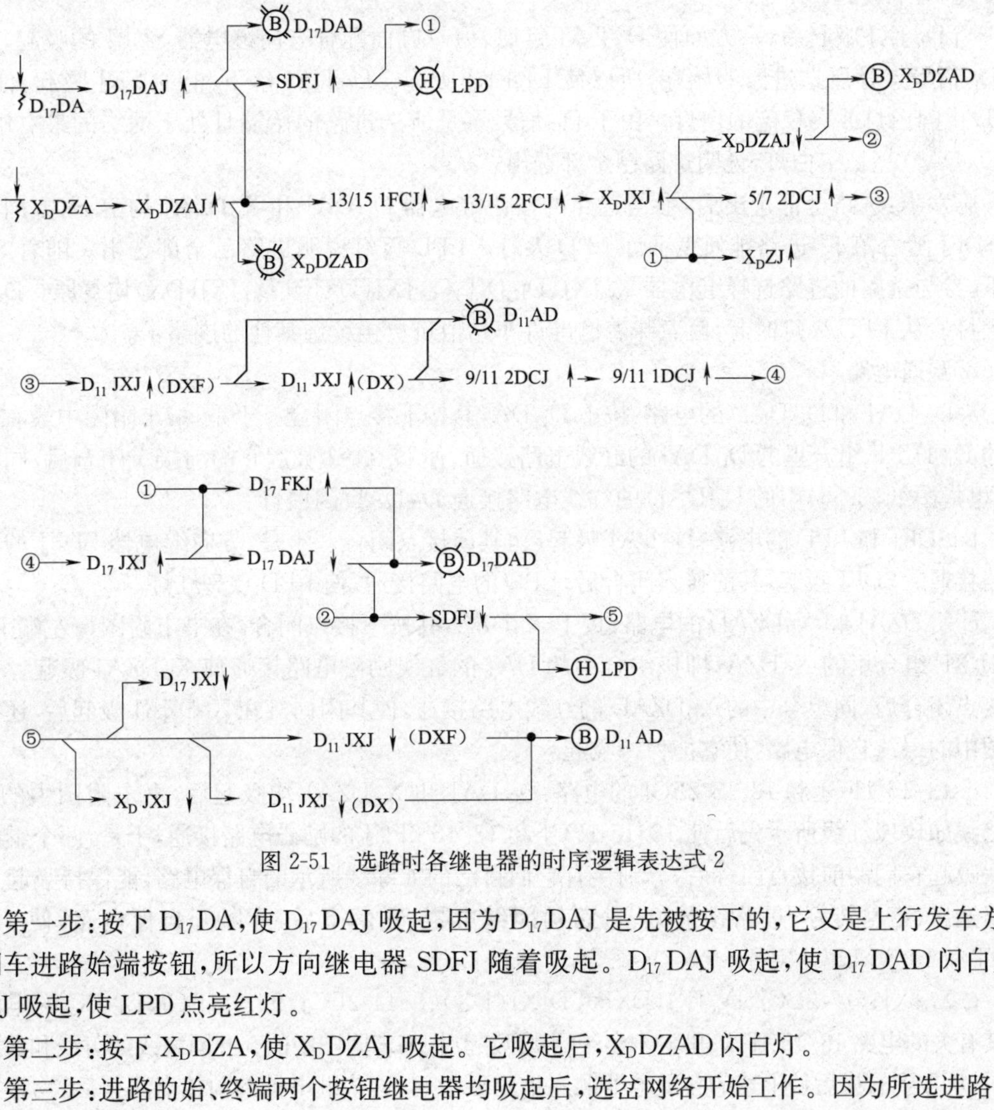

图 2-51　选路时各继电器的时序逻辑表达式 2

第一步:按下 D_{17}DA,使 D_{17}DAJ 吸起,因为 D_{17}DAJ 是先被按下的,它又是上行发车方向的调车进路始端按钮,所以方向继电器 SDFJ 随着吸起。D_{17}DAJ 吸起,使 D_{17}DAD 闪白灯;SDFJ 吸起,使 LPD 点亮红灯。

第二步:按下 X_DDZA,使 X_DDZAJ 吸起。它吸起后,X_DDZAD 闪白灯。

第三步:进路的始、终端两个按钮继电器均吸起后,选岔网络开始工作。因为所选进路中,包括有捺形双动道岔的反位,所以 3、4 网络线先接通,依次选出 13/15 1FCJ 和 13/15 2FCJ。

第四步:进路中的双动道岔反位选出后,5、6 网络线被接通。从所选进路的左端开始,依次选出 X_DJXJ、5/7 2DCJ、D_{11}JXJ(DXF)、D_{11}JXJ(DX)、9/11 2DCJ、9/11 1DCJ、D_{17}JXJ。

在这里要注意的是:第一,不论所选进路是列车的还是调车的,也不论是接车方向的,还是发车方向的,对选岔网络来说都一样,先由 1、2 网络线(对撇形)或 3、4 网络线(对捺形),由左向右依次选出双动道岔反位,然后由 5、6 网络线从左向右依次选出信号点(包括中间信号点)和双动及单动道岔定位(包括单动道岔反位);第二,由于交叉渡线的道岔换位,5、6 网络线的选岔电流应先选出 9/11 2DCJ,然后由道岔 13 的 SDF 组合折回到下面来,先到道岔 15 的 SDF 组合里,然后到道岔 9 的 SDF 组合里,再选出 9/11 1DCJ。

第五步:当 X_DJXJ 吸起后,一方面使 X_DDZAJ 复原 X_DDZAD 灭灯;一方面配合方向继电器 SDFJ 的吸起,可确定 X_D信号点为所选进路的终端,使 X_DZJ 吸起。

当 D_{11}JXJ(DXF)和 D_{11}JXJ(DX)吸起后,D_{11}AD 闪白灯。所选进路虽然是调车进路,但不是接车方向的,而是发车方向的,所以 D_{11}既不是所选进路的终端,也不是始端,因此,D_{11}ZJ 和 D_{11}FKJ 均不吸起。

当 D_{17}JXJ 吸起后,一方面使 D_{17}DAJ 复原,另一方面配合方向继电器 SDFJ 的吸起,可确定 D_{17}信号点是所选进路的始端,所以使 D_{17}FKJ 吸起。D_{17}DAJ 落下和 D_{17}FKJ 吸起,使 D_{17}DAD 由闪白灯改亮稳定的白灯。由于 D_{17}信号点是所选进路的始端且处于网络的最右端,所以 D_{17}DAD 亮稳定白灯,说明进路已全部选出。

第六步:进路全部选出后,参与选路的按钮继电器 D_{17}DAJ 和 X_DDZAJ 均落下,方向继电器 SDFJ 随着落下,进路排列表示灯 LPD 灭灯。LPD 灭灯说明进路已全部选出。随着 SDFJ 落下,参与选路的进路选择继电器 X_DJXJ、D_{17}JXJ、D_{11}JXJ(DXF)、D_{11}JXJ(DX)均复原。D_{17}AD 也灭灯。从 LPD 灭灯时起,就意味着已准许车站值班员接续选其他的进路了。

②跑通电路

a. D_{17}DAJ 和 D_{17}DAD 的电路:按下 D_{17}DA,其按下接点闭合。于是,书末附图中最右端下方的 D_{17}1LXF 组合里的 D_{17}DAJ 的红线电路接通,使 D_{17}DAJ 吸起它的前接点闭合后,同组合(这里指图纸,下同)中的 D_{17}DAD 的红线电路接通 D_{17}DAD 闪白灯。

b. SDFJ 和 LPD 的电路:D_{17}DAJ 吸起后,其前接点闭合。于是,方向继电器 SDFJ 的励磁电路接通。SDFJ 吸起,其前接点闭合后,LPD 的电路接通,使 LPD 点亮红灯。

c. X_DDZAJ 和 X_DDZAD 的电路:按下 X_DDZA,其按下接点闭合,在书末附图最左端上方,X_D1LXF 组合里的 X_DDZA,即该组合中的 DAJ 的红线励磁电路接通使 X_DDZAJ 吸起。它的前接点闭合后,同组合中的 X_DDZAD 的红线电路接通,使其闪白灯在 X_DDZAJ 吸起后,还接有如图中的绿线自保电路,使它能保持吸起。

d. 13/15 1FCJ 和 13/15 2FCJ 的电路:D_{17}DAJ 和 X_DDZAJ 均吸起后,书末附图中的 3、4 网络线如玫瑰红线所示先后使 13/15 1FCJ 和 13/15 2FCJ 的励磁电路接通,于是,两个继电器依次吸起它们的前接点闭合后,分别接有它们自己的如绿线所示的自保电路,能保持吸起。待进路选出、道岔转好、进路锁闭好、进路锁闭继电器 SJ 落下后,才断开自保电路,使 13/15 1FCJ 和 13/15 2FCJ 复原。

e. X_DJXJ、5/7 2DCJ、D_{11}JXJ(DXF)、DJXJ(DX)、9/11 2DCJ、9/11 1DCJ、D_{17}JXJ 的电路及与其有关的电路 13/15 1FCJ 和 13/15 2FCJ 均吸起后,书末附图中的 5、6 网络线如黄线和黄虚线所示,从左到右先后使上述的各继电器顺序地励磁吸起,这些继电器的前接点闭合后,均接通了如图中绿线所示的自保电路。对道岔操纵继电器来说,如上所述,要一直保持到进路锁闭为止。

当 X_DJXJ 吸起后，一方面断开了 X_DDZAJ 的绿线自保电路，使 X_DDZAJ 落下，随后又断开了 X_DDZAD 的红线电路，使 X_DDZAD 灭灯；另一方面又配合方向继电器 SDFJ 的吸起，接通了 X_D1LXF组合里的调车终端继电器 ZJ 的红线励磁电路，使 XDZJ 吸起后，接通有如图中绿线所示的自保电路，一直到进路解锁，SJ 吸起时为止。

当 D_{11}JXJ(DXF)和 D_{11}JXJ(DX)吸起后接通了 D_{11}AD(在书末附图中的 D_{11}DX 组合里)的红线电路，使 D_{11}AD 闪白灯。

当 D_{17}JXJ 吸起后，一方面断开了 D_{17}DAJ 的绿线自保电路，使 D_{17}DAD 落下；另一方面配合方向继电器 SDFJ 的吸起，接通了 D_{17}LXZ 组合里的 D_{17}FKJ 的红线励磁电路，使 D_{17}FKJ 吸起。它吸起后，接通有黄线自保电路保持吸起，一直到 DXJ 吸起信号开放为止。

当 D_{17}DAJ 落下和 D_{17}FKJ 吸起，D_{17}DAD 的绿线电路接通使 D_{17}DAD 闪灯改亮稳定白灯。直至信号开放，D_{17}FKJ 落下，这个白灯才熄灭。

当 D_{17}DAJ 和 X_DDZAJ 均落下后，方向电源 SDFJ 的励磁电路和自保电路均被断开，因此，SDFJ 的前接点断开，又切断了 LPD 的电路，使 LPD 灭灯方向继电器的复原，使方向电源"KF-共用-Q"断电，因此上述的那些参与选路的 JXJ 的绿线自保电路无电，使它们均落下复原 D_{11}JXJ 后，其前接点断开，切断了 D_{11}AD 的红线电路，使 D_{11}AD 灭灯。至此，进路已全部选出，选择组各继电器除 DCJ 和 FCJ 外，均已复原。

③电路故障分析

【例一】选 D_{17}→X_D的调车基本进路，当先后按下 D_{17}DA 和 X_DDZA 后，发现 D_{17}未开放，但 D_{11}却错误地开放了(此种故障多出在设备开通试验过程)。分析此故障的出处。

分析的步骤：

a. D_{11}开放，说明 D_{11}FKJ 已经吸起过，这就进一步地说明方向继电器吸起的不是 SDFJ，而是错误地使 XDJJ 吸起来了。

b. 为了证实以上的判断是否正确，应反复验证几次，是否 D_{11}都能错误地开放，若是，则应进一步确认 D_{11}ZJ 是否也已经吸起；若 D_{11}ZJ 已经吸起，则证实上述的判断是正确的。

c. 检查 SDFJ 的励磁条件是否缺少 D_{17}DAJ 的前接点；检查是否把 D_{17}DAJ 的前接点错误地接到 XDJJ 的励磁电路中去了。将接错线的处所纠正过来，故障即可排除。

【例二】选 D_{17}→X_D的调车基本进路，先后按下 D_{17}DA 和 X_DDZA 之后，D_{17}DAD、X_DDZAD 和 D_{11}AD 均闪几下白灯后熄火，给出其他表示，进路选不出来。分析故障的出处。

分析的步骤：

a. D_{11}AD 闪几下白灯后又熄灭，说明 3、4 网络线及 5、6 网络线均工作正常，信号点和道岔点全部选出。

b. 始端信号点的 D_{17}DAD 不能点亮稳定的白灯，说明 D_{17}FKJ 没有吸起来。

c. 重办一次确认 LPD 的表示，若它不能点亮红灯，则可判定 SDFJ 没有吸起来。

d. 道岔点和信号点已全部选出说明 D_{17}DAJ 是吸起过的。因此，应确认 SDFJ 不吸起的原因。

e. 开放 D_7试验一下，若 D_7能开放，则说明经由 D_{17}DAJ 没有送出 KZ。检查修复这段接线，使故障排除。

(4)选变通进路举例

①选接车变通进路

例如，选 X→ⅢG 经由道岔 9/11 反位的接车变通进路。

a. 选上述进路时，选择组各继电器的动作顺序，用时序逻辑表达式描述之。

b. 注意事项

用 XLJJ↑和 D_7AJ↑带起 D_9AJ，以便用和 XLAJ↑选出 X→D_7 这一段进路；用 D_9AJ↑和 $S_Ⅲ$LAJ↑选出 D_9→ⅢG 这一段进路。这里运用了两点间能确定一条直线（在这里即指最短的一条进路）的原理。并且也明显地可以看出，进路两端的点，不论是列车信号点还是调车信号点，也不论是哪一点的按钮是先按的，还是后按的，对选进路中的信号点和道岔点来说，都没有任何影响。只是根据吸起来的方向继电器来确定进路的性质和进路的始端和终端。

在选上述的进路时，D_7JXJ↑和 D_9JXJ↑都没有使 D_7 或 D_9 的 ZJ 和 FKJ 励磁（因为方向电源不符），这就是为什么咽喉区中间的调车按钮，都可作列车变通按钮使用的原因。

选路时各继电器的时序逻辑表达式如图 2-52 所示。

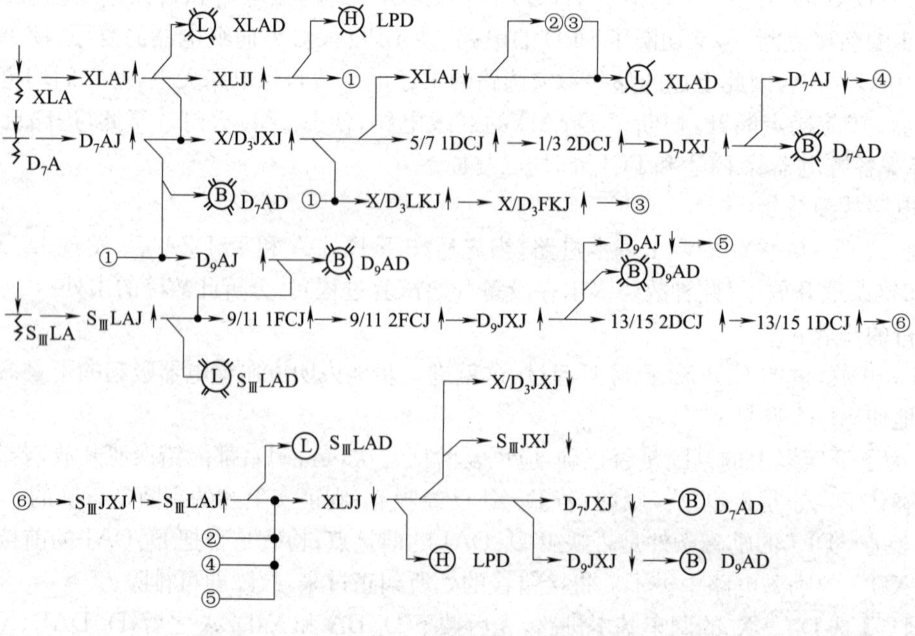

图 2-52　选路时各继电器的时序逻辑表达式 3

假设选 D_3→ⅢG 经由道岔 9/11 反位的调车变通进路，令 D_7A 作变通按钮，则势必要求用 D_7AJ↑带起 D_9AJ，因为只有这样，才能根据 D_3AJ↑和 D_7AJ↑选出 D_3→D_7 这一段进路，根据 D_9AJ↑和 $S_Ⅲ$DAJ↑选出 D_9→ⅢG 这一段进路。但在仅选 D_3→D_7 这一段进路时，也势必在 D_7AJ↑时带起 D_9AJ 这是不必要的，也是不容许的。因为这时若带起 D_9AJ，在 D_3→D_7 进路全部选出后，方向继电器 XDJJ 也不会复原（因多了一个自保条件），因而也就无法再接续选其他的进路了。这就是为什么咽喉区中间的调车按钮，一般都不能兼作调车变通按钮使用的原因。选上述的 D_3→ⅢG 经由道岔 9/11 反位的调车变通进路时，只能由远至近分段选。

②选调车变通进路

例如，选 D_{17}→ⅠAG 经由道岔 13/15 反位、5/7 反位的调车变通进路（在相关细则中规定，不准许排列"小八字"进路。我们这里仅从电路上讨论，假设它是"大八字"进路）。

a. 选上述进路时，选择组各继电器的动作顺序，用时序逻辑表达式描述之。选路时各继电器的时序逻辑表达式如图 2-53 所示。

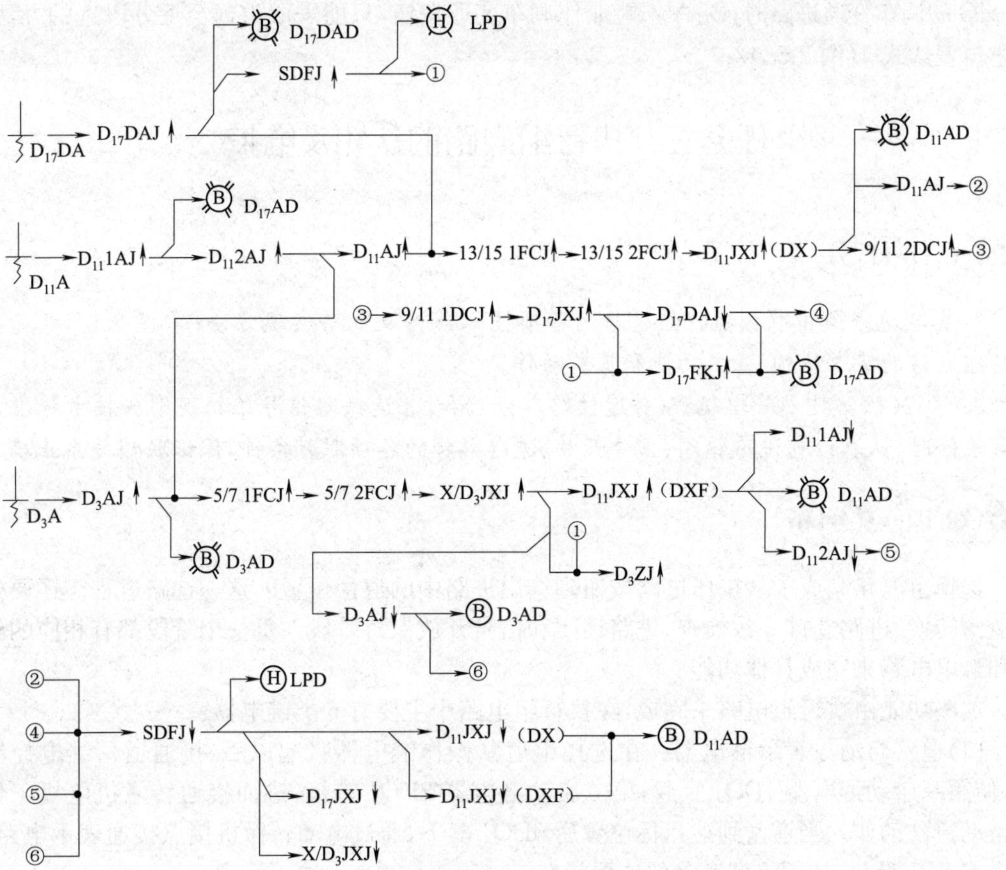

图 2-53　选路时各继电器的时序逻辑表达式 4

b. 注意事项

上述的变通进路，是以 D_{11}A 作为调车变通按钮选出来的，用 D_{17}DAJ↑和 D_{11}AJ↑选出 D_{17}至 D_{11}这一段进路；用 D_{11}2AJ↑和 D_3AJ↑选出 D_{11}至ⅠAG 这一段进路。尽管 D_{17}至 D_{11}不是一段基本进路（因 D_{11}不是终端），D_{11}至ⅠAG 也不是一段基本进路（因 D_{11}不是始端），但用 D_{11}AJ 作为一点对 D_{17}DAJ，用 D_{11}2AJ 作为另一点对 D_3AJ，是符合两点能确定一条线的原则的。所以，能选出上述的信号点和道岔点。

选上述变通进路时，因 SDFJ↑，所以 D_{11}JXJ(DX)不带动 D_{11}FKJ，D_{11}JXJ↑(DXF)不带动 D_{11}ZJ 正是由于这个缘故，D_{11}A 才能兼作与 D_{11}方向（接车方向）相反方向（发车方向）的调车变通按钮使用。

假设反过来，选 D_3→ⅠG 经由道岔 5/7 反位和 13/15 反位的调车变通进路，仍以 D_{11}A 作为调车变通按钮时，则当第一个按下 D_3A，D_3AJ↑→XDJJ↑；第二个按下 D_{11}A、D_{11}1AJ↑后，势必既要要求使 D_{11}2AJ↑以便用 D_3AJ↑和 D_{11}2AJ↑选出 D_3→D_{11}这一段进路；又需要求在 D_{11}2AJ 吸起后，带起 D_{11}AJ，以便用 D_{11}AJ↑和 D_{17}DAJ↑选出 D_{11}→ⅠG 这一段进路。但当仅选 D_3→D_{11}进路时，也必将在 D_{11}1AJ 吸起后，不仅 D_{11}2AJ 需要吸起（这是必要的），还将带起 D_{11}AJ（这是多余的，它将使方向继电器不能复原，因而是不容许的），这是因为选上述的 D_3→D_{11}调车变通进路时，方向继电器吸起的是 XDJJ，而在选 D_3→D_{11}调车进路时，方向继电器吸起的仍是 XDJJ，即无法用方向电源来区分在 D_{11}2AJ 吸起后，是否需要带起 D_{11}AJ。因此，在选上述的

D_3→ⅠG 的调车变通进路时，D_{11}A 不能兼作调车变通按钮，只能采取由远至近分段选的办法，时序逻辑表达式 4(图 2-53)。

任务三　执行组电路的认知及维护

工作任务

1. 掌握电气集中联锁执行组进路的各项技术条件及电路实现方法；掌握 6502 电气集中执行组电路的基本结构、基本功能和基本动作。

2. 根据《铁路技术管理规程(普速铁路部分)》和《普速铁路信号维护规则　技术标准》，在日常检修时，认真检查进路锁闭、信号开放、进路解锁的各项联锁条件，保证联锁关系正确。

知识点分析

选择组电路完成了从按压进路按钮到选出进路中的道岔位置的这一选路过程。还要经历从道岔转换、进路选排一致检查、进路锁闭和信号开放保持阶段。每一个阶段都有相应的继电器和继电电路来完成具体功能。

这些功能由执行组电路来完成，在执行组电路中主要有 6 类继电器：

(1)道岔启动与表示继电器。在选择组道岔操作继电器吸起以后，接通道岔继电控制电路，使第一启动继电器 1DQJ 吸起，第二启动继电器 2DQJ 转极，进而接通转辙机电机工作电路带动道岔动作。当道岔到达目标位置后 1DQJ 落下，通过电动转辙机接点接通表示电路，使 DBJ 或 FBJ 吸起，从而得到道岔的位置状态。

(2)信号检查继电器(XJJ)。开始继电器吸起后，表明进路选排一致，进路要锁闭并建立还要检查进路空闲(包括接车股道)和与之敌对的进路(包括本咽喉的和迎面敌对)未建立等条件。XJJ 在上述条件满足后通过 FKJ、ZJ 吸起使其励磁，来反映上述过程。

(3)区段检查继电器(QJJ)。当 XJJ 吸起后，通过第 9 网络线选出与进路相关的 QJJ，使其励磁吸起，以便使进路中的各个道岔区段转入锁闭状态。

(4)信号继电器(XJ)。当进路锁闭后，信号控制电路在检查了有关联锁条件满足后，使 XJ 励磁并自闭，从而接通信号机点灯继电控制电路，根据条件点亮允许信号。直至列车或车列驶入进路，它才失磁落下使信号关闭。

(5)进路继电器(1LJ 和 2LJ)和锁闭继电器(SJ)。由于进路采用了逐段解锁方式，对应每一个道岔区段设计一套锁闭与解锁电路，其中包括一个 QJJ 电路，两个进路继电器 1LJ 和 2LJ 电路，以及一个 SJ 电路。当进路锁闭时，用 1LJ 和 2LJ 落下记录各个区段锁闭，用 SJ 落下反映进路的锁闭。为了实现对迎面敌对进路的锁闭与解锁，对应每一条股道的入口处设置一股道检查继电器 GJJ 和照查继电器 ZCJ。

当列车或车列驶入进路后，信号继电器首先失磁落下，使信号机关闭。随着列车或车列的前进，进路随之逐段解锁。实际上，进路解锁与进路锁闭应用的是同一套执行组电路，只是在时序上锁闭在前，解锁在后。但就安全性而论，解锁过程尤为重要，因为如果错误锁闭不致危及行车安全。而列车或车列在运行期间错误解锁可能造成脱线或撞车事故，因此对于解锁条件必须严密考虑。从时序逻辑的角度上来看，解锁过程就是使在锁闭过程中涉及的继电器恢复常态的过程。

图 2-54 是从 D_3 至 D_9 排列调车进路时，当车列顺序通过进路中各个道岔区段时，各区段解锁过程中各有关继电器的时序逻辑关系表达式。

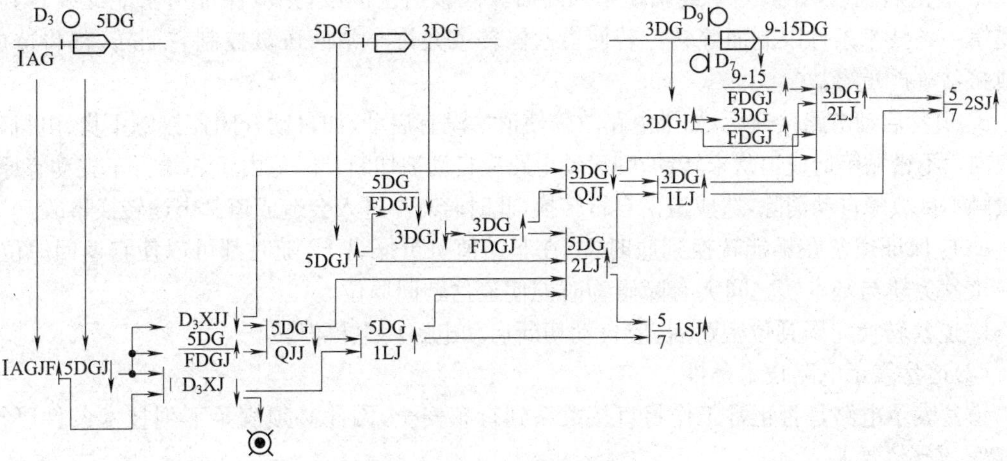

图 2-54　进路解锁的时序逻辑关系表达式

当车列占用 5DG 并出清 I AG 时，D_3 XJ 失磁落下，D_3 信号机关闭。当车列刚驶入 5DG，则 XJJ 和 QJJ 相继失磁，为 5DG 的解锁准备了条件，即使 5DG 的 1LJ 励磁吸起。1LJ 吸起证明已占用 I AG 和 5DG。当车列出清了 5DG 而占用了 3DG，则 5DG 的 2LJ 励磁吸起，证明占用 3DG 并出清了 5DG。当 5DG 的 1LJ 和 2LJ 均励磁吸起，说明车列确实顺序通过了 5DG，于是使 5 号道岔的锁闭继电器励磁吸起，5DG 区段解锁。

当车列进入 3DG 区段时，3DG 的 QJJ 随之落下，为 3DG 区段解锁准备了条件，3DG 的 1LJ 通过 5DG 的 1LJ 和 2LJ 前接点（说明 5DG 区段已解锁）而励磁吸起。当车列出清 3DG 并完全进入 9-15DG 时，3DG 的 2LJ 也励磁吸起，继之 3DG 区段的 3 号道岔锁闭继电器 2SJ 励磁吸起，3DG 区段解锁。至此，由 D_3 防护的进路（包括 5DG、3DG）就逐段解锁了。

概括地说，道岔操纵继电器 DCJ 和 FCJ 是为了选道岔位置用的，道岔表示继电器 DBJ 和 FBJ 是反映道岔位置用的，开始继电器 KJ 和 ZJ 是记录进路的始端位置和终端位置用的，而 KJ 是兼作检查进路选排一致性的。FKJ 是防止信号自动重复开放用的，XJJ 是反映是否可以锁闭进路用的，XJ 控制信号机点灯用的，QJJ 是选择究竟哪一个区段准备参与锁闭与解锁用的，进路继电器 1LJ 和 2LJ 是专门检查解锁条件（三点检查）用的，SJ 是反映进路在解锁状态或锁闭状态用的。

1. 道岔继电接口电路

道岔继电接口电路由启动电路和表示电路两部分组成，以实现道岔转辙机的转换控制和道岔位置的状态监督功能。启动电路使电动转辙机动作以转换道岔，表示电路则把转换后的道岔位置反映给联锁系统。

直流电动转辙机和三相交流电动转辙机由于工作电源和控制方式的不同，其继电接口电路也不相同。ZD6 系列直流转辙机通常采用四线制控制电路，而 S700K 或 ZY(J)7 型三相交流转辙机通常采用五线制控制电路。

以直流四线制和三相交流五线制道岔控制电路为例进行介绍。

(1)道岔控制电路技术条件

为了行车安全，道岔启动电路应满足以下要求：

a. 对道岔实行区段锁闭，道岔区段有车占用或道岔区段轨道电路发生故障时，不准道岔转换。

b. 对道岔实行进路锁闭，进路在锁闭状态时，不准进路上的道岔再转换。

c. 道岔启动后，如果列车或调车车列随后驶入该道岔区段，则应保证道岔能继续转到底，不受第一条技术条件限制而停转。若使道岔停转或允许车站值班员控制它回转，都将造成脱轨或挤岔等严重事故。

d. 道岔启动电路接通后，如果电路故障使道岔没有启动，如自动开闭器接触不良、电机碳刷与换向片不密贴等造成道岔未转动，则启动电路应自动被切断。以免由于邻线行车震动等原因，使接触不良故障自动消除，造成道岔自行转换，此时若有车进入会造成道岔中途转换事故。

e. 应保证道岔在不能转换到底时，能在车站值班员操纵下，随时都可以使它返回原位，以便在道岔尖轨与基本轨之间夹有障碍物时能使道岔转回原位。

f. 道岔转换完毕到位密贴后，应自动切断启动电路使电机停转。

(2)道岔表示电路技术条件

道岔表示电路是否正常工作将直接关系到行车安全，因此必须满足下列技术条件以符合"故障—安全"要求。

a. 为实现断线保护，只能用继电器的吸起状态来反映道岔的工作状态(定位或反位)，继电器的落下状态，只能反映道岔在非工作状态。因此，每组道岔要设置两个表示继电器，用定位表示继电器 DBJ 的吸起表示道岔在定位，用反位表示继电器 FBJ 的吸起表示道岔在反位。

b. 当外线发生混线或混入其他电源时，必须保证不使 DBJ 和 FBJ 错误励磁。

c. 在道岔转换过程中，或发生挤岔、停电、断线等故障时，应保证 DBJ 和 FBJ 落下。

2. 四线制道岔控制电路

(1)道岔启动电路

单动道岔四线制控制电路如图 2-55 所示，其中虚线框以外的部分为启动电路。

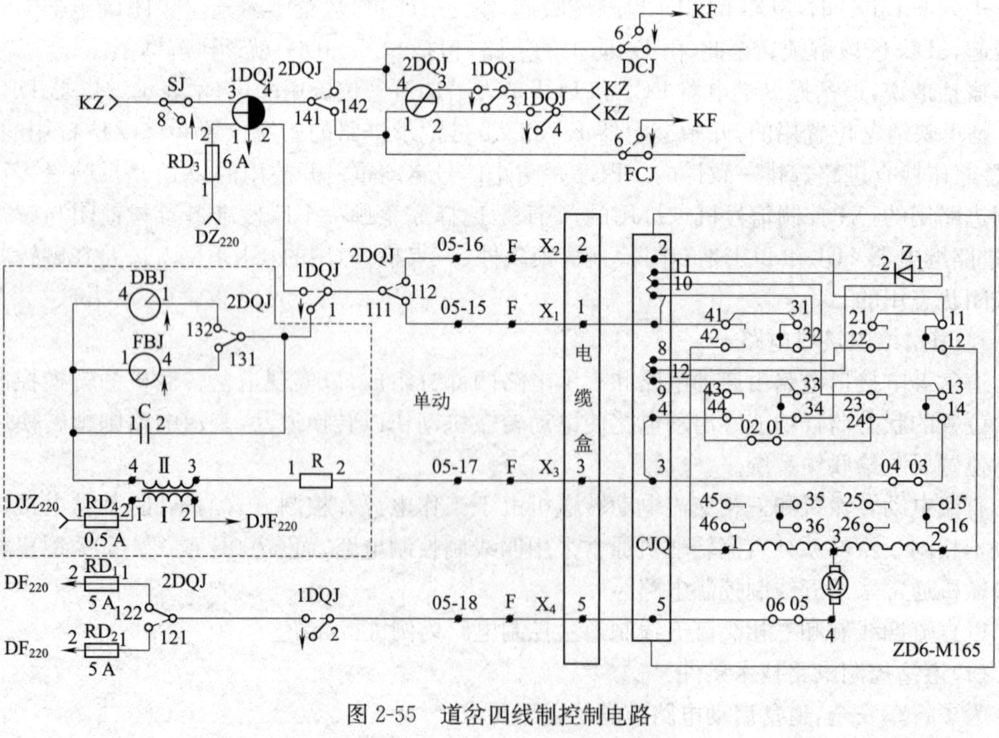

图 2-55 道岔四线制控制电路

①道岔启动电路动作原理

道岔启动电路采用分级控制方式控制道岔转换，由 1DQJ 检查联锁条件满足后才能励磁吸起；然后由 2DQJ 控制电机的转动方向，以决定使电机将道岔转向定位还是转向反位；最后由 1DQJ 自闭电路接通直流电动机动作电路以转换道岔。道岔转换到底后由转辙机自动开闭器接点断开动作电路。

图 2-55 为道岔在定位状态，当需要将该道岔转换至反位时，联锁系统控制 FCJ 吸起，由 FCJ 第 6 组前接点将 1DQJ 的 3-4 线圈励磁电路接通，1DQJ 的励磁电路是：

$$KZ—SJ_{81\text{-}82}—1DQJ_{3\text{-}4}—2DQJ_{141\text{-}142}—FCJ_{61\text{-}62}—KF$$

1DQJ 励磁后，用其前接点接通 2DQJ 的转极电路：

$$KZ—1DQJ_{41\text{-}42}—2DQJ_{2\text{-}1}—FCJ_{61\text{-}62}—KF$$

2DQJ 转极后用第 4 组接点切断 1DQJ 的 3-4 线圈励磁电路。由于 1DQJ 的吸起和 2DQJ 的转极，构通 1DQJ 的 1-2 线圈自闭电路向室外电机送电，使转辙机的直流电动机转动，将道岔从定位转换至反位。电机转动过程中保持 1DQJ 自闭吸起。电机供电电路为：

DZ_{220}—RD_3—$1DQJ_{12\text{-}11}$—$1DQJ_{12\text{-}11}$—$2DQJ_{111\text{-}113}$—外线 X_2—自动开闭器接点 $FD_{11\text{-}12}$—电动机定子线圈 2-3—电动机转子线圈 3-4—遮断器 05-06—外线 X_4—$1DQJ_{21\text{-}22}$—$2DQJ_{121\text{-}123}$—RD_2—DF_{220}。

由于电动转辙机表示杆的作用，道岔刚转换时，自动开闭器第二组动接点将 $DD_{41\text{-}42}$ 接点接通，准备电动机反转回路；待道岔转至反位后，自动开闭器第一组动接点将 $FD_{11\text{-}12}$ 接点断开，使电动机停止转动。同时切断 1DQJ 的 1-2 线圈电路，使 1DQJ 缓放后落下，用其第 1 组后接点接通道岔表示电路。在道岔转换过程中，2DQJ 保持不动。

若要再将道岔转回定位，只需选路时 DCJ 吸起，则 1DQJ 又励磁，2DQJ 的 3-4 线圈接通又转极，直流电动机定子 1-3 线圈通电将道岔转至定位，自动开闭器 $DD_{41\text{-}42}$ 接点断开，电动机停转，1DQJ 落下接通道岔表示电路。

遮断器 05-06 接点的作用是当打开电动转辙机机盖后，05-06 接点随即切断电动机动作电路，以防维修时电动转辙机被操纵。由于 1DQJ 从励磁转为自闭的过程中将因接点转换而瞬间断电，为保证 1DQJ 可靠自闭，采用缓放型继电器。

②道岔启动电路如何实现技术条件

a. 在 1DQJ 励磁电路中检查 SJ 的前接点，证明道岔既未被区段锁闭又未被进路锁闭，实现技术条件第 1 项和第 2 项。

b. 为了在道岔启动后不受区段锁闭和进路锁闭的控制，以保证道岔转换到底，增加了 1DQJ 的 1-2 线圈与电动机串接的自闭电路，使电动机转动时脱离 SJ 的控制。这样，道岔转换中也不受车站值班员的控制回转。另外，2DQJ 转极向电动机送电后，其有极接点将不会变动，以保持电流方向不变，使电动机向一个方向转到底，直到自动开闭器动作才切断电源。以上措施保证了第 3 项技术条件的实现。

c. 1DQJ 的 1-2 线圈阻值很小，仅为 0.44 Ω，它与电动机串联，只有道岔启动使电动机转动后，有较大的电流流经它的 1-2 线圈，它才能保持吸起。若启动后，电动机回路中有某处接触不良，使流过 1DQJ 的 1-2 线圈电流大大减少，即会落下切断向电动机的供电电路，从而阻止此后再次自动接通，实现了技术条件第 4 项。

d. 为了使道岔因故障不能转到底时，能在车站值班员操纵下转回原位，电路中采取了以下两项措施，以保证其第 5 项技术条件的实现。

第一，在电动机启动时，自动开闭器的另一组接点马上就接通使电动机准备反转的回路。如由定位转向反位时，自动开闭器第 2 组动接点先动，接通 41-42 电动机准备反转的回路，当车站值班员进行回转操纵使 2DQJ 转极后，电动机回转电路就被接通。

第二，为了防止道岔因尖轨处有障碍物使电动机空转，熔丝烧断后，不能再使电动机回转，将其 DF_{220} 电源处分设定位熔丝 RD_1 和反位熔丝 RD_2（均为 3 A），一旦电动机空转烧断一处熔丝后，仍然保证电动机能回转。

e. 道岔转换完毕到位密贴后，自动开闭器 $FB_{21\text{-}22}$ 接点接通，使 $FD_{11\text{-}12}$ 接点断开，从而自动切断电动机电路使电动机停转；同时使 1DQJ 的 1-2 线圈失磁，1DQJ 落下接通道岔表示电路，从而实现第 6 项技术条件。

(2)道岔表示电路

由电动转辙机自动开闭器的定位表示接点或反位表示接点接通道岔表示电路，将道岔的位置反映给联锁系统，自动开闭器的定位接点接通 DBJ，反位表示接点接通 FBJ。

①道岔表示电路的工作原理

道岔表示电路的 DBJ 和 FBJ 采用 JPXC-1000 型偏极继电器，通过道岔表示变压器 BB 供电，经插接器 CJQ 与电动转辙机的自动开闭器接点连接起来，并将整流二极管附在 CJQ 上。道岔转到定位或反位后，1DQJ 失磁落下，用其后接点接通道岔表示电路。

道岔表示电路如图 2-55 虚框部分所示。

道岔在定位时，DBJ 的励磁电路如下：

BB_{II_4}—$DBJ_{4\text{-}1}$—$2DQJ_{132\text{-}131}$—$1DQJ_{13\text{-}11}$—$2DQJ_{111\text{-}112}$—外线 X_1—自动开闭器 $DB_{31\text{-}32}$ 接点—二极管 $Z_{2\text{-}1}$—自动开闭器 $DB_{33\text{-}34}$ 接点—自动开闭器 $FD_{13\text{-}14}$ 接点—移位接触器 03-04 接点—外线 X_3—$R_{2\text{-}1}$—BB_{II_3}。

DBJ 由道岔变压器二次侧供给的 220 V 交流电源，通过电动转辙机自动开闭器的定位接通接点，经整流二极管将交流电进行半波整流，其电流的方向正好与 DBJ 的励磁方向一致。在交流电的下半周，由于有电容器 C 的放电电流，所以能保持 DBJ 的稳定吸起。

当道岔转到反位后，自动开闭器反位表示接点 $FB_{21\text{-}22}$、$FB_{23\text{-}24}$ 及 $DD_{43\text{-}44}$ 接通，2DQJ 处于反极性状态，整流二极管反接于表示电路中，改变了半波整流电流的方向使 FBJ 吸起，表示道岔处于反位。

无论道岔是处于定位还是反位，为了确切地反映道岔位置，都检查了自动开闭器两组接点的动作一致性。DBJ 励磁电路中，不但检查了自动开闭器第 1 组接点 13-14 的接通，而且又检查了第 3 组接点 31-32、33-34 的接通，用以确认接触良好和动接点的一致性。FBJ 的励磁也检查了自动开闭器第 2 组和第 4 组接点的接通一致性。

当道岔尖轨有障碍物使电动机空转时，1DQJ 不能落下，使表示电路不能接通；或道岔被挤，自动开闭器两组动接点被表示杆移位将检查柱抬起处于中间状态而断开表示电路，同时移位接触器 01-02 和 03-04 也被动作杆上顶柱断开，使得 DBJ 和 FBJ 均处于落下状态，表示道岔发生故障。

因此，道岔表示电路不仅能正确反映道岔的位置，同时还能反映道岔的故障情况。

②道岔表示电路如何实现技术条件

a. 当外线混线时，可防止 DBJ 或 FBJ 的错误励磁，因为此时整流二极管失去作用，偏极继电器中流过交流电不会吸起。

b. 当电容器 C 击穿时，道岔表示继电器被 C 短路，从而不会励磁；当电容器引线断线时，由于失去滤波作用,DBJ 或 FBJ 将会颤动。

c. 当外线上混入外界电源时,由于采用 BB 变压器隔离,混入的电源不能构成闭合回路,可防止道岔表示继电器误动。

3. 五线制道岔控制电路

三相交流转辙机采用的五线制道岔控制电路,也由启动电路和表示电路组成。启动电路完成转辙机的转换功能,表示电路完成道岔位置表示和故障监督功能。为了对转辙机的三相交流 380/220 V 动作电源进行监督,电路中设置了断相保护器 DBQ 和保护继电器 BHJ。

下面以 S700K 型五线制控制电路为例进行说明。

(1)道岔启动电路

三相交流转辙机启动电路也采用分级控制方式完成对道岔转换的控制。第一级控制是 1DQJ 励磁电路,它检查允许道岔动作的联锁条件,满足条件后,1DQJ 励磁。第二级控制是 2DQJ 转极电路,确定道岔的转换方向,接通道岔动作电路。第三级控制是 1DQJ 自闭电路,用来接通动作电路,并检查电动机是否正常工作。道岔转换到底后由电动转辙机自动开闭器接点断开动作电路。

三相转辙机控制电路可划分为道岔启动继电器电路和道岔动作电路两部分。

①道岔启动继电器电路

道岔启动继电器电路如图 2-56 所示,包括 1DQJ 励磁电路和自闭电路、2DQJ 转极电路、1DQJF 电路、时间继电器 TJ 电路。

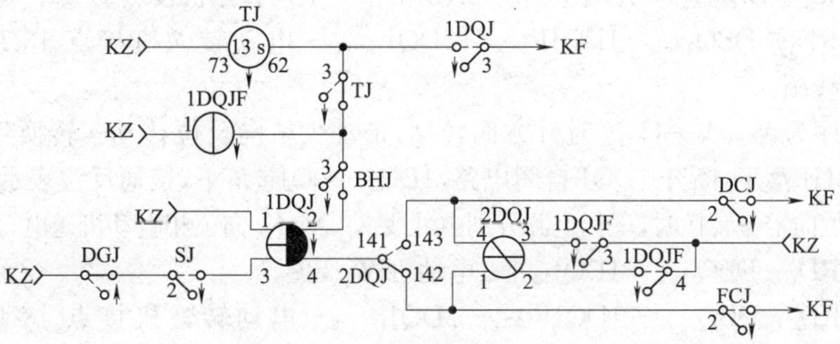

图 2-56　五线制道岔启动继电器电路

1DQJ 的励磁电路由 3-4 线圈接通,电路结构与四线制道岔电路的相同。1DQJ 的自闭电路由 1-2 线圈接通,电路中接入了 BHJ 第 3 组前接点和 TJ 第 3 组后接点来间接检查电动机的正常工作。当三相电流无电或缺相时,BHJ 落下,断开 1DQJ 的自闭电路;当转辙机动作时间超过 13 s 时,TJ 吸起,也断开 1DQJ 自闭电路,都能及时切断道岔动作电路。

第一启动复示继电器 1DQJF 用来解决 1DQJ 接点不够用的问题。当 1DQJ 吸起后,经 1DQJ 第 3 组前接点和 TJ 第 3 组后接点接通 1DQJF 励磁电路。

当 1DQJF 吸起后,2DQJ 转极,工作原理与四线制道岔电路相同。

TJ 在 1DQJ 吸起后开始计时,13 s 后吸起,以断开 1DQJ 自闭电路和 1DQJF 励磁电路,进而断开电动机动作电路,防止电动机长时间空转而烧毁。道岔正常工作时,启动后不到 13 s 就可转换到位,1DQJ 复原,TJ 就不会吸起。

为防止在三相电源缺相情况下三相电动机缺相运行而烧毁,设置了 DBQ 和 BHJ。三相电动机正常工作时,BHJ 吸起。道岔转换到位后,由于三相负载断开,BHJ 落下。电动机缺相运行时，BHJ 落下，断开 1DQJ 电路，进而断开电动机三相电源。

②电动机动作电路

三相交流转辙机的动作电路如图 2-57 所示。

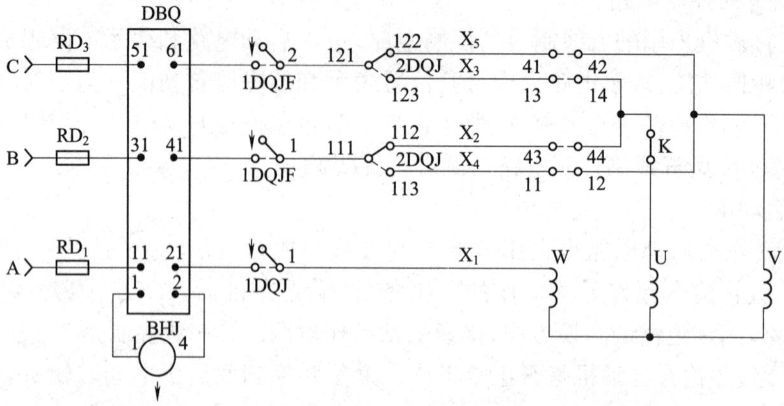

图 2-57　三相交流转辙机动作电路

当 1DQJ、1DQJF 吸起，2DQJ 转极后，构成道岔由定位向反位转换的动作电路，三相电源 A、B、C 经 RD_1～RD_3 进入 DBQ，分别由外线 X_1、X_3、X_4 向三相电动机送电，其动作回路为：

电源 A—RD_1—$DBQ_{11\text{-}21}$—$1DQJ_{12\text{-}11}$—电动机 W 线圈。

电源 B—RD_2—$DBQ_{31\text{-}41}$—$1DQJF_{12\text{-}11}$—$2DQJ_{111\text{-}113}$—电动转辙机接点 11-12—电动机 V 线圈。

电源 C—RD_3—$DBQ_{51\text{-}61}$—$1DQJF_{22\text{-}21}$—$2DQJ_{121\text{-}123}$—电动转辙机接点 13-14—遮断开关 K—电动机 U 线圈。

电动机相序为 W—V—U，逆时针方向转动，带动尖轨向反位移动。转换到反位后，第 1 排接点断开，BHJ 落下，断开 1DQJ 自闭电路，1DQJ、1DQJF 落下，接通反位表示电路。

道岔由反位向定位转换时，三相电源分别由外线 X_1、X_2、X_5 向三相电动机送电，其动作回路为：

电源 A—RD_1—$DBQ_{11\text{-}21}$—$1DQJ_{12\text{-}11}$—电动机 W 线圈。

电源 B—RD_2—$DBQ_{31\text{-}41}$—$1DQJF_{12\text{-}11}$—$2DQJ_{111\text{-}112}$—电动转辙机接点 43-44—遮断开关 K—电动机 U 线圈。

电源 C—RD_3—$DBQ_{51\text{-}61}$—$1DQJF_{22\text{-}21}$—$2DQJ_{121\text{-}122}$—电动转辙机接点 41-42—电动机 V 线圈。

电动机相序为 W—U—V，其顺时针方向转动，带动尖轨向定位移动。转换到定位时，第 4 排接点断开，BHJ 落下，断开 1DQJ 自闭电路，1DQJ、1DQJF 落下，接通定位表示电路。

每相动作电路中均接入熔断器，容量为 5 A，起过载保护作用。2DQJ 的两组接点用于区分定、反位动作方向，对 B、C 相起到换相作用，使三相电动机正转或反转。

断开遮断开关 K，可使 BHJ 不能吸起或由吸起转为落下，道岔就不能转换，以保证道岔检修时的人身安全。

(2)表示电路

三相交流道岔表示电路如图 2-58 所示。

图 2-58 中道岔处于定位，2DQJ 的定位接点闭合，转辙机的 1、3 接点排接通。表示变压器 BB 的二次侧提供 110 V 交流电源，在电源负半周，整流二极管 Z 不导通，DBJ 检查了转辙机的定位接点接通后吸起。在电源正半周，Z 导通构成回路，电能消耗在电阻 R_1、R_2 上，DBJ 靠自感电势维持吸起。两个半周的导通电路分别为：

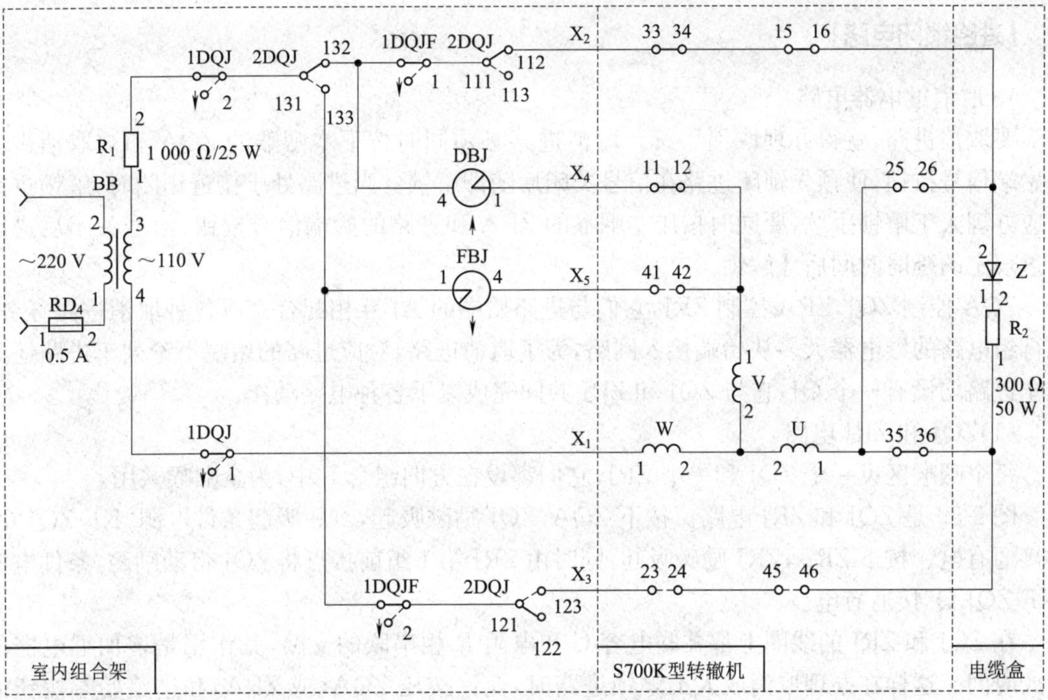

图 2-58　三相交流转辙机表示电路

负半周电路：BB_3—$R_{1_{1\text{-}2}}$—$1DQJ_{23\text{-}21}$—$2DQJ_{131\text{-}132}$—$DBJ_{4\text{-}1}$—转辙机接点 11-12—电动机线 V—电机线圈 W—$1DQJ_{11\text{-}13}$—BB_4。

正半周电路：BB_3—$R_{1_{1\text{-}2}}$—$1DQJ_{23\text{-}21}$—$2DQJ_{131\text{-}132}$—$1DQJF_{13\text{-}11}$—$2DQJ_{111\text{-}112}$ 转辙机接点 33-34—转辙机接点 15-16—$Z_{2\text{-}1}$-$R_{2_{2\text{-}1}}$—转辙机 36-35—电动机线圈 U—电动机线圈 W—$1DQJ_{11\text{-}13}$—BB_4。

道岔处于反位时，2DQJ 的反位接点闭合，转辙机的 2、4 接点排接通。在电源正半周，FBJ 吸起，负半周时，Z 导通，FBJ 靠自感电势保持吸起。

电路中起整流作用的二极管 Z 与表示继电器并联连接而非串联连接，并且取消了与表示继电器并联的电容器，能提高电路的可靠性，这是与四线制道岔表示电路的不同之处。电阻 R_1 和 R_2 在电路中起限流作用：R_1 主要是防止室外负载短路时保护电源不被损坏；R_2 主要是防止当道岔转换到位时动作电源击穿二极管。

分析五线制道岔控制电路可见：X_1 是启动、定位表示、反位表示的共用线；X_2、X_3 是启动、表示的交叉共用线，定位向反位启动及反位表示用 X_3，反位向定位启动及定位表示用 X_2；X_4 是定位启动和表示共用线；X_5 是反位启动和表示共用线。

另外，五线制道岔控制电路也都满足道岔启动和表示电路所要求的技术条件，例如在启动电路中，1DQJ 的 3-4 线圈励磁电路检查了 SJ 的前接点，以保证道岔未被区段锁闭或进路锁闭；1DQJ 的 1-2 线圈自闭电路保证了道岔启动后，不受区段占用的制约而继续转换到底。又如，在表示电路中，用 DBJ 吸起和 FBJ 吸起分别对应道岔处于定位和反位；DBJ 电路检查了 2DQJ 的定位接点和转辙机的第 1、3 排接点闭合，以保证启动电路与表示电路动作的一致性及转辙机处于正常工作状态；表示电路还检查了三相电动机每相线圈的完好，一旦线圈断线，道岔将失去表示等。

【进路锁闭电路】

1. 取消继电器电路

要取消进路，就得办理取消手续。取消进路必须同时按下本咽喉的 ZQA 和被取消进路的始端信号按钮，使预先锁闭进路在信号关闭后随即解锁。当进路处于接近锁闭时，解锁进路就应办理人工解锁手续，要同时按压本咽喉的 ZRA 和进路的始端信号按钮，信号关闭后进路经过规定的延时时间后才解锁。

ZQA 控制 ZQJ，ZRA 控制 ZRJ，它们与进路始端的 AJ 互相配合完成各种取消进路任务。执行组电路的继电器大多从始端接入网路，为了取消进路，对应进路的始端不论列车进路还是调车进路均设有一个 QJ，它与 ZQJ 和 ZRJ 共同完成以下各种电路动作。

(1)ZQJ 和 ZRJ 电路

每个咽喉区设一个 ZQJ 和一个 ZRJ，它们都设在方向组合 F 中，为全咽喉共用。

图 2-59 是 ZQJ 和 ZRJ 电路。按下 ZQA，ZQJ 励磁吸起，ZQJ 吸起条件电源“KF-ZQJ-Q”被接通有电。按下 ZRA，ZRJ 励磁吸起，同时由 ZRJ 第 1 组前接点将 ZQJ 带动励磁，条件电源“KF-ZQJ-Q”接通有电。

在 ZQJ 和 ZRJ 的线圈上都并联电容 C 和电阻 R 相串联的支路，其作用是增加继电器的缓放时间。这样在办理取消或人工解锁进路时，允许按压 ZQA(或 ZRA)和进路始端按钮的时间稍有先后，也能保证 QJ 正常励磁。

(2)QJ 电路

每架信号机设一个 QJ。QJ 电路分为调车信号机专用的 QJ 电路(设在 DX 组合中)、列车和调车合用的 QJ 电路(设在 LXZ 组合中)。取消继电器的作用是将已经发出的命令取消。

无论是按下 ZQA 还是 ZRA，ZQJ 吸起，条件电源“KF-ZQJ-Q”接通。以调车信号点 QJ 为例，其 QJ 电路如图 2-60 所示，若同时按压某一进路始端的 DA，其 DAJ 吸起后，就接通了该信号点 QJ 的 3-4 线圈励磁电路，使 QJ 励磁吸起。QJ 吸起后，在进路解锁之前靠自闭电路一直保持吸起(侧线发车和调车进路人工解锁时，要保持吸起 30 s；接车和正线发车进路时，要保持吸起 3 min)，直到进路解锁后，XJJ 失磁落下才切断 1-2 线圈的自闭电路，使 QJ 复原。

总取消及总人工解锁继电器电路

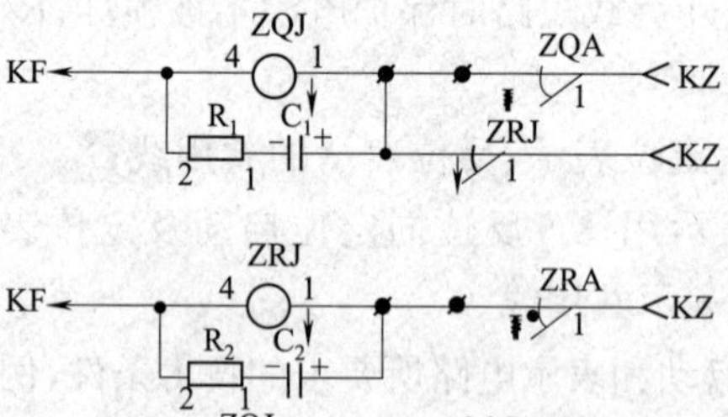

图 2-59　ZQJ 和 ZRJ 电路

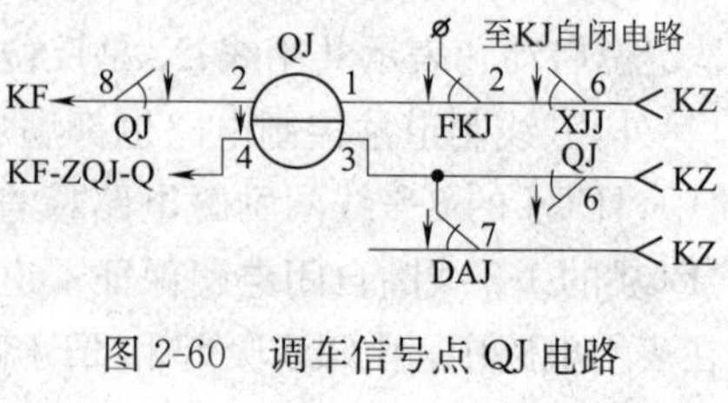

图 2-60　调车信号点 QJ 电路

2. XJJ 电路

每架信号机设一个 XJJ。检查是否有开放信号的可能，有可能才准许锁闭进路或重复开放信号；取消或人工解锁进路前用 XJJ 检查进路空间并验证没有办理其他进路的人工解锁；调车进路在接近区段无车时用 XJJ 自闭电路保持工作，防止轨道区段瞬间短路造成的错误解锁。XJJ 电路包括 8 线网络和局部电路两部分。XJJ 在进路的始端部位，由 KJ 的前接点将其接入第 8 线网路，经检查 8 线上的联锁条件符合后励磁，达到锁闭进路和开放信号的目的。

(1)8 线网路结构和所检查的联锁条件

8 线网路的主要作用是用来检查有无开放信号的可能性，检查的结果用进路始端的 XJJ 励磁来反映。图 2-61 是信号检查继电器 8 线网路电路图。

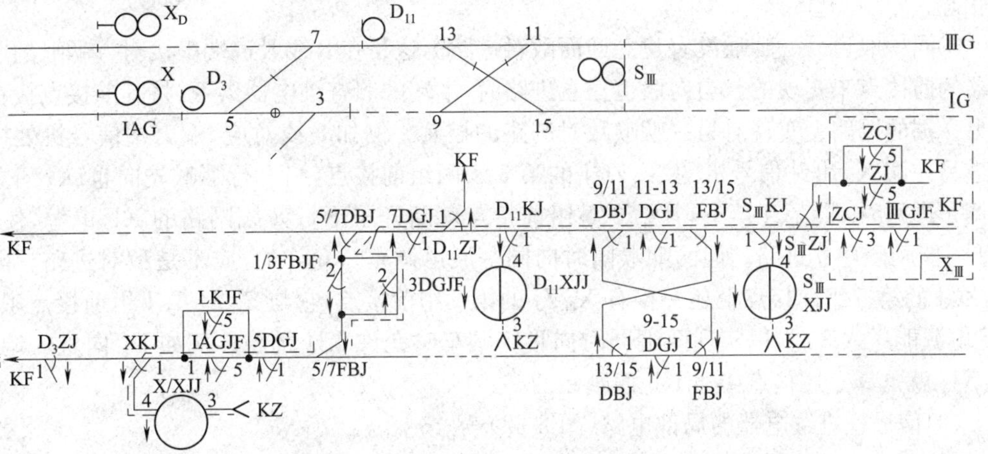

图 2-61　信号检查继电器电路(8 网络线)

(2)8 线网路所检查的联锁条件

①进路空闲。通过检查组成进路的各个轨道区段的 DGJ 的前接点来实现。建立由 X 向ⅢG 接车的接车进路时，即用 X 向ⅢG 接车进路上的ⅠAGF、5DGJ、7DGJ、11-13DG 及股道处的ⅢGJF 的第 1 组前接点或第 5 组前接点均在接通状态来证明进路的空闲。

超限绝缘的检查，是特别情况下的进路空闲检查条件。所谓超限绝缘，即设置的绝缘节位置距道岔警冲标不足 3.5 m 的绝缘。当超限绝缘一边停有车辆，绝缘另一侧有车驶过时，有可能发生车辆侧面冲撞，因此要实行检查。例如 3 号道岔和 5 号道岔之间设的绝缘节，都在距两个道岔的警冲标小于 3.5 m 处，该组绝缘就是超限绝缘。检查的办法是在 8 线上 5/7 号道岔的 5/7DBJ 和 5/7FBJ 第 1 组接点之间，接入 1/3FBJF 和 3DGJF 的并联前接点。这样，当建立经过 5/7 号道岔反位的进路而 1/3 号道岔处于定位时(用 1/3FBJF 落下证明)，进路就必须检查 3DG 区段的空闲，即检查 3DGJF 应在吸起状态。若 1/3 号道岔处于反位时，它和 5/7 号道岔反位的进路是平行进路，此时就不需检查 3DG 区段了，由并接的 1/3FBJF 第 2 组前接点将 3DGJF 接点短路而沟通 8 线。

②进路上的道岔位置正确。指进路上各道岔均已转到所要求的位置，通过 KJ 前接点间接实现对进路上道岔位置的检查。因为 7 线上接有各道岔的 DBJ 和 FBJ 的前接点，KJ 经 7 线网路检查选排一致后励磁，只有进路上道岔位置正确才能使 KJ 励磁。但进路锁闭后 7 线网路因 SJ 落下断开，KJ 转入局部电路自闭，此时的 KJ 吸起就不能反映道岔位置了，这是用 KJ 检查道岔位置不足之处。为了提高信号联锁电路的可靠性，往往对同一联锁条件做必要的重复检查。8 线上对道岔位置的检查仅仅是验证能否锁闭进路，开放信号时还要在信号继电器电路中对道岔位置再次进行检查。

所有联锁电路均应考虑“故障—安全”原则，所以电路中都采用继电器的前接点作为联锁条件，而不能采用后接点作为联锁条件。因此 8 线网路上道岔表示继电器的后接点不能作道岔位置正确的证明条件。例如 5/7FBJ 的后接点不能证明道岔肯定在定位，仅对 8 线站场网路起区分作用。

③本咽喉区没有建立敌对进路。用敌对进路的 KJ 和 ZJ 都落下来证明。如上述接车进路中，8 线网路中串接有各敌对进路的 KJ 和 ZJ 后接点，即用 D_{11}KJ、D_{11}ZJ、$S_{Ⅲ}$KJ、$S_{Ⅲ}$ZJ 的第 1 组后接点来接通 XJJ 励磁电路，使 X/D_3XJJ 得以励磁，证明本咽喉区的敌对进路确实在未建立状态。

④同一股道另一咽喉没有建立迎面敌对进路。这是在 8 线股道端串接对方咽喉的照查继电器的前接点来实现的。当向股道建立进路时，本端的照查继电器落下，将其前接点接在同股道另一端的网路上实现对另一咽喉敌对进路的控制。例如 8 线对应 $S_{Ⅲ}$ 出站信号机处接有本股道另一端 $X_{Ⅲ}$ 出站信号机的 $X_{Ⅲ}$ZCJ 的第 3、5 两组前接点，当上行咽喉先向ⅢDG 建立接车或调车进路时，$X_{Ⅲ}$ZCJ 落下，其第 3、5 组前接点就断开了下行 8 线网路的 KF 电源，使 X/D_3 XJJ 不能励磁建立进路。但两咽喉同时向同一股道调车是允许的，应不是敌对进路。因此在 $X_{Ⅲ}$ZCJ 的第 5 组前接点上还并接有 $X_{Ⅲ}$ZJ 的第 5 组前接点，它与 $S_{Ⅲ}$ZJ 第 1 组前接点串接，使 KF 电源能送入 8 线，以实现两端同时向ⅢG 调车时允许 XJJ 励磁。例如 D_{11} 向ⅢG 调车时，D_{11}XJJ 就是靠上述接点接通 KF 而励磁的。

(3)信号检查继电器的局部电路(图 2-62)

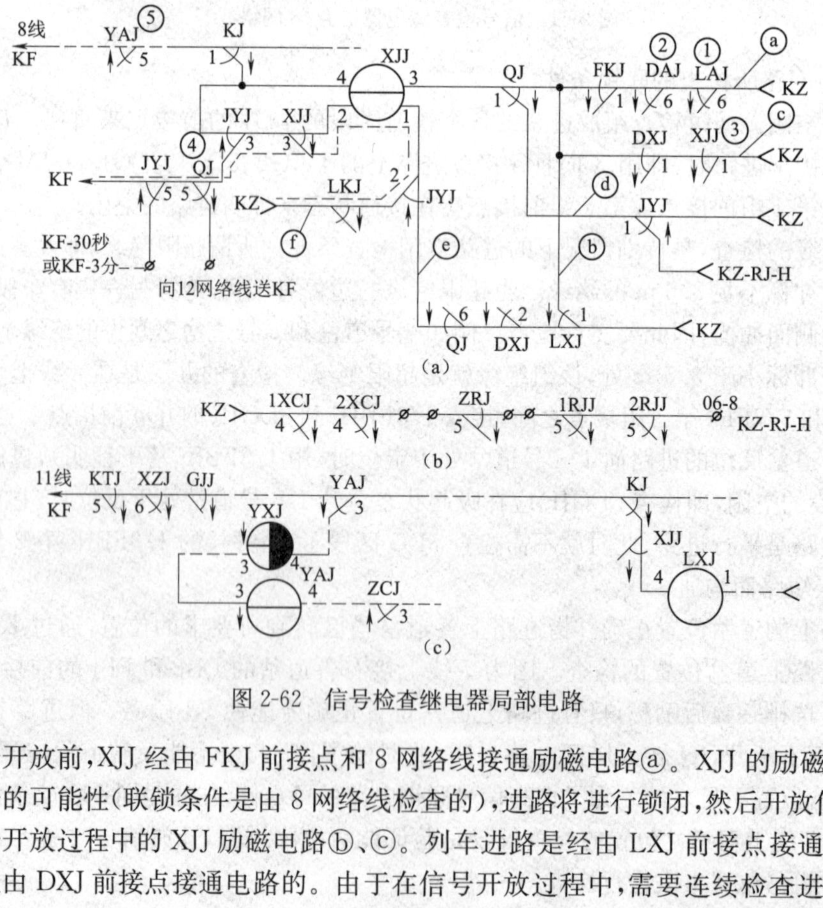

图 2-62　信号检查继电器局部电路

①信号开放前，XJJ 经由 FKJ 前接点和 8 网络线接通励磁电路ⓐ。XJJ 的励磁吸起，说明有开放信号的可能性(联锁条件是由 8 网络线检查的)，进路将进行锁闭，然后开放信号。

②信号开放过程中的 XJJ 励磁电路ⓑ、ⓒ。列车进路是经由 LXJ 前接点接通电路的；调车进路是经由 DXJ 前接点接通电路的。由于在信号开放过程中，需要连续检查进路空闲，所

以在信号开放、FKJ 前接点断开、第一条励磁电路被切断以后，上述的电路便接通了，继续利用 8 网络线检查进路是否空闲。当机车车辆驶入进路后，8 网络线被切断，XJJ 便停止工作。

③在取消进路或人工解锁进路时用的励磁电路ⓓ。因为无论办理取消进路或人工解锁进路，QJ 必定吸起，所以这条电路是经由 QJ 前接点接通的。电路中的接近预告继电器 JYJ 接点用来区分是取消进路(接近区段无车，它的前接点闭合)还是人工解锁进路(接近区段有车，它的后接点闭合)。若是后者，还需要检查条件电源“KZ-RJ-H”是否有电，有电才能说明人工解锁的延时计时是从零开始的，延时的时间才能得到保证。接入条件电源“KZ-RJ-H”的目的是用以证明其他进路没有办理人工解锁。因为限时解锁用的继电器，一个咽喉区共用一套，如果其他进路正在延时解锁，限时继电器已经开始工作，那么对后办的进路来说，限时继电器就不是从零开始工作，因而也就不能保证所规定的延迟时间了。所以在一个咽喉区，同时只准许办理一条进路的人工解锁。在取消进路和人工解锁进路时，都由 8 网络线检查机车车辆没有冒进信号。

④XJJ 自闭电路ⓔ。在人工解锁进路延时的过程中，要利用 XJJ 的 8 网络线检查机车车辆自始至终没有驶入到进路里。因为人工解锁开始时“KZ-RJ-H”接通的电路在延时计时开始后，条件电源“KZ-RJ-H”即断电了，所以 XJJ 靠自闭电路保持不落。

⑤XJJ 的保护电路ⓕ。XJJ 除了有经由 8 线的励磁或自闭电路外，还有一条脱离 8 线的保护电路。在调车作业时，若发生轨道电路瞬间人工短路，这条电路是防止由调车中途返回解锁电路使进路错误解锁的。因为在接近区段无车的情况下，发生人工短路使 8 线断开，XJJ 一旦落下，相当于车列占用进路，短路恢复后 8 线接通，相当于车列退出了该进路，这与中途返回解锁的条件相同。而车列正在向前运行，这一解锁是非常危险的迎面错误解锁。因此，在接近区段无车的情况下，通过 JYJ 前接点(证明接近区段无车)和 XJJ 本身的前接点，接通一条自闭电路。在此自闭电路接通过程中，XJJ 不再受 8 网络线控制，此时即使进路中的某一轨道电路区段瞬间发生人工短路，由于 XJJ 仍能保持吸起，而调车中途返回解锁电路要求 XJJ 必须落下，所以进路不会因此产生错误解锁。

(4)XJJ 电路中的防护措施

①按钮继电器 LAJ 和 DAJ 第 6 组接点的作用。人工解锁时，按压 ZRA 和 LA，FKJ 也会瞬间吸起，而且先于 QJ 励磁吸起，所以在 XJJ3-4 线圈ⓐ线励磁电路中，如果不接入 LAJ 和 DAJ 后接点，XJJ 就先通过 FKJ 前接点励磁，甩开了应当检查的条件电源。

②XJJ 第 1 组接点③的作用。在调车中途折返时，防止在 DXJ 在缓放过程中，XJJ 又会通过ⓒ线重新励磁，使退出的区段不能按照调车中途折返正常解锁，因为在调车的中途返回解锁电路中，要求 XJJ 必须失磁落下，才能使牵出进路在车返回退出后自动解锁。

③QJ 第 5 组前接点④的作用。在取消调车进路时，XJJ 不应接通虚线自保电路。

④8 线上 YAJ 后接点的作用。在单线区段 X_D 处，既是接车口又是发车口，在选排发车进路时，防止在没有办理好区间闭塞手续时，KTJ 未吸起、XZJ 未落下时，错误办理了引导接车手续，在 YAJ 吸起后，LXJ 甩开了 11 线的区间闭塞联锁条件检查而吸起，这是十分危险的。

3. QJJ 和 GJJ 电路

6502 电气集中采用逐段解锁制。以各个道岔区段作为锁闭与解锁对象，因此对每个道岔区段和咽喉区有列车经过的无岔区段都要设一个 QJJ，它在 Q 组合中。QJJ 的作用是锁闭与解锁道岔，并锁闭本咽喉的敌对进路。

对应每个能接车的股道的两端，各设一个 GJJ。它的作用是锁闭另一咽喉的迎面敌对进路。当向股道办理接车进路时，GJJ 吸起与进路最后一个道岔区段的 SJ 相配合，使 ZCJ 落下，将 ZCJ 前接点接在股道另一端执行组网路中，用以锁闭另一咽喉的敌对进路，使其不能建立。

(1)9 线网路结构和 QJJ 与 GJJ 的励磁电路

实行进路的锁闭与解锁涉及各个道岔区段，因此 QJJ 和 GJJ 也是站场网路结构，9 线就是 QJJ 和 GJJ 的励磁网路电路，如图 2-63 所示。

①9 线网路结构

a. 每个道岔区段设一个 QJJ，QJJ 的 3-4 线圈是励磁电路，都并接在 9 网络线上，局部电路接 KF 电源，KZ 电源由 XJJ 吸起供向 9 线。QJJ 的 1-2 线圈为自闭电路，局部电路接 KZ 电源，由 10 线供 KF 电源保持 QJJ 自闭。

b. 在股道端设 GJJ，GJJ 的 1-2 线圈经 ZJ 的第 2 组前接点接在 9 网络线上，与同股道另一端的 ZCJ 的第 2 组前接点并接后接在 9 线网路上。而 GJJ 的 3-4 线圈接在 12 线网路上，作取消进路和人工解锁用。

c. 进路的锁闭范围，由在 9 线网路始端由进路始端信号机的 XJJ 第 2 组前接点确定，XJJ 吸起后向 9 线送出 KZ 电源，使进路上的 QJJ 励磁。调车进路的终端由 ZJ 的第 2 组后接点确定，该接点将进路以外 9 线上的 KZ 电源切断，防止进路范围以外的 QJJ 励磁而造成道岔错误锁闭。列车进路的终端在网路两端，所以排列列车进路时不需要用 ZJ 的吸起断开网路。向股道办理进路时 GJJ 励磁，用它将同股道另一咽喉的迎面敌对进路锁在未建立状态。

d. 每条进路始端 XJJ 接点处串有由该信号机的 QJ 第 2 组后接点接通的 KZ 电源，办理取消进路和人工解锁进路时，用以切断 9 线的励磁 KZ 电源。

e. 在进站信号机处，有向 9 线接 KZ 电源的 YAJ 的第 2 组前接点，办理引导接车时，由它吸起实施引导进路锁闭。

②建立进路时使进路锁闭

如办理 X 向ⅠG 的接车进路，进路排出后，X 进站信号机的 XJJ 励磁吸起，用其第 2 组前接点将 KZ 电源接入 9 线，使进路上各道岔区段的区段检查继电器 5QJJ、3QIJ、9-15QJJ 和 D_{17}GJJ均励磁，锁闭各个区段里的道岔。每个道岔设一个锁闭继电器，如 9-15DG 区段有 9 和 15 两个道岔，就设两个锁闭继电器。锁闭继电器的编号和道岔操纵继电器相同。X 进站信号机的 XJJ 励磁说明接车进路空闲、道岔位置正确、未建立敌对进路，可以锁闭接车进路，使进路上 9 线所接的各个 QJJ 和 GJJ 励磁，通过 QJJ 的吸起间接地使道岔区段内的 SJ 落下将道岔锁住，就是用 SJ 的前接点切断道岔启动电路的 KZ 电源，使所建立的进路上的道岔不能再转换。同时 SJ 的前接点断开 7 线网路，使接车进路上的各敌对调车信号机 D_3、D_7、D_9、D_{17}的 KJ 不能再励磁，另外由于 SJ 的落下间接地使各调车信号机的 ZJ 也不能吸起，这样就把本咽喉的敌对进路锁住了。当 D_{17}GJJ 励磁时，它与进路最末一个道岔区段的 13/15 2SJ 落下将使 D_{17}ZCJ 失磁。用 D_{17}ZCJ 的第 3、第 5 组前接点断开同股道对端咽喉 8 线上的 KF 电源，使迎面敌对进路的 XJJ 不能励磁，禁止建立迎面敌对进路，即 ZCJ 的落下将另一咽喉的敌对进路锁在未建立状态。假如先向ⅠG 建立了上行接车方向的调车进路，$X_Ⅰ$ ZCJ 落下，其第 3、第 5 组前接点将切断下行咽喉 8 线 KF 电源，使 X 进站信号处的 X/D_3XJJ 不能励磁，X 向ⅠG 的接车进路就不能再建立。

(2)10 线网路结构和 QJJ 的自闭电路

①10 线网路的作用

10 线网路用来防止列车迎面解锁和保证进路人工解锁、调车中途返回解锁的正常进行。进

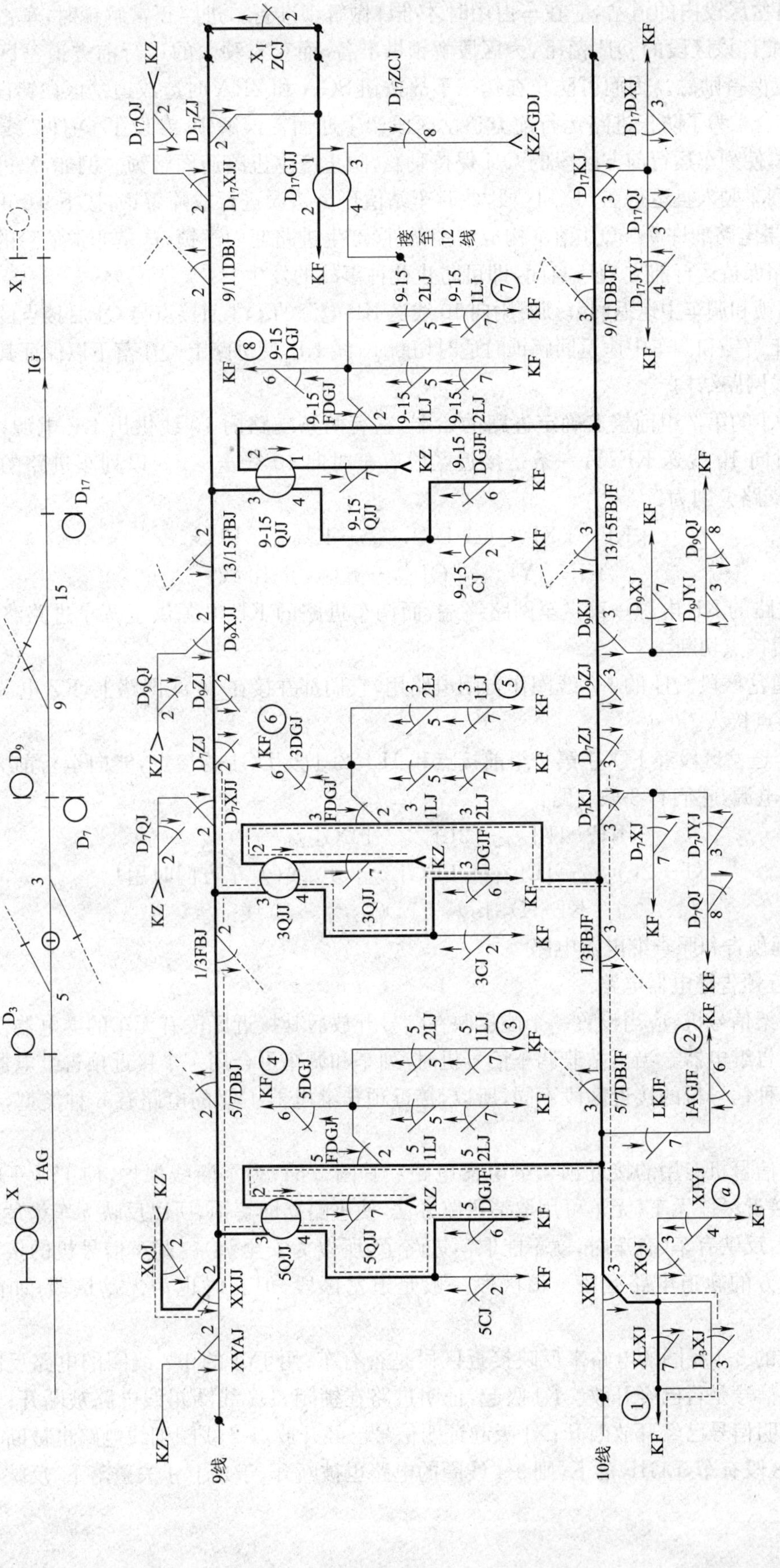

图 2-63　区段检查和股道检查继电器电路（9、10 网络线）

路上每个道岔区段内的道岔，应在车占用时才准许做解锁准备。进路正常解锁时，车占用了哪个区段，才准许该区段的 QJJ 落下，为区段解锁做准备，而车未驶入的运行前方道岔区段的所有 QJJ 均应保持励磁。因而可防止在错按事故按钮 SGA 和 ZRA 时造成道岔区段错误解锁而影响行车安全。为了防止进路运行前方道岔区段产生迎面错误解锁，专设了 QJJ1-2 线圈的 10 线自闭网路，使列车运行前方区段的 QJJ 保持励磁，防止产生进路迎面解锁。例如，X 进站信号机开放后，列车驶入且运行在 5DG 区段，此时车站值班员错误进行故障解锁，按下 9-15DG 区段的 SGA，如果电路准许 9-15QJJ 落下构成解锁条件，产生进路迎面解锁，这是非常危险的。设置了 10 线网路保持运行前方 QJJ 自闭，即可防止此种事故的发生。

人工解锁和调车中途返回解锁要用向 10 线送 KF 电源的 JYJ 前接点与 QJ 后接点的供电支路，保证人工解锁和调车中途返回解锁时适时切断 10 线 KF，使进路上 QJJ 落下以保证其解锁。

②10 线网路结构

a. 用 KJ 的第 3 组前接点确定进路的始端，它有两条支路向 10 线供出 KF 电源，一条是信号开放时向 10 线送 KF；另一条是接近区段有车时向 10 线送 KF。以列车进路的始端为例，这两条支路分别为：

$$\text{KF—LXJ}_{71\text{-}72}\text{（或 DXL}_{31\text{-}32}\text{）—KJ}_{32\text{-}31}\text{—10 线}$$

$$\text{KF—JYJ}_{41\text{-}43}\text{—QJ}_{31\text{-}33}\text{—KJ}_{32\text{-}31}\text{—10 线}$$

列车进路的 KF 电源一直供至网路终端，而调车进路的 KF 电源供至调车进路终端处由 ZJ 第 3 组后接点切断。

b. 各道岔区段 QJJ 的 1-2 线圈作自闭电路用，它们都并接在 10 线网路上，KZ 电源经 QJJ 第 7 组前接点接入。

c. 每个道岔区段经 FDGJ 第 2 组前接点和 1LJ、2LJ 及 DGJ 的接点，能向运行前方 10 线网路供 KF 电源，它们有 3 条支路：

$$\text{KF—1LJ}_{71\text{-}72}\text{—2LJ}_{51\text{-}53}\text{—FDGJ}_{22\text{-}21}\text{—10 线}$$

$$\text{KF—2LJ}_{71\text{-}72}\text{—1LJ}_{51\text{-}53}\text{—FDGJ}_{22\text{-}21}\text{—10 线（发车方向时用）}$$

$$\text{KF—DGJ}_{61\text{-}62}\text{—FDGJ}_{22\text{-}21}\text{—10 线}$$

4. 接近预告和照查继电器电路

(1)接近预告继电器电路

对应每架信号机，应当设置一个能反映在信号开放后其接近区段有无车的继电器，我们称它为接近预告继电器。当出站兼调车信号机时，列车和调车可合用一个接近预告继电器。

因为各种信号机的接近区段不同，所以，接近预告继电器 JYJ 的电路有 3 种类型，下面分别叙述。

①调车信号机专用的接近预告继电器电路。看图 2-64，为了断线保护，使 JYJ 平时励磁吸起，反映接近区段无车(无车可用取消进路办法，使进路立即解锁，所以反映无车为危险侧)；它失磁落下，反映有车(有车时，就不能取消进路了，所以为安全侧)。调车信号机的接近区段是信号机外方的轨道电路区段。该区段一般是道岔区段，但有时也为无岔区段，如图 2-64 所示。

用 JYJ 的 3-4 线圈的电路来反映接近区段是否有车；用 JYJ 的 1-2 线圈的电路反映进路是否锁闭和信号是否已经开放。KJ 吸起，证明进路在锁闭，1-2 线圈粗线电路被断开；信号继电器吸起证明信号已经开放断开；XJ 吸起证明信号已经开放，1-2 线圈细线电路也被断开。这时，若接近区段有车，DGJF 落下，则 3-4 线圈的电路也被断开，于是 JYJ 失磁落下，反映进路锁闭且信号开放以后，接近区段已有车，进路已转入接近锁闭状态。由此可见，JYJ 的失磁落下，能证明进路已处于接近锁闭状态。

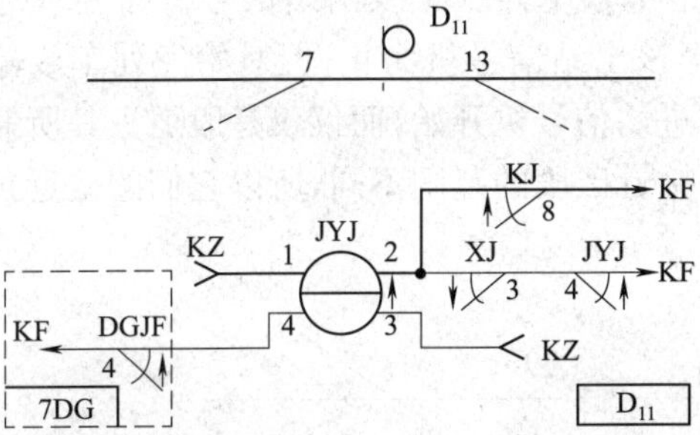

图 2-64　调车专用的接近预告继电器电路

调车信号点 JYJ 电路

JYJ 一旦失磁落下，进路不解锁，开始继电器 KJ 将一直保持吸起，即 $JYJ_{1\text{-}2}$ 线圈的粗线电路不通，其细线电路上又串接有 JYJ 自己的前接点，这时是断开的，所以在进路未解锁以前，JYJ 不能由其 1-2 线圈励磁。JYJ 的重新励磁吸起，还要靠其 3-4 线圈的电路，只有车已完全出清了接近区段才行。由此又可见，JYJ 的重新吸起，能证明车已出清了接近区段（办理人工解锁时除外，下面另有说明）。

在 JYJ 的电路中，为什么必须接有经由 KJ 后接点的粗线电路呢？其原因是：当信号开放车进入接近区段后办理人工解锁时，准许在进路解锁后，经由 KJ 后接点，使 JYJ 重新励磁吸起。因为这样当第二次开放信号时，如果由于某种原因（例如信号灯丝断丝）不能开放，则可用取消进路的办法使进路解锁，否则，将由于 JYJ 不吸起，势必用人工延时解锁办法而影响作业效率。

②进站与调车或站线出站与调车共用的接近预告继电器电路。进站信号机的接近区段为预告信号机至进站信号机之间的轨道电路区段（一个自动闭塞分区）。进站内方隔一无岔区段设置的同方向调车信号机（例如 D_3），其接近区段为该无岔区段（即ⅠAG）。到发线出站（包括不办理通过列车的正线出站）兼调车信号机的接近区段均为股道。

图 2-65 是进站和调车共用的接近预告继电器电路。因为进站信号机 X 的接近区段为 2JG（第二接近轨道区段），调车信号机 D_3 的接近区段为ⅠAG，为了把这两者区分开，所以在其 3-4 线圈细线电路中，用了一个列车开始复示继电器工 LKJF 第 4 组接点。LKJF 前接点闭合是开放进站，用 JYJ 反映 2JG 区段的情况；LKJF 后接点闭合，如果这时建立了进路，则所建立的是调车进路，于是用 JYJ 反映ⅠAG 区段的情况。图中 1-2 线圈是 JYJ 的自保电路。这个电路的构成原理与图 2-64 相同，故不再重复。

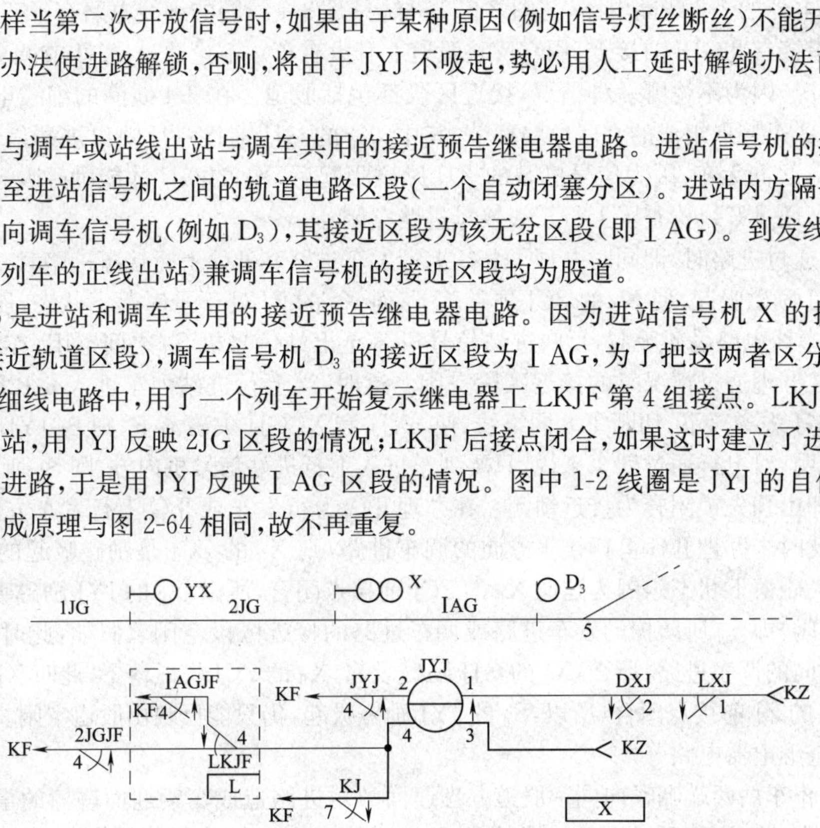

图 2-65　进站和调车共用的接近预告继电器电路

到发线出站兼调车信号机用的接近预告继电器电路，因为列车和调车的接近区段相同，所以，其电路构成原理完全和图 2-64 一样，也不再重复。

③正线出站兼调车信号机用的接近预告继电器电路。正线出站信号机在办理通过列车时，其接近区段由同方向的进站信号机开始，至该出站信号机为止；但对始发列车或停站后再发的列车来说，其接近区段就不是由同方向的进站信号机开始，而仅仅是股道。其所兼的调车信号机的接近区段也是股道。因为情况不同，接近区段的范围不同，所以它们的接近预告继电器电路也不同，如图 2-66 所示。

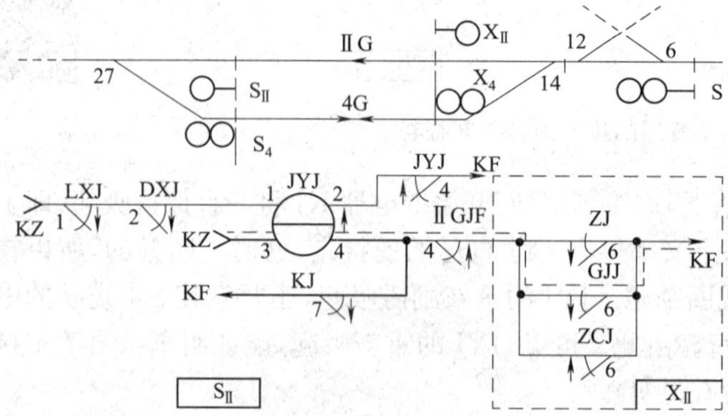

图 2-66　正线出站和调车共用的接近预告继电器电路

这个继电器的 1-2 线圈电路，与图 2-65 一样，只是 3-4 线圈的细线电路有了变动。在此细线电路中，串接有ⅡGJF 前接点，用它反映股道上有没有车。不论通过、发车或调车，都必须反映股道的情况，因为不论哪一种情况，接近区段都包括股道。在 3-4 线圈的细线电路中，还串接有一个用 3 个接点组成的并联电路环节，其中，$X_Ⅱ$ 的 GJJ 前接点反映出进站信号机 S 至出站信号机 $X_Ⅱ$ 之间无车，因为信号机 S 的 XJJ 励磁吸起后，$X_Ⅱ$ 的 GJJ 才能励磁吸起，而在前者励磁吸起时，通过 8 线检查了上行正线接车进路空闲。

在办理通过进路时，即同时办理了ⅡG 上行发车进路和ⅡG 上行接车进路时，则由于后者使 $X_Ⅱ$ 的 GJJ 励磁吸起，使 $X_Ⅱ$ 的 ZCJ 失磁落下，而 $X_Ⅱ$ 的 ZJ 处于平时落下状态，所以，此时的 JYJ 只能由虚线电路励磁吸起，反映进站信号机 S 至出站信号机 $S_Ⅱ$ 之间空闲，亦即正线出站信号机 $S_Ⅱ$ 在办理通过情况时的接近区段空闲。这时，当上行进站列车进入 6-12DG 区段后，由于 6-12DGJ 失磁落下，切断了 8 网络线，使 SXJJ 和 $X_Ⅱ$ GJJ 失磁落下，则 $S_Ⅱ$ JYJ 也随着失磁落下。这说明，对上行通过列车来说，只要列车进入上行进站信号机内方，则 $S_Ⅱ$ 所防护的正线发车进路，即由预先锁闭转为接近锁闭。在办理ⅡG 上行发车或ⅡG 上行发车方向的调车进路时，假如此时未办理ⅡG 上行接车方向的调车进路，则 $X_Ⅱ$ 的 ZCJ 是励磁吸起的，$X_Ⅱ$ 的 GJJ 和 ZJ 均在失磁落下状态。因为这时 $X_Ⅱ$ 的 ZCJ 前接点闭合，所以，$S_Ⅱ$ 的 JYJ 励磁吸起，仅能反映出股道空闲，即 $S_Ⅱ$ 所防护的发车进路或调车进路的接近区段空闲。假如，此时办理了ⅡG 上行接车方向的调车进路，那么，$X_Ⅱ$ 的 GJJ 励磁吸起，$X_Ⅱ$ 的 ZCJ 失磁落下，此时 $X_Ⅱ$ 的 ZJ 励磁吸起，即 $X_Ⅱ$ 的 ZJ 前接点闭合，所以，$S_Ⅱ$ 的 JYJ 励磁吸起，仍只能反映出股道空闲。

(2)照查继电器电路

为了防止车站两端咽喉向同一股道办理迎面敌对进路造成车辆迎面碰撞的事故，应对同一股道的两端建立迎面敌对进路的情况进行互相照查。ZCJ 的作用就是禁止同时建立两咽喉向同一股道办理的迎面敌对进路。严禁上、下行咽喉同时向同一股道办理接车进路，也严禁一个咽喉向某股道接车时另一咽喉又向该股道办理调车进路，以上列车进路对列车进路、列车进路对调车进路都规定为敌对进路，电路上都不准同时建立。然而两咽喉同时向同一股道办理迎面调车进路则不视为敌对进路，电路上允许同时建立。

凡是同一股道两端有敌对进路联锁关系的信号机处，都应设 ZCJ。它设在 1LXF 组合或 2LXF 组合中。ZCJ 电路受本咽喉向股道建立进路时的 GJJ 和 SJ 的接点控制。对应于同股道两端信号机处都设有 ZCJ，并将它们的接点互相接在对方咽喉的执行组电路中进行敌对进路照查，防止迎面敌对进路的同时建立。

ZCJ 平时处于励磁状态，表示本咽喉未向股道建立接车或调车进路。图 2-67 是 $S_{Ⅲ}$ 信号机处的 ZCJ 电路，它有两条电路，ZCJ 的 3-4 线圈作励磁用，ZCJ 的 1-2 线圈是自闭电路，平时两条电路都接通。当向ⅢG 建立接车进路或调车进路时，由于 $S_{Ⅲ}$ GJJ 励磁，用其第 1 组后接点切断 $S_{Ⅲ}$ ZCJ 的 1-2 线圈自闭电路；进路锁闭后，进路最末一个区段的道岔锁闭继电器 23/25 2SJ 落下，用其第 6 组前接点切断 $S_{Ⅲ}$ ZCJ 的 3-4 线圈励磁电路后使之落下。$S_{Ⅲ}$ ZCJ 落下说明下行已建立了向ⅢG 的接车进路或调车进路，并用 $S_{Ⅲ}$ ZCJ 的前接点把上行咽喉的 8 线、9 线和 11 线网路的 KF 电源切断，将上行咽喉的敌对进路锁在未建立状态。

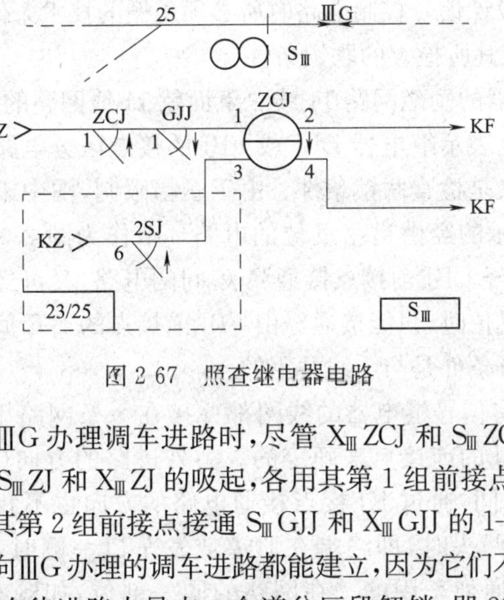

图 2 67　照查继电器电路

当上、下行咽喉同时向ⅢG 办理调车进路时，尽管 $X_{Ⅲ}$ ZCJ 和 $S_{Ⅲ}$ ZCJ 也失磁落下，然而由于上、下行咽喉的终端继电器 $S_{Ⅲ}$ ZJ 和 $X_{Ⅲ}$ ZJ 的吸起，各用其第 1 组前接点接通 8 线 KF 电源，使调车信号的 XJJ 能够励磁；用其第 2 组前接点接通 $S_{Ⅲ}$ GJJ 和 $X_{Ⅲ}$ GJJ 的 1-2 线圈，使它们也能吸起。这样就使得上、下行咽喉同向ⅢG 办理的调车进路都能建立，因为它们不是敌对进路。

照查继电器落下后，只有待进路中最末一个道岔区段解锁，即 23/25 2SJ 吸起后，才能使 $S_{Ⅲ}$ ZCJ 励磁，再由 $S_{Ⅲ}$ GJJ 的后接点构成自闭使电路复原。$S_{Ⅲ}$ ZCJ 的复原说明本咽喉所排的进路已解锁，对同股道另一咽喉的迎面敌对进路的锁闭已解除。

【信号控制电路】

1. 信号继电器电路

信号控制电路是由 XJ 电路和信号机点灯电路所组成。信号继电器电路因要检查进路空闲、道岔位置正确及其受锁状况、敌对进路未建立及其受锁的情况等，信号控制电路是站场形的网路，即 11 线就是信号继电器的励磁网路线。由于进站、出站以及调车信号机的显示不同，自动关闭信号的时机也不同，所以它们的局部电路也有些差异。

(1)开放信号的联锁条件

①开放信号时，应检查进路在空闲状态。

②开放信号时，必须检查敌对进路在未建立状态且确实被锁在未建立状态。

③开放信号时，必须检查进路中的道岔位置正确(包括防护道岔)且确实被锁在规定位置。

④车站各种信号必须在操作人员的操纵下才能开放，以保持车站作业的计划性。信号关闭后应防止其自动重复开放。

⑤列车用的信号机应在列车驶入进路后立即关闭；调车用的信号机则根据作业需要应在列车出清接近区段或当接近区段留有车辆时待车列出清调车信号机内方第一道岔区段后才自动关闭。不论是列车信号机还是调车信号机，均能在值班人员操作下随时关闭信号。

⑥取消进路或人工解锁时，信号机应随之关闭。

上述6项联锁条件，如不特别指出，对列车和调车均适用。另外，对进站信号机尚需满足以下第7条至第9条的联锁条件。

⑦信号机的允许显示因故熄灭时(允许灯泡的灯丝断丝)应自动改点禁止显示——红灯。

⑧开放信号前首先检查红灯灯丝完整，即确实是在点红灯状态。如发现红灯断丝时，不允许再给出允许显示。

⑨不允许信号机给出不符合技规要求的乱显示。

上述9条是分析和设计信号控制电路时所必须遵循的技术条件。

(2)11线网路结构及其所检查的联锁条件

图2-68是信号继电器的励磁网路11线。下面就11线网路的结构原理介绍如下：

①按站场形状用道岔表示继电器DBJ或FBJ的接点区分电路的走向。这些表示继电器的前接点既是区分电路又是检查联锁条件。由于图幅限制，图中未画出经由道岔反位的电路环节。所以用图2-69所示的经由道岔反位的电路环节作为图2-68的补充。应该注意的是，经由道岔1/3定位时，可经DBJ前接点接通A-C间的电路，又可经DBJF前接点接通B-D间的电路。但道岔1/3在反位时，只能接通经由FBJ前接点的B-C间电路。为了节省道岔表示继电器的接点。这个区分条件是与7线共用的。

②由于一个咽喉所有信号继电器的线圈都并接在一条网路里，信号继电器励磁电路的范围是由相应的KJ和ZJ的前接点来确定的。另外进路的方向(指接车或发车方向)由KJ前接点确定，运行方向不同，通过KJ接点接通电路的方向也不相同。进路性质由ZJ前接点来确定。如果网路在两头时，即终端在股道或发车口一侧时，通过ZJ前接点接通调车用的，而经ZJ后接点接通列车用的。在网路的同一部位，如既有列车信号继电器又有调车信号继电器线圈时，可用LKJ的接点来区分，其前接点接通列车用的，而后接点则接通调车用的。

③信号继电器都是在相当于进路始端通过KJ前接点接向网路的。对于列车信号继电器而言，它的线圈端子1是由局部电路接入电源KZ，在相当于列车进路终端处(即网路的两端)向11线网路接入电源KF。调车信号继电器线圈电源接入的方法恰与列车的相反。即在进路的始端部位接入电源KF，而在进路的终端部位经ZJ前接点接入的却是电源KZ。这是由于列车和调车用的11线是共用的。为了防止串电迂回，采用了电源极性保护法，以提高电路的安全性。

弄清11线的网路构成原理，信号继电器的励磁电路就容易理解了。举例来说，建立一条由北京方面至ⅠG的下行列车接车进路时，LXJ的励磁电路如图2-68中虚线所示。建立一条由D_3至ⅠG的调车进路时，在D_3XJ和D_9XJ的励磁电路如图中粗实线所示。

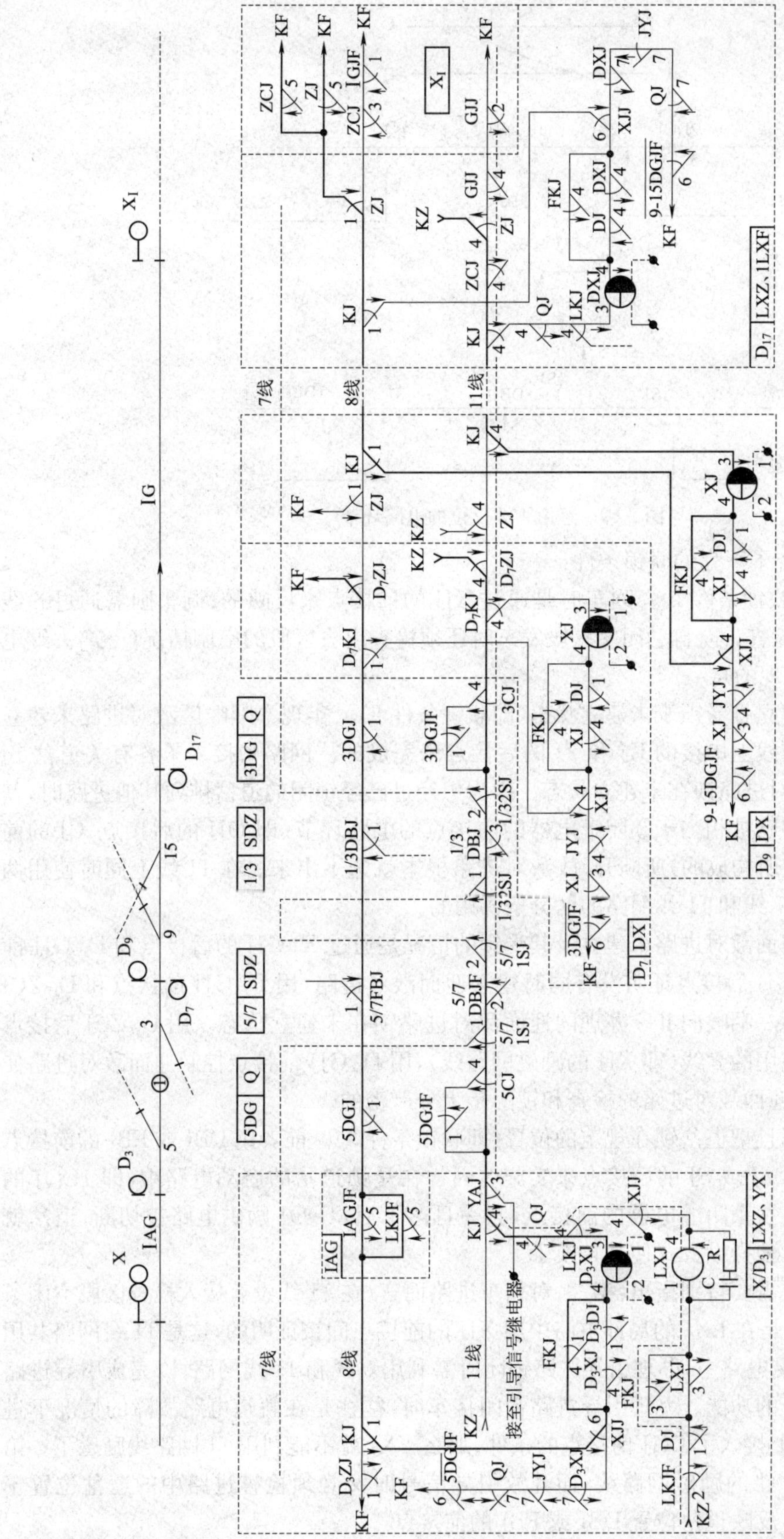

图 2-63　信号继电器的励磁电路(11 线)

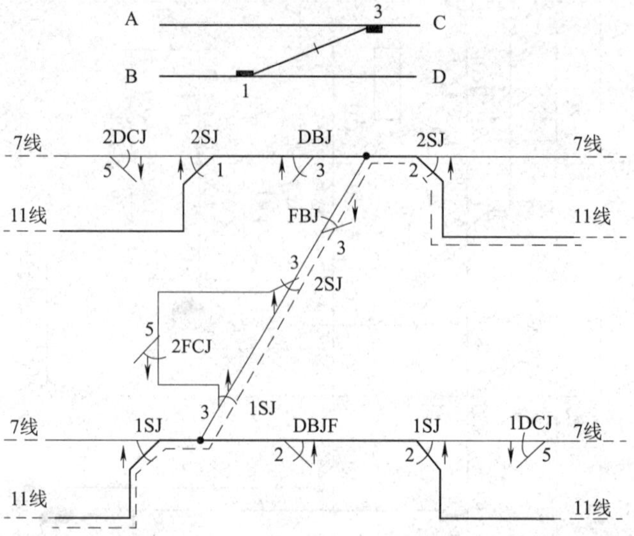

图 2-69　经由 1/3 反位的电路环节

11 网路线中检查了下列的联锁条件：

①进路空闲(即联锁条件 1)。列车时是通过 XJJ 的前接点来反映的；调车则需通过 8 线的 DGJ 的前接点来检查。向自动闭塞区段发车时还须检查离去区段的空闲情况(一离去继电器 1LQJ 前接点来实现的)。

②敌对进路未建立且受锁于未建立状态(即联锁条件 2)。实现本咽喉区敌对进路未建立的检查是用同一网路线上串接的 KJ 和 ZJ 的后接点来完成的。网路中接入了各有关道岔 SJ 后接点，说明已把敌对进路锁在未建立状态。因为想经过已经锁闭的道岔排列其他进路时，其选岔电路的 6 线网路已被相当于锁闭继电器的前接点的电路环节(即 QJJ 的后接点、CJ 的前接点和 DGJF 前接点所构成的)所断开，故敌对进路根本就选不出来。在 11 线上同时使用两组 SJ 的接点可兼起 7 线和 11 线网路的区分条件用的。

另一咽喉区的迎面敌对进路未建立及其受锁的情况是通过 X_{I}GJJ 的后接点和 D_{17}GJJ 前接点来检查的。X_{I}GJJ 后接点证明没有同时建立迎面敌对进路，用 D_{17}GJJ 前接点和 D_{17}ZCJ 的后接点证明已把另一咽喉向ⅡG 办理的迎面敌对进路锁在未建立状态。用 D_{17}ZCJ 后接点控制迎面敌对进路使用的 8 线(即 XJJ 的励磁网路线)，用 D_{17}GJJ 前接点控制迎面敌对进路使用的 11 线。可见对迎面敌对进路的检查和锁闭是十分严密的。

③道岔位置正确且把道岔锁在规定的位置(即联锁条件 3)。前者用 DBJ 或 FBJ 的前接点来证明，后者用 1SJ、2SJ 或 SJ 的后接点来实施。因为在受锁道岔的启动电路中，即 1DQJ 的励磁电路里接有该道岔锁闭继电器的前接点，它一旦落下后，1DQJ 励磁电路被切断，道岔就不能用进路操纵或单独操纵方式使其转换了。

这里有两个问题需要特别指出：第一，对列车进路而言，在 11 线没有接入检查区段空闲条件 DGJ 的前接点，而是在 LXJ 的局部电路中用 XJJ 的前接点间接证明的，这是 11 线网路共用带来的。在 YXJ 励磁电路中，办理引导进路锁闭时需利用 9 线和 11 线网路，以完成引导进路锁闭和开放引导信号的功能。办理引导进路锁闭接车时，往往是在轨道电路故障的情况下进行的。如果在 11 线上接入了 DGJ 前接点的条件，那么 YXJ 就不能利用 11 网路线励磁了。第二，11 线既然兼作 YXJ 的励磁网路线，而开放引导信号时又必须检查进路中的道岔位置正确，故 11 线上必须有反映道岔位置 DBJ 或 FBJ 的前接点。

④值班人员在紧急情况下能随时关闭信号(联锁条件 5 的一部分)。通常车站值班人员多用取消进路的方式关闭信号,这是靠 QJ 励磁吸起来达到的。但当 QJ 因故(譬如断线)不能励磁吸起,达不到关闭信号的目的,故在 6502 电气集中电路里又设计第二种紧急关闭信号的办法。如图 2-68 所示的 11 线上,在每一个道岔区段组合部位的 11 线上增加了一个 CJ 的后接点,在信号开放前,11 线上的 CJ 后接点是闭合的不影响 11 线工作。这时不能用正常关闭信号方法关闭信号时,值班员则在旁边设置的事故解锁按钮盘上,破封按下该进路上的任何一个 SGA 和 ZRA 时,只要该区段没有被车占用,该区段所属的 CJ 就励磁吸起(进路锁闭时,CJ 随着 1LJ 和 2LJ 落下而失磁)。其后接点就切断了 XJ 赖以励磁的 11 网路线,迫使 LXJ 落下,达到紧急关闭信号的目的。在 11 线上相当于 Q 组合的地方还与 CJ 前接点串接一个 DGJF 的后接点并联电路环节,其目的是当办理引导进路锁闭时,11 线在轨道电路故障区段用 DGJF 后接点和 CJ 前接点连通,使 YXJ 利用 11 线励磁。

开放信号时必须检查的 9 项联锁条件,在网路中只实现了 4 项检查,其他 5 项需在信号继电器的局部电路落实。

(3)调车信号继电器的局部电路

如图 2-70 中是 D_7 调车信号继电器电路。DXJ 两个线圈分开使用,DXJ 的 3-4 线圈即作励磁又作自闭线圈使用,而 DXJ 的 1-2 线圈则作非进路调车时使用。

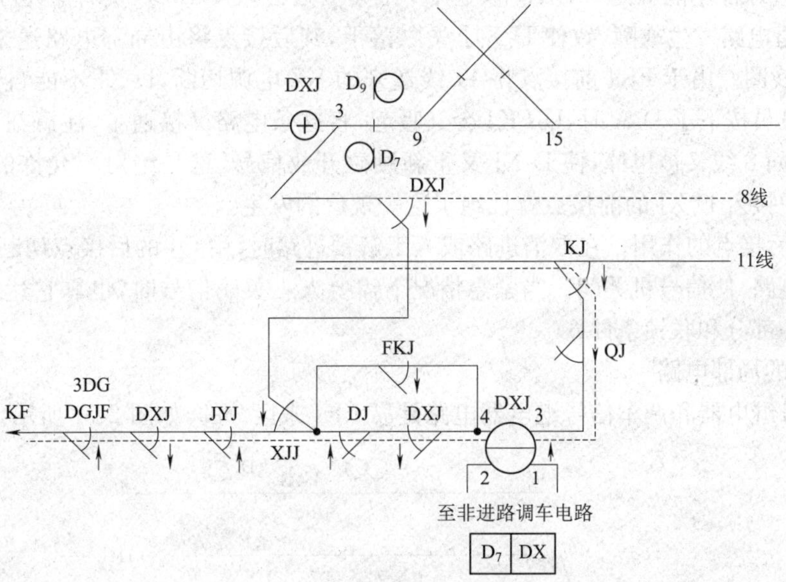

图 2-70　调车信号继电器的局部电路

①FKJ 的前接点

信号开放前用它接通 DXJ 的励磁电路。信号开放后它即失磁落下,只要不再排列调车进路或办理重复开放信号时,FKJ 就不会再励磁吸起,就保证了信号继电器一旦失磁以后,不会自动重新励磁,信号机就不会自动重复开放(即联锁条件 4)。在大站上,由于通过列车作业少且调车作业繁忙的情况下一般不考虑列车信号自动重复开放。

②DXJ 的前接点和灯丝继电器 DJ 前接点

由 DXJ 前接点接通的自闭电路中接有 DJ 的前接点。当白灯灯丝断丝时,它把 DXJ 的自闭电路切断,使 DXJ 失磁而关闭信号(联锁条件 4)。

③XJJ 前接点

当车列未驶入进路前，用其前接点把由终端沿 8 线送来的电源 KF 接至 DXJ 的 3-4 线圈又经 KJ 前接点接至 11 线以取得电源 KZ。而当车列驶入进路后，此时 D_9XJJ 已落下切断来自 8 线的电源 KF，并将接入另一条由局部电路供出的电源 KF，它是经过 D_7 的 JYJ 的后接点和 D_7 信号机内方第一道岔区段的 3DGJF 的后接点而接通 D_7XJ 的 3-4 线圈自闭电路，使信号机继续点白灯，直至车列出清 9-15DG 区段，即 D_7 的接近区段时，才切断这条使 D_7XJ 继续励磁的电路，D_7XJ 落下后信号机改点蓝灯。这里应该指出的是当 D_7 的接近区段留有车辆而进行调车时，需待调车车列出清 3DG 区段后，D_7XJ 才失磁，使信号机点蓝灯。一般尽头型调车信号机、差置调车信号机，上述现象比较多见。

④JYJ 后接点和 3DGJF 后接点

它们都接在使 DXJ 在车列驶入 D_9 后继续保持励磁的电路中，这两个后接点都可以作为 DXJ 的终止信号或车列出清接近区段，或返回时出清信号机内方第一道岔 3DG 时皆可使 D_7XJ 失磁达到在车列作用下关闭信号的目的。

⑤在 D_7XJ 的自闭电路中接入自己的前接点，其目的为防止 D_7XJ 在下述情况下利用该电路错误励磁用的。以 D_7 为例说明该接点的作用，如从 D_7 向 Ⅰ AG 排通一条调车进路，D_7XJ 的 3-4 线圈电路应由 XJJ 的前接点将 8 线从进路终端送来的 KF 而励磁吸起，这条电路必须在检查了进路空闲后才能导通。D_7XJ 吸起后，在其接近区段 9-15DG 有车辆占用的情况下，3DG 区段轨道电路发生故障，致使 D_7XJJ 失磁落下，其后接点将由局部电路送来的 KF 接至 D_7XJ 的 3-4 线圈。由于 FKJ 前接点将 11 线送来的 KZ 电源切断，D_7XJ 不能自动励磁吸起。这时如果值班员按下了 D_7A 时，D_7FKJ 会又吸起，将这条电路又接通了，注意在 11 线上不检查进路空闲，而 8 线又被甩掉，使 D_7XJ 又重新励磁开放信号，这是绝对不允许的。为此在这条自闭电路中接入 D_7XJ 的前接点就杜绝了这一现象的发生。

⑥QJ 的后接点的作用。在取消进路或人工解锁进路时，用 QJ 的后接点切断 D_7XJ 的 3-4 线圈的励磁电路，使信号机关闭。当紧急情况下需要人工关闭信号时，也靠它达到目的(即联锁条件 5 的一部分和联锁条件 6)。

(4)LXJ 的局部电路

列车信号继电器和调车信号继电器电路是靠 LKJ 来区分的，如图 2-71 所示。

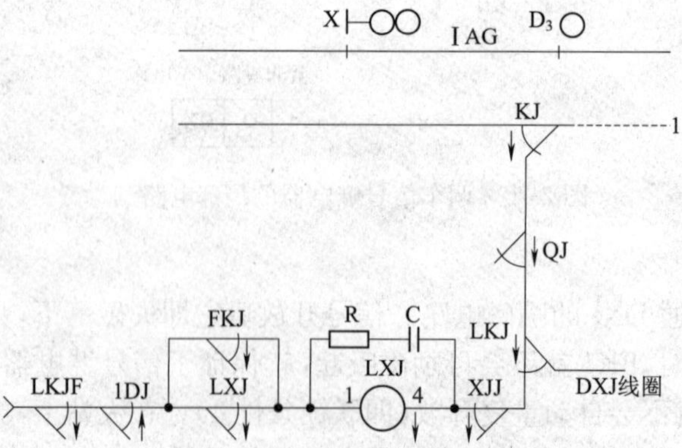

图 2-71　列车信号继电器局部电路

LXJ 和 DXJ 的不同之处：

①LXJ 的 3-4 线圈仅受 11 线控制而不受 8 线控制。对进路中各区段是否空闲的检查是

用 XJJ 的前接点间接证明的，因为建立列车进路时 XJJ 一直受 8 线控制。向股道排列接车进路时，必须检查接车股道空闲，调车时则不需要。排列列车接车进路是通过 8 网路线检查股道空闲。排列列车发车进路时，则是通过 11 线检查一离去的空闲（自动闭塞区段）或检查是否已办好区间闭塞手续（半自动闭塞区段），在图中接入了 1LQJ 的前接点就是为上述目的而设计的。

②对列车信号机来说，它应在列车驶进信号机内方后立即关闭点红灯，不存在继续点允许灯光的必要性，因此在列车信号继电器的局部电路中没有这样的自闭电路。

③在 LXJ 的 1-4 线圈两端并接有一个阻容电路的电路环节，使 LXJ 具有较长的缓放性能（3 s）以便在主、副电源切换和倒屏时，不让 LXJ 失磁落下（XJJ 落下后还会经由 LXJ 前接点重新励磁吸起），以保证进站信号机不点红灯。

④图 2-71 所示，在 LXJ 的局部电路中接有第一灯丝继电器 1DJ 的前接点，它反映在 LXJ 励磁时红灯灯丝是完整的，而在信号开放后，即在 LXJ 的自闭自路中又用它的前接点反映允许灯光的灯丝是完整的。一旦允许灯丝断丝后，LXJ 就立即失磁落下使信号机自动改点红灯。

对进站信号机来说，要求在它开放以前必须检查红灯灯丝完整，而对出站信号机则无此项要求。因为列车由车站出发时，司机能够看见出站信号机的显示，不致在灭灯的情况下冒出信号机。如果出站信号机在开放前也要检查其红灯灯丝完整，一旦红灯断丝就无法根据信号显示发车了，会直接影响车站的通过能力。因此，在进站信号机 LXJ 的局部电路中把 1DJ 的接点放在其励磁和自闭电路都能得到检查的部位，而在出站信号机用的 LXJ 局部电路中把 DJ 的接点放在其自闭电路（图 2-72）中，以达到开放信号前不检查红灯灯丝完整的目的。

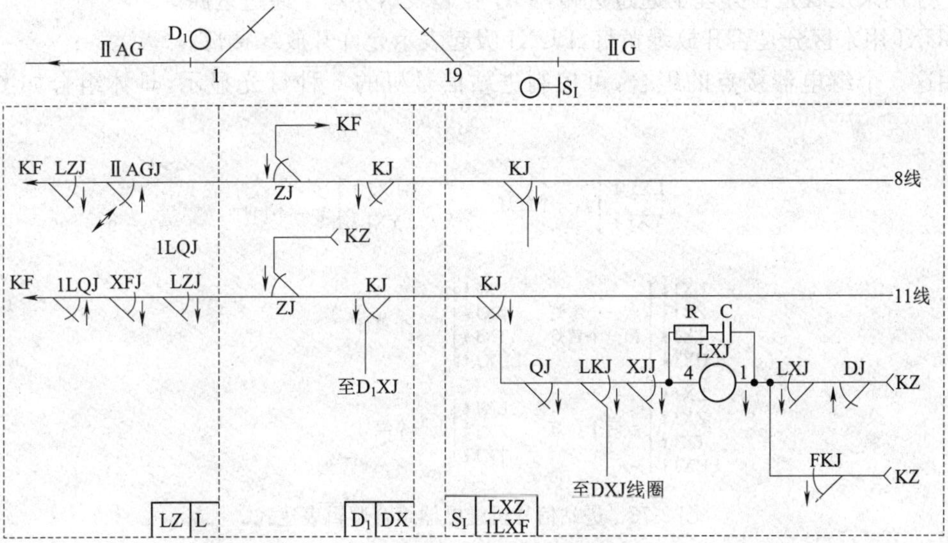

图 2-72　出站列车信号继电器局部电路

⑤在 LXJ 的局部电路中，还接入了一个列车开始继电器的复示继电器 LKJF 的前接点，目的是检查 LKJ 和 LKJF 的动作一致性。因为设置 LKJ 的目的是在列调合用的继电器电路中区分电路用的。如列调合用的 JYJ，如以 X/D_3JYJ 为例，排列列车进路时，它反映接近区段是 1JG 的状态，而排列以 D_3 为始端的调车进路时，其接近区段是 Ⅰ AG 的状态。它们的区分条件是 LKJF 来完成的，即 LKJF 吸起，说明办理的是列车进路，应把 1JGJ 的前接点接在 JYJ

电路中,如 LKJF 在落下时,说明排列的是调车进路,应把ⅠAGJ 的前接点接在 JYJ 的电路中。这样一来,一旦 LKJF 电路发生故障,在排列车进路时,由于 LKJF 落下使 JYJ 反映了ⅠAG区段的情况,在后续电路中将会看到用 JYJ 的接点来区分进路所处的锁闭状态,即它吸起说明进路处于预先锁闭状态,可采取人工不限时解锁;它落下则说明进路处于接近锁闭状态,必须采取人工限时解锁方式。上述情况下,由于 JYJ 在列车已进入信号机内方区段才落下,进路才由预先锁闭转入接近锁闭状态,这显然是十分危险的。为此在信号开放前要检查 LKJ 和 LKJF 是否一致。一致时开放信号,否则使 LXJ 不励磁吸起,信号不开放是符合“故障—安全”原则的。应当注意,如果 LKJ 没有设 LKJF 的情况下,上述一致性检查就没有必要了。

2. 信号机继电接口电路

信号机继电接口电路也称信号点灯电路,其作用是通过电路中各种继电器接点的不同组合来控制室外信号机构点亮不同的灯光,并在信号机发生故障时进行监督和报警。

不同类型的信号机由于点灯类型和点灯数目的不同,其点灯电路的结构和所用继电器种类也不相同,下面以进站信号机、出站兼调车信号机和调车信号机为例分别介绍其点灯电路。

(1)信号辅助继电器电路

进站信号机有 5 个灯位,只用具有两种状态的 LXJ 是无法控制的,需要增设信号辅助信号继电器,电路中起控制信号显示作用的继电器共有 5 个:LXJ、YXJ、正线信号继电器 ZXJ、通过信号继电器 TXJ、绿黄信号继电器 LUXJ。

LXJ 用来区分是否开放允许信号,LXJ 吸起表示能够开放允许信号。

YXJ 用来区分是否开放引导信号,YXJ 吸起表示能够开放引导信号。

正线继电器 ZXJ 用来反映进路是否开通正线,ZXJ 吸起表示进路开通正线。

TXJ 用来反映是否办理了通过进路,TXJ 吸起表示办理了通过进路。

LUXJ 用来区分是否开放绿黄灯,LUXJ 吸起表示允许开放绿黄灯。

用这 5 个继电器接点的组合,可控制进站信号机的 6 种灯光显示,具体组合如图 2-73 所示。

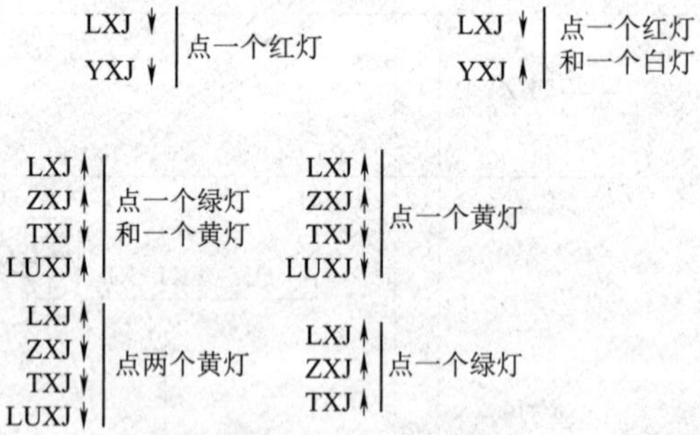

图 2-73 进站信号机继电器组合逻辑表达式

出站兼调车信号机。在自动闭塞区间,出站信号机有三种显示,即红、黄、绿。这时选择黄和绿,可直接用反映第二离去区段的条件,即 LXJ 和 2LQJ 都吸起显示绿灯,LXJ 吸起和 2LQJ 落下显示黄灯。

在有两个发车口时,出站信号机的显示是红、黄、绿、绿绿。4 个信号显示可用 3 个继电器控制。

LXJ 用来控制是否开放列车允许信号,LXJ 吸起表示能够开放允许信号。

主信号继电器 ZXJ 用来区分开通主要发车方向还是次要发车方向,ZXJ 吸起表示开通主要发车方向,开放一个绿灯,ZXJ 落下表示开通次要发车方向,开放两个绿灯。

第二离去继电器 2LQJ 用来反映第二离去闭塞分区是否空闲,以区分开放绿灯还是黄灯。2LQJ 吸起表示二离去区段空闲,开放绿灯。

DXJ 用来控制是否开放调车允许信号,DXJ 吸起表示能够开放调车允许信号。

用以上继电器的接点组合可使信号机显示以下 5 种灯光,其逻辑关系如图 2-74 所示。

LXJ↓ DXJ↓ —— 点一个红灯

LXJ↓ DXJ↑ —— 点一个白灯

LXJ↑ ZXJ↑ 2LQJ↑ —— 点一个绿灯

LXJ↑ ZXJ↑ 2LQJ↓ —— 点一个黄灯

LXJ↑ ZXJ↓ —— 点两个绿灯

图 2-74　出站兼调车信号机继电器组合逻辑表达式

(2)进站信号机点灯电路(图 2-75)

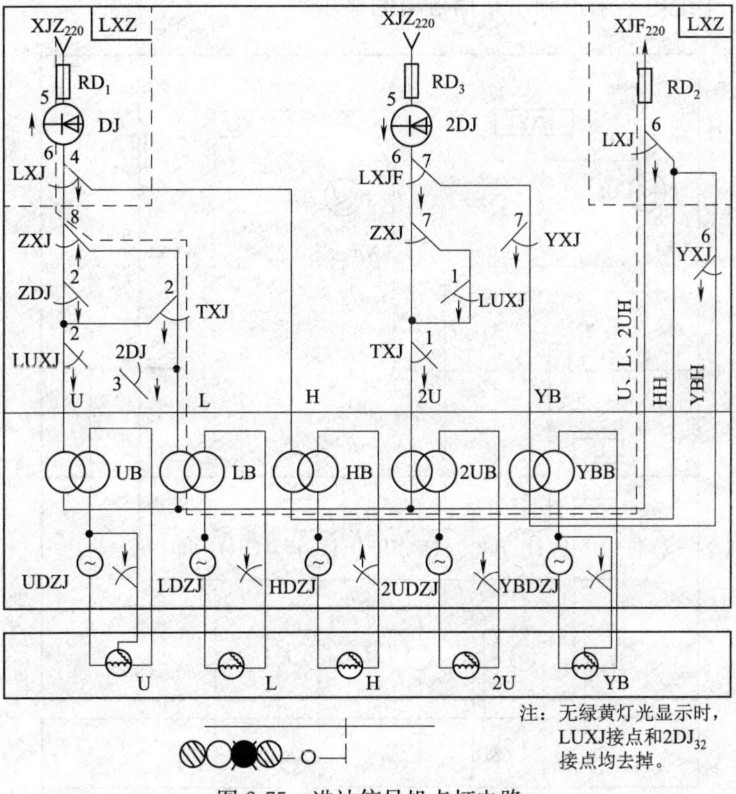

图 2-75　进站信号机点灯电路

电路中灯丝继电器 DJ 和 2DJ 的作用是监督信号机灯泡的灯丝是否正常工作,DJ 监督红灯、绿灯和第一个黄灯的灯丝状态,而 2DJ 监督第二个黄灯和月白灯的灯丝状态。需要点亮的灯泡灯丝状态完好时,相应的灯丝监督继电器吸起,灯丝断丝时,相应的灯丝继电器失磁落下,从而实现灯丝监督功能。例如,进站信号机平时应点亮红灯,如果红灯灯丝正常工作,则 DJ 处于吸起状态,如果红灯灯泡的主、副灯丝都断丝,则 DJ 的励磁回路将因红灯变压器 HB 的次边开路而断开,使 DJ 失磁落下。

室外信号机构中的每个灯泡都设置了灯丝转换继电器，如红灯灯丝转换继电器 HDZJ，灯丝转换继电器的作用是当灯泡的主灯丝断丝时，灯丝转换继电器落下自动将副灯丝接入电路工作，以免影响正常的行车作业。

为防止外线混线，采用位置法将控制点灯的各信号继电器接点设于交流 220 V 电源和室外信号机构之间。为防止混入外界电源，电路还对允许信号 U、L、2U 和引导信号 YB 采用了双断法进行防护。

进站信号机点双黄灯时，在第一黄灯的励磁回路中接入了 2DJ 的前接点，其作用是如果第二黄灯因故未能开放或开放后因故关闭，则第一黄灯也不应开放或应及时关闭，以防止由于第二黄灯故障而只点亮第一黄灯所导致的信号升级显示。同时，第一黄灯灭灯时，DJ 落下，LXJ 落下，使信号机自动改点红灯。进站信号机点绿黄灯时，在绿灯的励磁回路中也接入了 2DJ 的前接点，是同样的道理。

(3)出站兼调车信号机点灯电路

出站兼调车信号机由于其点灯类型和数目与发车区间的闭塞类型有关，因此其点灯电路的结构也不尽相同，这里以图 2-76 所示的两方向出站兼调车信号机点灯电路为例进行介绍。电路中设置了 4 个继电器来控制出站信号机的显示。

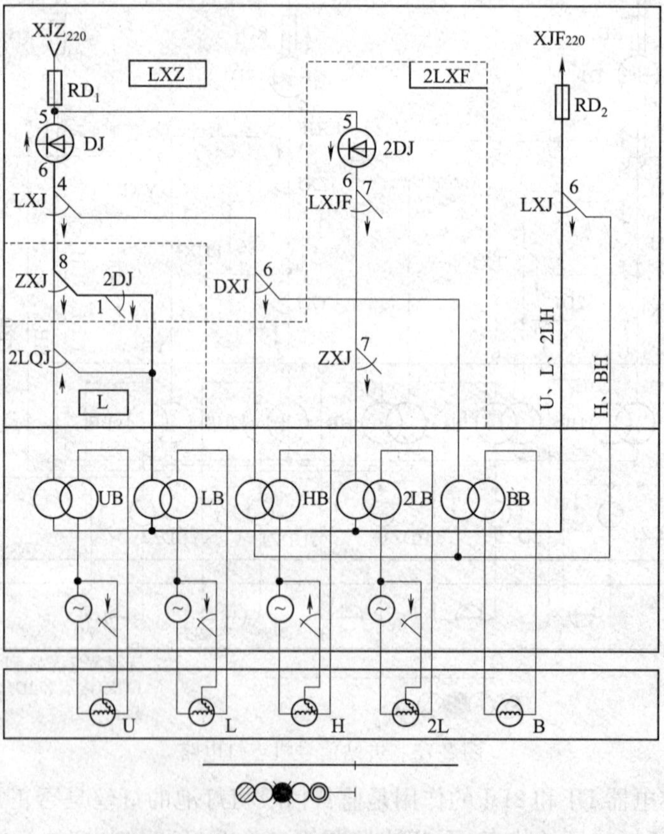

图 2-76　两方向出站兼调车信号机点灯电路

DJ 用来监督黄灯、第一绿灯、红灯和白灯的灯丝状态，而 2DJ 用来监督第二绿灯的灯丝状态，其原理与进站信号机灯丝继电器相同。

为了防止室外混线故障，出站兼调车信号机点灯电路也采用了位置法和双断法。为了防止信号升级显示，出站信号机点双绿灯时，在第一绿灯的励磁回路中接入了 2DJ 的前接点，这样当第二绿灯因故不能正常开放时，第一绿灯也不会开放，并自动改点红灯。

需要说明的是，在如图 2-76 所示的电路中，用主信号继电器 ZXJ 来控制开放一个绿灯还是两个绿灯以区分发车方向，而双绿灯显示只能用来指示两个半自动闭塞区间中的次要发车方向或者自动闭塞区间和半自动闭塞区间中的半自动闭塞发车方向，这样在有些情况下，就不能通过双绿灯显示来区分发车线路方向。比如，两个发车方向都是自动闭塞区间，列车发车的允许信号都是绿灯显示时，单纯通过信号显示是不能区分发车方向的。为此，在自动闭塞区段的出站信号机构中一般要设置进路表示器来区分发车方向，信号点灯电路中也要增加继电器接点来控制相应方向的进路表示器点灯，同时也必须对进路表示器的灯丝状态进行监督。

另外，在四显示自动闭塞区段的出站信号点灯电路中，要用 2LQJ 和 3LQJ 的接点来区分点黄灯、绿黄灯还是绿灯。

出站兼调车信号机点灯电路种类较多，但基本原理相似，本书不再一一举例。

(4)调车信号机点灯电路

图 2-77 给出了调车信号机点灯电路。电路中 DXJ 用来控制信号机点允许灯光还是禁止灯光。调车信号机平时点禁止灯光——蓝灯(A)，DXJ 励磁后点允许灯光——白灯(B)，DJ 负责监督白灯和蓝灯的灯丝状态。

调车信号点灯电路采用了位置法进行室外混线防护，由于调车信号的要求比列车信号低，因此未对允许灯光采用双断法，蓝灯和白灯灯泡也只采用了单灯丝。

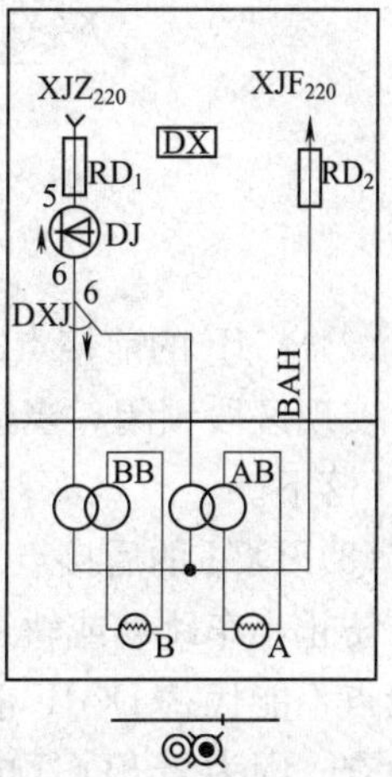

图 2-77　调车信号点灯电路

【进路解锁电路】

1. 锁闭继电器电路

对应每组道岔设置一个 SJ。双动道岔因为在两个不同的道岔区段内，所以要设两个锁闭继电器，无岔区段设区段组合，其进路继电器只是为解锁用的，并无道岔可锁闭，故不设锁闭继电器。

SJ 用作锁闭道岔和敌对进路。对进路的锁闭，也就是锁闭该进路上的各道岔。锁闭继电器电路如图 2-78 所示。

锁闭道岔是通过接在道岔控制电路 1DQJ 励磁电路中的 SJ 前接点来实现的。SJ 落下，断开 1DQJ 励磁电路，道岔就不能启动，达到了锁闭道岔的目的。

锁闭敌对进路是通过接在 KJ、ZJ 及 ZCJ 励磁电路中的 SJ 前接点实现的。进路锁闭后，SJ 落下，即断开了本咽喉敌对进路的 KJ 和 ZJ 励磁电路，使敌对进路的 KJ 和 ZJ 不能励磁(ZJ 是 JXJ 检查 6 线上的锁闭条件间接实现的)，达到锁闭本咽喉敌对进路的目的。用 SJ 的前接点与 GJJ 的后接点相配合，使 ZCJ 落下，以锁闭另一咽喉的敌对进路。

平时 SJ 处于励磁状态，道岔可以操纵，进路可以排列。

SJ 由 1LJ 和 2LJ、DGJF 和 FDGJ 及条件电源“KZ-YZSJ-H”共同控制。它起着区段锁闭、进路锁闭及全咽喉总锁闭的作用。

SJ 电路中各接点的作用如下：

(1)1LJ 和 2LJ 的前接点

用作进路锁闭。进路建立后，由于进路继电器落下，切断了 SJ 励磁电路，实现进路锁闭。

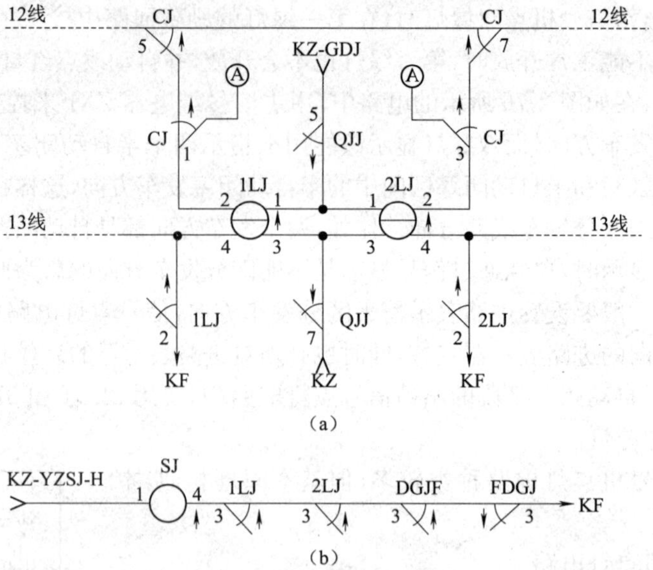

图 2-78　锁闭继电器电路

(2)DGJF 的前接点

实现区段锁闭。当道岔区段有车占用或轨道电路发生故障时,DGJF 落下,断开 SJ 电路,使 SJ 落下。

(3)FDGJ 的后接点

防止小车跳动或轨道电路瞬间分路不良时使 SJ 吸起而提前错误解锁。但应注意,FDGJ 后接点不能代替 DGJF 前接点,这是为了确保“故障—安全”,对 DGJF 和 FDGJ 的动作一致性的检查。因为当 FDGJ 电路故障时,FDGJ 不会吸起,即使此时该区段有车占用,FDGJ 也不会吸起,所以它不能正确地反映轨道区段的情况。如果 SJ 电路中不接入 DGJF 的前接点,则有车占用时 SJ 也不会落下,道岔区段不能锁闭,这不符合“故障—安全”原则。

(4)条件电源“KZ-YZSJ-H”

平时“KZ-YZSJ-H”有电,当道岔失去表示时,需要锁闭全咽喉道岔后才能办理引导接车。此时,按下 YZSA,使 YZSJ 吸起,切断条件电源“KZ-YZSJ-H”,使全咽喉的 SJ 都落下,即达到锁闭全咽喉道岔的目的。

2. 轨道反复示继电器电路

轨道反复示继电器电路。如图 2-79 所示,在 FDGJ 的线圈上,并联有电阻和电容,所以,轨道反复示继电器有较长的缓放时间。恰当地选择电阻和电容,可使这个缓放时间达到 3～4 s,用这个缓放时间,防止由于轨道电路区段瞬间分路失灵,造成车出清区段的假象,从而不致使区段提前错误解锁。

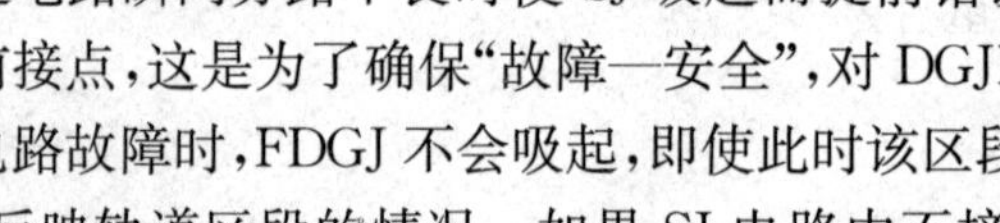

图 2-79　轨道反复示继电器电路

如图 2-79 所示，只有当排列好进路，QJJ 励磁吸起，车驶入道岔区段，该区段的 DGJ 又失磁落下后，FDGJ 才能经由 QJJ 和 DGJ，接通粗线的励磁电路吸起，吸起后，再接通自保电路，在车未出清区段前保持吸起。车出清区段后，FDGJ 靠电容器的放电电流，缓放 3～4 s 而后落下。

在这里，接入 QJJ 的目的是，用它来检查 R、C 支路的完整性，如果这个支路断线或电容被击穿时，FDGJ 将不能吸起。FDGJ 的吸起，先要有一个向 C 充电的时间后，要有一个靠电容器放电获得电流的时间。因为当 DGJ 落下后 8 线被断开，XJJ 落下，QJJ 的 3-4 线圈断电，而 FDGJ 后接点一旦离开，QJJ 的 1-2 线圈也断电，于是 QJJ_{52} 断开，这时 FDGJ 就得靠电容器 C 的放电电流将衔铁吸起来。车进入轨道区段后，如果 FDGJ 应当吸起而未吸起，这说明 R、C 支路出现了故障，此时，用后面将要介绍的电路，阻止进路正常解锁，以便能够及时发现。

用 QJJ_{52} 接通 FDGJ 电路的主要目的，还不仅在于检查 FDGJ 的 R、C 支路的完整性，更重要的是，用来检查防护列车迎面错误解锁用的 10 线的完整性。在 QJJ 线圈的自保电路中可看出，如果 10 线断线，则断线处所右边或左边（由运行方向决定）的 QJJ 因其 1-2 线圈得不到 KF，该 QJJ 将在车未驶入本区段以前，提前失磁落下，因而在车驶入本区段时，该区段的 FDGJ 也就不可能再励磁吸起了，FDGJ 应当吸起而不吸起，就会阻止进路正常解锁，以便能及时发现 10 线的断线故障，保证 10 线不致因断线失去其应有的防护功能。

向无岔区段调车时，无岔区段的 QJJ 并不吸起。当车列越过无岔区段两边的某一差置调车信号机后，例如，越过其左边的 D_5 后，又根据其右边的差置调车信号机 D_{15} 折返时，因无岔区段的 FDGJ 未吸起（以后将会看到用 FDGJ 前接点，控制着 D_5 和 D_{15} 的中途返回解锁电路），所以，在车列退出 D_5 进路后，该进路将不会解锁。为此，如图 2-79 中的虚线所示，在 1/19WG 区段的 FDGJ 电路中，在 QJJ 接点处，要另外并接一个 D_5ZJ 和 D_{15}ZJ 共用的终端复示继电器 ZJF 前接点，使在上述情况下，FDGJ 能励磁吸起，以解决中途返回解锁的问题。

3. 故障解锁和传递继电器电路

在这里，主要说明 3 个问题：一是说明区段人工解锁办理方法及有关电路的工作情况；二是分析与故障解锁和正常解锁等都有关系的传递继电器电路；三是介绍在轨道停电故障修复后，防止错误解锁的保护措施。

(1)区段人工解锁办理方法及有关电路的工作情况。故障锁闭的原因可能是多样的，但可归纳为两种：一是在排列进路中引起的错误锁闭（例如，进路中的某一 QJJ 未励磁，而其余的都励磁了）。由于错误锁闭，进路虽没有建成，但这时错误锁闭区段的区段检查继电器，却在励磁吸起状态；二是进路已经建成，列车通过进路时，由于轨道电路故障，致使进路不能解锁或者并没有排列进路，由于停电故障或维修时换线、拔继电器等，引起了个别区段的锁闭。这类故障锁闭，有关区段的区段检查继电器都在失磁落下状态。

QJJ 失磁落下是区段解锁的条件之一，这在前面已经提到过了。因此，第一种情况的故障解锁，要求先办理取消进路手续，使区段检查继电器先失磁落下，为解锁准备好条件，然后再办理区段人工解锁手续，这和第二种情况的故障解锁就完全一致了。

①办理故障解锁的手续：6502 电气集中规定，要由两个人协同操作。一个人按压控制台上的 ZRA，另一个人按压区段人工解锁盘上的 SGA。在打开铅封前，要确认车的动态，确认要解锁的区段并没有被排列在进路中。在按压事故按钮前，要复核已经打开铅封的按钮和所要解锁的区段是否一致。

②与故障解锁的有关电路工作情况：故障锁闭若是由于车通过时，轨道电路发生故障引起的，则从故障区段开始，运行前方各区段都不能正常解锁，都需要用故障解锁办法使其解锁。

此时,两个进路继电器在失磁落下状态图 2-79 中 CJ 的粗线和虚线电路均被切断,CJ 也在失磁落下状态。当按压 ZRA 后,条件电源"KF-ZRJ-Q"接通。按压故障锁闭区段的 SGA,则它的按下闭合接点也接通。于是,图中的 CJ 的 1-2 线圈励磁。传递继电器吸起后,用它的两个前接点接通图 2-80(a)中的两个进路继电器 1-2 线圈的电路。

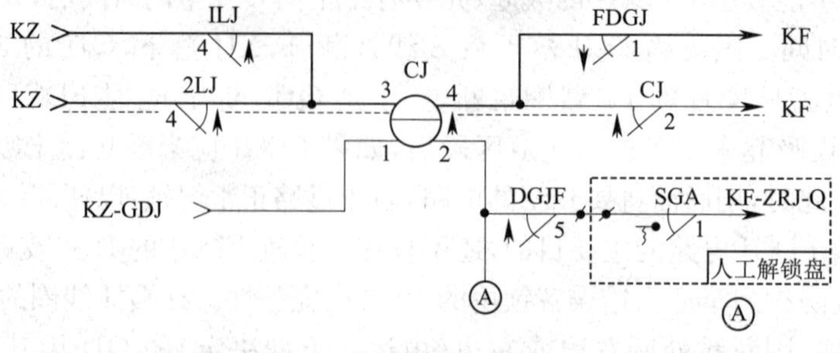

图 2-80　进路继电器局部电路和传递继电器

在这个电路中,接有条件电源"KZ-GDJ",它平时是接通的,只有在轨道停电时才断开(下面另有说明)。两个进路继电器吸起后,可由 3-4 线圈电路自保。此时,传递继电器也可由 3-4 线圈的虚线电路自保。两个进路继电器吸起,锁闭继电器也跟着励磁,于是该区段便解锁了。

③按错了事故按钮不应使区段解锁:由于值班人员的疏忽,按错了别的事故按钮,而这个按钮所属的区段,又正被排列在进路中,那么,由于该区段的 QJJ 在励磁吸起状态,上述的两个进路继电器 1-2 线圈电路不通,所以能阻止进路继电器和锁闭继电器励磁吸起,亦即能防止列车迎面错误解锁。

④在区段有车或该区段的轨道电路故障时,不应使区段解锁:这是在 CJ 的 1-2 线圈电路中,用接入 $DGJF_{52}$ 接点来防止的,有车或轨道电路故障时切断此电路,防止解锁。否则,如果区段有车能使该区段故障解锁,使 1L 和 2LJ 都励磁吸起,则将切断 10 线的 KF,使运行前方各区段的 QJJ 都失磁落下,提前作好解锁准备,有可能危及行车安全。

(2)传递继电器电路。图 2-80 是传递继电器电路。传递继电器的 1-2 线圈,在故障解锁时起作用,这在上面已经说过了。传递继电器的 3-4 线圈也接有电路,这个电路主要在正常解锁、人工解锁、取消进路和调车中途返回解锁时起作用。在下面将会看到,进路解锁时,进路继电器是顺序传递励磁吸起的,而传递继电器起着中间传递元件的作用。传递继电器是和轨道反复示继电器相配合后一个作用的。因此,它和轨道反复示继电器一样,每个道岔区段(设有区段组合的无岔区段亦同)都要设一个。

进路锁闭后,由于有关区段的两个进路继电器都失磁落下,所以,各该区段的传递继电器因其 3-4 线圈电路被断开,也都随着失磁落下。

在正常解锁时,由于进路上有车,当车占用本区段时,虽然两个进路继电器中有一个会励磁吸起(后面有说明),但因为这时,FDGJ 在吸起状态,所以传递继电器的 3-4 线圈电路不通。当车出清该区段后,两个进路继电器都励磁吸起(后面有说明),FDGJ 经 3～4 s 后,缓放落下,这时,才接通传递继电器的 3-4 线圈粗线电路。传递继电器在车出清区段,两个进路继电器都吸起后,滞后 3～4 s(靠 FDGJ 缓放)才吸起的这个特性,我们称它为传递继电器的第一个时间参数特性。正常解锁时,要靠传递继电器的第一个时间参数特性接通解锁网络。

在人工解锁取消进路和调车中途返回解锁时,因为进路上无车,轨道反复示继电器根本就没有励磁吸起过,所以当两个进路继电器中的任何一个励磁吸起后,能立即接通传递继电器的

3-4 线圈粗线电路，使传递继电器很快随着励磁吸起。我们把传递继电器的这一个性能，叫作传递继电器的第二个时间参数特性。人工解锁、取消进路和调车中途返回解锁时要用传递继电器的第二个时间参数特性接通解锁网络。

(3)轨道停电故障恢复后，防止错误解锁的保护措施

在大站，对轨道电路一般采取四束干线供电，对每一束供电干线，在转换屏内，都设有一个轨道供电监督继电器 1GDJ～4GDJ，用它们监督供电情况。当供电干线故障时(熔断器烧断、断线或电源停电)，其中的一个 GDJ 失磁落下，例如 3GDJ 落下。于是通过它的前接点，切断继电器室里的轨道停电继电器 GDJ 的电路，使 GDJ 和 GDJF 相继失落下。在停电后又恢复供电时，3GDJ 先励磁吸起，GDJ 和 GDJF 是随后相继励磁吸起的，并且由于 GDJF 是缓放型继电器，它具有缓吸性能，所以经由 GDJ 和 GDJF 前接点接通的条件电源“KZ-GDJ”要比 3GDJ 的吸起时间滞后两步还多，才能够接通。这就是说，在恢复供电，能保证轨道继电器全部吸起后，条件电源“KZ-GDJ”才会接通。进路解锁要通过条件电源“KZ-GDJ”(在以后将会看到，不论用什么方式解锁，两个进路继电器必须有一个先由 1-2 线圈励磁，然后，另一个才有可能由 3-4 线圈励磁)，但从上述情况可知，待条件电源“KZ-GDJ”接通时，因进路中各轨道继电器早已励磁吸起，所以，已经锁好的进路，是不致因恢复供电，而产生错误解锁的。如果在停电期间，列车尚未驶入进路，那么，可重复开放信号，恢复 1LJ 和 2LJ 的工作，使进路正常解锁。如果列车已在停电过程中驶过去，那么，可办理区段人工解锁手续，使进路解锁。图 2-81 是轨道供电监督继电器和轨道停电监督继电器电路。

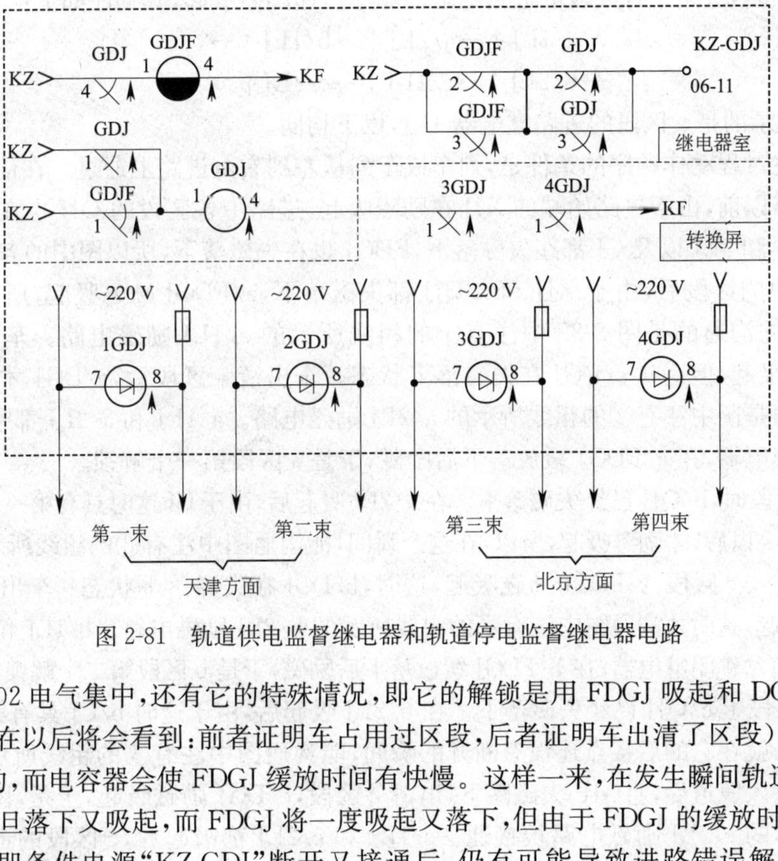

图 2-81　轨道供电监督继电器和轨道停电监督继电器电路

另外，6502 电气集中，还有它的特殊情况，即它的解锁是用 FDGJ 吸起和 DGJ 吸起，作为证明条件的(在以后将会看到：前者证明车占用过区段，后者证明车出清了区段)。FDGJ 是靠电容器缓放的，而电容器会使 FDGJ 缓放时间有快慢。这样一来，在发生瞬间轨道停电的情况下，DGJ 将一旦落下又吸起，而 FDGJ 将一度吸起又落下，但由于 FDGJ 的缓放时间不齐，所以在恢复供电，即条件电源“KZ-GDJ”断开又接通后，仍有可能导致进路错误解锁。为此，如

图 2-80所示，在 FDGJ 电路中，也接有条件电源“KZ-GDJ”，使在发生轨道停电时，保证在恢复供电后，在所有的 DGJ 都吸起后，即切断所有的 FDGJ 励磁电路以后，再接通它的励磁电源，以保证在轨道恢复供电以前，使 FDGJ 根本就不会吸起，来杜绝进路的错误解锁。由此可见，在 FDGJ 电路中的条件电源“KZ-GDJ”是起防护作用的，是必不可少的。

4. 解锁网络构成原理

在分析正常解锁、人工解锁等电路之前，先分析一下解锁用的 12 线和 13 线网络结构及传递继电器接点在网络中的作用，是很有帮助的。图 2-82 是解锁网络原理图。

(1)解锁网络结构及传递继电器接点在网络中的作用。12 线和 13 线是解锁用的网络线，正常解锁时用它，人工解锁、取消进路和调车中途返回解锁时也都用它，在每个区段组合里，都设有两个进路继电器，它们的 1-2 线圈，通过传递继电器 CJ 后接点接向 12 线，3-4 线圈直接接在 13 线上。不论是 1-2 线圈还是 3-4 线圈，它们的正极性电源 KZ 都由局部供给，负极性电源 KF(以后称此 KF 电源为解锁电源)1-2 线圈由 12 线供给，3-4 线圈由 13 线供给。

现在以接车方向的进路为例说明。在正常解锁时，如图中粗线所示，每个区段的进路继电器 1LJ 解锁电源，都由进路始端方向经 12 线供给：a 区段(第一区段)的由进路始端信号点(实际上是经由始端信号点，以后详细介绍)供给，b 区段(第二区段)的由 a 区段供给，c 区段(第三区段)的由 b 区段供给。各区段的进路继电器 2LJ 解锁电源，如图中粗线所示，都由进路终端方向经 13 线供给：a 区段的由 b 区段供给，b 区段的由 c 区段供给，c 区段的由进路终端信号点供给(实际上是经由中断信号点，以后详细介绍)。

正常解锁时，进路中各区段的进路继电器顺序传递励磁吸起，其顺序如下：

$$a/1LJ\uparrow \rightarrow a/2LJ\uparrow \rightarrow b/1LJ\uparrow \rightarrow$$
$$\rightarrow b/2LJ\uparrow \rightarrow c/1LJ\uparrow \rightarrow c/2LJ\uparrow$$

a/1LJ 表示的是 a 区段的进路继电器 1LJ，以下均同。

构成上述过程动作顺序的条件是，列车或车列从左到右由进路上通过。在信号开放以后，车未进入进路以前，由于进路始端的 XJJ 在励磁吸起，进路中各区段的 QJJ 也在励磁吸起，进路继电器 1LJ 和 2LJ 以及 CJ 都在失磁落下，FDGJ 也在失磁落下，所以图中的各电路均不通。车进入进路中的区段后，由于 XJJ 和 a/QJJ 都失磁落下，a/FDGJ 励磁吸起，所以，在 X_DLXJ 缓放瞬间，首先沟通的是图 2-82 中注有①的粗线所示的 a/1LJ 励磁电路。车进入 b 区段，b/FDGJ励磁吸起，但这时 a/DGJ 在失磁落下状态。车出清 a 区段后，a/DGJ 才励磁吸起，于是第二个沟通是图中注有②的粗线所示的 a/2LJ 励磁电路。a/1LJ 和 a/2LJ 都吸起后，a 区段的道岔锁闭继电器，在 a/FDGJ 缓放落下后励磁，于是 a 区段第一个解锁。

车在 b 区段时，b/QJJ 已经失磁落下。在 a/2LJ 吸起后，由于 CJ 这时具有第一个时间参数特性，它在 3～4 s 以后，才励磁吸起，所以，在这个瞬间，能沟通图中注有③的粗线所示的 b/1LJ 励磁电路。车进入 c 区段，c/FDGJ 励磁吸起，这时，b/DGJ 在失磁落下状态。车出清 b 区段后，b/DGJ励磁吸起，这时才沟通图中注有④的粗线所示的 b/2LJ 励磁电路。b/1LJ 和 b2LJ 都吸起后，b 区段的道岔锁闭继电器，在 b/FDGJ 缓放落下后励磁，于是 b 区段第二个解锁。

车在 c 区段上 c/QJJ 已经失磁落下。在 b/2LJ 吸起后，由于这时 b/CJ 具有第一个时间参数特性，所以，就在它的后接点还没有断开的瞬间，能沟通图中注有⑤的粗线所示的 c/1LJ 励磁电路。车进入股道后，ⅢGJF 失磁落下，出清 c 区段，c/DGJ 励磁吸起，于是，图 2-82中注有⑥的粗线所示的 c/2LJ 励磁电路被接通。c/1LJ 和 c/2LJ 都吸起后，c 区段的道岔锁闭继电器，在 c/FDGJ 缓放落下后励磁，c 区段最后解锁。

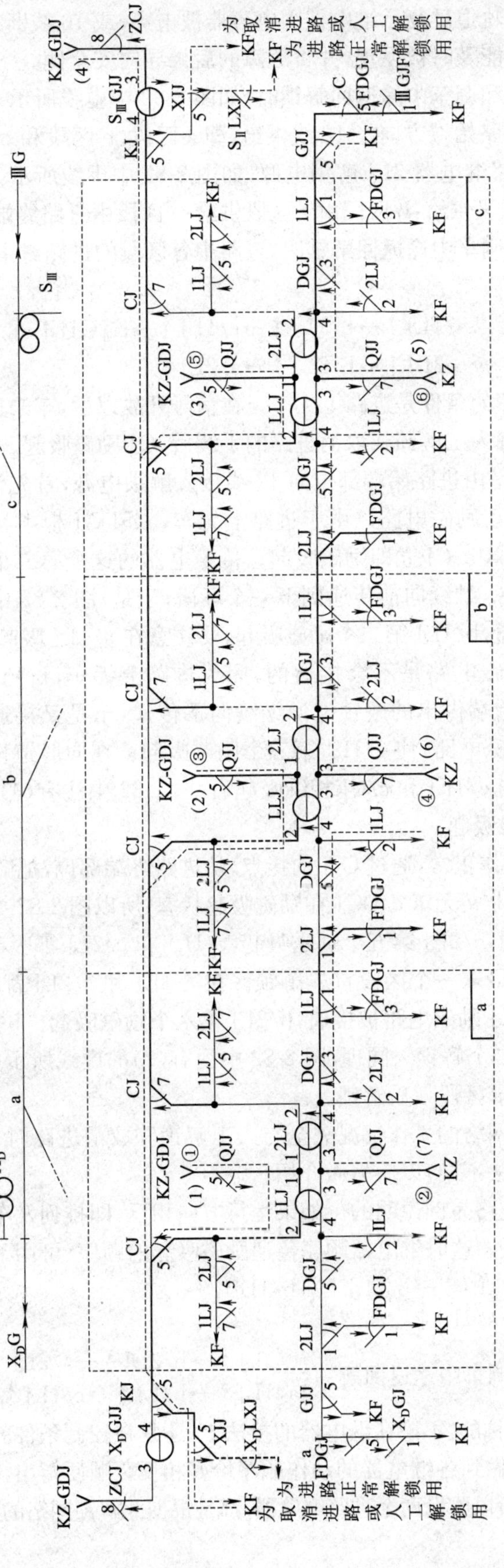

图 2-82　解锁网络(12,13线)原理图

在这里可以看出，假如轨道反复示继电器因电容器被击穿，或 10 线断线而不能吸起时，则进路不能正常解锁，使故障能及时被发现，并将故障的后果导向安全侧。

在人工解锁、取消进路和调车中途返回解锁时，如图 2-82 中虚线所示，每个区段的进路继电器 1LJ 解锁电源，都由进路始端方向经 12 线供给，即 a 区段、b 区段和 c 区段都由进路始端信号点供给。各区段的进路继电器 2LJ 解锁电源，如图 2-82 中虚线所示，都由进路终端方向经 13 线供给：a 区段由 b 区段供给：b 区段由 c 区段供给；c 区段由进路终端信号点供给。

人工解锁、取消进路和调车中途返回解锁时，进路中各区段的进路继电器（包括 GJJ）顺序传递励磁吸起，其顺序如下：

$$a/1LJ\uparrow\rightarrow b/1LJ\uparrow\rightarrow c/1LJ\uparrow\rightarrow S_{Ⅲ}GJJ\uparrow\rightarrow$$
$$\rightarrow c/2LJ\uparrow\rightarrow b/2LJ\uparrow\rightarrow a/2LJ\uparrow$$

构成上述过程动作顺序的条件是进路上无车。在信号开放以后，车未进入进路以前，图中的各电路均不通。在办理好人工解锁或取消进路的手续后，QJ 励磁吸起。证明车没有驶入进路里来，XJJ 励磁吸起。于是由进路始端部位向 12 线接入解锁电源，首先沟通的是图 2-82 中注有(1)的虚线所示的 a/1LJ 励磁电路。由于进路上无车，a/FDGJ 根本就没有吸起过，所以在 a/1LJ 吸起后，传递继电器 a/CJ 立即励磁吸起。传继电器的这个第二个时间参数特性，把由进路始端供出的解锁电源，继续向前传递到下一个区段，于是，图 2-82 中注有(2)的虚线所示的 b/1LJ 励磁电路被接通，b/1LJ 第二个励磁吸起，要注意在 a/1LJ 吸起后，图 2-82 中注有②的粗线所示的 a/2LJ 励磁电路是不会接通的，因为进路上无车，b/FDGJ 不会励磁。在 b/1LJ励磁吸起后，由进路始端供出的解锁电源继续向下传递，于是又接通如图 2-82 中注有(3)的虚线所示的 c/1LJ 励磁电路，使 c/1LJ 第三个励磁吸起。在向股道排列进路时，ZCJ 这时在失磁落下状态。因此当 c/1LJ 和 c/CJ 相继吸起后，图 2-82 中注有(4)的虚线所示的 GJJ 线圈电路被接通第四个励磁吸起。

GJJ 吸起，证明 12 线工作正常，通过 GJJ 前接点，从进路终端部位，把解锁电源接向13 线。由于 c/1LJ 已经吸起，进路上又无车 c/DGJ 在励磁吸起状态，所以图 2-82 中注有(5)的虚线所示的 c/2LJ 励磁电路被接通，c/2LJ 第五个励磁吸起，c/1LJ 和 c/2LJ 都吸起后，c 区段的道岔锁闭继电器励磁，进路中的最末一个区段首先解锁。在 c/1LJ 和 c/2LJ 都吸起后，图 2-82 中注有(b)的虚线所示的 b/2LJ 励磁电路被接通，b/2LJ 第六个励磁吸起。b 区段的道岔锁闭继电器励磁吸起后，b 区段第二个解锁。同理，图 2-82 中注有(7)的虚线所示的 a/2LJ 励磁电路最后接通，a/2LJ 最后吸起，a 区段最后解锁。

调车中途返回解锁时，网络的工作情况完全与人工解锁和取消进路时一样，只是向 12 线和 13 线接入解锁电源的方法不同，以后另做介绍。

以上是以接车方向的进路为例说明的。如果运行方向相反，即排列发车方向的进路时，则继电器的动作顺序恰好相反。这时继电器顺序传递励磁吸起的顺序，可用下式表示：

正常解锁：$c/2LJ\uparrow\rightarrow c/1LJ\uparrow\rightarrow b/2LJ\uparrow\rightarrow b/1LJ\uparrow\rightarrow$
$\rightarrow a/2LJ\uparrow\rightarrow a/1LJ\uparrow$

人工解锁、取消进路和调车中途返回解锁：$c/2LJ\uparrow\rightarrow b/2LJ\uparrow\rightarrow a/2LJ\uparrow\rightarrow X_{D}GJJ\uparrow\rightarrow$
$a/1LJ\uparrow\rightarrow b/LJ\uparrow\rightarrow c/1LJ\uparrow$

因为两条解锁网络是对称的，不论在继电器的接法上，还是在控制条件的接法上完全对称，所以，当运行方向相反时，能做到各继电器的动作顺序恰好相反。顺便指出，解锁网络之所以要用两条网络线，每个区段之所以要设两个进路继电器，都是根据此解锁网络的对称性决定的。

(2)使解锁网络瞬间通电以提高安全性的方法。对于12线和13线的网络结构，除上述各点外，还应当注意接向12线和13线上的解锁电源，都是瞬间通电的(进路继电器的自保电路除外)，以便使进路继电器励磁吸起后，很快断开网络，保证解锁网络的工作更加严密、可靠。

现在，我们仍以接车方向的进路为例说明。在正常解锁时，a/1LJ的粗线励磁电路，是通过X_DLXJ前接点接通的。因为是利用车进入进路、XJJ已经失磁落下，X_DLXJ正在缓放的瞬间接通的，所以这个电源很快就会断开。在b/1LJ的粗线励磁电路中，接有a/CJ后接点，在c/1LJ的粗线励磁电路中，接有b/CJ后接点，而我们已经知道，这是利用传递继电器的第一个时间参数特性沟通的电路，因此这两个接向网络的解锁电源，也很快就会断开。在a/2LJ和b/2LJ的粗线励磁电路中，分别接有b/FDGJ前接点和c/FDGJ前接点，因为只有车在区段上运行时，FDGJ前接点才会闭合，所以这两个解锁电源，也都是短时间接通的。对最末一个区段，考虑到在股道上可能长时间停留有车辆，为了使c/2LJ的粗线励磁电路，也能很快地断开，在此电路中，特意接入了一个c/FDGJ前接点，使接向这条电路的解锁电源，在车出清c区段后瞬间接通。

在人工解锁、取消进路和调车中途返回解锁时，各区段的进路继电器1LJ虚线励磁电路都由进路始端信号点供给解锁电源。人工解锁和取消进路时，这个电源要经过XJJ前接点接向网络，而XJJ前接点，在进路解锁后即断开，所以平时也不向网络供电。调车中途返回解锁时在以后将会看到，也是瞬间向12线供电。各区段的进路继电器2LJ是由进路终端方向，经13线获得解锁电源的。为了使这些电源在进路锁闭过程中，从网络线上断开，在a/2LJ的虚线励磁电路中，接有b/2LJ前接点。因为进路在锁闭过程中，2LJ前接点断开，所以，图2-82中虚线所示的电路，这时都不通。对于进路中最末一个区段，例如，对于c/2LJ的虚线励磁电路，为了在平时断开它的解锁电源，特意接入了一个GJJ前接点。如图2-82所示，股道检查继电器GJJ的3-4线圈被接在12线上，它只有在人工解锁、取消进路和调车中途返回解锁时，证明进路中各区段的CJ前接点，由始端至终端顺序闭合后，能励磁吸起。它吸起说明12线工作正常，这时才用它的前接点，向13线供出解锁电源，使c/2LJ励磁吸起。待c区段解锁后，12线断电，于是GJJ失磁落下，向13线供出的解锁电源也被断开。总之，向12线和13线供出的解锁电源，平时都是断开的。

从这里可看出，在人工解锁、取消进路和调车中途返回解锁时，GJJ的3-4线圈的作用是：一方面用它验证12线工作的正确性，只有12线工作正常，才使13线开始工作；另一方面使向13线的解锁电源瞬间接通，平时不向13线供出解锁电源。正是因为如此，不仅在到发线的股道部位要设有GJJ，使之对接车方向的电源起作用(另外，前面已经讲过，其1-2线圈接在9网络线上起照查作用)，而且在接车口和发车口部位，也要设有GJJ，使之对发车方向的电路起作用(这时其1-2线圈是无用的)。

在有两个发车方向的双线发车口，在前面已经提到，为了防止出站信号机出现乱显示(开放一个绿灯时闪两个绿灯)，在13线发车进路终端部位，通过GJJ第1组前接点，接有信号辅助继电器XFJ的线圈。这样一来，虽在这个发车口部位设有股道检查继电器，但它的3-4线圈也不能再作他用了。因为在13线上，既然通过它的前接点，接有XFJ的线圈，就不能再通过它的前接点接入解锁电源。

在上述情况下，为了平时不向13线接入解锁电源，在发车口部位，接有列车终端继电器LZJ第3组前接点，只在建立发车进路时，LZJ才励磁吸起，才可能向13线供出解锁电源。列车终端继电器只在双线的发车口才设，把它放在零散组合内。

在12线上GJJ的3-4线圈，是ZCJ后接点接通条件电源“KZ-GDJ”的。用ZCJ后接点平时断开这个电源，以防止发车时由 12 线送来负电（在车出清 c 区段的瞬间，经 $c/1LJ_{52}$、$c/2LJ_{72}$ 和 c/CJ_{73}，把 KF 电源接至 GJJ 的 3-4 线圈），使 GJJ 错误吸起，影响另一咽喉向股道排列进路；用条件电源“KZ-GDJ”，是为了与 1LJ 和 2LJ 的 1-2 线圈的条件电源“KZ-GDJ”取得一致，以防止用不同的电源，当向股道接车或调车时，使这两个电源相混（通过 GJJ 的 3-4 线圈和 2LJ 的 1-2 线圈）。

(3)解锁网络的动作规律。根据 12 线和 13 线的网络结构，可总结出解锁网络的动作规律如下：

①运行方向从左到右时，不论解锁方式如何，进路继电器 1LJ 的励磁电流，总是经由 12 线迎着运行方向流，而进路继电器 2LJ 的励磁电流，总是经由 13 线顺着运行方向流；运行方向从右到左时，则进路继电器 2LJ 的励磁电流，总是经 12 线迎着运行方向流，而进路继电器 1LJ 的励磁电流，总是经由 13 线顺着运行方向流。

②正常解锁时，如果运行方向是从左到右，则进路继电器 1LJ 先励磁吸起，同区段的进路继电器 2LJ 后励磁吸起，第一个区段解锁后，第二个区段解锁，由进路始端至终端逐段解锁；如果运行方向是从右到左，则进路继电器 2LJ 先励磁吸起，同区段的进路继电器 1LJ 后励磁吸起，也是第一个区段解锁后，第二个区段解锁，由进路始端至终端逐段解锁。

③人工解锁、取消进路和调车中途返回解锁时，如果运行方向是从左到右，则各区段的进路继电器 1LJ 由进路始端至终端，顺序传递励磁吸起，而后，进路继电器 2LJ 由进路终端至始端，顺序传递励磁吸起，进路中的各区段由终端到始端依次相继解锁；如果运行方向是从右到左，则各区段的进路继电器 2LJ 由进路始至终端顺序传递励磁吸起，而后进路继电器 1LJ 由进路终端至始端，顺序传递励磁吸起，进路中各区段，也是由终端至始端，依次相继解锁。

④不论解锁方式如何及运行方向怎样，总是由进路始端部位，向 12 线供出解锁电源，先 12 线工作，证明 12 线工作正常后，13 线才开始工作[例如，正常解锁时、用图 2-82 中粗线上的 1LJ（从左向右运行时）或 2LJ（从右向左运行时）前接点证明，人工解锁等用图 2-82 中虚线上的 GJJ 前接点（在 13 线终端部位）证明]12 线和 13 线协调工作，才能使进路解锁。

⑤解锁网络是按照正常解锁的工作程序工作，或是按照人工解锁等的工作程序工作，取决于进路上有没有车。有车时，传递继电器具有第一个时间参数特性，使解锁网络按正常解锁工作程序工作；无车时，传递继电器具有第二个时间参数特性，使解锁网络按人工解锁等的工作程序工作。

根据上述第四项的规律，既然解锁网络的工作，决定于在进路始端部位向 12 线接入解锁电源，那么在下面，我们就分别按各种解锁方式，分析在进路始端部位，如何向 12 线供出解锁电源；同时，分析在各种解锁方式时，如何实现解锁条件。

5. 正常解锁电路

图 2-83 是正常解锁电路实例。下面，对正常解锁时电路的工作情况进行分析。

(1)接车进路正常解锁。以向ⅠG 接车为例，看看正常解锁电路的工作情况。

列车进入ⅠAG 区段后，ⅠAGJ 失磁落下，LXJ 相继失磁落下，于是，进站信号机 X 关闭。列车进入 5DG 区段后，图 2-83 中①号粗线电路，即进路继电器 5/1LJ 磁电路接通。车进入 3DG 区段，出清 5DG 区段后，图 2-83 中②号粗线电路，即进路继电器 5/2LJ 励磁电路接通。这时，第一个道岔区段 5DG 解锁。在 5/2LJ 吸起后，图 2-83 中③号粗线电路，即进路继电器 3/1LJ 励磁电路接通。车进入 9-15DG 区段，出清 3DG 区段后，图 2-83 中④号粗线电路，即进路继电器 3/2LJ 励磁电路接通。于是，第二个道岔区段 3DG 解锁。在 3/2LJ 吸起后图 2-83 中⑤号粗线电路，即进路继电器 9-15/1LJ 励磁电路接通。车进入ⅠG 区段，出清 9-15DG 区段后，图 2-83 中⑥号粗线电路，即进路继电器 9-15/2LJ 励磁电路接通。于是，最末一个道岔区段 9-15DG 解锁。

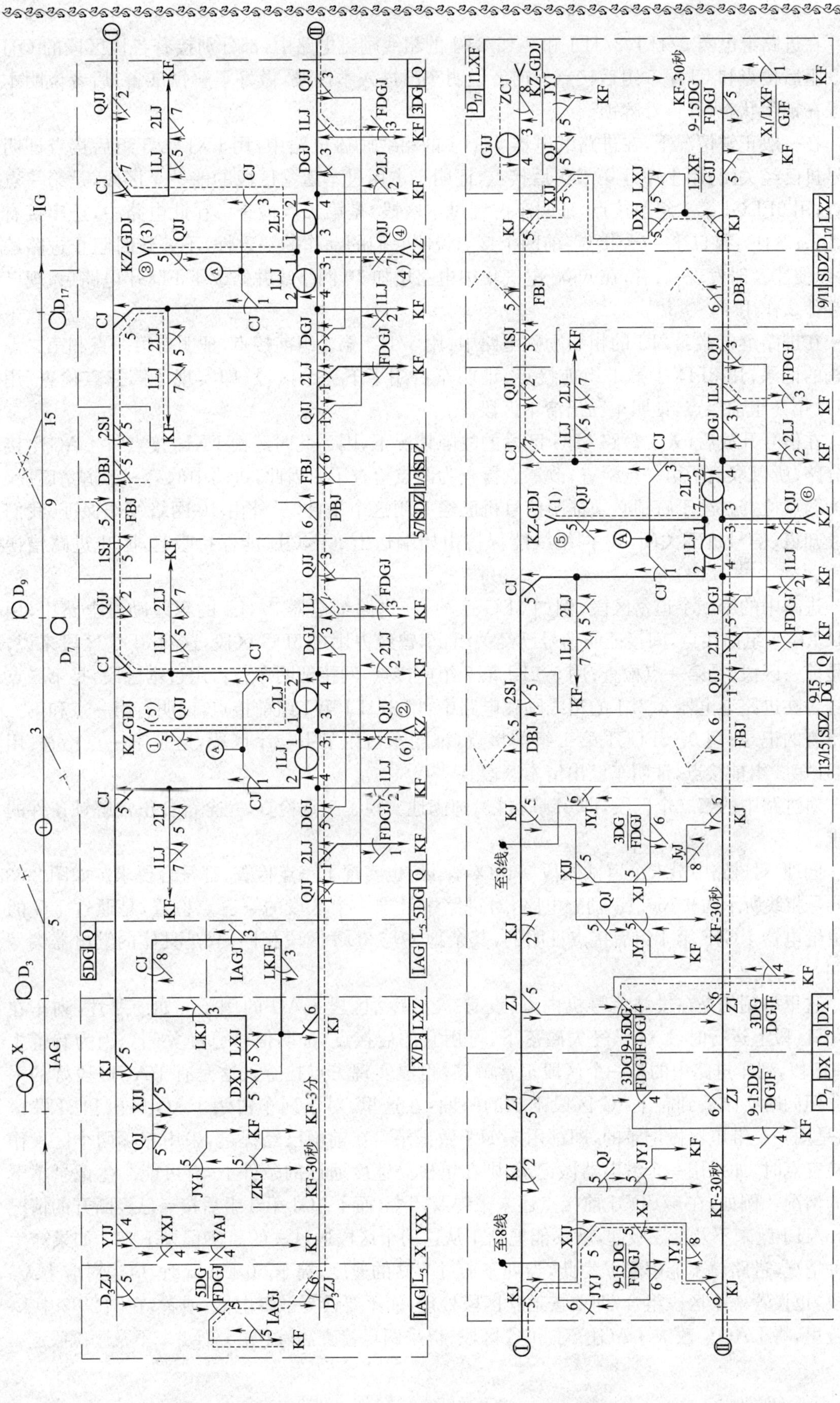

图 2-83　正常电路解锁举例

在进路继电器 5/1LJ、3/1LJ 和 9-15/1LJ 的粗线励磁电路中，都分别接有各该区段的 QJJ 第 5 组后接点和 CJ 第 5 组后接点。前者说明车已进入本区段，做好了解锁准备；后者说明本区段在锁闭状态，等待着解锁。

在一般正常情况下，在进路继电器 5/1LJ 的粗线励磁电路中：用 LXJ 第 5 组后接点证明信号机已经关闭；用ⅠAGJ 第 3 组后接点，证明车占用过本道岔区段的前一个区段，是第一点检查；用 5FDGJ 第 1 组前接点，证明车占用过本区段，是第二点检查。在此电路中，还串接有 LKJ_{32}、$LKJF_{32}$和 $5CJ_{83}$三个接点：前两个接点说明它们的动作的一致性，不一致时阻止进路解锁，以便能及时发现；后者，在 6502 电气集中电路增加 10 网络线并修改了 FDGJ 电路后，现已不起什么作用了。

在进路继电器 5/2LJ 的粗线励磁电路中：用 5/1LJ 第 1 组前接点，证明有第一点和第二点检查的记录；用 3FDGJ 第 1 组前接点，证明车占用了下一个区段，即实现了第三点检查；用 5DGJ 第 3 组前接点，证明车已出清本区段。

在信号开放后，人工短路 5DG 区段的故障情况下，因为此时经由 LXJ_{52}接点将ⅠAGJ_{33}接点分路，所以取消了第一点检查，改三点检查为两点检查了。因此，进路中的第一个道岔区段，实为两点检查。至于解锁必须证明信号机已经关闭这个条件，另外由 10 网络线作保证：我们已经知道，信号机不关闭，10 网络线能保持由始端送出 KF，QJJ 能保持吸起，阻止进路错误解锁。

进路中的第二个道岔区段，例如 3DG 区段：在进路继电器 3/1LJ 的粗线励磁电路中，用 5/1LJ 第 5 组前接点，间接证明信号已经关闭，车曾经占用过 5DG 区段，这对 3DG 区段来说，即是前一区段，是第一点检查；用 5/2LJ 第 7 组前接点，间接证明车曾占用过本区段，是第二点检查。在进路继电器 3/2LJ 的粗线励磁电路中：用 3/1LJ 第 1 组前接点，证明有第一点和第二点检查的记录；用 9-15FDGJ 第 1 组前接点，证明车占用了下一个区段，这是第三点检查；用 3DGJ 第 3 组前接点，证明车已出清本区段。

对进路中的第二个区段，即 3DG 区段，圆满地实现了三点检查，完全符合正常解锁条件的要求。

同理，对进路中最末个道岔区段 9-15DG 来说，也实现了三点检查，都符合要求。如图 2-83 中⑥号粗线所示的 9-15/2LJ 励磁电路，对进路中最末一个区段的第三点检查，是通过ⅠG 的轨道继电器ⅠGJF 第 1 组后接点证明的，其余地方与 3DG 区段相同，只是具体的继电器编号不同。

这里举例的是在进站信号机内方，设有一个无岔区段ⅠAG 的例子。如前所述，列车在ⅠAG区段上运行时，LXJ 已经失磁落下，可用它的后接点，证明信号已经关闭。因为有了ⅠAG 区段，列车进路中的第一个区段正常解锁，也能实现三点检查。这是有ⅠAG区段好的一面。但同时必须看到有ⅠAG 区段不利的一面：在这里，对于列车占用ⅠAG 区段和 5DG 区段，是用一个继电器做记录的，即都用 5/1LJ 做记录。在前面已经提过，采用相邻两个区段作为检查点时，如果用一个继电器做记录，则在单机高速度通过的条件下，有可能产生记录不下来的情况。例如，在 5/FDGJ 前接点还未来得及闭合，而ⅠAGJ 第 3 组后接点已经断开的情况下，5/1LJ 就来不及励磁吸起，就不能把列车从这两个区段通过去的事实记录下来。如果产生此种情况，进路就不能解锁。为此，当列车通过车站的速度，高于 60 km/h 时，应当对应ⅠAG 区段，也设置一个区段组合，即要按道岔区段处理，而不要设零散继电器；或者，在图 2-83 中 L_5 组合里，将ⅠAGJ_{33}改成ⅠAGJ_{32}对 5DG 区段，仍采两点检查法，以防 5/1LJ 来不及励磁吸起。

当进站信号机内方没有无岔区段时,例如,取消ⅠAG 区段,进路中的第一个区段,即是5DG 区段。这时 5/1LJ 的 1-2 线圈,将通过 LXJ 第 5 组前接点接通电路。即这时是利用 LXJ 缓放时间,5/1LJ 吸起的。此种情况用 XJJ 第 5 组后接点和 LXJ 第 5 组前接点相配合,证明信号即将关闭,而不是已经关闭。因为在 LXJ 的电路中,接有 XJJ 前接点,XJJ 失磁落下,说明 LXJ 电路已被断开,而这时 LXJ 前接点仍在闭合,只能说明 LXJ 正处在缓放过程中,信号即将关闭。因此,这种证明方法不理想,但缩短了向解锁网络供电的时间,这一点是有利的。另外,在此种情况下,因为 5/1LJ 励磁吸起时,只检查了本区段被车占用过(通过 5FDGJ 第 1 组前接点)5/2LJ,只检查了下一段区段被车占用过(通过 3FDGJ 第 1 组前接点),所以只能实现两点检查,而不是三点检查。

另外,在 12 线上还接有锁闭继电器和区段检查继电器的接点,例如,在图 2-83 中③号粗线所示的 3/1LJ 励磁电路中,就接有 1SJ 和 2SJ 第 5 组后接点和 QJJ 第 2 组后接点。这些接点都是防护用的,在以后专门对它们有说明。

(2)发车进路正常解锁。发车进路的正常解锁,完全与接车进路相同,只是运行方向恰相反,是从右到左,所以,各区段的进路继电器先励磁吸起的是 2LJ,后励磁吸起的是 1LJ。此种情况,我们可以从下面的调车进路解锁电路中看到,故在此从略。

(3)调车进路正常解锁,现在以建立 D_{17} 至ⅠAG 的复合调车进路为例(参看图 2-84)说明。这条复合调车进路,包括两段基本调车进路,分别由信号机 D_{17} 和 D_7 防护、正常解锁要按基本调本调车进路进行。

如图 2-84 所示,D_{17} 防护的进路,仅包括 9-15DG 一个区段。进路建成后,在进路始端部位,由信号 D_{17} 的 LXZ 组合内的 KJ_{53} 和 KJ_{63} 分别将 12 线和 13 线断开。在进路终端部位,由信号 D_9 的 DX 组合内的 ZJ_{53} 和 ZJ_{63} 分别将 12 线和 13 线断开。车进入 9-15DG 区段后,在 D_{17} 保持亮白灯期间,图 2-84 中(1)号粗线的进路继电器 9-15/2LJ 励磁电路先接通。车进入 3DG 区段,出清 9-15DG 区段后,又接通图 2-84 中(2)号虚线的进路继电器 9-15/1LJ 励磁电路。于是,9-15/2LJ 和 9-15/1LJ 都吸起,道岔区段 9-15DG 解锁。

D_7 防护的进路包括有 3DG 和 5DG 两个区段。在车进入 3DG 区段、离开 9-15DG 区段时,图 2-84 中(3)号虚线所示的 3/2LJ 励磁电路先接通;当车驶入 5DG 区段、出清 3DG 区段时,3/1LJ 的励磁电路,也如图 2-84 中(4)号虚线所示的那样接通;于是,3/2LJ 和 3/1LJ 先后吸起,进路中的第一个道岔区段解锁。同理,在车进入 5DG 区段、离开 3DG 区段时,5/2LJ 依图 2-84 中(5)号虚线所示的电路励磁吸起;当车驶入ⅠAG 区段、离开 5DG 区段时,5/1LJ 依图 2-84 中(6)号虚线所示的电路也励磁吸起;至此,进路中最末一个道岔区段 5DG 也解锁。

由以上可见,调车进路正常解锁电路,与列车进路正常解锁电路基本相同,只是在进路始端部位和终端部位所接的控制条件不一样。

在调车进路始端部位,例如,在 D_{17} 的始端部位,检查信号即将关闭,是用 XJJ 第 5 组后接点和 DXJ 第 5 组前接点相配合证明的,这和列车的情况并没有区别。但是,因为对调车进路在车未进入接近区段以前,XJJ 接有自保电路,所以,在 DXJ 缓放过程中,XJJ 失磁落下,这不但说明车已进入进路内方,并且还能证明,车确实占用过接近区段。因为,如果车未占用过接近区段,则 XJJ 能由 1-2 线圈自保电路保持吸起,这时,即使 9-15DG 区段发生人工短路,XJJ 也不会失磁落下。这样一来,XJJ 第 5 组后接点,构成了调车进路正常解锁的第一点检查条件,即车曾占用过 9-15DG 区段的前一个区段。从这个意义上说,调车进路中的第一个区段都能实现三点检查。

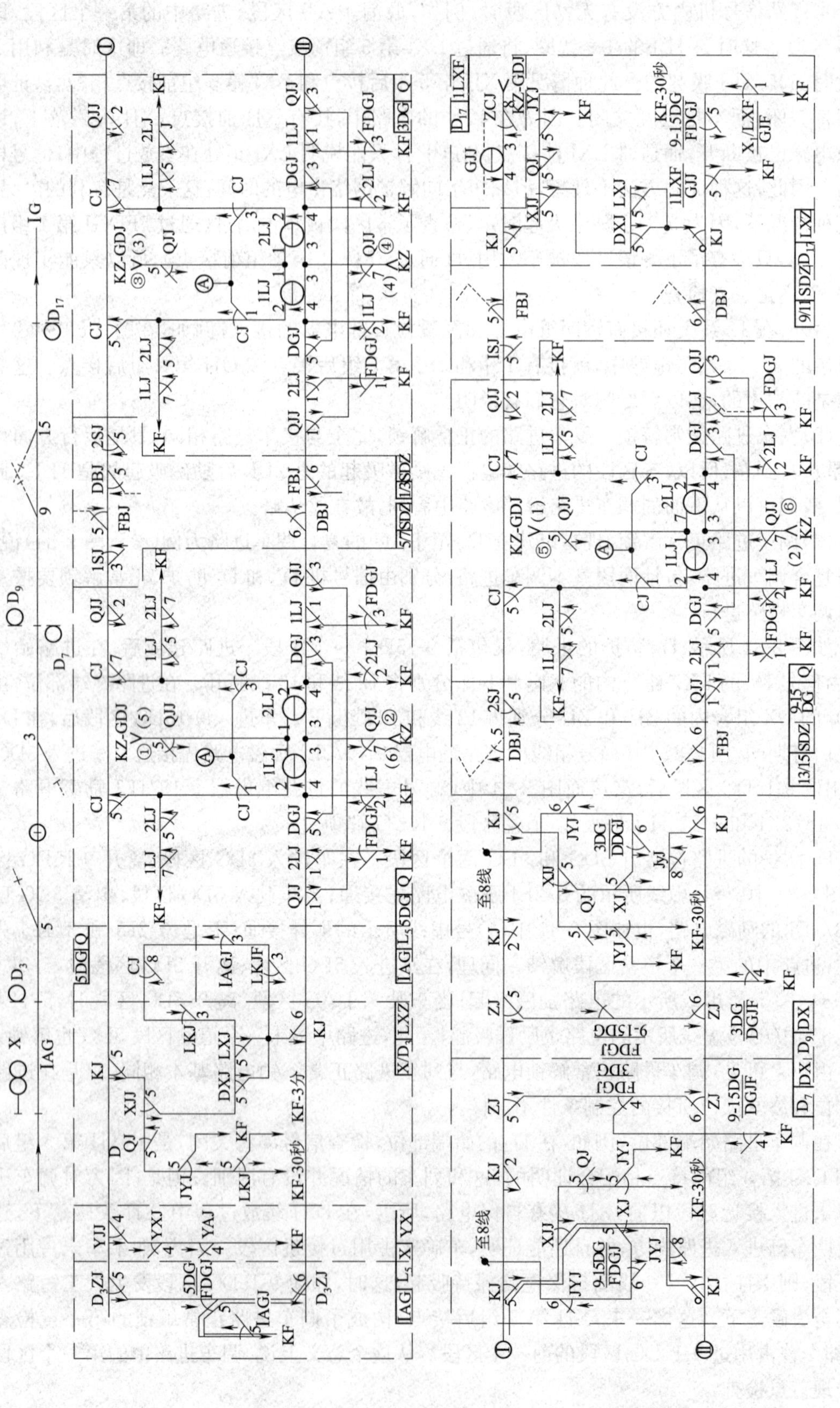

图 2-84　正常解锁电路举例

但也要考虑上述情况下的不利因素。经由 D_{17} 始端部位接向 12 线的解锁电源供出时间较长，在车未离开接近区段以前，因为 DXJ 将一直保持吸起，所以将一直向 12 线供出解锁电源。这样一来，如果调车进路中，只包括一个道岔区段，而在这个区段的外方，又没有设短的轨道电路（例如在专用线的进口），这时，可能由于机车导轮的“跳动”，轨道电路瞬间分路作用失灵，而造成道岔提前错误解锁。为此，一方面要求在专用线进口处，要设一段不小于 25 m 长的轨道电路（车返回车站时，能在控制台上有表示，从这个意义上说也应当设）；另一方面，在电路中，也要设法缩短上述向 12 线供出解锁电源的时间。例如，在 D_7 进路始端部位和 DXJ 第 5 组前接点，串接有 JYJ 第 8 组前接点。有了这个控制条件后，在车未出清接近区段以前，就不能向 12 线供出解锁电源了。这个电源只能在 DXJ 缓放的瞬间内接通，以此防止可能产生的上述危险情况。

不能在所有的调车进路始端部位都接 JYJ 第 8 组前接点，因为有了这个接点后，在接近区段留有一部分车辆时，进路将不能正常解锁。因此，凡是平时准许停留有车辆的区段，作为接近区段的地方，例如，股道上的调车信号和无岔区段两边的两架差置调车信号及尽头线调车信号，都不能接入 JYJ 前接点。为此，在图 2-84 中的 D_5 和 D_{15} 组合内，在设计时需要把 JYJ 第 8 组前接点短路。

在调车进路终端部位，与列车的情况不同之点在于：向 13 线供出解锁电源，是经过终端继电器第 6 组前接点供出的（图 2-84 中 D_{17} 至 D_7 进路的终端，终端继电器在 D_9 组合内）；为了使这个电源瞬间接通，在此电路中，还接有最末区段的，即 9-15DG 区段的 FDGJ 第 4 组前接点。所有咽喉区中间的调车信号机都是同样接法。但在咽喉两端的调车信号，例如 D_{17} 这些信号点为终端排列调车进路时，终端不在咽喉区中间，肯定在咽喉两端，不需要把网络在咽喉中间部位断开，可以和列车情况一样，所以没有变动。

从总得方面来说，调车进路的正常解锁，一般都能实现三点检查。但在股道上或无岔区段上，留有一部分车辆向外调车时，只能实现两点检查。在特殊的情况，例如，在 1/19WG 区段停留有车辆，$S_{Ⅱ}$D 的调车进路又只有道岔区段 19-27DG，在ⅡG 上又留有一部分车辆，这时调机从ⅡG 到 1/19WG 区段去取车，对 19-27DG 区段的正常解锁来说，这时只能实现一点检查。考虑到调车作业的性质，存在此种特殊情况是允许的。

6. 取消进路电路和人工解锁电路

(1)取消进路电路。看图 2-85，以取消由ⅡG 向北京方面的发车进路为例说明。办好取消进路手续后，进路始端信号点的取消继电器励磁吸起。接近区段无车，用接近预告继电器吸起证实。QJ 吸起后，重新将电路接通，通过 8 线证明车确实没有进入到进路里来，用 XJJ 吸起证实。满足取消进路的条件后，如图 2-85 所示，由进路始端部位，把解锁电源接向 12 线。于是如图 2-85 中①号和②号粗线所示，顺序传递接通进路中各区段的进路继电器 2LJ 励磁电路，使这些继电器依次相继励磁吸起。最后经 LZJ 前接点，将 12 线解锁电源 KF，转接给 13 线，顺序传递接通如图 2-85 中③号和④号粗线所示的各区段 1LJ 励磁电路，使这些继电器也依次相继励磁吸起。于是，进路由终端至始端顺序解锁。

由以上可见，取消进路时的解锁条件，都是在进路始端部位，向 12 线接入解锁电源以前检查的。符合要求，即可向 12 线供出解锁电源。12 线获得解锁电源后，即可按前面已经叙述过的电路动作程序工作。

取消接车进路和取消调车进路，同样要在各该进路始端部位，接入上述解锁条件，接法也完全相同。只要注意两点就行了：第一，在所举的发车进路例子中（双线，并且是两个发车口中的主要线路发车口），12 线的工作正常与否，是通过 LZJ 第 3 组前接点直接将 12 线的 KF 转接给 13 线来证明的。这是因为该发车口部位的 GJJ 的 3-4 线圈已经另有他用，为向 13 线接入 XFJ 线圈用。如果是接车进路，因为在 12 线上的股道部位，接有 GJJ 的 3-4 线圈，GJJ 励磁吸起可证明 12 线工作正常，所以向 13 线接入解锁电源，不通过进路终端继电器前接点转接，而是通过 GJJ 第 5 组前接点另送出解锁电源 KF；第二，在调车进路的终端部位，例如，在 D_5 进路的终端部位（在 D_1 的 DX 组合内），在 13 线上没有另外接解锁电源，也是把 12 线上的解锁电源，经过调车终端继电器第 5 组和第 6 组两个前接点，直接传递到 13 线上去的。直接传递不但同样能证明 12 线工作正常，并且因为在传递电路中，接有 ZJ 前接点，所以，也能使供给 13 线的解锁电源瞬间接通。

（2）人工解锁电路。人工解锁时，也在进路始端部位，向 12 线接入解电源。在接入解锁电源以前，要证明人工解锁条件。例如，人工解锁 D_5 调车进路时，在该进路的始端部位，用 QJ 第 5 组前接点证明已办好人工解锁手续（与条件电源"KF-30 秒"相配合）；用 XJJ 第 5 组前接点证明车没有冒进信号；用 JYJ 第 5 组后接点证明是接近锁闭应当延时；用条件电源"KF-30 秒"保证所规定的延迟时间。12 线接入解锁电源后，解锁网络的工作如图 2-85 中的虚线（1）和（2）所示，和取消进路时完全相同。

人工解锁列车进路时，除接车和正线发车进路需要通过条件电源"KF-3 分"，而不是"KF-30 秒"，需要用 LKJ 第 5 组前接点，区分不同条件的电源外，其余部分与调车进路基本相同。到发线发车进路的条件电源和调车进路一样，都是"KF-30 秒"，所以不需要用 LKJ 接点区分。

从图 2-85 中可看出，人工解锁电路与取消进路电路，除前者需要接条件电源，而后者不需要接条件电源，因而要用 JYJ 第 5 组接点区分外，其余部分两者并没有区别。下面看看延时电路是怎样保证时间的。

如图 2-86 所示，为了区别不同的延迟时间，分别设有第一人工解锁继电器 1RJJ、第一限时继电器 1XCJ、第二人工解锁继电器 2RJJ 和第二限时继电器 2XCJ。限时继电器均采用半导体时间继电器（JSBXC-850 型）。

因为上述的四个继电器是一个咽喉区共用的，所以它们必须受这个咽喉区所有的信号机的控制。因此，在 1RJJ 和 2RJJ 的电路中，并联接有各有关信号机的控制条件。例如，在受信号机 X 和 D_3 控制的粗线、粗虚线励磁电路中，ZRJ 和 QJ 前接点证明已办好人工解锁手续；LXJ 和 DXJ 的后接点证明信号已经关闭，从信号关闭、1RJJ 或 2RJJ 吸起时起计算延迟时间；XJJ 前接点证明车没有冒进信号，一旦冒进信号后，立即停止解锁工作；JYJ 后接点证明接近区段已经有车，进路处于接近锁闭状态，这时需要人工延时解锁。两种延时时间用 LKJ 接点区分。LKJ 吸起时，使电路接向 1RJJ1-4 线圈，LKJ 落下时，使电路接向 2RJJ1-4 线圈。到发线发车由于延时时间与调车相同，所以经由 LKJ 前后接点都使电路接向 2RJJ1-4 线圈（如 $S_{Ⅲ}$）。在延时过程中，1RJJ 和 2RJJ 都接有自保电路。

从图 2-86 中可看出，1RJJ 励磁吸起后，接通 1XCJ 的电路。因为限时继电器 1XCJ 的 51 和 52 两端子间接有连接线，所以，它要经过 3 min 后，才能闭合前接点，即经过 3 min 后经由 1RJJ 和 1XCJ 的前接点，方能向 12 线接通条件电源"KF-3 分"接车和正线发车进路才能解锁。

因为限时继电器 2XCJ 的 51 和 61 两端子间有连接线，所以站线发车和调车时延时 30 s，而不是 3 min。

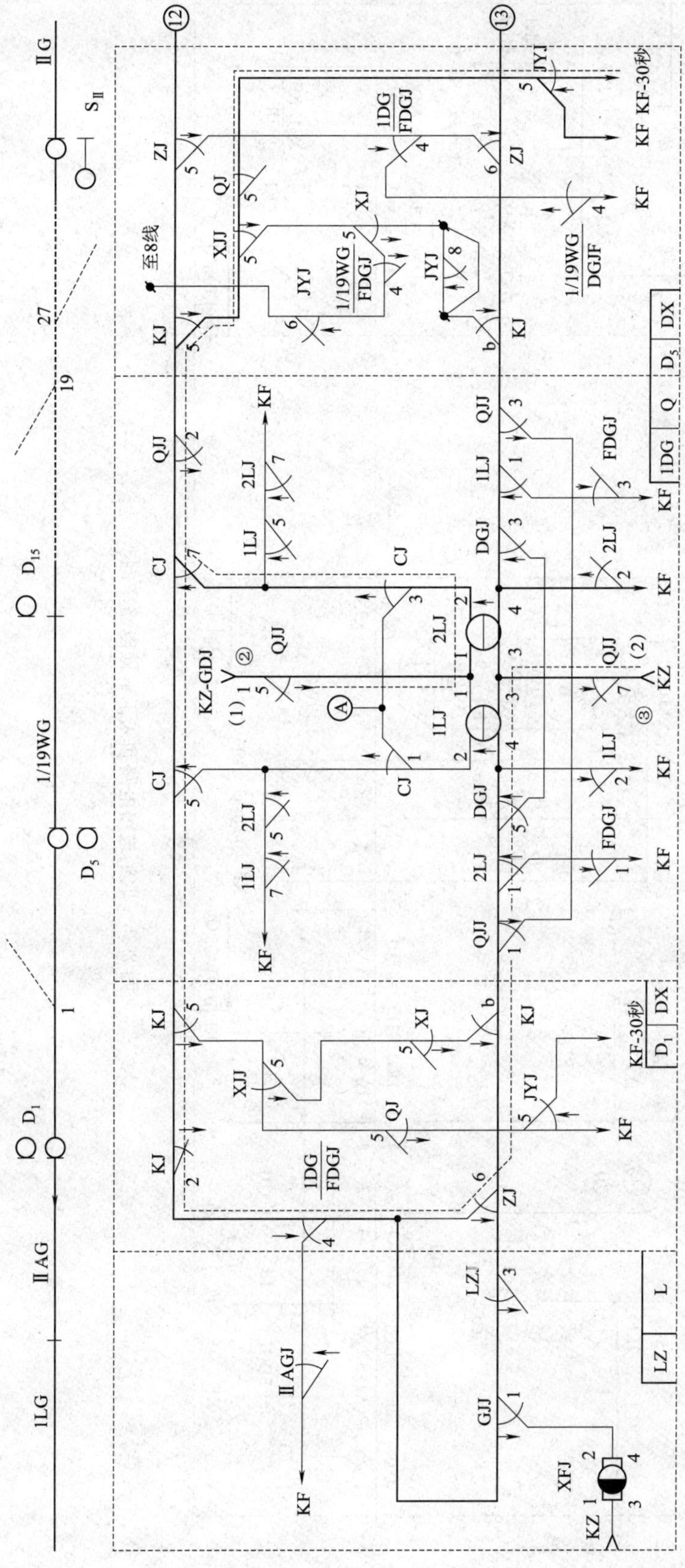
ⅡG
SⅡ
D15
1/19WG
D5
D1
ⅡAG
1LG
ⅡAGJ
至8线
KZ-GDJ
KF-30秒
1DG
FDGJ
1/19WG
DGJF
LZJ
GJJ
XFJ
KZ
KF
LZ
L
DX
Q
ZJ
KJ
XJJ
QJ
XJ
JYJ
CJ
QJJ
1LJ
2LJ
DGJ
FDGJ

(a)

图 2-85

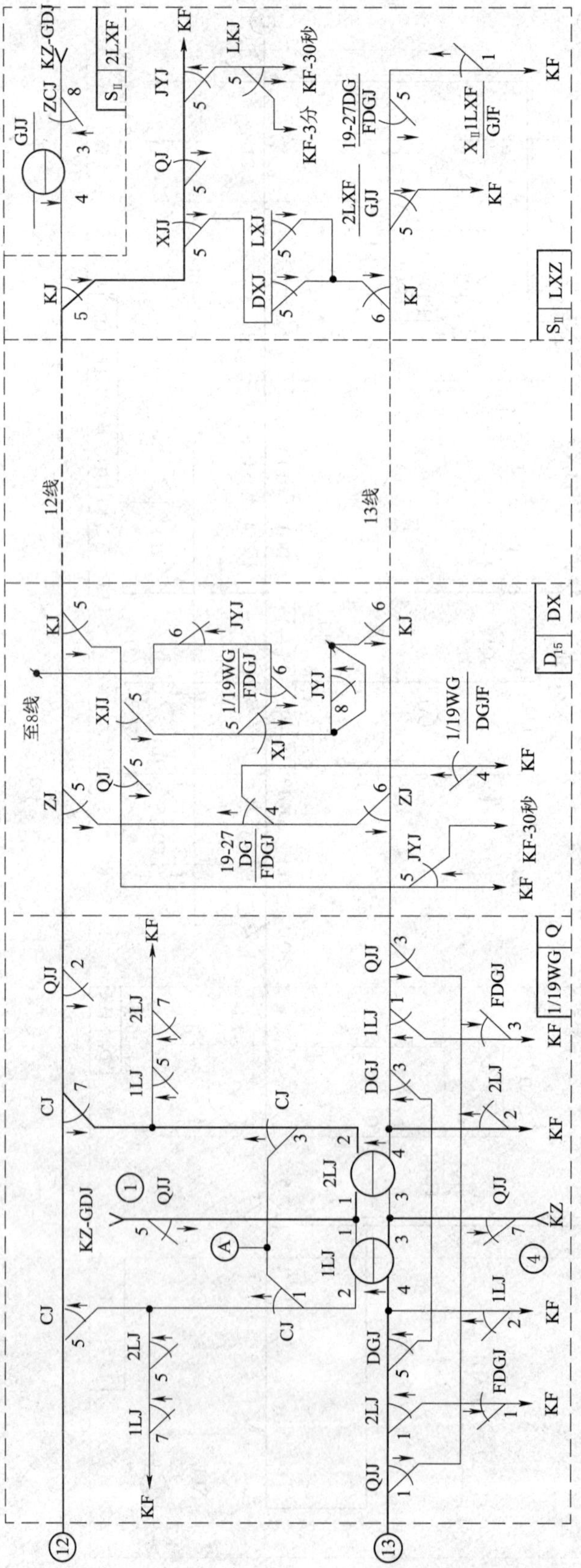

(b)

图 2-85　取消进路电路和人工解锁电路举例

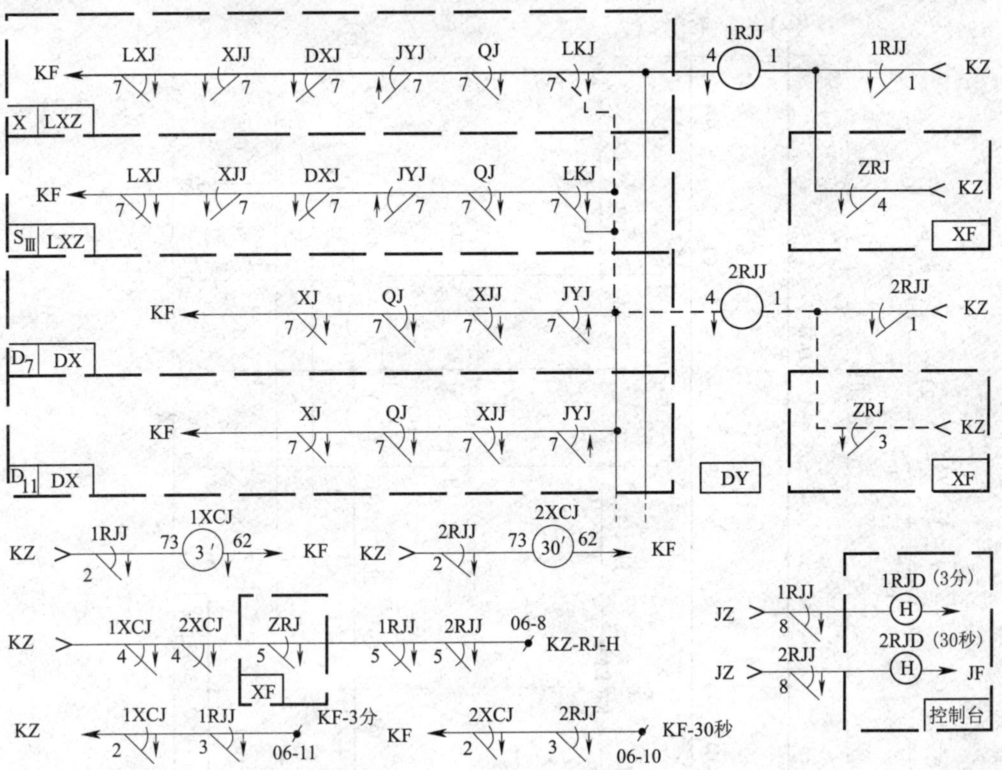

图 2-86　人工解锁用的延时电路

人工解锁时，在控制台上能给出红灯表示。

(3)调车中途返回解锁电路(图 2-87)

①调车折返作业对牵出进路的解锁可能产生的两种情况。转线调车作业，包括牵出和折返两个过程。在牵出时，往往走不完牵出进路的全程，车列就根据反向的调车信号折返了。这时需要用调车中途返回解锁电路，使未解锁的牵出进路解锁。这可能有两种情况：一是牵出进路全部区段都没有解锁；二是牵出进路有一部分区段已经解锁，还留有一部分区段没有解锁。

例如，由ⅠG 转线到ⅡG 去的调车作业。因为车列较长，牵出时开放了调车信号 D_{17} 和 D_7，车列牵出越过反向的调车信号 D_{13} 后停车，其前头已占用了 3DG 区段，但没有占用 5DG 区段。停车后，根据 D_{13} 的允许显示，车列就转到ⅡG 上去了。在这种情况下，分析一下哪些区段能正常解锁和哪些区段不能正常解锁。我们知道，正常解锁要求三点检查，并要求从始端到终端，顺序地占用和出清进路中的各区段。D_{17} 的牵出进路有两个区段，即 17-23DG 和 9-15DG。对 17-23DG 区段来说，因为在牵出时越过了它，所以它能正常解锁。只有 17-23DG 区段解锁，才能开放反向调车信号 D_{13}。对 9-15DG 区段就不同了。虽然车牵出时占用过 17-23DG、9-15DG、3DG 三个区段，但并没有出清 9-15DG 区段。车列折返时，又是先出清 3DG 区段，后出清 9-15DG 区段，这与正常解锁的要求不同，所以，9-15DG 区段不能正常解锁。这就是第二种情况，牵出进路一部分解锁，一部分没有解锁。

又如，D_7 的牵出进路，也包括两个区段，即 3DG 区段和 5DG 区段。对 3DG 区段来说，因为车列没有占用过 5DG 区段，缺第三点检查的证明条件，所以车列退出后不能正常解锁。对 5DG 区段来说，第二点检查和第三点检查的证明条件都没有，更不能正常解锁。这属于第一种情况，牵出进路全部未解锁。

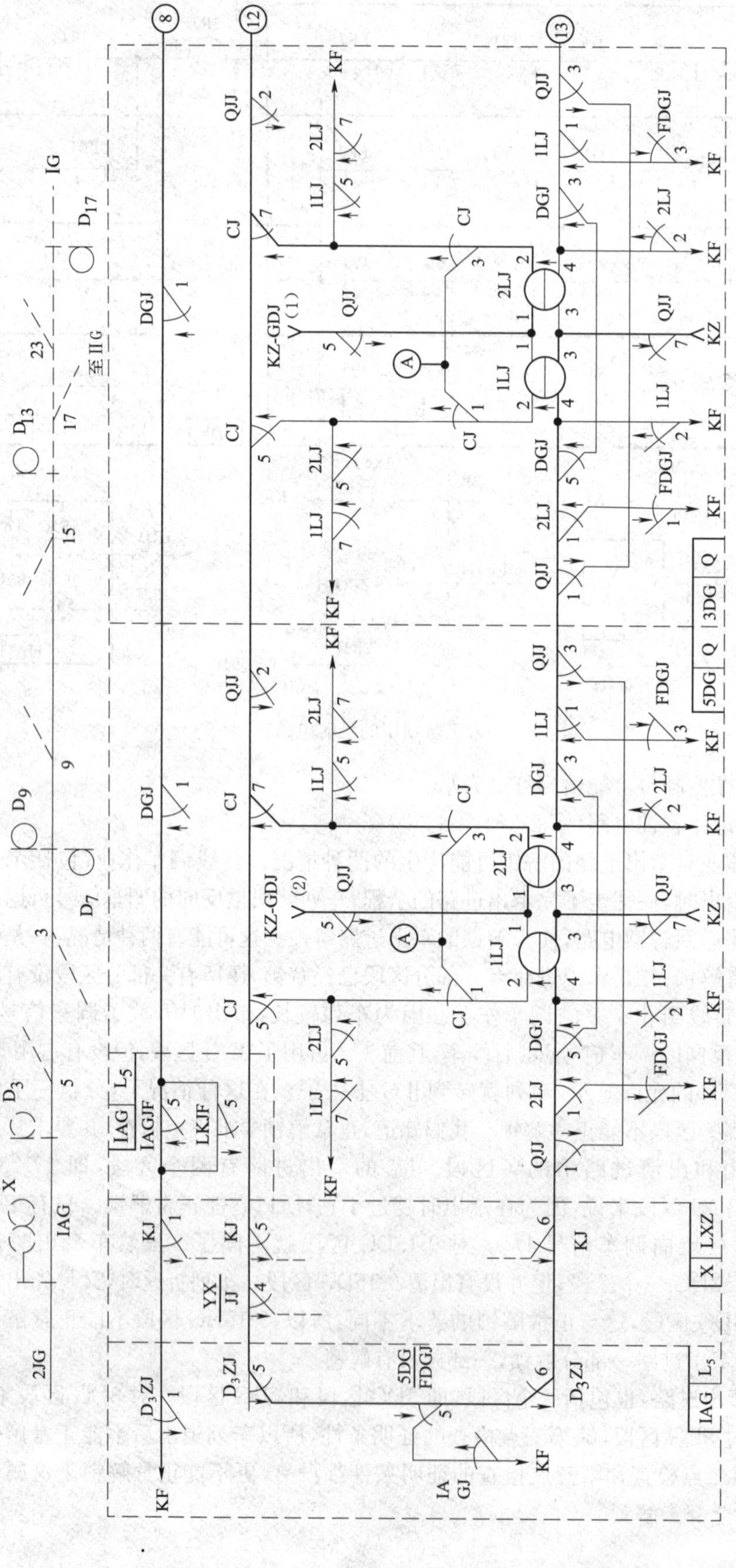
2JG
IAG
X
D3
D7
D9
D13
D17
IG
至IIG
KF
KZ
DGJ
D3ZJ
KJ
YX/JJ
IAGJF
LKJF
IAG
L5
5DG/FDGJ
IAGJ
QJJ
1LJ
2LJ
CJ
KZ-GDJ(1)
KZ-GDJ(2)
FDGJ
X
LXZ
5DG
Q
3DG

(a)

图 2-87

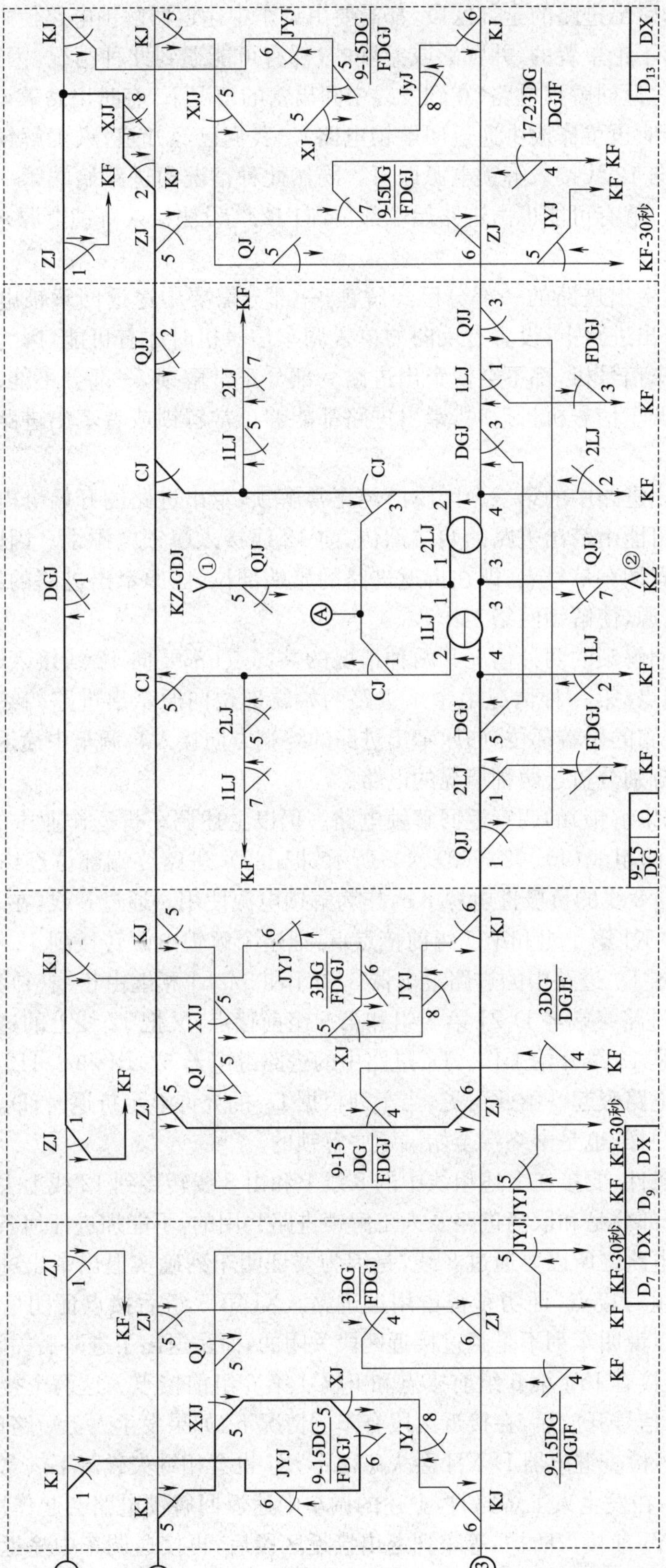

(b)

图 2-87　调车中途返回解锁电路举例

上述的第一种情况，牵出进路的全部区段，都需要由调车中途返回解锁电路使之解锁。凡是咽喉中间调车信号机，不论单置的、并置的或差置的，都有可能遇到此种情况，因此，都有必要考虑第一种情况的中途返回解锁电路（在到发线中间出岔的情况下，有时出站兼调车也有中途返回的需要，工程设计时也可作成中途返回解锁电路）。我们已经知道，人工解锁和取消进路都是由进路始端部位向 12 线接入解锁电源即可。既然此种情况由进路始端第一个区段开始就没有正常解锁，那么，就有可能也由进路始端部位，向 12 线设法接入解锁电源来使解锁网络工作。

上述的第二种情况，牵出进路的一部分已经解锁，一部分需要中途返回解锁电路使之解锁。此种情况，只是在牵出进路上，设置有反向的单置调车信号机时才有可能，因为反向的并置调车信号机或差置调车信号机，都不会使牵出进路一部分正常解锁，一部分不能正常解锁。根据反向的并置或差置调车信号机折返时，牵出进路都能够正常解锁或者牵出进路全部不能正常解锁。

因为第二种情况牵出进路中的第一个区段已经正常解锁，牵出进路的开始继电器已随着失磁落下，所以，就不再可能由牵出进路的始端部位，向 12 线接入解锁电源了。因此，在第二种情况需要由反向的单置调车信号点，即在折返进路的始端部位，向原牵出进路的终端方向，设法向 12 线接入解锁电源，使解锁网络工作。

掌握了调车中途返回解锁的两种情况和两种情况的共同点（都要向 12 线接入解锁电源，使解锁网络工作）和特殊点（第一种情况由牵出进路的始端部位向原牵出进路的终端方向接入，第二种情况由折返进路的始端部位，向原牵出进路的终端方向接入），调车中途返回解锁电路是容易理解的，下面，分别分析这两种情况的电路。

②第一种情况（全部未解锁）的调车返回解锁电路。仍以上述调车折返作业中的 D_7 进路为例说明。如图 2-87 中的粗线（1）、（2）、（3）、（4）所示，把由 D_7 进路终端部位经终端继电器 D_3ZJ 第 1 组前接点，接向 8 线的负极性电源 KF，作为解锁电源使用。通过 8 线，在 D_7 进路始端部位，经开始继电器 D_7KJ 第 1 组和第 5 组前接点，再把这个解锁电源转接到 12 线上去，向 D_7 进路的终端方向供出。D_7 进路中的进路继电器 3/2LJ 和 5/2LJ 相继由粗线（1）和粗线（2）励磁电路吸起后，在 D_7 进路终端经 D_3ZJ 第 5 组和第 6 组前接点，又把 12 线上的这个解锁电源转接到 13 线上去，于是 13 线开始工作。D_7 进路中的进路继电器 5/1LJ 和 3/1LJ 相继由粗线（3）和粗线（4）的励磁电路吸起。由此可见，当车列根据 D_{13} 的允许显示折返时，D_7 进路的各区段和上述取消进路时一样，也是由终端至始端顺序解锁的。

调车中途返回解锁条件，要接在上述粗线中的 8 线上和由 8 线转接到 12 线上去的转接连接线上，因为电路的其余部分是和取消进路及人工解锁进路共用的，不能加进任何条件。

调车中途返回解锁电路之所以要通过 8 线，是因为要证明车列确实退出牵出进路。在转接连接线上的 XJJ 第 5 组后接点，证明车曾占用过进路。XJ 第 5 组后接点证明信号已经关闭，这时进路又空闲，所以说明车列不是越过接近区段关闭的，而是退出了进路后关闭的。

在转接连接线上，还接有 JYJ 第 6 组前接点和 FDGJ 第 6 组前接点。这两个接点都起防护作用。我们已经知道，信号开放后，在接近区段有车的情况下，如果发生人工短路现象，例如在 5DG 区段发生，则信号检查继电器 D_7XJJ 会失磁落下，XJ 也会相继失磁落下。拿掉短路后 8 线就会接通，这就是说，在发生人工短路时，上述的调车中途返回解锁电路会起作用，能使进路错误解锁。因此，用 JYJ 前接点防护，等车列退出接近区段后，再接通调车中途返回解锁电路，以防止在上述情况下的进路错误解锁。

在信号开放后，车列还没有到达 D_7 接近区段时，因此时 XJJ 接有 1-2 线圈的自保电路，不受 8 线控制，所以此时，即使进路中的某一区段发生瞬间分路，XJJ 仍能保持吸起而不落下，用 XJJ 第 5 组后接点断开调车返回解锁电路，能防止进路错误解锁，可起到电路的保护作用。

但应当指出，上述的 XJJ 自保电路一旦断线，在正常运用过程中又发现不了，是隐蔽性故障，因而也就失去它应该有的保护作用了，在维修时应当定期检查。

还有一种必须考虑的情况：D_7 开放后，有一小车（例如二轴轨道车）快速前进。因为小车的车体轻或轨面上生锈或轨道上撒有砂子，当小车完全进入 D_7 进路内方（注意，这时 XJJ、XJ 都失磁落下，JYJ 已励磁吸起），如果发生了轨道电路分路作用瞬间（超过 3 s）失灵现象，则上述的调车中途返回解锁电路也会接通，向 12 线供出解锁电源。接入 9-15FDGJ 前接点后，只有当 D_7JYJ 励磁吸起，9-15FDGJ 缓放的瞬间，上述的转接连接线才接通，从时间上大大减小了由于小车"跳动"所可能产生上述危险的概率。但这样一来，FDGJ 的缓放时间必须稳定可靠，使它的缓放时间能够保证在调车中途折返时，进路中各区段的有关继电器（包括 2LJ 或 1LJ 和 CJ）都能可靠地励磁吸起。根据 FDGJ 的缓放时间为 3 s 计算，调车进路中的区段数，以不超过 10 个为宜。

③第二种情况（部分已经解锁）的调车返回解锁电路。以上述的 D_{17} 牵出进路为例，说明车列根据 D_{13} 的允许显示折返时，9-15DG 区段是怎样解锁的。

如图 2-86 中的①号和②号粗线所示，由 D_{17} 进路终端部位，经 D_9ZJ 第 1 组前接点向 8 线接入解锁电源，把这个电源由 8 线在折返信号机 D_{13} 进路的始端部位，再通过 D_{13}XJJ 第 8 组后接点，经开始继电器 D_{13}KJ 第 2 组前接点，转接到 12 线上去。要注意，转接时，不是把转接进来的这个电源，向 D_{13} 进路的终端方向送，而是向 D_{17} 牵出进路的终端方向送。电路的其余部分和第一种情况完全一样。证明车列已经全部退出牵出进路，这是相同的。在转接连接线上接的条件不同，在这里只接有 D_{13}XJJ 第 8 组后接点和 KJ 第 2 组前接点，用这两组接点证明车列已根据 D_{13} 的允许显示折返。我们知道车列折返时，D_{13} 必须开放。在开放 D_{13} 时，它的 KJ 和 XJJ 都必须励磁吸起。在正常情况下，KJ 在励磁吸起状态，而 XJJ 又失磁落下，能证明车列已进入 D_{13} 进路内方，即说明车列已折返。如果在开放 D_{13} 的过程中，在 KJ 励磁吸起后，XJJ 因故未吸起，则 D_{13} 不能开放，车列退不回去，因而 8 线也不会接通。

第二种情况可以不考虑这样的故障累加：小车根据 D_{17} 的开放正在 9-15DG 区段上运行，车列已出清了 17-23DG 区段，这时，值班员为了试验的目的，想开放 D_{13}，恰好在 D_{13}KJ 励磁吸起后，D_{13}XJJ 因故障不能励磁；就在这时，又恰好小车在 9-15DG 区段上发生了"跳动"的故障现象（超过 3 s）。虽然这两种故障的累加，也会使上述的调车中途返回解锁电路接通，但因为这两个都是非隐蔽性故障，两个非隐蔽性故障巧合在一起的可能性是极小的。从这里可看出，在正常情况下，D_{13}XJJ 第 8 组后接点，也起着小车"跳动"利用调车中途返回解锁电路使进路错误解锁的保护作用。

（4）解锁网络的电路防护

进路提前错误解锁最危险，因此，对解锁网络要求更高。综合以上所述，在解锁网络中所考虑的"故障—安全"防护措施有：

①为防护轨道电路的人工短路或绝缘破损所可能引起的错误解锁，采取了三点检查法和两点检查法的防护措施。

②为防护守小车"跳动"所可能引起的道岔中途转换事故，利用 FDGJ 的缓放性能，采取了车列出清道岔区段后，延迟 3 s 解锁的防护措施。

③为了防护小车"跳动"所可能引起的进路前方道岔提前错误解锁，第一种情况的调车中途返回解锁电源 KF，是经由接近区段的 FDGJ 前接点供出的，当小车完全进入进路后，只限 3 s能向网络供电，即采取了降低发生危险侧故障概率的防护措施。

④为防护机车导轮"跳动"所可能引起的道岔提前错误解锁，一方面要求在所有的调车信号机接近区段，都要设有轨道电路，一方面采取了车列出清接近区段后，才将解锁电源 KF 送向网络的防护措施(即通过 JYJ 前接点，才能向 12 线送出 KF)。

⑤为提高电路工作的安全性，不论 12 线或 13 线，均采取了瞬间送出解锁电源的办法，并且采用只有证明 12 线工作正常，才向 13 线供出解锁电源的措施。

⑥为防护轨道恢复供电后可能引起的错误解锁，采取了轨道停电监督的防护措施。

⑦为防护按错"事故"按钮所可能引起的列车迎面错误解锁，采取了车列所在区段，不能进行区段人工解锁的防护措施，并且采取了车列尚未到达的进路前方各区段，即使按错了各该区段的"事故"按钮，也使之不生效的防护措施。

⑧在 12 线上串接的 QJJ 第 2 组后接点和 1SJ 及 2SJ 第 5 组后接点，(图 2-83)的作用，前者用来说明在区段还没有做好解锁准备以前，断开 12 线；后者用来说明只有在道岔已进入锁闭状态的时候才接通 12 线。这样做的目的是防止 12 线串电。若 12 线在不该起作用期间，例如在还没有做好解锁准备的期间，以及区段已在解锁状态的期间，如果准许 12 线连通，就有可能产生串电等不安全的因素。

【引导信号电路】

引导信号接车时，为了确保行车安全，对进路也要锁闭，叫作引导锁闭。为了实现引导锁闭和开放引导信号，在对应每一架进站信号机和接车进路信号机处，都要设置一个引导信号机组合 YX。在 YX 组合内，设有引导按钮继电器 YAJ、引导信号继电器 YXJ 和引导解锁继电器 YJJ。在电源组合内设引导总锁闭继电器 YZSJ。

6502 电气集中电路中把引导锁闭分为两种：一是按进路锁闭方式进行，叫作引导进路锁闭；二是把全咽喉的联锁道岔都锁住，即全咽喉锁闭，叫作引导总锁闭。下面分别介绍引导进路锁闭和引导总锁闭。

1. 引导进路锁闭

在信号机故障或轨道电路故障，不能开放进站或接车进路信号机时，应采取引导进路锁闭方式开放引导信号，这时的办理手续是：先个别操纵道岔，把进路开通好，如果因轨道电路故障，还要把发生故障区段的道岔按钮拉出，以防止故障修复后该区段的道岔解锁；最后按压"引导"按钮。

在控制台上设有带铅封的"引导"按钮，它是自复式的。如图 2-88 所示，按压引导按钮 YA 后只要是没有开放进站信号机 LXJF 后接点在闭合，没有办理引导总锁闭，YZSJ 后接点在闭合，没有向接车口建立敌对进路，即没有建立以接车口为终端的发车方向调车进路，D_3ZJ 后接点在闭合(如果是单线双向运行，则用 ZCJ 前接点证明，因为这时，既有接车口为终端的调车进路，又有发车进路)，则 YAJ 即可由 3-4 线圈的粗线电路励磁吸起 YAJ 后，由 1-2 线圈的电路自保，直至办理 YJJ 吸起时为止，在 YAJ 吸起过程中"引导"按钮的白色表示灯亮灯。

YAJ 吸起后，如图 2-88 中 9 线的粗线所示，经由其前接点向 9 线供出正极性电源 KZ，使进路中各 QJJ 都励磁吸起。QJJ 吸起后，相继切断各有关的进路继电器和锁闭继电器电路，把进路中的有关道岔和本咽喉区的敌对进路锁住。故障区段的 QJJ，因其在 3-4 线圈电路中串接有 DGJF 第 6 组前接点，所以它不能励磁吸起。但故障区段的轨道复示继电器 DGJF 和各道岔锁闭继电器 1SJ 或 2SJ，因轨道继电器失磁落下，也都在落下状态。另外，在道岔启动电路中还接有道岔按钮定位闭合接点，现在这个接点因拉出按钮已被断开，所以，即使故障修复，该区段的道岔也不会随着解锁。

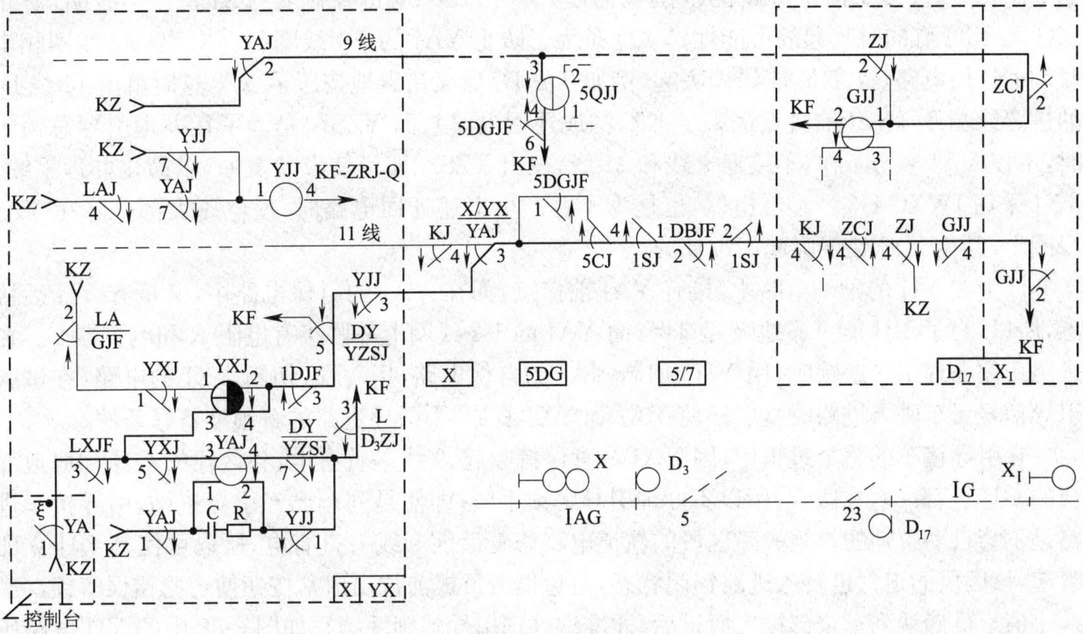

图 2-88　引导信号电路

不使故障区段的区段检查继电器励磁吸起的目的，是为了不让该区段的进路继电器 1LJ 和 2LJ 以及 CJ 失磁落下，以便在解锁时，即使是故障还没有修复，也能够利用解锁网络，按进路方式解锁（下面还将进一步说明）。

从图 2-88 中的 9 线粗线可以看出，只要另一咽喉区没有向ⅠG 建立调车或接车的迎面敌对进路，则 X_I ZCJ 第 2 组前接点是闭合的，因而 D_{17}GJJ 能由其 1-2 线圈励磁吸起，D_{17}GJJ 吸起后，把另一咽喉区的迎面敌对进路锁住了。因为另一咽喉区建立向ⅠG 调车或接车进路时，在其 9 线上也需要检查 D_{17}ZCJ 在吸起状态。但我们知道，由于 D_{17}GJJ 的励磁吸起和 23/1SJ 的失磁落下，这时 D_{17}ZCJ 在落下状态。

YAJ、QJJ 和 D_{17}GJJ 相继吸起，CJ、道岔锁闭继电器 1SJ 或 2SJ 和照查继电器 D_{17}ZCJ 相继落下，则 11 线的粗线被接通，使 YXJ 励磁。于是，引导信号便开放了。引导信号开放后，手就可以松开按钮，在引导接车过程中，YAJ 和 YXJ 都有自保电路。但在第一个区段的轨道电路故障时，要求在引导过程中一直按压“引导”按钮，因为这时 YXJ 自保电路将失效。

在 11 线粗线上检查的联锁条件有：DBJ 或 FBJ 的前接点，用以证明道岔位置正确；1SJ 或 2SJ 的后接点，用以证明已把道岔和本咽喉区的敌对进路锁好；X_I GJJ 的后接点，用以证明另一咽喉区没有建立迎面敌对进路；D_{17}GJJ 的前接点和 D_{17}ZCJ 的后接点，用以证明已把另一咽喉区的迎面敌对进路（包括迎面引导接车进路）锁在未建立状态下。在故障区段，由于 CJ 在吸起，DGJF 在落下，所以不影响 11 线工作。在 YXJ 的局部电路中，还接有灯丝复示继电器 1DJF 的前接点，用以证明红灯在点灯，因为红灯和月白灯同时点灯，才是引导信号。

列车进入进站信号机内方后，因ⅠAGJF失磁落下，所以YXJ随着复原，使月白灯灭灯。当第一个区段的轨道电路故障时，即ⅠAG区段故障时，手松开"引导"按钮，月白灯即灭灯。

在YAJ的3-4线圈粗线励磁电路中，还接有$LXJF_{33}$、YXJ_{33}和$YZSJ_{73}$三组接点。$LXJF_{33}$是为了防止按错YA使已经建立好的接车进路或转场进路遭到破坏(注意在11线上的YAJ第3组接点，被接在接车进路的范围以内了)另外，$LXJF_{33}$也控制着YXJ的3-4线圈，防止LXJ和YXJ有同时吸起的可能性；YXJ_{53}是为了防止YAJ的3-4线圈和YXJ的4-3线圈相串联沟通迂回电路，致使YXJ错误吸起(例如开放D_3后又错误地按压了YA，这时就由11线D_3的进路终端处，经ZJ前接点送来了KZ，构成迂回电路)；而$YZSJ_{73}$是为了在办理引导总锁闭时，不使YAJ参与工作，不接通9线和11线，拉出YZSA即可使设备复原，以简化办理手续，YXJ采用JWXC-H340型继电器，也是为了在产生上述迂回电路时，使电压大部分降在YAJ线圈上，避免YXJ错误吸起而设计的。

因为在YJJ的励磁电路中，接有YAJ前接点，而在YAJ的自保电路中，又接有YJJ后接点，所以，为了YJJ能可靠地吸起自保，而YAJ的1-2线圈上并联接有电阻R和电容器C。在进路用完办理引导解锁时，用YJJ_{13}切断YAJ的自保电路，用YJJ_{33}切断YXJ的电路(在试验引导信号无车驶入进路时)，以便使YAJ和YXJ复原，为引导进路的解锁准备好条件。

在引导接车的整个过程中，因YAJ一直保持吸起，9线一直有电，各区段的QJJ和股道部位的GJJ也都一直在吸起，所以不办理引导解锁手续，即使是列车已经引导进站，引导接车进路是不会自动解锁的。当故障区段的轨道电路修复后因9线一直有电，所以可使其QJJ立即吸起，该区段的道岔也转入进路锁闭状态，避免值班员提前拉出道岔按钮使道岔错误解锁。

值班员确认列车全部接入股道后，才准许办理引导解锁手续。如图2-88中的YJJ电路所示，当按压总人工解锁按钮ZRA和进路始端按钮LA(注意，是LA而不是YA)后，随着条件电源"KF-ZRJ-Q"有电和LAJ吸起，引导解锁继电器的电路被接通，于是YJJ励磁吸起并自保，一直到ZRJ落下时为止。

在YJJ的励磁电路中，用YAJ_{72}证明办理的是引导解锁，而不是接车进路的人工解锁。YAJ_{72}闭合，确实证实了已经以LA为始端，排列了引导接车进路，因而不致引起用引导解锁办法，错误地使其他列车进路解锁。从这里可以看出，使YAJ一直保持到办理引导进路解锁为止，不但能使9线一直有电防止引导进路错误解锁，还可以防止用引导解锁办法，错误地使其他列车进路解锁。YJJ吸起后，一方面用YJJ_{33}切断YAJ的自保电路，使YAJ落下，停止9线和11线的工作，为解锁做好准备；另一方面如图2-89所示，用YJJ_{42}向12线送出解锁电源KF，使解锁网络按取消进路的动作程序工作(因进路中各道岔区段已无车)，即先按粗线使12线工作，后按另一粗线使13线工作，于是引导进路便可解锁。在向12线送解锁电源时，通过YAJ_{43}和YXJ_{43}检查了这两个继电器确实已经落下，即引导信号确实已经关闭，引导按钮继电器确实已经复原。

在试验引导信号时，试验完了后，也要按引导解锁手续办理，使引导信号关闭，使引导进路解锁。这时YXJ的1-2线圈的粗线电路是靠YJJ_{33}切断的，而不是靠YAJ_{32}(YAJ有较长的缓放时间)，以便使YXJ及早地落下有利于在YJJ的条件电源"KF-ZRJ-Q"接通的情况下，使引导进路中的各道岔区段全部能解锁。

如图2-89所示，在故障区段，由于QJJ在落下，CJ仍在吸起，所以，可越过故障区段，不影响12线工作；由于1LJ和2LJ仍在吸起，DGJ虽然落下，但在DGJ_{52}和DGJ_{33}之间接有短路线，可越过故障区段，不影响13线工作。对故障区段来说，只有在轨道电路故障修复后，才能解除对道岔的区段锁闭，只有把道岔按钮拉出恢复定位后，才能使道岔解锁。

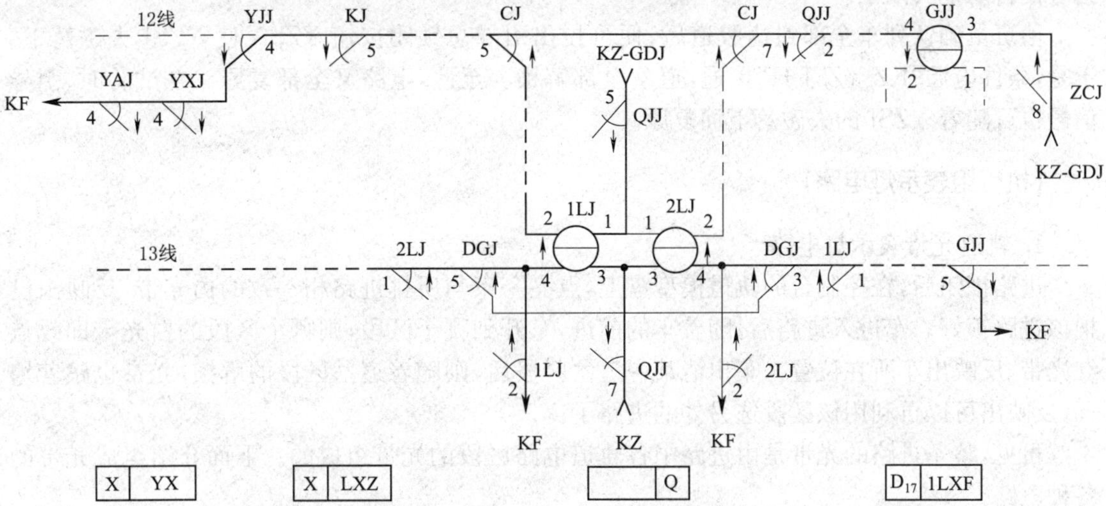

图 2-89 引导解锁电路

2. 引导总锁闭

在得不到道岔表示时，即进路中某一道岔的规定位置的表示继电器，因故障不能励磁吸起时，或向不是接车进路的编组线上接车时，只能用引导总锁闭方式引导接车，其电路如图 2-90 所示。

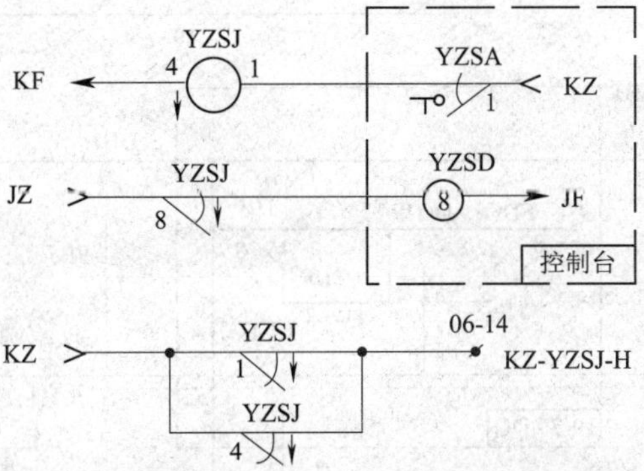

图 2-90 引导总锁闭电路

在控制台上设有带铅封的引导总锁闭按钮，它是停留式的，把它按下后，YZSJ 即励磁吸起。YZSJ 吸起后，用它的后接点断开本咽喉区所有的 SJ 的条件电源“KZ-YZSJ-H”。因此，全咽喉的联锁道岔均被锁住。

YZSJ 吸起后，还要按压 YA，以便接通 YXJ 的电路，使引导信号开放。因为这时不需要 9 线和 11 线参与工作，所以又用 YZSJ 第 7 组后接点，断开 YAJ 的励磁电路，不使 YAJ 吸起。

在办理引导总锁闭过程中在控制台上给出一个白灯，表示要特别引起注意。

在用引导总锁闭方式引导接车时，在电路中，既不检查道岔位置和敌对进路(包括另一咽喉区的迎面敌对进路)，又不能锁闭另一咽喉区的迎面敌对进路。因此，所有这些都要由值班员确认，即都要由人工保证。

列车进入进站信号机内方后，于Ⅰ AGJF 前接点断开 YXJ 的自保电路被切断，所以引导信号便自动地关闭了。

值班员确认列车全部到达股道后，便可拉出引导总锁闭按钮 YZSA 使 YZSJ 失磁落下。于是，条件电源“KZ-YZSJ-H”接通，道岔全部解锁。至此，电路又全部复原。在试验时，引导信号也可随着 YZSJ 的失磁落下而复原。

【执行组表示灯电路】

1. 轨道光带表示灯电路

进路锁闭后，在控制台的轨道模型盘上，点亮一条与所排进路相一致的白光带，反映出已把该进路锁好。车进入进路后，随着车的前进，车开到哪个区段，则哪个区段的白光带即改点红光带，反映出车所在位置。车出清某一道岔区段后，则随着道岔区段的解锁，光带也跟着熄灭，反映出可以再利用该区段选另外的进路了。

可见，整条进路的光带是由进路中各轨道电路区段的光带组成的。下面介绍组成光带的各种电路。

图 2-91 是道岔区段轨道光带表示灯电路。图中的电路是按 19-27DG 区段绘制的。对应区段中的每个道岔，在辙叉一侧的直股和弯股部位，都设有白色和红色表示灯。直股部位的，分别用 DB 和 DH 表示；弯股部位的，分别用 FB 和 FH 表示。为了形成光带，在岔前部位也要设表示灯，分别用 QB 和 QH 表示。如道岔 19 和 27 那样的布置，两个道岔的岔前表示灯可省掉一个。

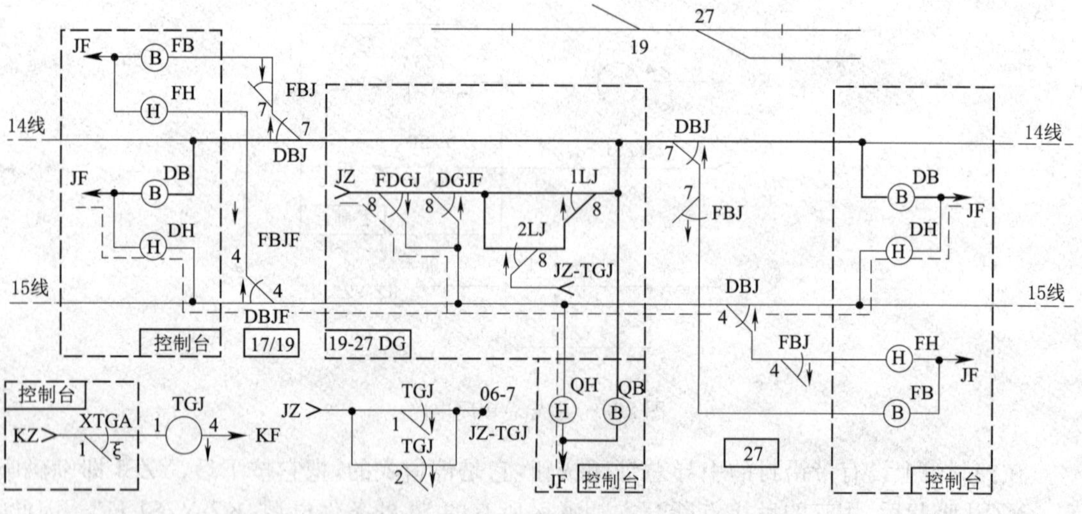

图 2-91　道岔区段轨道光带表示灯电路

6502 电气集中用 14 线和 15 线控制轨道光带表示灯。在平时，光带不点灯。进路锁闭时，在车尚未驶入区段以前，经 1LJ 或 2LJ 的第 8 组后接点，以及 FDGJ 第 8 组后接点和 DGJF 第 8 组前接点，把交流表示电源 JZ 接到 14 线上，如图 2-91 中粗线所示。这时，当道岔都在定位时，19DB、QB 和 27DB 都点灯，形成一条直的白光带。列车驶入区段后，由于 DGJF 失磁落下，FDGJ 励磁吸起，停止向 14 线提供 JZ 电源，所以白光带熄灭。但这时，经 FDGJ 第 8 组前接点，把 JZ 电源接到 15 线上，如图 2-91 中虚线所示。这时，19DH、QH 和 27DH 又都点灯，形成一条直的红光带。列车出清区段后，DGJF 励磁吸起、FDJF 失磁落下，把 15 线上的 JZ 电源切断，于是红光带熄灭。由于这时进路继电器 1LJ 和 2LJ 都早已励磁吸起，所以白光带不能再点灯。

点亮的光带必须与开通的进路相一致，不允许给出错误的表示。因为即使进路开通正确，如果光带表示不对，值班员也将采取紧急措施，例如关闭信号，由此可能造成紧急停车的损失。因此，决定光带形状的控制条件，必须用道岔表示继电器的前接点，不准许用道岔表示继电器的后接点代替。

在红光带熄灭后，不准许闪一下白光带，因此，只接 DGJF 接点而不接 FDGJ 接点是不行的。这是因为 DGJF 励磁吸起后，1LJ 或 2LJ(其中有一个早已经吸起)才能励磁吸起，不接入 FDGJ 接点将闪一下白光带。我们知道，FDGJ 是缓放的，在它缓放时间内，1LJ 和 2LJ 都已经吸起，所以，接入它的接点，就不致闪白光带了，但 FDGJ 接点又不能代替 DGJF 接点，理由是 FDGJ 断线时，不能反映区段有车。

两个进路继电器都吸起，才能说明该区段即将解锁，因此，也不能用一个进路继电器接点代替两个并联的进路继电器接点。

在平时，如果值班员想确认进路开通状况时，则可按压接通光带表示按钮 TGA，使接通光带继电器 TGJ 励磁，TGJ 励磁吸起后，条件电源"JZ-TGJ"被接通，于是，经 1LJ 和 2LJ 的前接点，把这个条件电源接到 14 线上去。根据道岔的开通位置点亮白光带，可确认整个咽喉的道岔开通状况。

无岔区段有些特殊，图 2-92 是无岔区段轨道光带表示灯电路。

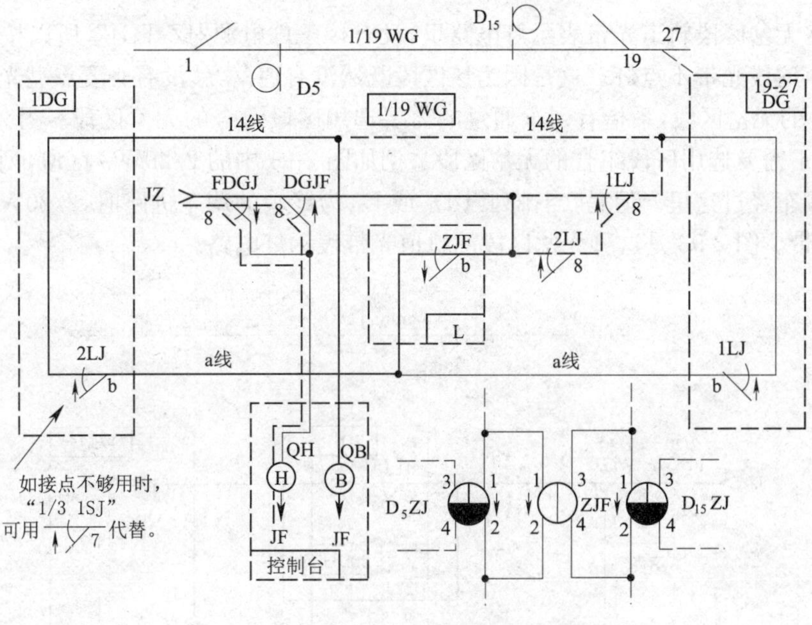

图 2-92　无岔区段轨道光带表示灯电路

如图 2-92 的虚线所示，控制红光带不用网络，直用 FDGJ 接点和 DGJF 接点。这是因为无岔区段的光带形状是固定的，不需要用道岔位置区分，如图 2-92 中粗线所示，用 14 线和 a 线控制白光带，并且把白灯直接接在 14 线上。当建立列车进路时，无岔区段的两个进路继电器都失磁落下，这时 14 线如图 2-92 中的粗线和粗虚线所示，经 FDGJ 后接点和 DGJF 前接点，接入交流表示电源，该区段点亮白光带。列车驶入区段后，改点红光带，出清后光带熄灭。

建立调车进路时，例如，建立以 D_{15} 为终端的调车进路（进路终端按钮是 D_5A，终端继电器是 D_5ZJ），1/19WG 区段应点亮白光带，但它不应锁闭。这时，该无岔区段的两个进路继电器 1LJ 和 2LJ 都不失磁落下，即粗虚线是断开的。在此种情况下，如图 2-92 中的粗线所示，这时经 FDGJ 后接点、DGJF 前接点和 ZJF（终端复示继电器放在零散组合内，当 D_5ZJ 或 $D_{15}ZJ$ 励磁吸起时，ZJF 也励磁吸起）前接点，向 a 线供出交流表示电源。当建成 $D_1 \rightarrow D_{15}$ 的调车进路时，1/2LJ 后接点闭合，将 14 线的粗线与 a 线的粗线连通，使白光带点亮。车驶入 1/19WG 区段，由白光带改点红光带。车出清 1DG 区段后，一方面由于 1/2LJ 励磁吸起，a 线与 14 线断开；另一方面在 1DG 区段解锁后 ZJF 也相继失磁落下，切断向 a 线供出的交流电源。因此，在车离开 1/19WG 区段后，不会再点亮白光带。同理，当建成 $S_{II}D \rightarrow D_5$ 的调车进路时，由于 19-27/1LJ后接点和 ZJF（这时复示 $D_{15}ZJ$）前接点都闭合，所以也能点亮白光带。

在这里所以要接入 1/2LJ 和 ZJF 或 19-27/1LJ 和 ZJF 两个接点，是因为它们之中的任何一个接点闭合，都不能说明已经建好至 D_{15} 或 D_5 的进路，只有两个接点都闭合才能证明，才不致错误地给出白光带。

另外，还要注意：在 1DG 区段，必须使用 2LJ 接点，在 19-27DG 区段，必使用 1LJ 接点。这是因为运行方向不同，两个进路继电器的励磁吸起顺序不同，在这里，必须用进路解锁时，最后励磁吸起的那个进路继电器的接点。只有这样，才能保证当车进入 1/19WG 区段以后，a 线与 14 线断开，即点亮红光带以后，白光带的灯泡才熄灭。否则，当车进入 1DG 或 19-27DG 区段时，a 线即与 14 线断开，1/19WG 区段的白光带将提前熄灭（先熄灭白光带，车进入后，又点亮红光带）。

注意：在无岔区段轨道光带表示灯电路里，没有接条件电源"JZ-TGJ"，所以按下接通光带表示按钮时，这段光带不点灯。这是因为该区段既然没有道岔，就没有必要点亮光带。

图 2-93 的无岔区段，系指有列车通过的需要选用区段组合的无岔区段。另外，还有没有列车通过的不需要选用区段组合的无岔区段。例如图 2-93 中的 2/20WG 区段，列车就不经过这里，仅有调车经过这里。但是，当排列以 D_4 或 D_{14} 为终端的调车进路时，2/20WG 区段也应当给出白光带。图 2-93 是这种无岔区段的轨道光带表示灯电路。

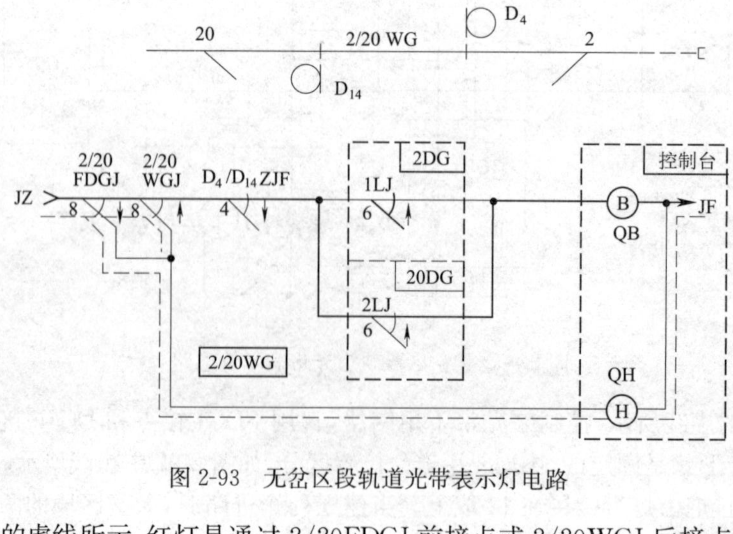

图 2-93　无岔区段轨道光带表示灯电路

如图 2-93 的虚线所示，红灯是通过 2/20FDGJ 前接点或 2/20WGJ 后接点接通电路中的，只要是区段有车,即点亮红光带。为了点亮白光带,需要在零散组合内,增设一个终端复示继电器 ZJF,用它复示 D_4ZJ 和 D_{14}ZJ 两个继电器。当以 D_4 为终端排列进路时,ZJF 励磁吸起。20/2LJ 失磁落下,因而能接通粗线电路,给出白光带。同理,当以 D_{14} 为终端排列进路时,ZJF 励磁吸起,2/1LJ 失磁落下,也能给出白光带。

列车进路内的无岔区段也有不设区段组合的情形。例如,如图 2-94 中的ⅠAG 和ⅡAG 个区段,这两个区段在排列进路时,也都应当给出白光带。图 2-94 是这两个无岔区段的轨道光带表示灯电路。

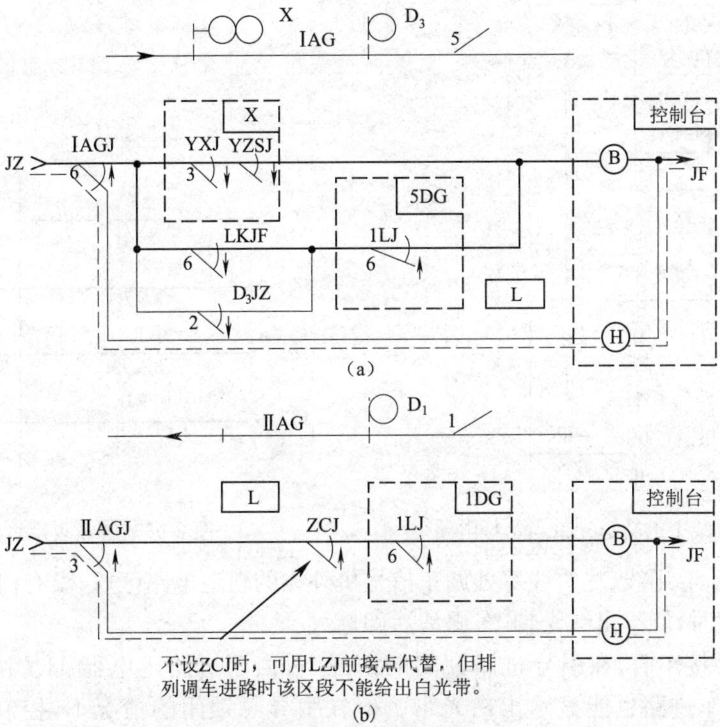

图 2-94　无岔区段轨道光带表示灯电路

图 2-94(a)是ⅠAG 区段的光带电路。当排列接车进路时,因为 XLKJF 励磁吸起,5/1LJ 失磁落下,所以能接通粗线电路给出白光带。同理,引导接车时,因为 XYXJ 励磁吸起,YZSJ 失磁落下,所以也能给出白光带。但是,当开放 D_3 时,因 5/1LJ 失磁落下,同样能给出白光带,但是,当开放 D_3 时,因 5/1LJ 也将失磁落下,但这时不应出现白光带,所以电路中的 D_3ZJ 和 XLKJ 前接点是不可少的。

最后顺便再解释一个问题,在交叉渡线部位道岔换位后,光管的编号需要适当地处理,否则,就给不出合理的轨道光带来了。

图 2-94(b)是ⅡAG 区段的光带电路。如图所示,当以站界标为终端排列列车进路或调车进路时,ZCJ 和进路继电器 1/1LJ 都将失磁落下,因而能接通粗线电路给出白光带。照查继电器能反映进路锁闭情况,但它在车出清 1DG 区段,3 s 以后,才能励磁吸起,为了在单机高速通过时,ⅡAG 区段不致在红光带灭灯后再闪一下白光带,电路中的 1/1LJ 接点是必不可少的。

到发线上的轨道光带表示灯电路,与上述的几种都不同,如图 2-95 所示。

向股道排列进路,当进路锁闭以后,ZCJ 将失磁落下。在车尚未进入股道以前,经 ZCJ 第

1组后接点和GJ第5组前接点接通粗线电路，点亮白光带。车进入股道后，经GJ第5组后接点，接通虚线电路点亮红光带。进路中最末一个道岔区段解锁后，ZCJ励磁吸起，这时，白光带和红光带表示灯电路都被断开。车在股道上停留期间，经GJ第6组后接点，只点亮二、三节红光带。

图2-96中接有两组ZCJ接点，其中一组是上行咽喉向股道排列进路时用的；另一组是下行咽喉向股道排列进路时用的。

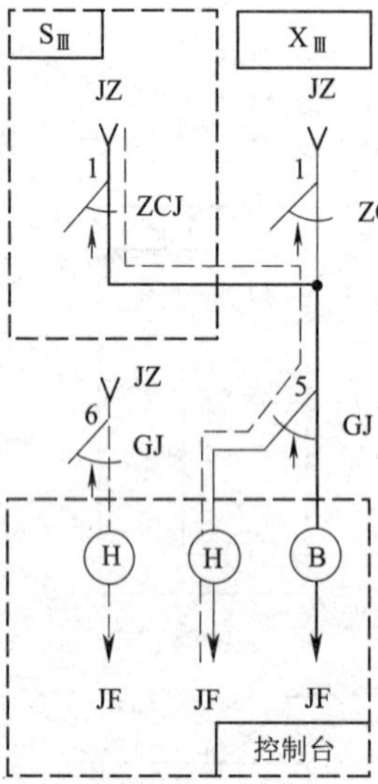

图2-95　到发线上的轨道光带表示灯电路

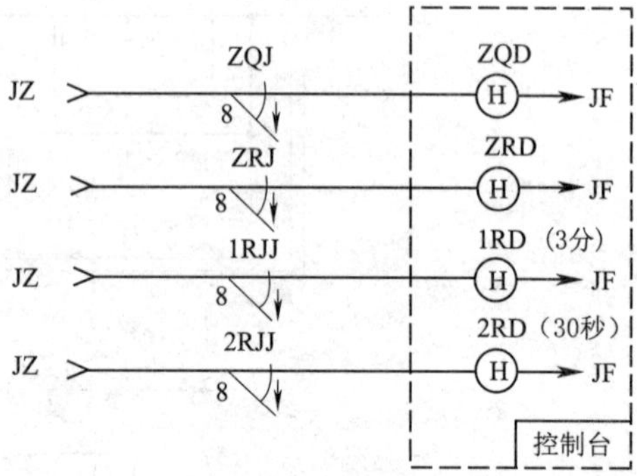

图2-96　解锁表示灯电路

对于牵出线、专用线、尽头线等处调车信号机外方的轨道电路区段，没有白光带表示，在这些区段有车占用时，能给出红光带，车出清后即熄灭。

当办理引导接车时，在引导进路锁闭的情况下，由于进路继电器1LJ和2LJ都失磁落下，所以引导接车进路也能显示出白光带。但在引导总锁闭的情况下，控制台上没有白光带表示。

2. 解锁表示灯电路

这里所说的解锁表示灯是指在办理取消进路和人工解锁时，在控制台盘面上能给出的表示灯。

在办理取消进路或取消误碰按钮的记录时，必须按压“总取消”按钮，使ZQJ励磁吸起。在“总取消”按钮上方，设有一个红色表示灯。如图2-96所示，ZQJ吸起后，该表示灯点亮红灯，表示正在办理取消进路手续。至于是否达到取消的目的，应确认信号复示器、轨道光带或进路按钮表示灯。

办理人工解锁时，要按压ZRA，使ZRJ励磁吸起。在总人工解锁按钮的正上方，设有一个红色表示灯，如图2-96所示。ZRJ吸起后，该表示灯点亮红灯，表示正在办理人工解锁手续。这个按钮表示灯的点灯时间很短，当松开按钮后，它只能亮1 s左右。因此，为了在整个延时过程中能有表示，还另外在ZRA的左上方和右上方设有两个红色表示灯；调车时(包括站线发车)左上方的表示灯点亮红灯，它是用2RJJ前接点接通电路的；列车时(指接车和正线发车)右上方的表示灯点亮红灯，它是用1RJJ前接点接通电路的。我们已经知道，在整个延时过程中，2RJJ或1RJJ是励磁吸起的，达到人工解锁目的以后，它们才失磁落下。

3. 信号复示器电路

进路选出后信号能否开放，要确认信号复示器。信号复示器设于轨道模型盘上，相当于信号机的位置。图 2-97(a)是进站信号机复示器电路。LXJ 励磁吸起后，复示器点亮绿灯，表示进站信号在开放。平时 LXJ 失磁落下，而灯丝继电器 1DJF 励磁吸起，复示器亮红灯，反映进站信号机在关闭状态。如果 1LDJF 失磁落下，则复示器闪红灯，表示进路信号机的红灯灯丝烧坏。在开放引导信号时，YXJ 和灯丝继电器 2DJ 都励磁吸起，这时，复示器的红灯和白灯同时点灯，表示引导信号已经开放。

如果引导白灯断丝，2DJ 将失磁落下，使复示器闪白灯，反映引导信号的白灯灭灯。

图 2-97(a)是进站信号复示器电路和图 2-97(b)是出站兼调车信号复示器电路。这两个电路都比较简单，不再解释。

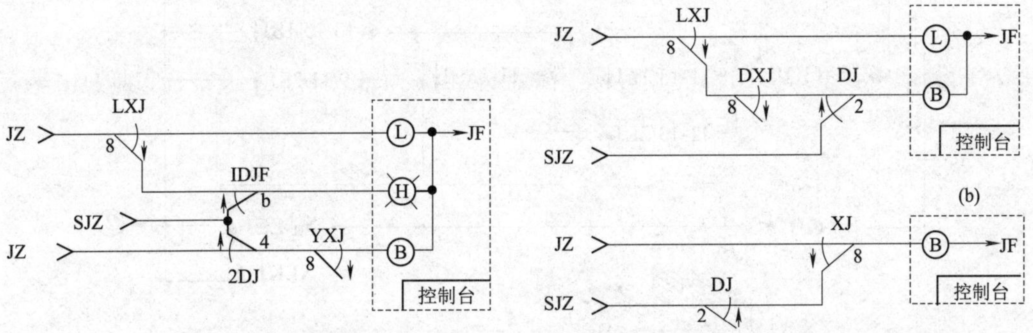

(a) 进站信号复示器电路　　(b) 出站兼调车信号及调车信号复示器电路

图 2-97　信号复示器电路

【选排进路举例及执行组电路的时序逻辑表达式】

1. 排列车进路举例

执行组继电器动作顺序。以选由 X 至ⅢG 经由道岔 5/7 反位的接车基本进路(简化典型站场)为例，根据执行组电路原理，在 5/7 2FCJ、9/11 2DCJ、13/15 1DCJ 和 XFKJ、XLKJ、XKJ 都已经吸起的条件下，看车站信号平面布置图，可直接写出执行组各继电器的动作顺序，用继电器间的时序逻辑表达式描述。

时序逻辑表达式如下：

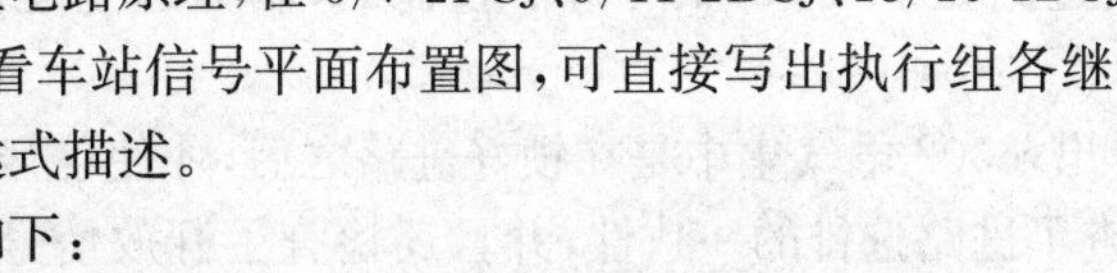

(1)转换道岔

道岔 9/11 和道岔 13/15 转向定位时，各继电器的动作，与此类同。

上述过程说明，距信号楼近的 7 号道岔先动，距信号楼较远的 5 号道岔后动。只有 7 号道岔和 5 号道岔都转到反位后，才能给出表示，即 5/7FBJ 才能励磁吸起。

(2)锁闭进路和开放信号

时序逻辑表达式如下：

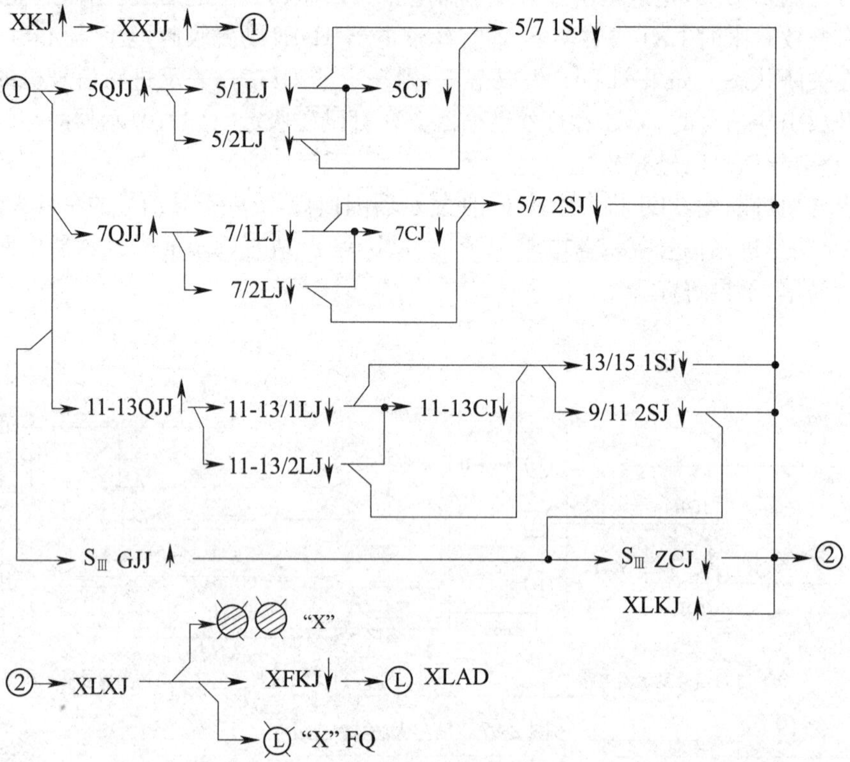

上述过程中的XKJ吸起，说明进路的选排是一致的；XXJJ吸起，说明有开放信号的可能性。用上述过程中的5QJJ、7QJJ和11-13QJJ吸起，分别使5/7 1SJ、5/7 2SJ和13/15 1SJ、9/11 2SJ失磁落下，于是，道岔5、7和13、11都被锁在进路所要求的位置上了。与此同时，本咽喉区的敌对进路也因这些SJ落下，有关的KJ和ZJ再不能励磁吸起，也都被锁在未建立的状态之下了。迎面敌对进路是靠S_{II} ZCJ的落下锁住的，因为建立迎面敌对进路，需要检查S_{II} ZCJ在吸起状态。

从上述过程中可看出，6502电气集中是在锁好进路之后，才使信号继电器吸起的，而且在锁闭进路以前，不但检查了进路选排的一致性，并且还检查了开放信号的可能性。这样，一方面可避免进路的错误锁闭；一方面电路层次清楚，有故障容易查找修复。

进路是否锁闭，可确认轨道光带，而信号是否开放，可确认信号复式器(XFQ)。LXJ不吸起，FKJ就不落下，按钮表示灯也将一直点亮绿灯。LXJ一旦吸起，FKJ就随着落下，按钮表示灯也就灭灯了。因此，如果按钮表示灯灭灯后，信号复示器仍无表示，这说明LXJ吸起后不能保持，此种现象一般是由于允许灯光的灯泡被烧坏造成的。

(3)正常解锁

7DG区段和11-13DG区段的解锁情况，均与此类同。

从上述过程中可看出，5/1LJ的吸起，包含着Ⅰ AGJ落下和5DGJ落下的两个条件，即体现了两点检查，而5/2LJ的吸起，包含有7DGJ落下条件，这里又体现出一点检查。因此，5/7 1SJ的吸起，能反映出是三点检查的结果。这就是说，任何一段轨道电路发生人工短路现象时，都不致引起进路错误解锁。

从上述过程中还可看出，5/7 1SJ 的吸起，包含有 5DGJ 吸起和 5FDGJ 落下两个条件，而我们知道，FDGJ 一旦吸起，它落下具有 3～4 s 的缓放性能，因此，在正常解锁过程中，即使是小车产生"跳动"现象，也不致引起道岔发生中途转换事故。正常解锁时序逻辑如下：

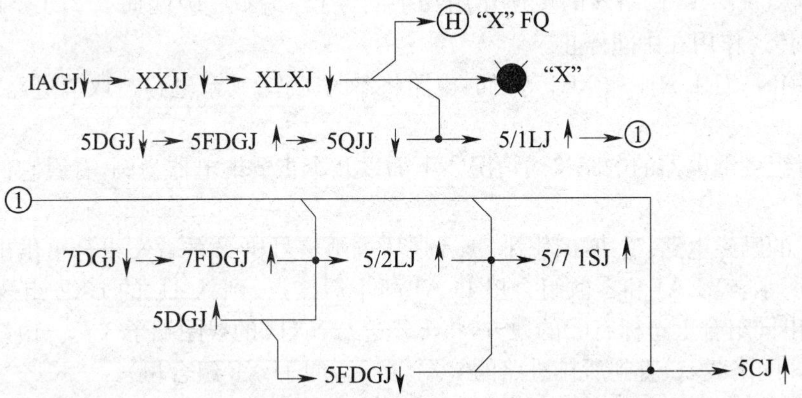

从上述过程中还可看出，5/1LJ 的吸起，包含有 5FDGJ 的吸起条件，而 5/2LJ 的吸起，又包含有 7FDGJ 的吸起条件。这说明当 FDGJ 的 R、C 支路断线或电容器被击穿或 10 线断线时，如果是 5FDGJ 不吸起，会阻止 5/1LJ 的吸起，如果是 7FDGJ 不吸起，会阻止 5/2LJ 的吸起，两者中任何一个，都会使 5DG 区段不能解锁。这就是说，当列车通过进路后，如果进路由第一个道岔区段开始就不能正常解锁时，则可能是由于第一个区段的 FDGJ 未吸起，也可能是由于第二个区段的 FDGJ 未吸起造成的。因为第二个及其以后各区段的 1LJ 吸起，不再直接检查本区段的 FDGJ 吸起条件（看 12 网络线电路），所以进路如果是从第二个区段开始不能正常解锁时，则一般是因为第三个区段的 FDGJ 未吸起所造成的结果。

（4）取消进路及人工解锁

时序逻辑表达式如下：

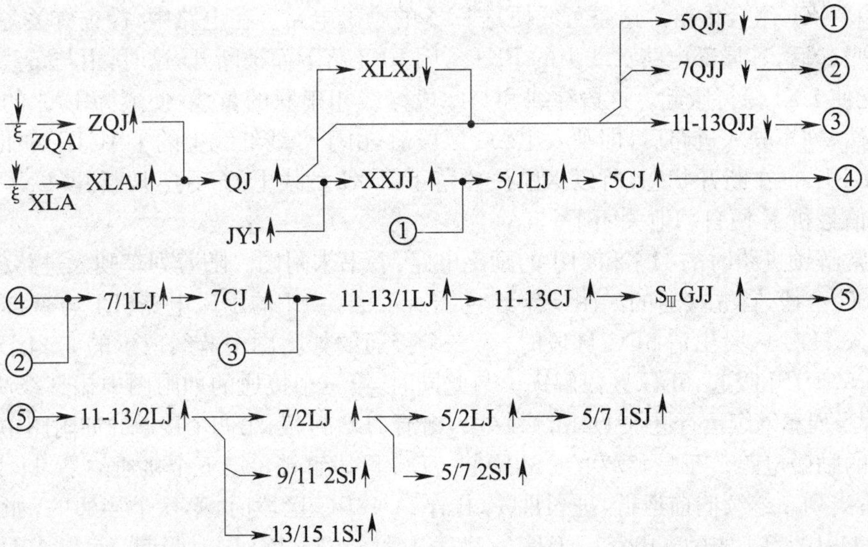

上述过程中的 5QJJ、7QJJ 和 11-13QJJ 的落下，一方面说明 QJ 吸起已经切断了它们的励磁电路，另一方面也说明信号已确实关闭，XLXJ 的落下，已切断了它们的自保电路。JYJ 吸起说明接近区段无车，而 XXJJ 吸起说明车确实没有开到进路里来。

在 QJ 吸起后，XLXJ 落下、XXJJ 吸起和 JYJ 吸起，是取消进路的必要条件。上述过程中的 $S_{Ⅲ}$GJJ 吸起，能说明 12 网络线工作正常，5/2LJ 吸起，说明 13 网络线工作正常。因此，在取消进路时，如果上述的必要条件满足后仍不能解锁，则应确认 $S_{Ⅲ}$GJJ 和 5/2LJ 是否已经吸起。$S_{Ⅲ}$GJJ 不吸起，说明 12 网络线的传递作用在中间停止，$S_{Ⅲ}$GJJ 吸起而 5/2LJ 不吸起，则说明 13 网络线的传递作用在中间停止。

人工解锁时，ZRJ、RJJ 和 XCJ 等延时电路将参与工作，其余电路与取消进路时相同，这里不再叙述。

(5)执行组各继电器的电路接通情况。下面以几个主要继电器为例，看看它们的电路是怎样接通的。

①XXJJ 的励磁电路：看书末附图。KZ 是从进站信号机 X 的 YX 组合里供出的。该励磁电路如红线所示，经 LAJ 和零散组合里 D_3AJ 两个后接点，到 X/D_3 的 LXZ 组合里标有④的地方，然后，由同组合上边标有④的地方，将 KZ 送给 XXJJ 的线圈端子 3 上。由线圈端子 4 经 KJ_{12}接通了 8 网络线，一直到所排进路的终端(在 $X_{Ⅲ}$ 的 1LXF 组合里)。

②QJJ 和 GJJ 的励磁电路：看书末附图。KZ 是从 X/D_3 的 LXZ 组合里供出的。如绿线所示，经 XJJ_{22}将 KZ 接向 9 网络线，该电路也一直到所排进路的终端。绿线电路接通后，进路中各道岔区段的 QJJ 都吸起，进路终端的 GJJ 也吸起。QJJ 和 GJJ 的吸起，引起进路继电器、锁闭继电器和照查继电器的相继失磁落下，于是进路便由解锁状态转变为锁闭状态。

③QJJ 的自保电路：看书末附图。X/D_3 的 LXZ 组合里，如蓝线所示，经 LXJ_{72} 和 KJ_{32} 向 10 网络线接入 KF，于是进路中各道岔区段的 QJJ1-2 线圈沟通了电路(KZ 是由 QJJ 局部电路供给的)，在列车未驶入进路以前，使各道岔区段的 QJJ 能保持吸起。列车每驶入一个区段，区段的 QJJ 便失磁落下，尚未到达的区段，由列车所在区段仍能得到 KF 电源，保持在吸起状态。就这样，列车每达到一个区段，该区段的 QJJ 便失磁落下，为该区段的解锁准备好条件。

④LXJ 的励磁电路和自保电路：看书末附图。KZ 电源由 X/D_3 的 LXZ 组合里供给，LXJ1-4 线圈如黄线所示，经 XJJ_{42}、LKJ_{42}、KJ_{42}接向 11 网络线。该黄线的 KF 电源，由进路终端处的 $X_{Ⅲ}$ 1LXF 组合供给。这条黄线便是 LXJ 的励磁电路。在电路中，检查有关各项联锁条件。LXJ 吸起后，其局部电路黄线上的 FKJ_{32}，因 FKJ 落下而被断开，这时，由与黄线并联的绿线接通，能使 LXJ 保持吸起。这段绿线和与此段绿线相串联的黄线，便成为 LXJ 的自保电路了。很显然，列车驶入进路后，即驶入ⅠAG 区段后，由于 8 线红线上的ⅠAGJF_{52}被断开，与此并联的 $LKFJ_{53}$也在断开状态，所以 XJJ 失磁落下，LXJ 黄线上的 XJJ_{42}被断开，LXJ 也随着落下，于是，信号机 X 便自动地关闭了。

⑤正常解锁进路时的 1LJ 和 2LJ 的励磁电路：看书末附图。随着列车驶入进路中的ⅠAG 区段和 5DG 区段，首先接通的如图中紫红色线所示的 5/LJ 的励磁电路(LJ 均有自保电路)；当列车进入 7DG 区段出清 5DG 区段时，第二个接通的如附图中蓝线所示的 5/2LJ 的励磁电路。于是，5/7 1SJ 吸起，5DG 区段解锁。与此同时，第三个接通的如附图中橘红线所示 7/1LJ 励磁电路，当列车继续运行进入 11-13DG 区段，出清 7DG 区段，第四个接通的如附图中蓝线所示的 7/2LJ 的励磁电路。于是，5/7 的 2SJ 吸起、7DG 区段解锁。第五个接通的是，11-13/1LJ 的励磁电路；当列车继续向前运行，进入ⅢG、出清 11-13DG 区段时，第六个接通的，如附图中蓝线所示的 11-13/2LJ 的励磁电路。于是 9/11 2SJ 和 13/15 1SJ 同时吸起，使 11-13DG 区段解锁。上述各区段的解锁，都实现了三点检查。

其余继电器的电路，请读者自己找出，并“跑通”看懂。只有达到能熟练地掌握电路，并能熟知电路中每个接点的用途，才能在电路发生故障时，较快地找到故障的出处。

(6)电路故障分析：

【电路故障分析例一】选由ⅢG向东郊方面的发车进路。选路开始时，$S_{Ⅲ}$LA和X_DLA按钮表示灯都闪绿灯，进路排列表示灯亮红灯，随后，$S_{Ⅲ}$LA表示灯改点稳定灯光，其他表示灯均熄灭，但进路排不出来，不出现白光带。查明原因是5/7道岔无表示造成的。

问：①怎样很快地能判断出是不是道岔5/7不来表示？②怎样判断是道岔启动电路故障，还是道岔表示电路故障？③怎样判断是室内故障，还是室外故障？

a. $S_{Ⅲ}$LA按钮表示灯改点稳定灯光，说明所选进路的FKJ已经吸起。因为$S_{Ⅲ}$LA处于所选进路的右端，而FKJ吸起证明网络右端的$S_{Ⅲ}$JXJ已经吸起，这就充分说明选岔网络的工作是正常的。因此，第一步可按下接通道岔表示按钮TCA，确认进路中各道岔的位置，可立即发现道岔5/7不来定位表示。

b. 在道岔5/7 2DCJ已经吸起的情况下，如果道岔5/7有反位表示，则说明道岔5/7的1DQJ未吸起或者2DQJ未转极。此种情况一般是由于：(a)SJ电路断线，SJ因断线故障落下；(b)道岔按钮被拉出未复定位，而红色表示灯泡又被烧坏，不能给出拉出位置的反映；(c)1DQJ或2DQJ的电路断线。

c. 如果道岔5/7的定位表示和反位表示都没有，则应按下5/7CA和ZDA，观察控制台上的电流表。从指针的摆动情况，去了解道岔动作情况。若道岔5/7一个动另一个不动，则说明故障在室外。一般是碳刷接触不良，或自动开闭器接点接触不良，或保护接点BJD接触不良。若指针无显著的摆动，则说明道岔启动电路有问题。

d. 这时可按下5/7CA和ZDA，在分线盘处用直流电压测量表；若指针不摆动，则说明故障在室内，一般是断线；若指针摆动，则说明故障在室外，一般是在电缆线路中间有断线现象(两个道岔都不动，不能是两台转辙机都发生接点接触不良现象)。

e. 从控制台上的电流表指针摆动的情况，确认两组道岔都已经动作，但仍无表示，则说明是表示电路有了问题。

【电路故障分析例二】排列有X_D至ⅢG的接车进路，结果进路锁闭了，所有的按钮表示灯和进路排列表示灯都灭灯，但信号不来表示。这个故障应如何分析处理？

分析步骤与方法：

a. 进路锁闭，说明FKJ已经励磁吸起。

b. X_DLA表示灯灭灯，说明KFJ已经励磁吸起后又失磁落下。

c. FKJ吸起后又落下，这说明LXJ曾吸起过；信号不来表示，说明LXJ不能保持吸起。

d. LXJ不能保持吸起，一般是由于允许灯光的灯泡被烧坏所造成的。更换灯泡可使故障消除。

【电路故障分析例三】排列由X至ⅢG接车基本进路，列车通过进路后，5DG区段解锁，但7DG区段和11-13DG区段都不能解锁。分析此故障的原因？

分析的步骤与方法：

a. 首先确认7/1LJ和7/2LJ是否吸起。如果7/1LJ吸起而7/2LJ未吸起，则一般是由11-13FDGJ的电容器被击穿或老化或10线断线，不能使11-13FDGJ吸起，确认它是否有缓放性能。如不缓放，测试R、C支路有无断线现象，如无，则应更换电容器，使故障消除。如11-13FDGJ有缓放性能，则应测试10线有无断线故障。

b. 经确认11-13FDGJ有缓放性能，10线也完好，在人工使11-13FDGJ吸起时，7/2LJ仍未能吸起，则说明13网络线有断线现象。此时，应采取分段缩小故障范围的办法，测试出故障地点及时修复。

c. 如果 7/1LJ 和 7/2LJ 都未吸起，则说明 12 网络线工作不正常。此种情况一般是 12 网络线有断线现象。此时，可用区段人工解锁办法，先使 7DG 区段和 11-13DG 区段解锁。然后用试排进路和取消进路的办法，证明 12 网络线是否确实断线，经证明后，再查找断线处所。

d. 如果取消进路时，7/1LJ 和 7/2LJ 都能吸起，那么，故障就不在 12 网络线上，而目标就缩小到向 12 网络线送解锁电源的局部范围里了。送解锁电源要经过 $5/2LJ_{72}$、$5/1LJ_{52}$ 和 $5CJ_{73}$。测出这一段的断线处所，即可将故障消除。在一般情况下，5DG 区段能正常解锁，说明 5FDGJ 曾吸起过，其 R、C 支路工作正常，5FDGJ 能缓放，车出清 5DG 区段后，经由 $5CJ_{73}$ 是能够将解锁电源送出去的，所以，故障一般不会出在 5CJ 失掉第一个时间参数特性（车出清区段后，经 3～4 s，5CJ 才吸起）上。

2. 排调车进路举例

以选由 D_{17} 至ⅠAG 的复合调车进路为例说明。

(1)先锁闭 D_7 进路和开放 D_7 信号，后锁闭 D_{17} 进路和开放 D_{17} 信号。在选路过程中，由于 D_7FKJ 吸起，控制 $D_{17}KJ$ 不能励磁吸起，所以锁闭进路和开放信号的动作顺序，即各继电器间的时序逻辑关系如下：

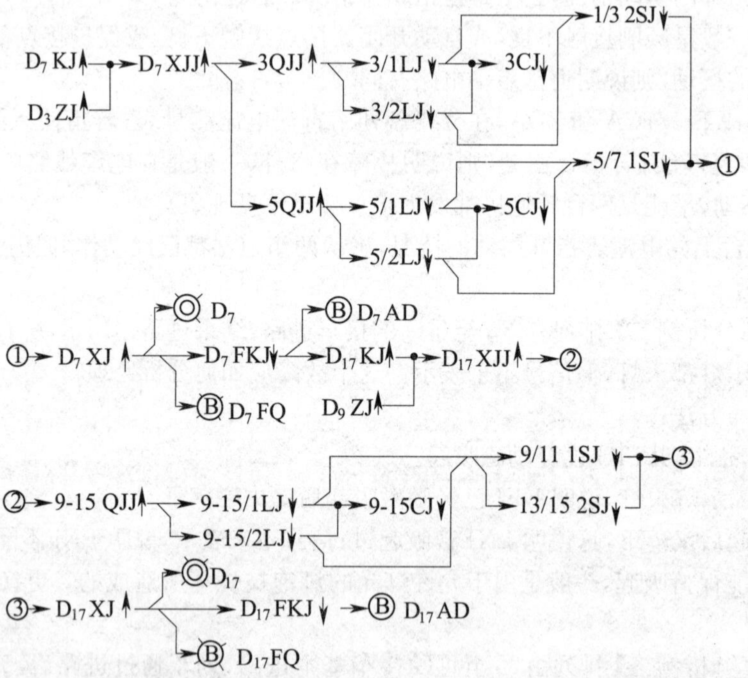

从上述过程中可看出，锁闭调车进路需要 ZJ 吸起条件，用它控制进路范围，避免进路以外的区段受锁。

在正常情况下，能保证 D_7 先开放，D_{17} 后开放；但在 D_7 开放后，如果白灯灯丝被烧断而又自动关闭时，D_{17} 仍能开放。从这个意义上说，对调车白灯灯泡，也应按期进行检查和更换。

(2)调车信号继电器受 8 线和 11 线控制，当车列未全部越过信号机以前，能一直保持亮白灯。先看看 $D_{17}DXJ$ 的励磁电路和自保电路是怎样接通的，其电路接通情况如下：

看书末附图。调车信号继电器受 8 和 11 两条网络线控制。$D_{17}\rightarrow D_7$ 的进路终端继电器为 D_9ZJ，它是 D_9DX 组合里的继电器。因此，先找出 D_9DX 组合里的 11 线和 8 线。KZ 经

D_9ZJ_{42} 由 11 线供出，KF 经 D_9ZJ_{12} 由 8 线供出。D_{17} DXJ 的励磁电路即如图中的红线所示。DXJ 吸起后，FKJ 落下，此时，改由绿线加其两边的红线接通自保电路。车列驶入进路后，8 网络线被断开，XJJ 落下。于是，D_{17}DXJ 又由 11 线的红线和局部电路里的绿线虚线接通了新的自保电路，使 D_{17} 仍保持吸起，直到车列全部驶入进路、出清接近区段后，其接近预告继电器吸起时为止（在股道上留有车辆时，要等到车列出清 9-15DG 区段时为止）。

调车信号继电器之所以受 8 和 11 两条网络线控制的原因是，因为受 8 线控制的 XJJ，在调车信号机的接近区段无车时，接有 1-2 线圈自保电路，不能用 XJJ 前接点来反映进路空闲的缘故。

在上述的例子中，调车进路中只包括有一个道岔区段。因此，在股道上留有一部分车辆时，D_{17} 的关闭时间就延迟了，一直要等待调车车列完全出清进路后，才能自动关闭。当车列完全出清进路后，8 网络线能否重新接通，而使 XJJ 和 DXJ 再度励磁吸起呢？不能（若能，则信号就会自动重复开放了）。这里的关键控制条件，就是在 8 线红线和 11 线红线的连接点处，串接有 XJJ_{62}。因此，XJJ 一旦落下，就将 8 线甩开了。而且，XJJ 在信号开放过程中，是靠自保电路保持吸起的。所以，车列出清进路后，即使 8 线又接通，但 XJJ 也不会再吸起，控制 DXJ 的8 线红线和 11 线红线也不会再接通。因此，能保证在上述情况下的调车信号机不会自动重复开放。

在上述 11 线红线的控制电路中，串接有 9-15CJ_{43}，这说明用进路中的事故按钮 SGA 使 CJ 吸起，可随时使信号关闭。

(3)调车中途返回解锁。分两种情况：一种是调车车列返回后，原牵出进路全部没有解锁；另一种是调车车列返回后，原牵出进路一部分解锁，剩下一部分没有解锁。下面看看，这两种情况是怎样解锁。

第一种情况以 D_7 为例。有一车列从ⅠG 牵出，车列进入 D_7 内方越过 D_9 后停车，然后根据 D_9 返回去ⅢG。车列返回出 3DG 区段时，3DG 区段和 5DG 区段的解锁电路，是按如下的电路接通的：

在车列完全进入 D_7 内方时，在 D_7XJ 缓放的瞬间，3/2LJ1-2 线圈的绿线电路接通，使 3/2LJ吸起。3/2LJ 吸起后自保。

当车列退出 3DG 区段后，3FDGJ 缓放落下。由于 3/2LJ 已经在吸起状态，所以此时 3CJ 便励磁吸起并自保，此时 D_7XJ 早已落下。于是，由原牵出进路终端处（在 L_5 零散组合内）供出的 KF 解锁电源，经附图中黄色的 8 网络线（检查车列已完全退出），在 D_7 的 DX 组合内，将解锁电源送往黄色的 12 网络线，先使 5/2LJ 励磁吸起，然后自保。由于区段内无车，5CJ 立即吸起。于是，又接通了黄虚线所示的电路，又将 5/1LJ 吸起并自保。原牵出进路最末一个区段，即 5DG 区段先解锁。在 5/1LJ 吸起后，又接通了如附图中黄线的电路，最后使 3/1LJ 吸起并自保。于是，原牵出进路中的第一个区段，3DG 区段最后解锁。

第二种情况，以 $S_{Ⅲ}$D 为例说明。有一车列，由ⅢG 牵出，越过 D_{11} 后停车。然后又根据 D_{11} 返回到ⅠG 去了。牵出时，原牵出 $S_{Ⅲ}$D 进路中 11-13DG 区段已经解锁。但在该进路中，还包含有 7DG 区段，7DG 区段要靠调车返回解锁电路解锁。

当车列越过 D_{11} 后，11-13/1LJ 和 11-13/2LJ 都吸起。当车列驶入 7DG 区段时，7QJJ 早已经落下。因此，在车列越过 D_{11}，出清 11-13DG 区段，当 11-13/1LJ 吸起，而 11-13CJ 尚未吸起以前，附图中 7/2LJ 的黄线电路接通，先使 7/2LJ 励磁吸起。

车列根据 D_{11} 的月白灯折返时，当车退出 7DG 区段，8 网络线接通。于是，由原牵出进路

S_{III}D 的终端(在 X_D 的 1LXF 组合内)送出的 KF 解锁电源,如图中的绿线所示,一直送到折返信号 D_{11} 的 DX 组合内,由此转接到 12 线上去。车退出 7DG 区段后,由于 7FDGJ 落下,7CJ 吸起,所以这个解锁电源,又沿着 12 线的绿线,送到原牵出进路的终端处,使 X_DGJJ 吸起。由于 X_DGJJ 的吸起,是受 8 线和 12 线控制的,所以它的吸起,一方面证明车列已经全部退出原牵出进路,另一方面也证明用来解锁的 12 网络线工作正常。

通过 X_DGJJ_{52} 将解锁电源接入到 13 网络线。于是,又如 13 线的绿线所示,7/1LJ 的电路被接通,使 7/1LJ 最后吸起。7/2LJ 和 7/1LJ 都吸起后,7DG 区段便在车退出原牵出进路后解锁了。

以上所举的两个调车中途返回解锁电路的例子,不论是第一种情况,还是第二种情况,都是用 8 网络线证明车列已全部退出原牵出进路。8 网络线的解锁电源,都是由原牵出进路的终端处供出的。两种情况不同的是,第一种情况是将 8 网络线的解锁电源,由原牵出进路的始端处,转接到 12 网络线上的;而第二种情况,是从折返信号点处转接的。这两种情况,在转接连接线上接入的条件也不完全相同,但都是用来证明车列确实返回去了。

(4)故障分析:

【故障分析例一】D_3 至ⅢG 进路,结果 D_3 开放了,D_{11} 进路已经锁闭,但 D_{11} 不开放。怎样分析这个故障?

分析的步骤与方法:

①D_{11} 进路已经锁闭说明,D_{11}FKJ 曾经励磁吸起过。

②$D_{11}XJ\uparrow \rightarrow D_{11}FKJ\downarrow \rightarrow D_3XJ\uparrow$ 这个关系是成立的。因此,D_{11}FKJ 的复原和 D_3 的开放,说明 D_{11}XJ 曾经励磁吸起过。

③D_{11}XJ 吸起后又落下,一般是由于允许白灯灯泡被烧断,构不成自保电路造成的,由此可判断需要更换灯泡。

【故障分析例二】排 D_{17} 至 X_D 调车进路。车越过 D_{11} 后,又排列 D_{11} 至ⅢG 的调车进路。车由 D_{11} 返回后,7DG 区段不能解锁。分析其原因?

分析的步骤与方法:

①车列牵出时,D_{17} 能开放,说明 8 线无问题。

②先用区段人工解锁办法,使 7DG 解锁。而后,试排 S_{III} 向东郊方面的发车进路,如能取消,则说明 12 线及 13 线也无问题。

③由以上可判断,故障在 8 线至 12 线间的转接连接线部分,应测出该线段的断线处所。

④如果试排的 S_{III} 发车进路取消不了,则说明故障在 12 线和 13 线上。折返时,有关 7DG 区段的 LJ 吸起顺序,应该按下列的时序逻辑表达式进行:

$$7/2LJ\uparrow \rightarrow 7CJ\uparrow \rightarrow X_DGJJ\uparrow \rightarrow 7/1LJ\uparrow$$

如果 X_DGJJ 能吸起,则说明 13 线有断线现象,否则 X_DGJJ 不能吸起,则说明 12 线有断线现象。分段测出断线处所,修复之即可。

单元总结

本单元以继电联锁 6502 电气集中为背景,详细讲解了电气集中车站信号设备的组成、操作方法、控制电路的联锁条件和 6502 电气集中电路的基本原理。

6502 大站电气集中由室内外两部分设备组成,室内设备包括控制台、区段人工解锁按钮盘、继电器组合及组合架、电源屏和分线盘;室外设备包括色灯信号机、电动转辙机、轨道电路和电缆线路。这些设备组成了一个完整的控制系统，实现对车站信号设备的控制和监督。

6502 大站电气集中通过按压控制台各种用途的按钮完成对车站信号设备的操作，采用双按钮进路式选路方法。

6502 电气集中有 12 种定型组合、3 种基本组合，即道岔组合、信号组合和区段组合。

6502 电气集中共有 15 条网络线。1～7 线为选择组电路，其中 1～6 线为选岔电路，7 线为 KJ 电路。8～15 线为执行组电路，其中 8 线为 XJJ 电路，9 线和 10 线为 QJJ 电路，9 线是 QJJ 的励磁电路，10 线是 QJJ 的自保电路，11 线是 XJ 电路，12 线和 13 线是专为验证解锁条件用的解锁网络线，14 线和 15 线是控制轨道光带用的表示灯网络线。

进路选出前的记录电路，包括按钮继电器电路和方向继电器电路。按钮继电器电路用来记录按压按钮的动作，方向继电器电路用来记录所排列进路的方向和性质。

道岔控制电路由启动电路和表示电路组成。启动电路指动作转辙机的电路，表示电路是指反映道岔实际位置的电路。

复习思考题

一、填空题

1. 6502 电气集中的定型组合共有(　　)种。

2. 取消进路时，利用了传递继电器的(　　)参数特性接通解锁网络。

3. 排列复合调车进路时，进路上的调车信号机，(　　)顺序开放。

4. 单置调车信号机按钮可作(　　)方向调车进路的变通按钮。

5. 向同一无岔区段排列两条相对的调车进路为(　　)。

6. 选择组的 1、2 线是选择进路上的(　　)FCJ。

7. 选择组的 3、4 线是选择进路上的(　　)FCJ。

8. 当单置调车信号机作终端使用时，其(　　)组合的 JXJ 吸起。

9. 6502 电气集中与 64D 型继电半自动闭塞结合电路，只有在办理好(　　)，取得发车权后，才准许开放出站信号机。

10. 6502 电气集中与双线自动闭塞结合电路，(　　)出站信号机不能开放。

11. 正常解锁进路时，利用了传递继电器的(　　)参数特性接通解锁网络。

12. 在建立进路的过程中，从按压进路按钮起到进路选出这一阶段所涉及的各个继电器电路统称(　　)电路。

13. 调车信号机当接近区段留有车辆时，待车列出清调车信号内方(　　)后才自动关闭。

14. 进站信号机因为允许灯泡的灯丝断丝熄灭时，应自动改点(　　)。

15. 信号开放后车已经接近，即进路处于接近锁闭状态时，要想改变进路，先使进路解锁，必须用(　　)的办法。

16. 6502 电气集中电路中信号控制电路包括信号继电器电路和(　　)。

17. 6502 电路中 CJ 具有缓吸特性和(　　)。

18. 在信号机或轨道电路发生故障不能开放进站或接车进路信号机时，可采取(　　)方式开放引导信号。

19. 照查继电器(　　),说明本咽喉未向股道办理接车或调车进路。

20. 进路预先锁闭是指(　　)后且接近区段还没有车占用时的锁闭。

21. 每个道岔区段和列车进路上的无岔区段都要选用一个(　　)组合。

22. 三项基本联锁条件包括进路空闲、(　　)、敌对进路未建立。

二、选择题

1. 调车信号辅助组合 DXF 主要用于(　　)。

(A)调车信号机　(B)尽头型调车信号机

(C)单置调车信号机及变通按钮　(D)差置调车信号机

2. 单动道岔选用一个(　　)组合。

(A)Q　(B)DD　(C)SDF　(D)SDZ

3. 在有两个发车方向时,出站兼调车信号机应选用(　　)组合。

(A)LXZ　(B)1LXF　(C)LXZ、1LXF　(D)LXZ、2LXF

4. 当列车或车列未驶入接近区段时,允许操作人员立即使进路解锁而不会危及行车安全,习惯上称这种解锁方式为(　　)。

(A)正常解锁　(B)人工解锁　(C)取消进路　(D)进路解锁

5. 区段人工解锁按钮盘是用于(　　)。

(A)故障解锁　(B)区段解锁　(C)进路解锁　(D)人工解锁

6. 单置调车信号机按钮作终端 AJ 用时,(　　)吸起。

(A)AJ　2AJ　(B)1AJ　AJ　(C)1AJ　2AJ　(D)1AJ　2AJ

7. 尽头型调车信号机有(　　)个按钮继电器。

(A)1　(B)3　(C)2　(D)4

8. 6502 电气集中 JXJ 吸起后,再(　　)时复原。

(A)始端 AJ 落下　(B)终端 AJ 落下

(C)DCJ 或 FCJ 落下　(D)KF—共用—Q 断电

9. 6502 执行组共有(　　)条网络线。

(A)5　(B)6　(C)7　(D)8

10. 6502 电气集中控制轨道光带表示灯的网络线是(　　)线。

(A)11　(B)12、13　(C)14、15　(D)10

11. 捺形渡线道岔反位操纵继电器的励磁网路线是(　　)。

(A)3、4 线　(B)5、6 线　(C)1、2 线　(D)7 线

12. 当办理下行列车通过作业时,只需按压哪两个按钮就可把下行列车通过进路选出来(　　)。

(A)XTA 和 XLZA　(B)XTA 和 SLZA

(C)XTA 和 STA　(D)XTA 和 SLA

13. 道岔区段有车时,道岔不应转换,此种锁闭叫作(　　)。

(A)区段锁闭　(B)进路锁闭　(C)单独锁闭　(D)接近锁闭

14. 检查进路选排一致性的继电器是(　　)。

(A)KJ　(B)XJJ　(C)KJ 和 ZJ　(D)XJJ 和 ZJ

15. 在 8 线，检查本咽喉区没有建立敌对进路时，通过(　　)的后接点来实现的。

(A)KJ　(B)XJJ　(C)KJ 和 ZJ　(D)KJ 和 XJJ

16. 引导信号应显示(　　)灯光。

(A)红　(B)红和月白　(C)白　(D)黄

17. 当道岔启动电路已经动作后，如果车随即驶入道岔区段，则应保证使转辙机(　　)，不要受上述区段锁闭的限制。

(A)停止转换　(B)反向转换

(C)继续转换到底　(D)停止转换并回转

18. 进路的性质与方向，由进路的(　　)按钮决定。

(A)始端　(B)终端　(C)始端和终端　(D)道岔按钮

19. 6502 电气集中共有(　　)种方向电源。

(A)9　(B)7　(C)8　(D)10

20. 6502 电气集中选择组选八字第一笔双动道岔的反位时，用(　　)。

(A)第 1、2 网路线　(B)第 3、4 网路线

(C)第 5、6 网路线　(D)第 7、8 网路线

21. (　　)时，进路上轨道区段的解锁顺序是从始端至终端方向逐段解锁。

(A)取消进路　(B)人工解锁　(C)正常解锁　(D)故障解锁

22. 道岔组合、信号组合、(　　)组合是 6502 电气集中的三种基本组合类型。

(A)电源　(B)轨道　(C)区段　(D)尽头

23. 单置调车信号机按钮做变通按钮使用时，(　　)吸起。

(A)AJ↑2AJ↑　(B)1AJ↑AJ↑

(C)1AJ↑2AJ↑AJ↑　(D)1AJ↑2AJ↑

24. 在办理向站线的接车进路且进站信号开放后，若第二位黄灯因故灭灯，此时进站信号机显示(　　)。

(A)红灯　(B)红灯和月白灯　(C)黄灯　(D)绿灯

25. 6502 电气集中，在排列进路过程中，进路始端按钮表示灯在(　　)熄灭。

(A)进路锁闭后　(B)XJ 吸起后

(C)方向电源无电后　(D)选路完毕后

26. 6502 电气集中，列车进路上的 KJ，在(　　)后复原。

(A)第一个道岔区段解锁　(B)信号开放

(C)信号关闭　(D)最后一个道岔区段解锁

27. 6502 电气集中，调车进路 FKJ 和 ZJ 的励磁顺序是(　　)。

(A)FKJ 先吸起　(B)ZJ 先吸起

(C)进路左边的先吸起　(D)进路右边的先吸起

28. 6502 大站电气集中，进路在接近锁闭状态，应能办理人工解锁，待信号关闭后，接车进路和正线发车进路延时(　　)解锁。

(A)10 s　(B)30 s　(C)1 min　(D)3 min

29. 在 6502 电气集中第 8 网路线上，用串接(　　)前接点来实现对另一咽喉区没有建立迎面敌对进路的检查。

(A)GJJ　(B)ZCJ　(C)SJ　(D)ZJ

30. ZQJ 和 ZRJ 设在(　　)组合中。

(A)DY　　(B)LXZ　　(C)DX　　(D)F

31. 6502 电气集中的选岔网路采用(　　)。

(A)串联传递　　(B)并联传递　　(C)串并联传递　　(D)上下传递

32. 6502 电气集中,正常排列进路时,(　　)吸起,切断 ZCJ 的自闭电路。

(A)QJJ　　(B)GJJ　　(C)XJJ　　(D)SJ

33. 6502 电气集中辅助开始继电器电路中,排列列车进路时,(　　)吸起后使 FKJ 励磁并自闭。

(A)LKJ　　(B)KJ　　(C)JXJ　　(D)XJJ

三、判断题

1. 按压进路上的两个按钮,都能选出一条基本进路。(　　)

2. 进路的选出是指进路中的道岔转至规定位置,并给出相应表示。(　　)

3. 股道有车占用时不允许向其排列调车进路。(　　)

4. 信号机的允许显示因故熄灭时(允许灯泡的灯丝断丝),应自动改点禁止显示红灯。(　　)

5. 在 6502 电路中凡是进路始端都要设一个 KJ。(　　)

6. 单置调车信号机组合只设有一个 JXJ。(　　)

7. 6502 电气集中采用单按钮操纵选择进路方式。(　　)

8. 在选排长调车进路时,因中间信号点的 AJ 不吸起,所以中间信号点的按钮表示灯不亮。(　　)

9. 进路正常解锁,总是 1LJ 吸起后,2LJ 吸起。(　　)

10. 正常解锁时利用传递继电器的快吸特性。(　　)

11. 4 个方向继电器同时只允许其中一个方向继电器励磁吸起,并保持到整条进路全部选出为止。(　　)

12. 股道有车占用时不允许向其排列调车进路。(　　)

13. 允许两端同时向无岔区段办理调车作业。(　　)

14. “故障—安全”混线防护位置法的关键在于继电器和电源必须分设在可能混线位置的同侧。(　　)

15. 依照按压进路始端按钮和进路的终端按钮先后顺序,能确定进路的运行方向和进路的不同性质。(　　)

16. 调车按钮可兼做列车进路的变更按钮,也能兼做调车进路的变更按钮。(　　)

17. 在执行组电路中,由于一些继电器电路的逻辑条件涉及信号、道岔和道岔区段,因此,它们的电路具有网络形状。(　　)

18. 在尖轨和基本轨之间夹有障碍物(如道砟等)而使道岔不能转换到极处,再操纵时,应使道岔能向反方向转换,以防电机过载。(　　)

19. 检查另一咽喉区没有建立迎面的敌对进路。是通过检查另一咽喉该股道处的照查继电器 GJJ 的前接点来实现。(　　)

20. 在 6502 电气集中电路里对应每一道岔区段设一个锁闭继电器。(　　)

21. 色灯进站信号机红灯灭灯后仍可以开放允许信号。(　　)

22. 经过方向继电器前接点送出的电源叫方向电源。（　）
23. 并联传递选岔电路在 JXJ 吸起后，可证明进路已全部选出。（　）
24. 6502 电路中，FKJ 的作用是能自动地重复开放信号。（　）
25. 6502 电气集中电路中 CJ 平时处于吸起状态。（　）
26. 进路锁闭分为预先锁闭和接近锁闭。（　）
27. 正常解锁时，由左向右的进路先吸起的进路继电器是 1LJ。（　）
28. 当 DJJ 吸起时，KF－共用－Q、KF－DJJ－Q 有电，而 KZ－列共－DJJ－Q 没电。（　）
29. 若轨道电路故障，可采用办理引导进路锁闭方式开放引导信号。（　）
30. 进路上的道岔操纵继电器和道岔表示继电器吸起后，即选排一致时，LKJ 才励磁吸起。（　）
31. 调车时当车压入信号机内方，调车信号机即自动关闭。（　）
32. 6502 电气集中室内控制台盘面，在进路未锁闭时，股道有车，亮两节红光带；股道空闲，不亮光带。（　）
33. 在道岔表示电路发生故障时，可采取引导进路锁闭方式引导接车。（　）

四、简答题

1. 6502 定型组合类型共有哪几种？
2. 电气集中车站室内设备包括哪些？
3. 方向电源有多少种类？
4. 什么叫联锁？
5. 选岔电路共有哪几条网路？各网路的作用是什么？
6. 进路建立到解锁分哪 5 个阶段？
7. JXJ 有何作用？
8. 6502 电气集中进路正常分段解锁三点检查是怎样实现的？
9. 电气集中车站室外设备包括哪些？
10. 6502 电气集中道岔选出的顺序是怎样的？
11. KJ 励磁要检查哪些条件？
12. 6502 电气集中取消进路时必须符合哪些条件才能使进路解锁？
13. 叙述人工解锁时，进路继电器的动作规律。
14. 在办理人工解锁时，为什么 XJJ 电路上要检查 KZ-RJ-H 条件电源？
15. 照查继电器电路中 SJ 前接点有何作用？
16. 6502 电气集中电路 XJJ 有什么用途？

五、综合题

1. 简述继电器 DCJ 和 FCJ、DBJ 和 FBJ、KJ、ZJ 的名称和作用。
2. 分析在进站信号机 LXJ 局部电路中的 DJ 第 1 组前接点的作用。
3. 简述执行组各条网络线的作用。
4. 电路故障分析。车站值班员办理了 X 至ⅢG 的接车进路，进路现处于锁闭状态，所有的按钮表示灯和进路排列表示灯都灭灯，但信号复示器没有显示绿灯，分析此故障的原因。

5. 以选 X→ⅢG 经由道岔 5/7 反位的接车基本进路为例，写出选择组电路各继电器动作的时序逻辑表达式。

6. 6502 电气集中 XJJ 局部电路中，XJJ 第 1 组接点有什么作用？

7. 画出进站信号机点灯电路图。

单元三　计算机联锁系统的认知

项目描述

本项目的主要内容是计算机联锁系统，通过学习应熟练掌握计算机联锁系统的体系结构、系统硬件、软件组成，不同类型计算机联锁系统的原理，达到车站联锁信号设备维修的信号工及联锁技术人员岗位要求。

教学目标

学习目标

1. 了解计算机联锁系统的结构组成，熟悉其操作方式。

2. 掌握不同类型计算机联锁系统的原理、故障维护。

素质目标

1. 培育安全意识树工匠精神——培养学生安全意识与精益求精的工匠精神。

2. 齐心协力团结合作——培养学生集体意识与团队合作精神。

任务一　计算机联锁系统的体系结构

工作任务

了解计算机联锁控制系统的体系结构，掌握其系统功能与层次结构、系统构建方法、系统接口。

知识点分析

1. 系统功能与层次结构

(1)系统功能

①人机交互功能

人机交互功能也称为操作表示功能。

操作功能，是指行车指挥人员通过操作计算机联锁系统提供的人机交互设备(如鼠标、键盘、数字化仪等)，向联锁机构输入操作指令，如按压按钮、排列进路、操纵道岔等。

表示功能，是将站场信号设备状态和行车作业情况的表示信息通过显示屏等人机交互设备表示出来。

②联锁运算功能

联锁运算是计算机联锁控制系统的核心功能，其主要功能包括以下3类：

第一类是进路控制功能，也是整个计算机联锁控制系统最重要的功能，包括选排进路、锁闭进路、开放信号、解锁进路等。

第二类是道岔控制功能，包括道岔单独操作(定操/反操)、道岔单独锁闭/单独解锁、道岔封锁/道岔解封操作等。

第三类是信号控制功能，包括信号重复开放、信号开放及关闭等。

③输入/输出功能

输入功能是指采集信号机、道岔以及轨道电路等现场设备的状态信息，反馈给联锁运算机构，作为联锁运算的实时动态数据。输出功能是指根据联锁运算结果，控制信号机显示，驱动道岔转换。

(2)层次结构

根据各主要组成部分的功能和设置地点的不同，计算机联锁系统通常可划分为如图 3-1 所示的层次结构。

计算机联锁系统根据其主要部分的功能和设置地点的不同，一般共分为 4 个层次，其主要设备及功能简介如下：

①人机交互层

人机交互层的主要设备是操作表示设备。操作人员通过操作键盘、鼠标等操作输入，经串口送达联锁计算机，同时在图形显示器上显示站场表示信息。在站场规模较大致使联锁计算机负担较重或需要多终端操作的情况下，可设置操作命令采集机进行操作命令输入的有效性判别，并转换成约定格式传送给联锁计算机。人机交互层的设备设于车站值班室。

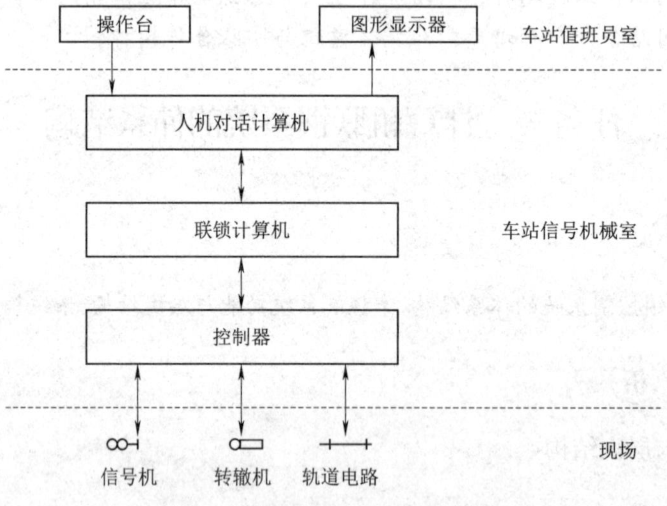

图 3-1　计算机联锁系统的层次结构

②联锁运算层

联锁运算层的主要设备是工业控制计算机或安全计算机。联锁机构是联锁系统的核心，联锁机构除了接收来自人机交互层的操作信息外，还接收来自输入/输出层反映信号机、道岔和轨道电路状态的信息，联锁机构对输入的操作信息和状态信息，以及联锁机构当前的内部信息进行处理，产生信号控制命令和道岔控制命令，并发送给输入/输出层的控制电路予以执行。其可靠性、安全性对系统的总体“故障—安全”性能有较大影响，联锁层设备设在车站信号楼的机械室内。

③监控层

监控层(或称执行层)指联锁层与各个监控对象之间的控制电路这一层，其主要功能是：接收来自联锁层的信号控制命令，控制信号显示；接收来自联锁层的道岔控制命令，动作道岔转辙机，驱动道岔的转换；向联锁层传输采集的现场信号状态信息、道岔状态信息、轨道电路状态信息。

④监控对象层

监控设备是指联锁系统的现场设备，即道岔、信号机与轨道电路。

2. 系统构建方法

由于站场规模、控制对象分布范围的不同，计算机联锁系统的构建方式多种多样，应用的核心计算机系统也千差万别。下面仅从系统功能实现的角度列举 3 类计算机联锁系统的构建方法。

(1)基于单台计算机的系统

针对小型车站，基于一台计算机，采用少量的输入/输出电路(I/O 板)，将主机板和所有的 I/O 接口板集成在一起，通过输出接口控制现场设备继电器，通过输入接口检测现场设备状态。采用这种方式构建的计算机联锁系统，称为基于单台计算机的联锁系统。系统的应用软件(包括联锁核心软件、操作及显示软件、输入/输出软件等)全部集中在一台工控机内运行，如图 3-2 所示。

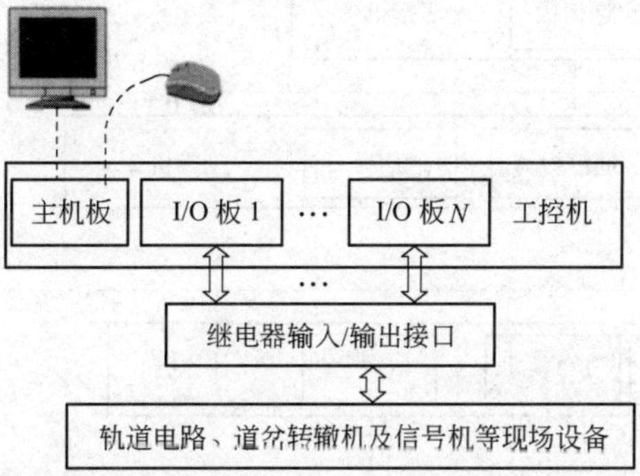

图 3-2　基于单台计算机的联锁控制系统

(2)基于两台计算机的系统

对于较大规模的车站，一台计算机已经无法满足计算机联锁系统的功能需求。为此，需对计算机联锁系统进行功能划分，将接收操作人员或上一级系统命令和监督的功能从联锁计算机中分离出来，由一台专门的计算机(常称为上位机)来实现，联锁功能及输入/输出功能由另外一台计算机(联锁机)来实现，两台计算机通过通信网络连接起来，构成完整的系统，实现对较大规模车站信号系统的控制，如图 3-3 所示。上位机主要包括主机板、通信板以及终端设备(如显示器和鼠标)；下位机主要包括主机板、通信板以及输入/输出板。在以这种方式构建的计算机联锁系统中，上位机完成人机交互功能，下位机实现核心联锁及输入/输出功能。上位机通过通信板和通信总线将操作命令发送到下位机，下位机根据上位机发送的操作命令及通过继电器输入接口采集的现场设备状态进行联锁运算，根据联锁运算的结果，通过继电器输出接口驱动现场设备，并将人机交互信息通过通信板和通信总线发送到上位机。

(3)基于多台计算机的系统

①分布式 I/O 层计算机联锁系统

当控制对象的数量较多时，设置多台计算机来实现输入/输出功能，如图 3-4 所示。

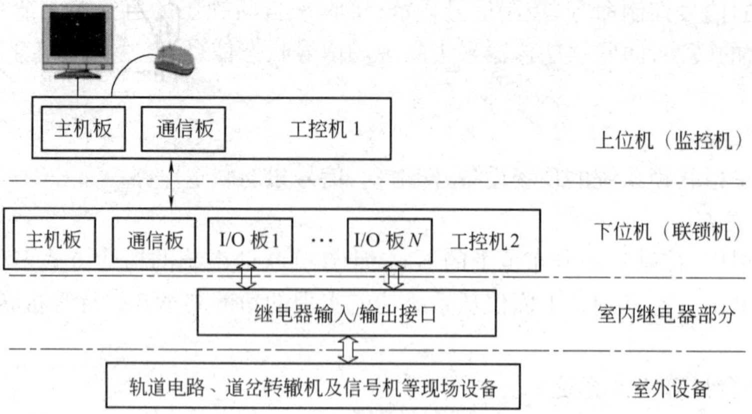

图 3-3　基于两台计算机的联锁系统

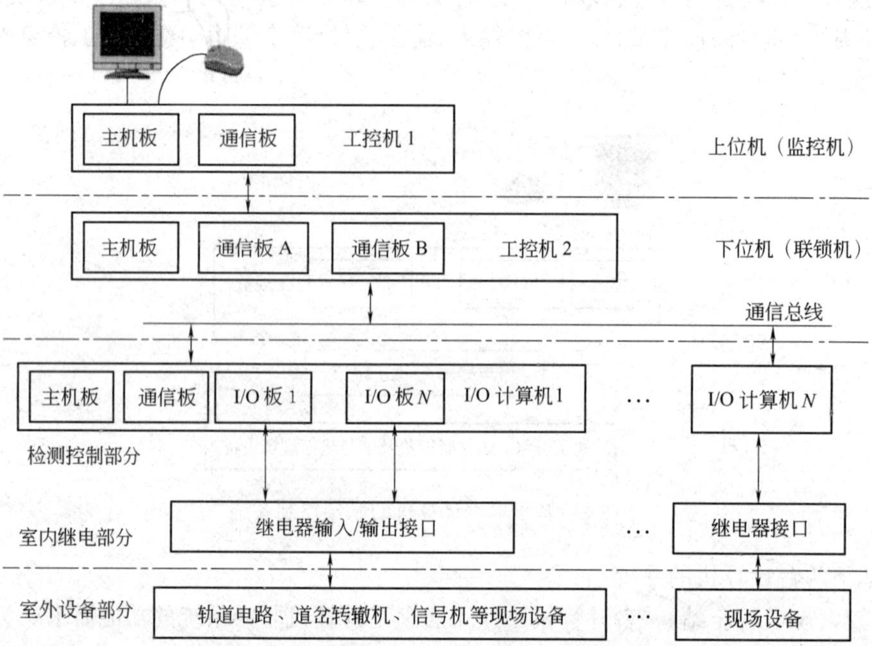

图 3-4　分布式 I/O 层计算机联锁控制系统

联锁机与多个输入/输出计算机(I/O 计算机)通过通信网络连接起来,通过高速数据通道把功能上分散的信息集中起来,进行集中监视、操作和分散控制,构成一套完整的系统。该系统的应用软件分别在多台计算机内运行,输入/输出软件分别在各个 I/O 计算机内运行,所有计算机中都运行通信软件。该系统通过高速数据通道,可以扩展更多的 I/O 计算机,以实现对更大规模车站信号设备的控制。

与基于两台计算机的联锁系统相比,分布式 I/O 层计算机联锁系统的特点是将联锁运算功能与输入/输出功能分离,下位机只完成核心联锁运算功能,而现场设备的采集与驱动则由多台 I/O 计算机完成。

②分布式联锁层计算机联锁系统

当控制对象分布的地理范围较广时,设置多台计算机来完成各自区域内的联锁运算,达到对所有室外设备控制的目的，如图 3-5 所示。该系统的应用软件分别在多台计算机内运行，所有计算机中都运行通信软件。该系统通过高速数据通道，可以扩展更多的联锁计算机以实现对更大规模车站的控制。

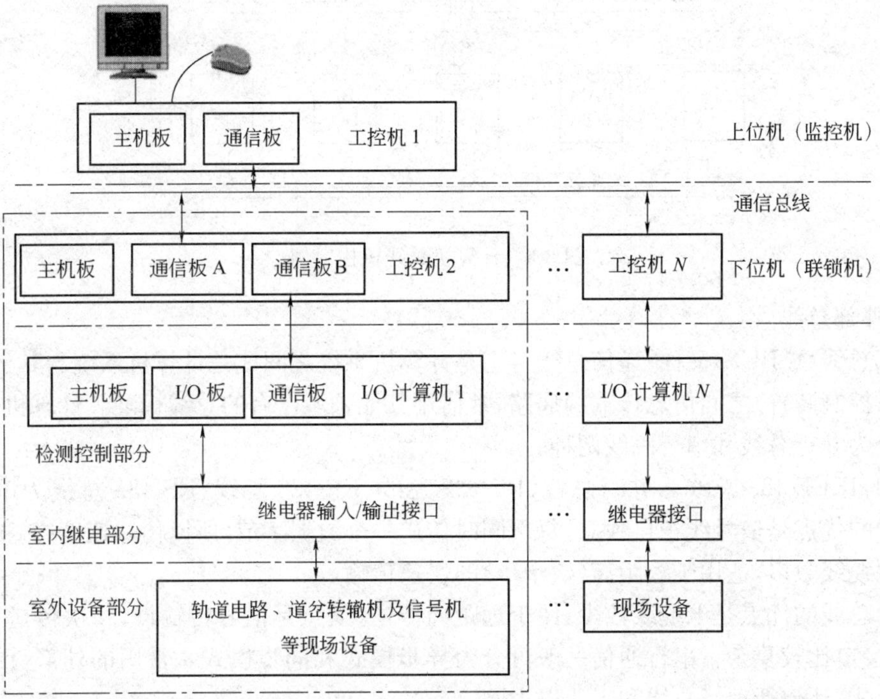

图 3-5　分布式联锁层计算机联锁系统

分布式联锁层计算机联锁系统是在综合前面几种计算机联锁系统各自优点的基础上，而设计的一种新型联锁系统。它最大的特点是将多个区域内的控制对象分别集中控制，多台联锁计算机再通过通信总线实现互联，这样极大地减小了现场配线量，既节省了工程费用，又提高了系统可靠性。

3. 系统总线

总线是一组公用信号线的集合，它定义了各引线的信号、电气、机械特性，把计算机或计算机联锁系统中的各个模板以及各种设备连接成一个整体，以便彼此之间进行信息交换。计算机总线机构示例如图 3-6 所示。

根据其功能和规模分类，计算机联锁系统中的总线一般分为 3 类，即内部总线、外部总线和现场总线。

(1)内部总线

内部总线(I-BUS)又称“系统总线”，是通用微型计算机和测控系统用计算机内部所特有的总线。计算机的内部总线一般都是并行总线，系统总线是各种模板进行信息传送的通路，把测控计算机系统的各种模板插件连接起来，构成完整的计算机测控系统。

常用的内部总线有 STD 总线、VME 总线、ISA 总线、PCI 总线等，均是系统总线。

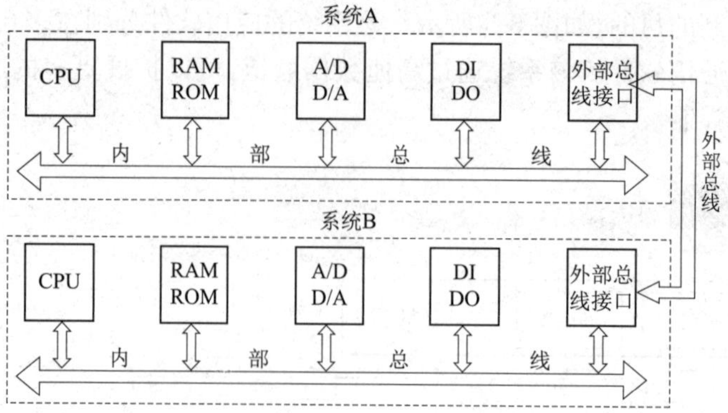

图 3-6　计算机总线机构示例

(2)外部总线

外部总线(E-BUS)又称“通信总线”,它是计算机系统之间或是计算机系统与其他系统(仪器、仪表、控制装置)之间信息传输的通路,常借用其他领域已有的总线标准。计算机的外部总线通常分为并行总线和串行总线两种。

例如:IEEE-488 总线为并行总线,RS-232 总线、RS-422 总线、RS-485 总线为串行总线。并行总线的优点是信号线各自独立,每次同时传送一个数据字节,所以传输速度高,接口简单;缺点是电缆线数多,适用于短距离(数十米)的快速传输。

串行总线的优点是电缆线数少,便于远距离传送;缺点是信号传输慢,每次传送一个比特的信息,接口比较复杂。串行通信一般可分为异步模式和同步模式。常用的外部总线除了以上几种形式,还包括现场总线和工业以太网。

(3)现场总线

根据 IEC 标准和 FF 的定义,现场总线是连接智能现场设备和自动化系统的数字式、双向串行传输、多分枝结构的通信网络。

目前,较流行的现场总线主要有:CAN、Profibus、Lonworks、HART、FF。计算机联锁系统使用比较多的是 CAN 控制器局域网络。

4. 系统接口

为了完成必要的数据交换,计算机联锁系统内部以及计算机联锁系统与其他系统之间存在很多数据接口。这些接口,按与计算机联锁系统的关系可分为系统内部接口和系统外部接口。

(1)系统内部接口

计算机联锁系统内部各模块之间的接口包括:人机交互层与联锁运算层之间的接口、联锁运算层与输入/输出层之间的接口、输入/输出层与现场设备之间的接口。

①人机交互层与联锁运算层之间的接口

该接口传输的数据包括人机交互层发送给联锁运算层的操作数据和联锁运算层发送给人机交互层的站场设备状态表示数据。

人机交互层与联锁运算层之间的接口一般采用工业总线,比如 RS-485 串行总线、CAN 总线、工业以太网等。

②联锁运算层与输入/输出层之间的接口

该接口传输的数据包括联锁运算层发送到输入/输出层的驱动控制命令和输入/输出层发

送到联锁运算层的现场设备继电器接点的状态信息。

联锁运算层与输入/输出层之间的接口一般采用工业总线，连接方式既可以采用串行总线，也可以采用并行总线。

③输入/输出层与现场设备之间的接口

该接口传输的数据包括对现场设备的控制信号及表示现场设备状态的电气信号。室内继电接口电路与室外现场设备之间通过电缆连接成电气通路。室内继电接口电路一般以组合的形式放置在组合架内，组合架内的各个组合通过组合侧面配线与室内分线盘连接，室外信号设备的控制芯线通过电缆连接到室内分线盘，在室内分线盘上把室内接口电路与室外现场设备贯通，从而实现闭环控制。输入/输出层与现场设备之间的接口关系如图 3-7 所示。

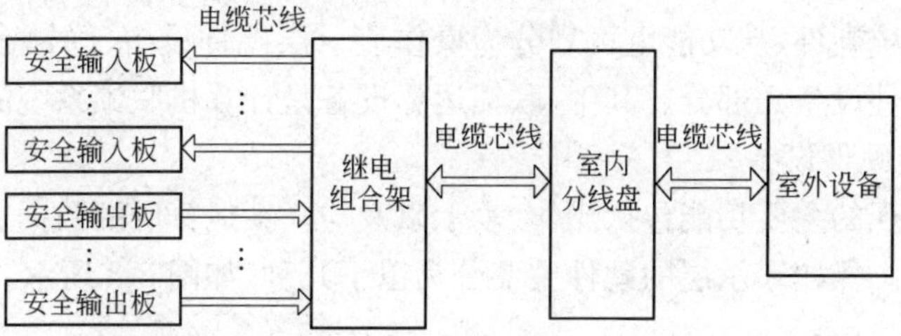

图 3-7　输入/输出层与现场设备之间的接口

(2)系统外部接口

随着铁路信息化建设的不断加快，运输组织系统、列车运行控制系统、信号集中监测系统等技术装备陆续投入应用，计算机联锁系统作为重要的基础信号控制设备，必然会与这些系统存在信息接口。

①联锁系统与调度集中系统的接口

调度集中(Centralized Traffic Control，CTC)系统是调度中心(列车调度员)对管辖区段范围内的行车设备进行集中遥控，对列车运行直接指挥、管理的自动化控制系统。调度集中系统既需要从计算机联锁系统获取信号设备状态信息、进路信息等表示信息和联锁命令执行情况的回执信息，又需要向联锁系统传送进路控制命令。

CTC 系统的车站自律机通常与联锁系统的操作表示机通信，连接方式一般采用标准串行总线接口。

②联锁系统与列车运行控制系统的接口

列控中心(或无线闭塞中心)从计算机联锁系统获取联锁状态信息和轨道占用信息，产生行车许可。联锁系统从列控中心接收进站或进路信号机点灯、接近区段轨道电路发码等控制信息。

联锁系统一般通过联锁机与列控中心(或无线闭塞中心)通信，通信总线通常为冗余的带光电隔离的标准 RS-422 串行总线。

③联锁系统与信号集中监测系统的接口

车站信号集中监测系统是加强信号设备管理、监测铁路信号设备质量的重要行车设备。

信号集中监测系统从计算机联锁系统获得进路信息、按钮操作信息、现场设备状态信息等操作表示信息。联锁系统只向信号集中监测系统发送联锁设备状态数据，而不接收任何信息。

联锁系统通过操作表示计算机或电务维修机与信号集中监测系统建立连接，通常采用单向的串口通信。

任务二　计算机联锁系统硬件的认知

工作任务

了解操作表示层、联锁运算层硬件设备结构；掌握室内外接口电路及联系方式；了解联锁硬件可靠性、安全性保障技术。

知识点分析

计算机联锁系统硬件，从功能上可划分为操作表示层硬件设备、联锁运算层硬件设备、室内外接口电路和室外设备几部分。其中，联锁运算设备是计算机联锁系统的核心。

1. 操作表示层硬件设备

操作表示层实现的主要功能包括操作、表示以及与联锁运算层的数据通信，而这些功能均需相应的硬件支持。操作表示层的硬件主要分为以下几种，如图 3-8 所示。

（a）鼠标、键盘　　（b）显示器　　（c）计算机

图 3-8　操作表示层硬件设备

(1)操作表示计算机

操作表示计算机是操作表示层的核心设备，负责接收输入设备的操作命令，将操作命令通过数据通信设备发送到联锁运算层，同时接收来自联锁层的数据信息，实现数据的实时更新。

操作表示计算机有多种选择，目前比较常用的是工业控制计算机和嵌入式计算机。

(2)操作命令输入设备

铁路行车人员指挥行车，需要通过命令输入设备将操作命令输入到操作表示计算机。计算机联锁系统的操作命令输入设备主要有以下几种：

①鼠标、键盘

行车指挥人员主要通过鼠标单击站场图及各类操作按钮实现操作命令的输入，此外也可以通过键盘输入命令的方式来实现行车指挥。

②工程数字化仪

工程数字化仪也可实现操作命令的输入功能。数字化仪是由各种标准尺寸(如 A2、A3 等)的面板和控制定位工具组成的，通过标准串口与 PC 机相连接。对于不同的站场，通过各种绘图软件绘制相应的站场图，并输入相应的数据即可实现站场操作功能。

③控制台

控制台是由绘制了站场图的金属板和控制按钮组成的，通过配线与操作表示计算机的

I/O输入板相连接。操作表示计算机通过程序扫描的方式读取输入板的I/O,即可得到相应按钮的按下或弹起状态。

(3)表示信息输出设备

①图形显示设备

显示器是最常用的图形显示设备,主要用来显示站场图形、设备状态、各种功能按钮,以及相关的提示信息。

②语音设备

计算机联锁系统可以通过音箱等语音设备提供丰富的语音提示功能,如信号设备故障报警语音提示、操作类错误的语音提示、列车接近车站语音提示等。

2. 联锁运算层硬件设备

联锁运算层实现联锁逻辑运算,其硬件主要包括联锁主机、输入/输出板卡、通信板卡、电源等。

(1)联锁主机

联锁主机也称联锁机,是联锁逻辑运算的核心机构。联锁软件就运行于联锁机内。

联锁机可以采用专用机,也可采用通用的工业控制计算机(简称"工控机")。国外的计算机联锁系统一般采用专用计算机,而我国早期自行开发的计算机联锁系统多采用工控机。近年来,随着对计算机联锁硬件技术研究的不断深入,国内一些研究机构也开发出了基于嵌入式系统的专用联锁计算机,并逐步得到实际应用。

这里简单介绍一种嵌入式联锁计算机的基本结构与组成。图3-9为嵌入式计算机联锁机构基本结构示意图,外围矩形框表示6U工业标准机笼,主处理单元、输入/输出板、通信板等插接在机笼内的底板上,通过底板上的数据总线及电源总线连接在一起。

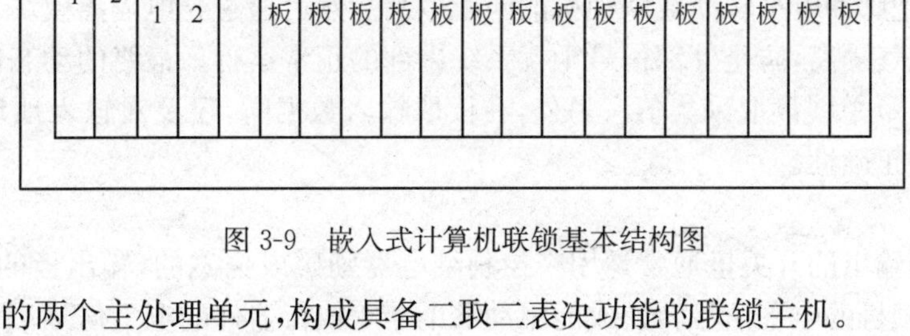

图3-9　嵌入式计算机联锁基本结构图

图3-10中的两个主处理单元,构成具备二取二表决功能的联锁主机。

主处理单元通过专用I/O总线与输入/输出板卡相连,控制输入板采集外部数据,如信号机点灯状态、道岔位置状态、轨道占用状态等;控制输出板驱动外部设备,如驱动信号机点灯、驱动道岔转换位置等。

主处理单元具备以太网、CAN总线、RS-232/RS-422通信功能,使得联锁系统可以通过这些方式与外部系统交换信息。

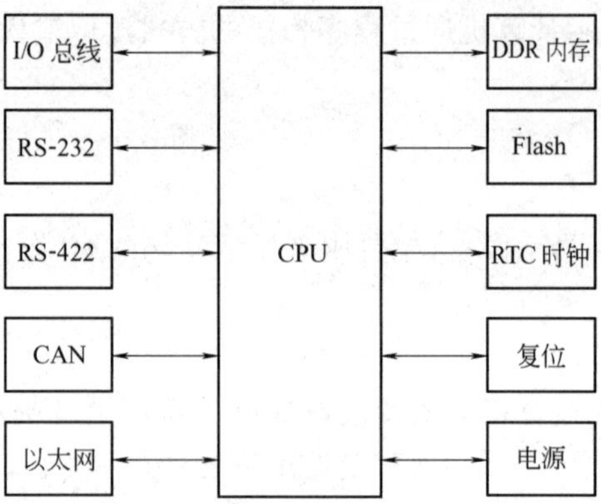

图 3-10　主处理单元功能框图

(2)输入板

联锁系统要采集的现场设备状态,如信号机点灯状态、道岔位置状态、轨道区段占用状态等,都是由安全继电器的接点状态(闭合或断开)来反映的,输入板的功能就是将继电器接点的闭合或断开状态转换成计算机能够识别的二值逻辑量,并通过专用 I/O 总线传送给联锁机。

输入板通常由多路采集通道组成,每一路采集通道的原理如图 3-11 所示。

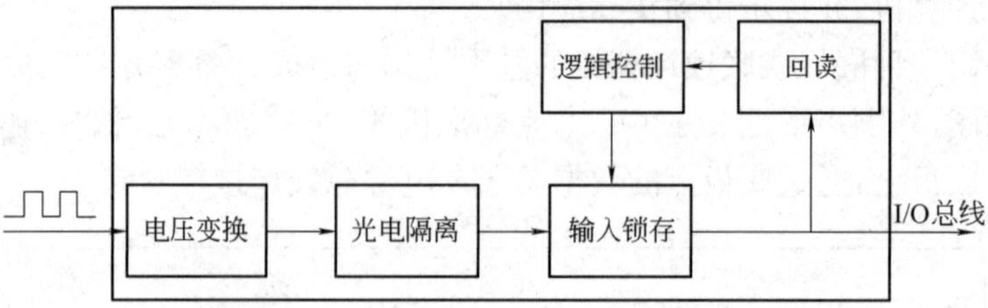

图 3-11　主处理单元的输入通道原理

每个通道都由电压变换、光电隔离、输入锁存、逻辑控制和回读等几个模块构成。在计算机联锁系统中,为保证"故障—安全",通常采用动态脉冲信号实现继电器接点状态的采集。从继电器接点采集的动态脉冲信号连接到输入板的相应通道,电压变换模块对输入的动态脉冲进行电平转换,把脉冲电平转换成联锁机的匹配电平。然后通过光电隔离模块,实现外部设备和内部电路的电气隔离,防止外部信号干扰系统内部的正常运行。最终的动态信号被锁存,主处理单元通过 I/O 总线读取采集值。另外,在读取输入数据时,还要对输入地址进行校验,验证操作及数据的正确性。

(3)输出板

联锁计算机输出的开关量通常是用来控制继电器励磁或失磁的,输出板的功能一是提高驱动能力,将联锁机的电平信号转换成能驱动继电器等执行器件的电平信号;二是实现计算机与外部设备之间的电气隔离,防止干扰信号侵入,保证系统可靠工作。

输出板通常也由多路驱动通道组成,每一驱动通道的原理如图 3-12(b)所示。

联锁计算机通过 I/O 总线将控制命令传送到输出通道,输出数据被锁存器锁存,输出板利用回读单元回读地址和数据进行校验,校验通过以后,使最终的输出信号有效(使能输出)。

输出通道同样采用光电隔离措施,防止外部干扰信号对内部设备的影响,再通过动态/静态转换电路将动态脉冲转化为能够驱动外部继电器的直流电平信号。

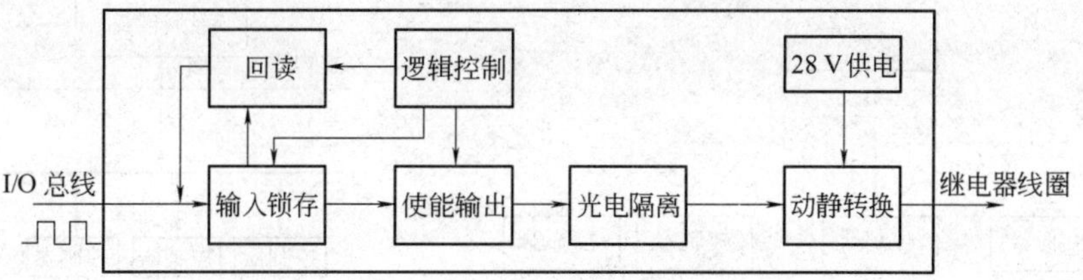

图 3-12　输出板每一路采集通道原理

(4)通信板

通信板实现联锁机主处理单元与外部系统的通信转换功能，提供包括以太网、CAN、RS-232/RS-422 等的多种通信方式。联锁机的所有对外通信功能都由通信板实现，可减轻联锁主处理单元的通信处理负荷。

3. 室内外接口电路及联系方式

(1)计算机联锁系统室内外接口电路

之前我们介绍了信号点灯控制电路、道岔启动与表示电路、轨道电路等现场设备测控电路。在当前应用的计算机联锁系统中，这些电路都继承自 6502 电气集中联锁系统，由安全型继电器组成，我们称这部分电路为联锁系统的继电输入/输出接口，简称继电接口。联锁计算机正是通过对继电接口电路中相应继电器接点状态的采集和相应继电器线圈的驱动来实现对现场设备的检测和控制功能的，如图 3-13 所示。

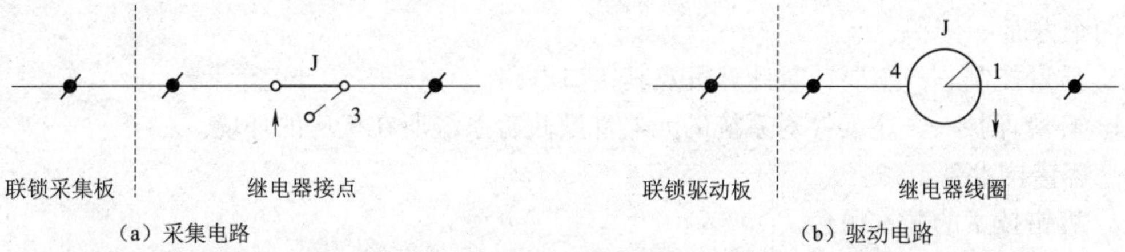

图 3-13　采集、驱动电路

可以看到，计算机联锁系统的输入/输出接口仍然保留了数量较多的安全型继电器，继电器的维护工作量仍较大。另外，从整个计算机联锁系统的经济成本来看，安全型继电器仍然占了相当大的比重。于是，出现了利用低成本的电子元器件代替继电器实现室内外接口功能的全电子化电路。

这种完全利用电子元器件代替安全型继电器电路来实现计算机联锁输入/输出功能的接口电路，我们称之为全电子接口电路或全电子执行单元。全电子接口电路的测控对象仍然是室外的三大基础设备——信号机、道岔和轨道电路。

(2)计算机联锁系统室内外联系方式

①专线方式

每一监控对象都有专门的控制命令输出口和状态信息输入口相对应，可用于既有继电集中联锁的改造，如图 3-14 所示。

②总线方式

把室外的监控对象按地理位置划分为若干群。对于每一群设置一个由计算机构成的现场控制器(集中器)。各集中器分别与室内联锁机联系，由它做中介，实现联锁计算机与监控对象之间的联系，如图 3-15 所示。

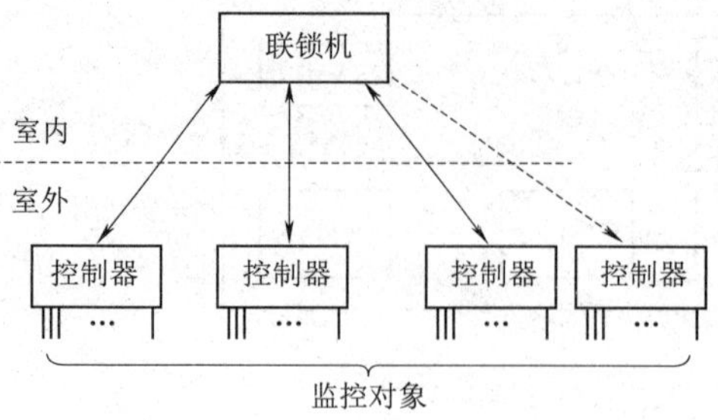

图 3-14　专线联系方式

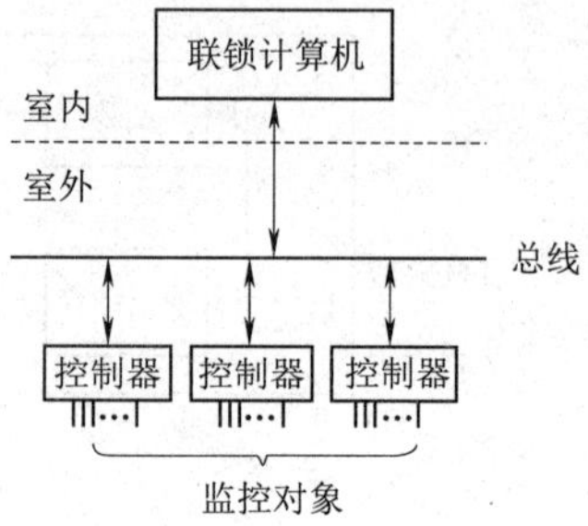

图 3-15　总线联系方式

4. 联锁硬件可靠性、安全性保障技术

(1)可靠性保障技术

系统的可靠性是指在规定的条件下,规定的时间内,系统完成规定功能的概率。为了提高系统的可靠性,防止故障造成系统失效,人们在长期的研究中发展了两类基本技术。一类是防止和减少故障发生的技术,叫作避错技术;另一类是当系统的某一部分发生故障时仍使系统保持正常工作的技术,叫作容错技术。

①避错技术

避错技术的基本着眼点是通过质量控制(如设计审核、元件筛选、测试等)、环境保护(如对外部干扰采取屏蔽)和减载使用等措施设法消除产生故障的原因,从而防止故障的发生,延长系统的使用寿命。避错技术是提高系统可靠性的第一道防线,是必不可少的常规技术。主要包括两个方面:

a. 质量控制——主要针对计算机及其接口电路。

b. 环境保护——主要针对系统的元器件及改善系统所在机房的环境。

②容错技术

a. 容错技术的基本概念

(a)容错技术的含义

当系统的某一部分发生故障时仍使系统保持正常工作的技术叫作容错技术。

容错技术的基本出发点就在于首先承认故障不可避免的事实,进而考虑解除故障影响的措施。为了实现这一思想,采取的主要手段就是用外加资源的冗余方法,来达到掩蔽故障影响或使系统从故障状态重新恢复正常工作的目的。

(b)容错技术的分类

容错技术又分为两种类型——故障掩蔽技术(静态屏蔽)和系统重组技术(也称动态切换技术)。

故障掩蔽技术是指防止系统中故障产生差错的各种技术,就是说要将发生的故障掩蔽起来。这一技术不要求在发生容忍故障前检测故障,但要求做到故障包容,即是使故障的影响局部化,防止故障的影响在系统中扩散从而影响整个系统的性能。这种技术中最常用的有纠错码、表决技术等,这是实现容错的第一途径。

系统重组技术是防止系统中的差错导致系统失效的各种技术。系统重组要求首先进行故障检测,然后做到故障复位,最后做到系统恢复,即通过重组等手段使系统保持正常运行,这是实现容错的第二种途径。由于重组过程具有动态性质,所以也称为动态冗余技术。

故障掩蔽技术和系统重组技术都是建立在冗余技术的基础上的,是以资源冗余为前提的,它是容错技术的核心。

b. 实现容错技术的主要方法

容错技术是依靠外加资源，即冗余的方法来换取系统的可靠性的。

主要方法有：硬件冗余；软件冗余；时间冗余；信息冗余。

计算机联锁系统采用的容错技术主要是通过系统各部分的冗余来实现的，本部分将介绍设备级和网络通信两个层次的计算机联锁系统的可靠性保障技术。

(a)设备级可靠性保证技术

在设备级，计算机联锁系统硬件平台的可靠性保障技术主要体现在故障屏蔽技术方面，下面就对元件级、逻辑级以及模块级故障屏蔽技术加以说明。

ⓐ元件级故障屏蔽技术

元件级常用的冗余结构包括二模冗余和四模冗余。以三极管为例，来说明这两种冗余结构。

二模冗余结构：三极管的二模冗余结构就是把三极管串联或并联。

四模冗余结构如图 3-16 所示。四模冗余结构可以应用于元件级，并能够构成自足冗余，即不必增加逻辑线路来检测故障与恢复信息，还可以满足实时与连续可用的条件。

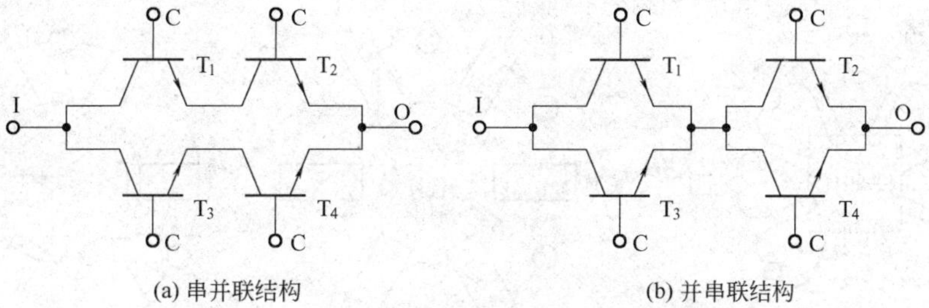

图 3-16　三极管的四模冗余结构

ⓑ逻辑级故障屏蔽技术

逻辑级故障屏蔽技术多采用四模冗余方案。四模冗余逻辑涉及的主要理论是交织逻辑、编码状态机逻辑。

交织逻辑是一种逻辑门级故障屏蔽技术，利用临界故障和亚临界故障的性质，通过具体的设计方法，确保在前一级发生的故障可由后一级所屏蔽。

编码状态机逻辑的基本思想是用纠错码来对时序机的状态进行编码，将正常的状态空间扩展成纠错码状态空间，从而使机器状态中出现的任一个可引起自纠正差错的故障均可被屏蔽。

ⓒ模块级故障屏蔽技术

模块级故障屏蔽技术是通过构成 N 模冗余系统来实现故障屏蔽的。故障模型实际上就是 NMR（N 模冗余）模型。在 NMR 模型中，N 个模块在完全相同的条件下工作。

(b)通信级可靠性保障技术

网络是计算机技术与通信技术密切结合的产物，包括广域网和局域网。各种拓扑结构的局域网都需要通过冗余技术提高可靠性，即链路的冗余、节点的冗余、通信协议的冗余等。本部分主要讨论局域网的可靠性保障技术。

c. 网络拓扑冗余技术

(a)环形网冗余技术

在不改变网络拓扑结构的情况下，通过合理安排网络的物理布局，可以提高网络的整体可靠性。下面介绍 3 种比较有代表性的做法：

ⓐ接线中心

如图 3-17(a)所示，把连接环网各站的通信线都引到一个接线中心。当环网的某一段发生故障时，可以在接线中心方便的检测各段线路，迅速确定故障部位。另外，当查到故障位置而一时又无法排除时，可在接线中心将该段线路旁路，以保证环网的其余部分仍能正常工作。

ⓑ双环网

双环网有两种结构：带备用环的双环网和双工作环的双环网。

带备用环的双环结构如图 3-17(b)所示，其特点是在主环上增加了一个备用环。正常情况下，只有主环工作，备用环不工作。当主环有故障时，由管理节点控制改变环路，信息经备用环传输。控制方法有故障旁路法和故障隔离法。

双工作环的双环网如图 3-17(c)所示，在该方案中，两个环都处于工作状态且传输方向相反。在无故障时，可在两个环路之间选择最佳的通信路径，避开故障部分而完成正常通信。

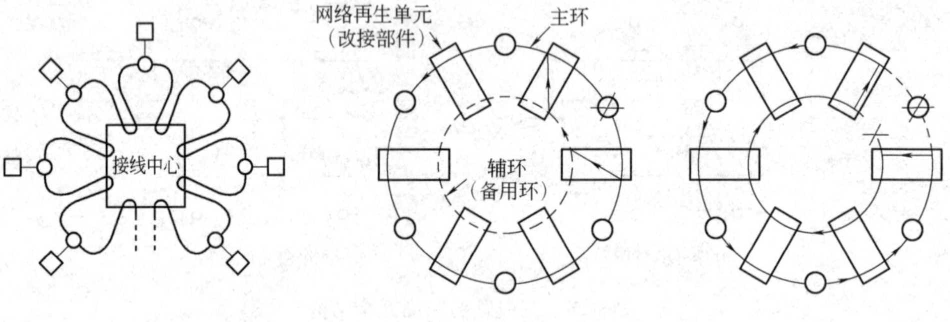

(a)　　(b)　　(c)

图 3-17　接线中心和双环网

ⓒ增加辅助通信线

在普通环形网上增加辅助通信线来改善拓扑连通性，增加系统负荷量。辅助通信线将每个节点和与它相隔 N 个节点的节点连在一起，在辅助通信线上信息流动方向和主环上的方向相反。

②总线网冗余技术

容错局域网的结构如图 3-18 所示，双网工作方式为任何时刻只有一个网处在通信工作状态，另一网处在备份工作状态或维修工作状态，发生故障时便于诊断、隔离及网络的重构。

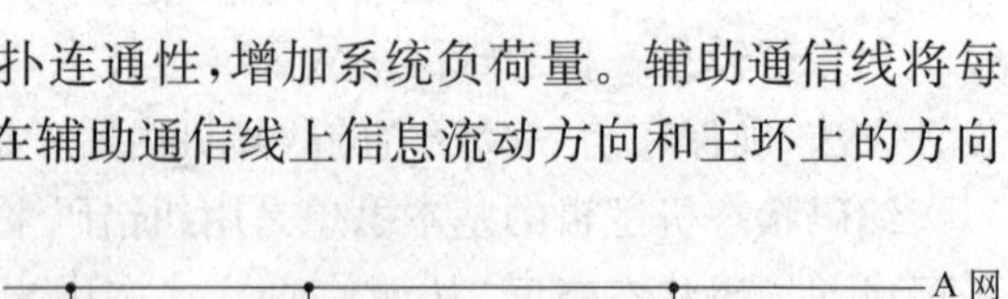

图 3-18　容错局域网的结构

a. 网络节点冗余技术

前面着重讨论了网络通信链路的冗余技术，这种冗余技术往往需要节点冗余技术的支持，包括网络接口板和节点计算机的冗余。为了提高环形局域网的可靠性，各节点都是二重化的。

节点的冗余也可以采用两种方式：一种是网络上所有节点都冗余化；另一种是只对特别重

要的节点冗余化。

b. 数据链路差错控制

为了保证数据在网络链路上可靠地从发送节点传送到接收节点，还需要采用差错控制，其中包括自动重复请求(ARQ)系统和前向纠错(FEC)系统。

(2)安全性保障技术

计算机联锁系统的安全性包括两重含义：

“功能安全”，即在没有发生故障时，设备能准确无误地工作。

“故障—安全”，即在故障时，设备应导向安全状态。

①常用的“故障—安全”措施

安全侧分配是实现铁路信号“故障—安全”的重要方法，该方法就是为信号器件或设备分配安全侧。当设备发生故障时，采用“故障—安全”技术，使设备导向安全侧。目前，常用的安全侧分配方法有以下几种：

a. 基于能量的安全侧定义方法。定义低能量的状态为安全侧，当设备失效时切断控制能量，使其转变为低能量状态。

b. 基于闭路法和串联法的安全侧定义方法。继电器接点电路中有两种工作状态：一是闭路状态，电路通电后吸起继电器衔铁，把这个闭路状态与被控对象的危险侧相对应；二是开路状态，电路断电后继电器衔铁落下，把这个开路状态与被控对象的安全侧相对应。这样，当发生停电、断线等故障时，电路会自动导向安全侧。为了使闭路法起到“故障—安全”作用，当多个环节作为测控条件时，将各环节串联起来构成闭环电路结构。

c. 基于时间的安全侧定义方法。通过信息延时处理来防止短时间错误信息和错误控制造成的不良后果。

d. 设备故障时维持现状定义为安全侧。

危险侧故障率最小化技术和故障弱化技术也是提高系统“故障—安全”度的有效方法。

(a)危险侧故障率最小化技术。采取措施使发生危险侧故障的概率最小化。

(b)故障弱化技术。当设备或系统发生局部故障时，减少设备或系统的功能，使设备或系统继续执行一定的功能。

②输入/输出通道的“故障—安全”保障技术

计算机联锁系统为了实现对生产过程的控制，需要将生产过程中的各种必要信号及时地检测传送，并转换成计算机能够接受的数据形式。计算机对送入数据进行适当的分析处理后，又以生产过程能够接收的信号形式实现对生产过程的控制。这种完成在过程信号与计算机数据之间变换传递的装置叫作过程输入/输出通道。

计算机联锁系统的涉及安全信息必须经由“故障—安全”接口，完成对现场设备的状态采集和控制。由于电子元器件故障导向开路故障的概率和短路故障的概率没有明显的不同，所以常规的输入/输出接口电路不具有“故障—安全”特性。这就需要在软件和硬件两个方面采取相应措施，使当接口电路及其前端逻辑电路出现任何故障时，均不能使计算机读入错误的危险侧信息，或者输出危险侧驱动信号。

a.“故障—安全”输入接口

“故障—安全”输入接口的任务是安全地采集室外设备状态，如信号机点灯状态、道岔位置状态和轨道区段占用状态等。通常有两种方式来实现，一是静态输入(或编码输入)方式，二是动态输入(或过程输入)方式。下面将介绍这两种方式的基本实现原理。

(a)静态“故障—安全”输入接口

静态“故障—安全”输入接口的设计思想是采用编码方式，将反映监控对象状态的二值开关量用多元代码来表达。假设取码长为 n，则可组成 $2n$ 个代码。若取其中的一个代码代表危险侧信息，另取其补码作为安全侧信息，称这两个代码为合法码，那么余下的“$2n-2$”个代码为非法码。当处理机遇到非法码时，作为安全侧代码予以处理。当 n 足够大时，一个安全侧代码错成危险侧代码的概率极小。利用这种非对称的出错性质，就可以实现二值信息在存储、传送和处理过程中的“故障—安全”。

这种输入接口电路的结构如图 3-19(a)所示，以继电器的前接点(危险侧)接通 4 个光电耦合器的发光二极管，光电耦合器的输出通过并行接口输入联锁机，其原理如下：

继电器 J 吸起为危险侧，继电器 J 落下为安全侧。由图 3-19(a)可知，当继电器 J 落下时，计算机采集到的信息为 1010；继电器 J 吸起时，计算机采集到的信息为 0101。因此，安全侧输入编码为 1010，危险侧输入编码为 0101，其他输入为非法编码，计算机在运算时将非法编码按安全侧编码处理。这样，只有在电路完好且继电器 J 吸起时，才会产生危险侧 0101 输入，其他任何情况下都将使电路的输入为安全侧编码或非法编码，从而实现了输入信息的“故障—安全”。

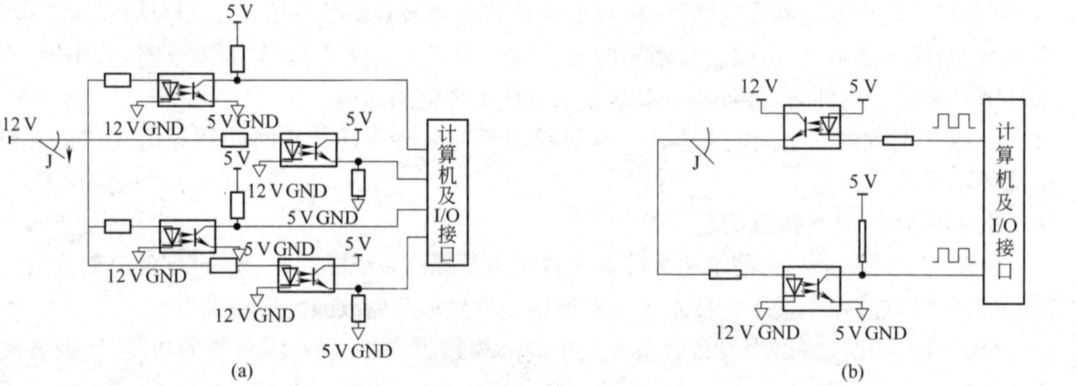

图 3-19　“故障—安全”输入电路

(b)动态“故障—安全”输入接口

电路如图 3-19(b)所示，计算机输出脉冲序列，在继电器前接点闭合且电路未发生故障的情况下，在输入端将收到相同的脉冲序列信号，计算机由此判定继电器处于吸起状态(危险侧)。当继电器落下或电路的任何部分发生故障时，计算机都将读不到脉冲信号，从而导向安全。

b.“故障—安全”输出接口

为了避免因输出接口电路及通道中某些电路元件发生故障而导致输出常“0”或常“1”状态，产生危险侧输出。在计算机联锁系统输出接口的设计中，一般采用动/静态变换电路实现安全输出。

在需要输出诸如“开放信号”或“转换道岔”等这类危险侧控制命令时，借助软件的执行使计算机不断输出脉冲序列，再经过动/静态变换电路完成安全控制功能。一旦当输出电路的任一点发生固定型故障，脉冲序列就自动地变成稳态输出，经动/静态电路隔离，避免了产生危险输出，从而达到了故障导向安全的目的。

下面举例说明这类电路的几种具体实现方式。

(a)采用脉冲变压器的动态输出电路如图 3-20 所示，脉冲序列经由光电耦合器后驱动脉冲变压器，其输出经整流后使继电器励磁吸起，当电路输入固定电平信号时，由于脉冲变压器的隔离作用，其输出端不会有电压信号产生，继电器处于失磁落下状态。电路发生故障时，变压器也不会有输出。

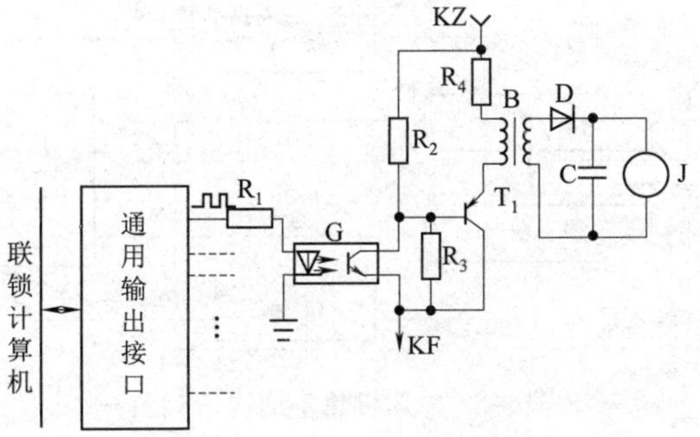

图 3-20　采用脉冲变压器的动态输出电路

(b)如图 3-21 所示是一种实用的动/静态变换继电器驱动电路，其工作原理是：在电路正常情况下，当计算机没有控制命令输出时，输入端为低电平，此时电路处于稳态。由于 C_2 没有充电电流，电容器 C_3 两端没有电压，此时偏极继电器 J 处于释放状态。当有控制命令输出时，作用到输入端的是脉冲序列。C_2 和 C_3 也就不断地进行充电和放电。当 C_3 两端电压达到继电器 J 的吸起值时，继电器励磁并保持吸起，直到输入端无控制命令(无脉冲序列)输入，C_3 得不到能量补充，待其端电压降到继电器的落下值时，继电器失磁落下。

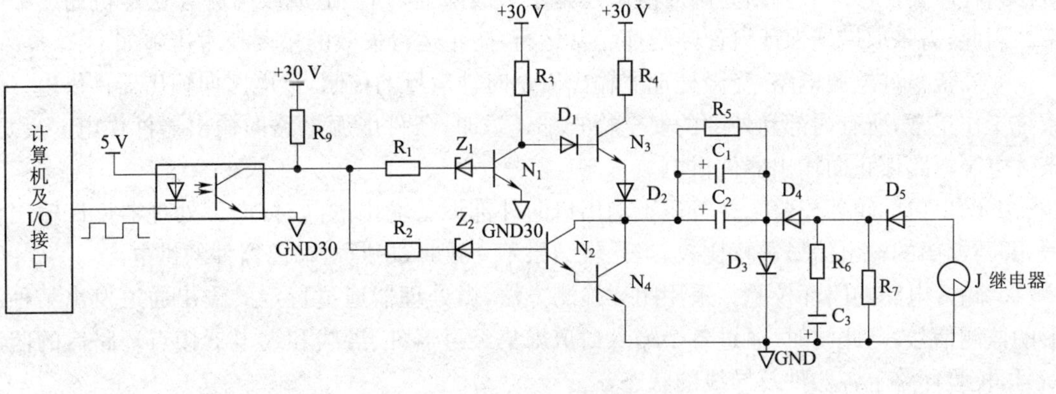

图 3-21　动/静态转换输出电路

当电路内部任一点发生故障时，电路总处于某种稳定状态，C_3 两端达不到使继电器吸起的电压值，不会引起继电器的错误动作，从而做到故障导向安全。

③系统级可靠性、安全性保障技术

目前，广泛应用的联锁运算层硬件平台结构主要有双机热备动态冗余结构、三取二静态冗余结构和二乘二取二冗余结构。下面分别介绍这几种结构。

a. 双机热备结构

双机热备联锁系统包含两个独立的、具有完全相同的硬件结构和软件功能的单元。双机热备系统的工作方式为：根据开机顺序，首先投入运行的自动为工作机，后投入的为热备机；工作机运行中发生故障后自动退出运行状态，热备机自动转为工作机。双机热备结构如图 3-22 所示。正常工作时，两个单元都上电工作，同时采集并处理数据，但只有工作单元的输出信息经切换单元有效输出。两模块均有故障检测功能，在工作过程中各单元自检，若工作单元检测到自身故障时，输出控制信号，驱动切换单元完成切换，然后停机等待维修。若备机出现故障，则自动停机。因此双机热备有三种状态：即脱机状态；联机状态；热备同步状态。

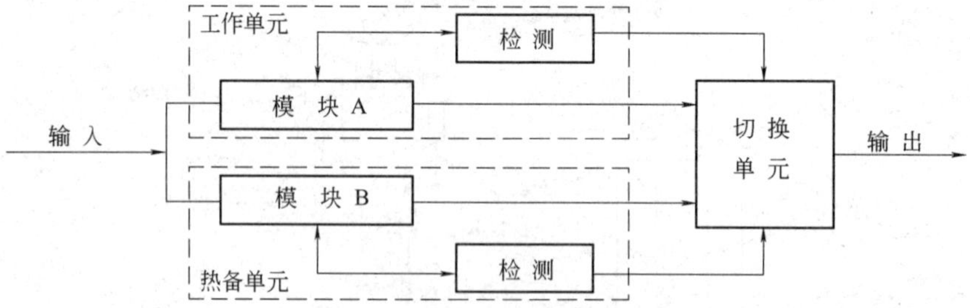

图 3-22　双机热备结构示意图

假定切换开关及检测单元的可靠度为 1，系统可靠性计算表明二模动态冗余系统可靠度远高于单模系统。如果已故障的模块能及时修复，则二模冗余的可靠性将进一步得到提高。

双机热备系统的基本思想是“单机保证安全，双机提高可靠性”，也就是说，二模冗余只提高了系统的可靠性，而系统的安全性仍然由单机系统保证。在双机热备系统中，提高单机系统“故障—安全”性的方法主要有以下两种。

(a)闭环自诊断

该方法的核心是依靠自诊断程序实现计算机的“故障—安全”特性。当系统发生故障时，自诊断程序要能够准确判断是瞬时故障还是永久故障，否则会造成故障频繁误停机而影响效率。因此，需采取措施保证自诊断程序正常运行，防止运行失效的主要技术措施如下：

ⓐ安全条件电源电路，受微处理器输出安全时钟信号的控制，该电路向输出器件供电。当系统工作正常，所有内部和外部的安全检查都通过时，条件电源电路向输出器件供电。反之，条件电源电路停止向输出器件供电。

ⓑ输出口的闭环校验。并行逻辑输出口向外部设备输出的同时，向微处理器反馈输出信号，并与期望的输出信号进行比较，当比较结果不一致时，切断对输出器件的供电。

ⓒ输入电路的闭环校验。采用闭环检测方法，微处理器通过特定的输出通道发出某种波形的监测信号，与此同时，通过各个输入通道采集经过器件、导线和继电器接点环路后的监测信号，校验环路上各器件及导线的状态。

(b)软件冗余

常用的软件冗余方法有：两个版本程序采用不同指令序列；两组独立的数据资料且数据资料中相应的数据定义相异；不同数据结构和寄存器。两套程序按照独立的格式依次对输入数据进行处理。在正常情况下，两套独立程序处理的结果应该是相同的，经比较结果一致时，接通控制电路。在发生软硬件故障时，如存在软件编制错误、硬件随机故障和电磁干扰引起的信息错误，由于两个版本程序的独立性，导致处理结果不一致，控制电路的供电被切断，实现了系统的“故障—安全”性。

b. 三取二结构

三取二结构是一种静态冗余结构。三取二结构的冗余系统由 3 台构造相同、彼此独立的计算机组成。3 台计算机运行具有相同功能的程序，接收相同的输入信息，并行地处理数据，对各个阶段的信息互相比较，当两台或两台以上计算机工作正常，即至少两台计算机输出的结果一致时，则输出控制命令，从而实现了三取二表决，如图 3-23 所示。

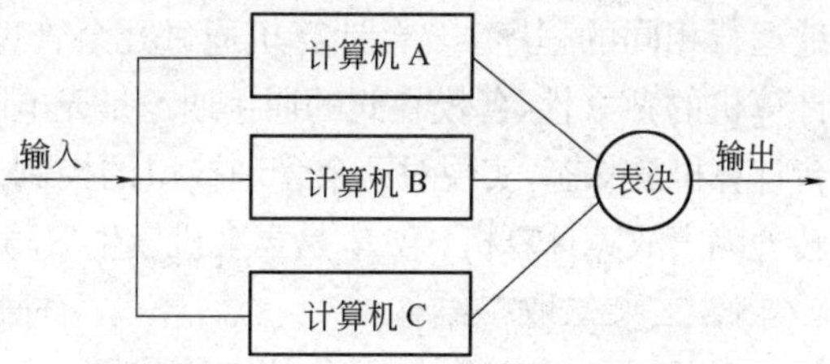

图 3-23　三取二结构示意图

分析其工作原理可知，3 台计算机中即使有一台发生故障，只要另外两台计算机工作正常，系统仍然能够正常工作。因此，三取二冗余系统也称为故障掩蔽系统，这也正是三取二结构能够提高系统可靠性的原因所在。

三模系统需解决以下两个主要技术：

(a)表决技术

表决既可以通过硬件来实现，也可以通过软件来实现。硬件表决用逻辑电路来实现，其优点是速度快，缺点是所需的附加硬件多、功耗高、质量及体积大。软件表决不需更多附加硬件，结构简单，可以通过修改程序很方便地改变表决方式，优点是比较灵活，缺点是表决速度较慢。因此，通常采用硬件与软件相结合的表决方式。

(b)同步处理

同步是多模冗余系统在表决时的基本要求，是整个 TMR 系统的核心。若冗余模块之间无法同步，表决机制将陷于紊乱状态，系统无法正常工作。因此要根据系统的结构及性能要求制订相应的同步策略。TMR 系统主要有硬件同步和软件同步两种方式。

硬件同步通过专门的同步装置，迫使系统中各个冗余模块按协同的节拍严格同步工作，属于紧密同步。硬件同步的优点是能够及时检测到故障并阻止故障的传播，能够迅速屏蔽故障对系统的影响。硬件同步包括三种方式：

ⓐ共同时钟方式

采用一个公共的时钟对所有的模块提供统一的时基。这种冗余方式仅适用于一些结构较简单的冗余系统。

ⓑ时钟反馈调节方式

各模块采用独立的时钟，各个时钟之间互相反馈调节漂移以达到同步。这种方式是构造长期无外部参考容错时钟系统的最有效方法，广泛应用于容错系统。

ⓒ事件调节的同步方式

这种方式是在规定事件的触发之下实现同步。

三取二结构不仅能够提高系统的可靠性，而且是保障系统“故障—安全”性能的一种有效措施，常用的“故障—安全”保障措施主要有以下两种方式：

ⓐ三模紧密耦合

紧密耦合是指 3 台计算机能够实现硬件时钟或总线级的表决或同步。具体实现方式是在内部总线上插入多重化的三取二表决器，在每个机器周期内对总线上的信号进行严格的表决，一旦发生故障立即纠正。计算机间借助总线紧密耦合连接，在容错时钟的驱动下，在时钟级严格地同步运行相同的程序。“故障—安全”比较器用来校核计算机内部总线上的信息，以便及时发现计算机故障。

ⓑ三模松散耦合

该系统结构是由 3 台独立的计算机组成，每台计算机有独立的时钟发生器及供电电源，独立地运行相同的程序。3 台计算机通过冗余管理接口相互通信,实现同步、测试和控制。为了确保计算机的独立性,各模块间的通信通道是光电隔离的。每台计算机均设有冗余管理硬件,读取另两台计算机的状态,实现对冗余管理接口的控制。冗余管理硬件具有以下两个功能:第一,是不可逆转地隔离故障计算机;第二,是当多机发生故障时,不可逆转地停止系统,将输出固定到安全侧。

c. 二乘二取二结构

常用的二乘二取二冗余的结构如图 3-24 所示。

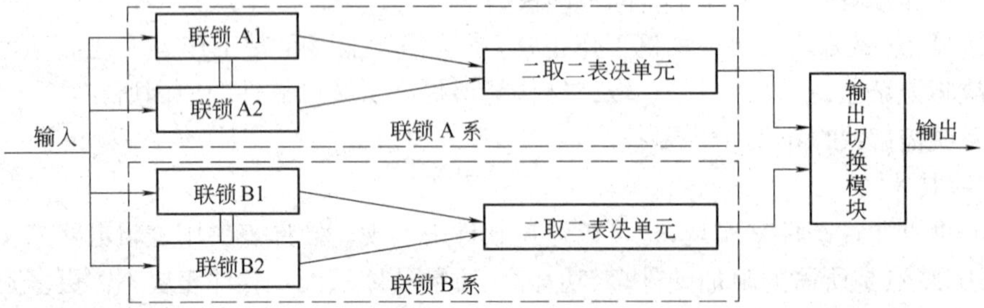

图 3-24　二乘二取二冗余结构示意图

二乘二取二系统包括 4 个结构和功能完全相同的计算机、两个二取二表决单元以及一个二乘切换模块。系统分为 A、B 两个系,每个系包括两台计算机和一个二取二表决单元,两系间由切换模块完成。正常时两个系统都处于工作状态,接收人机交互层和输入/输出层的操作和采集信息,但只有一个系的输出控制有效,称这个系为主系,另一个系为备系。如果主系的二取二表决结果不一致,则认为主系故障,切换备系为主系,原主系退出工作状态。原主系故障修复后,重新上电作为备系投入工作。

二乘二取二系统涉及以下技术:

(a)二取二表决技术

二取二表决既可由硬件实现,也可由软件来实现。与三取二表决相比,二取二表决比较简单。硬件表决可以采用同步逻辑电路来实现,软件表决无须更多附加硬件电路,但需要编制可靠的二取二比较软件。

(b)二取二同步技术

同步技术是二取二表决模块的核心,也是最基本的要求。与三取二同步技术类似,二取二同步也分为硬件同步和软件同步两种方式。

(c)两系切换技术

在工作过程中,两系实时对本系状态进行自检测,如果检测到故障立即切换。计算机联锁系统是实时性要求很高的系统,两系切换时必须保证不影响正常的进路操作和联锁运算,不能造成现场设备的误动作,实现无缝切换。

(d)两系同步技术

处于工作状态的两系应保持同步,同步内容包括现场设备的状态信息、设备控制信息以及操作命令信息等;实现同步的方式包括硬件同步和软件同步两种。对于二乘二取二系统,实现两系之间的硬件同步非常复杂,目前一般采用软件同步方式。软件同步也称任务同步,根据联锁软件运行的不同阶段划分成不同的任务,通过比较两系间当前任务来判断是否同步。

同步的另一层含义是当其中一系重新投入工作时需要得到当前主系的系统运行状态,这就需建立一定的同步机制,使得主系将其当前的工作状态传送给刚刚投入运行的备系,使得备系与主系同步。

任务三　计算机联锁系统的软件认知

工作任务

了解计算机联锁系统软件结构；掌握操作表示软件、联锁数据的作用；了解联锁软件可靠性、安全性保障技术。

知识点分析

计算机联锁系统软件是计算机联锁系统中用以支撑系统运行和实现联锁功能控制的软件总称，包括操作系统软件和联锁应用软件两类。本任务重点介绍计算机联锁应用软件。

计算机联锁应用软件从功能层次上可划分为操作表示软件、联锁逻辑运算软件和输入/输出软件 3 部分。我们将在分析联锁软件体系结构的基础上，讨论这 3 部分软件模块的功能和设计方法，并简单介绍一些提高联锁软件可靠性和安全性的技术。

1. 计算机联锁系统软件结构

(1)软件的功能

计算机联锁系统是以计算机为主要技术设备实现车站联锁的系统。该系统应保证行车安全，提高运输效率，改善劳动条件，并为管理、服务现代化创造条件。计算机联锁系统应能满足各种站场规模和各种运输作业的需要；应采用双份编码的安全性软件结构；硬件和软件结构应实现模块化和标准化等。

①人机界面信息处理功能

a. 操作信息处理

对正常的操作进行分析处理并记录下来，形成有效的操作命令，并在屏幕上给出相应的表示，使值班员确认自己的操作。对不合法的操作进行处理，并在屏幕上给出相应的提示，使值班员能够立即发现自己的错误操作，以便及时采取措施纠正错误的操作。

b. 表示信息处理

对现场信号设备的状态进行实时处理，并在屏幕上实时地给出显示，使值班员能随时监督现场设备的运用情况。

c. 维护与管理信息处理

自动记录并储存值班员办理作业的时间及被操作的按钮；对现场信号设备的故障状态，在屏幕上及时地给出特殊的表示及声光报警并记录，以便使维护人员迅速、准确地查找故障；完成与其他远程诊断系统的联系。

②进路控制功能(基本联锁控制)

能够完成规定的联锁功能，主要包括：

a. 进路选出(建立)。

b. 进路锁闭。

c. 信号开放。

d. 信号开放保持。

e. 进路正常解锁。

f. 进路非正常解锁。

g. 道岔单独操纵。

h. 进路引导总锁闭等。

③执行控制功能

a. 输出控制。根据联锁软件生成的控制命令来驱动现场设备控制电路。

b. 输入控制。采集现场设备的状态信息,为联锁运算提供数据。

④自动检测与诊断功能

主要是在执行联锁程序的过程中检测故障的外在现象,检查硬件资源的物理失效、软件的缺陷及故障的位置。

⑤其他功能

a. 非进路调车控制功能。

b. 平面调车溜放控制功能。

c. 站内道口控制功能。

d. 与调度集中/TDCS 联系功能。

e. 与列车调度指挥系统联系功能。

f. 与其他系统的结合,如站内调度、管理信息系统等的结合功能。

g. 监测联锁设备状态功能。

上列各项功能尽管存在着某些联系,但它们的目的是不同的,而且在一个具体车站上不一定需要联锁系统具备所有这些功能,因此,对于每项功能需由独立的软件甚至是由独立的计算机来实现。其中,人机界面信息处理软件、基本联锁软件、执行控制软件、自动检测与诊断软件,是计算机联锁系统必须具备的。

(2)软件的总体结构

计算机联锁系统是以计算机为主要技术实现车站联锁控制的系统,该系统应保证行车安全,提高运输效率,改善劳动条件,并为管理、服务现代化创造条件;应能满足各种站场规模和运输作业的需要。因此,系统软件的基本结构应设计成实时操作系统或实时调度程序支持下的多任务实时系统。

计算机联锁系统软件的基本结构如下:

①按照系统层次结构分类

按照软件的层次结构,可分为三个层次,即人机会话层、联锁运算层和执行层,每个层次又根据功能需要划分为几个功能模块,如图 3-25 所示。

人机对话层完成人机界面信息处理;联锁运算层完成联锁运算;执行层完成控制命令的输出和表示信息的输入。

②按照冗余结构划分

按照冗余结构,可分为三取二系统的单软件结构和双机热备制式的双版本软件结构。双版本软件结构如图 3-26 所示。系统在联锁运算层中为了提高联锁软件的可靠性和安全性,采用双版本联锁软件。A、B 两套条件从数据结构到程序结构均由不同的两组软件人员编写且存储在不同的区域。采用双版本软件结构时,由分层比较程序进行实时比较,只有命令一致时,才向外输出驱动命令。两套软件均有检测系统硬件和对关键数据合法性的检查,发现错误能给出较准确的位置和建议。

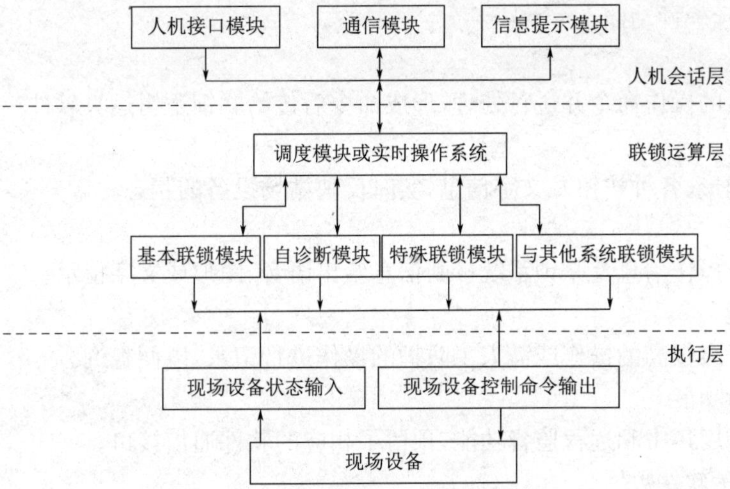

图 3-25　软件的层次结构

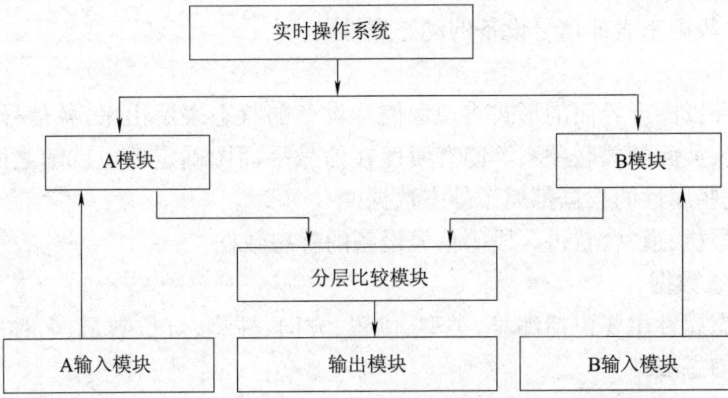

图 3-26　双版本软件结构

③按照联锁数据的组织结构形式划分

按照联锁数据的组织结构，可分为小站规模的联锁图表式软件结构和中站以上规模的进路控制式软件结构。进路控制式的软件结构(即模块化结构)如图 3-27 所示。

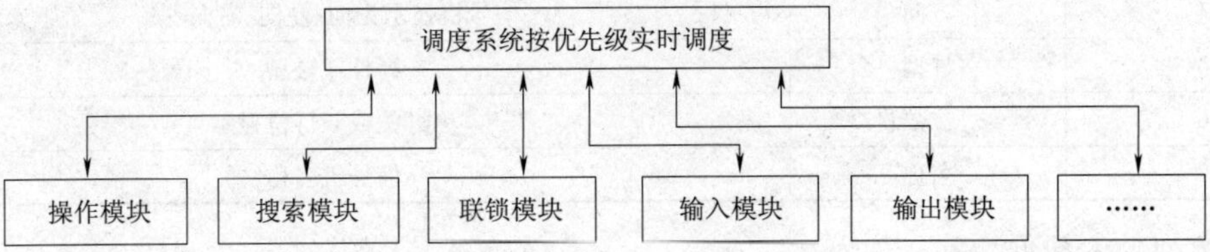

图 3-27　进路控制式的软件结构

图 3-27 中，各个模块之间相对独立，只有数据交换，没有程序上的联系。使用调度程序安排各模块的执行，这样系统结构清晰，设计、编程均可实现标准化。

2. 操作表示软件

操作表示软件运行于操作表示计算机，主要功能是实现人机交互，供值班员办理行车作业，实现对室外设备的控制和监督。

(1)操作表示软件功能

①操作功能

接收值班员的操作命令并进行处理,形成命令后传给联锁逻辑运算软件。

②显示功能

显示站场图形、各种按钮及文字信息,实时反映站场设备的状态。

③提示功能

针对值班员操作信息及联锁系统诊断信息给出语音、图形或文字提示。

④记录功能

对于安全等级较高的操作或需人工防护的操作进行记录,以便查询。

⑤数据接口功能

为了实现调度集中和远程监督功能,预留了相应的软件通信接口。

(2)操作表示软件数据

操作表示软件的数据包括静态数据和动态数据两类。静态数据是指在程序运行过程中不能被改变的数据,一般用来表征信号设备的固有属性。动态数据是指在程序运行过程中可能被改变的数据,一般用来表征信号设备的动态属性。

①静态数据

操作表示软件以图形界面的形式将现场信号设备的状态表示出来,各信号设备在图形界面中的位置、方向、彼此的关联关系等静态属性在信号平面图确定后也就随之固定下来,不会再被改变,描述这些属性的数据都属于静态数据。

下面介绍信号机、道岔、轨道区段等信号设备的静态数据。

a. 信号机静态数据

信号机的静态属性主要包括编号、类型、位置、方向、柱型、灯位数目、名称等,表 3-1 列出了信号机的部分静态属性。

表 3-1　信号机静态属性表

序　号	属　性	说　明
1	编号	信号机的唯一编号
2	类型	列车或调车信号机
3	位置	信号机在图形界面中的二维坐标
4	方向	信号机显示方向(左向、右向等)
5	柱型	高柱或矮型
6	灯位数目	单灯位或双灯位显示
7	名称	信号机名称

b. 道岔静态数据

道岔的静态属性主要包括编号、类型、位置、方向、名称等,表 3-2 列出了道岔的部分静态属性。

表 3-2　道岔静态属性表

序　号	属　性	说　明
1	编号	道岔的唯一编号
2	类型	直股定位或弯股定位

续上表

序 号	属 性	说 明
3	位置	道岔在图形界面中的二维坐标
4	方向	道岔岔尖的朝向
5	名称	道岔名称

c. 轨道区段静态数据

轨道区段的静态属性主要包括编号、类型、位置、方向、长度、名称等，表 3-3 列出了轨道区段的部分静态属性。

表 3-3 轨道区段静态属性表

序 号	属 性	说 明
1	编号	轨道区段的唯一编号
2	类型	无岔区段或有岔区段
3	位置	轨道区段在图形界面中的二维坐标
4	方向	有岔区段所含道岔岔尖的方向
5	长度	轨道区段在图形界面中的像素数
6	名称	轨道区段名称

②动态数据

在操作表示图形界面中，各信号设备的显示状态必须随室外信号设备实际状态的变化而变化，如信号机的灯光显示、道岔的开通位置、轨道区段的占用/空闲状态等。描述这些状态属性的数据都属于动态数据。

下面介绍一些常用的操作表示动态数据。

a. 操作输入变量

操作员在办理进路或单独操纵道岔时，在操作表示界面上输入的操作指令称为操作输入数据，该类数据属于动态数据。

b. 表示输出变量

表示输出数据是反映有关站场设备的状态、进路状态、操作人员的操作情况以及联锁设备工作状况的数据，也属于动态数据。

c. 状态输入变量

状态输入变量是反映监控对象状态的变量，如轨道电路区段状态、道岔状态、信号机状态、灯丝状态以及与进路有关的其他设备状态等。

d. 设备控制变量

设备控制变量是指控制信号机和道岔转辙机的变量。

e. 中间变量

中间变量是指联锁程序执行过程中产生的一些变量。这些变量是为实现联锁逻辑过渡或中间转换作用的。

(3)操作表示软件模块

①操作输入处理模块

通常采用鼠标作为操作输入设备，操作输入处理模块一般采用中断或轮询方式来实现对鼠标位置和操作的捕捉，进而获取相应按钮的单击信息。

获知按钮被单击后，操作输入模块可直接将该按钮编号发送给联锁逻辑软件，由联锁逻辑软件对该按钮做进一步处理，或者操作输入模块先对该按钮进行有效性检查，待形成有效命令后，再发送给联锁逻辑软件处理。

②显示输出处理模块

显示输出处理模块接收来自联锁逻辑运算软件的现场信号设备状态信息，经处理后，在图形界面中将对应设备的实际状态绘制出来。

信号机设备的显示输出状态包括灯光颜色和信号名称状态等。灯光颜色状态是室外信号机灯光的复示，如红灯、绿灯、双黄灯等；信号名称状态则是为了更加直观地反映信号机当前的操作状态，比如有的联锁系统规定，信号名称绿色闪烁状态代表该信号机的按钮已作为列车进路始端被按压。

道岔设备的显示输出状态包括道岔当前开通的位置在定位还是反位，道岔处于锁闭还是解锁状态等，不同的状态一般用道岔岔尖的不同颜色来表示。

轨道区段的显示输出状态包括占用还是空闲，锁闭还是解锁等。一般用红色光带代表轨道区段占用，灰色光带代表空闲且解锁，白色光带代表锁闭。

另外，显示输出模块还要对操作过程中联锁系统的反馈信息和系统自身的工作状态信息进行处理。操作反馈信息一般以文字或语音的方式表现出来，而系统工作状态信息一般以不同颜色的指示灯来表示。

3. 联锁数据

联锁数据是指在联锁软件中，所有参与联锁逻辑运算的数据，其作用是描述进路、道岔、信号机、区段等设备属性及其相互关系。联锁数据在联锁软件中的组织形式，称为联锁数据结构。

联锁数据和数据结构是联锁软件的基础，其构成方式将影响程序的结构、质量和效率。从功能上讲，联锁数据可包括描述设备属性的数据、描述基于进路的联锁关系的数据、描述设备状态的数据和其他辅助数据。

(1)描述设备属性的数据

该类数据用来描述联锁设备的静态属性及设备间的相互约束和相互关联关系，包括信号机属性数据、道岔属性数据和轨道区段属性数据。

(2)描述基于进路的联锁关系的数据

该类数据是描述进路与构成进路的相关设备之间相互约束关系的一组数据，一般以联锁表形式表现出来，因此也称联锁表型数据。

如图 3-28 所示，由 X 到ⅢG 的接车进路与相关设备的约束关系可以用表 3-4 来描述。

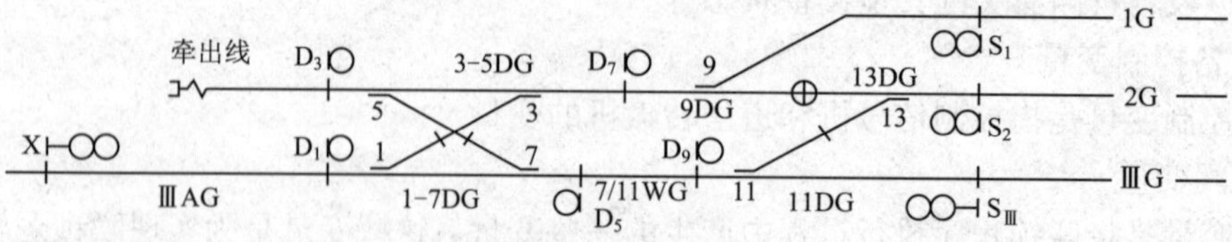

图 3-28　站场图

表 3-4　基于进路的联锁关系表

编号	进路中设备	关　系	说　明
1	1/3	定位约束道岔	1/3 道岔锁闭在定位时，X 才能开放
2	5/7	定位约束道岔	5/7 道岔锁闭在定位时，X 才能开放

续上表

编号	进路中设备	关　系	说　明
3	11/13	定位约束道岔	11/13 道岔锁闭在定位时，X 才能开放
4	$S_{Ⅲ}$	敌对信号	$S_{Ⅲ}$开放后，X 至ⅢG 的进路不能建立
5	ⅢAG	检查的轨道区段	ⅢAG 空闲时，进路才能建立
6	1-7DG	检查的轨道区段	1-7DG 空闲时，进路才能建立
7	7/11WG	检查的轨道区段	7/11WG 空闲时，进路才能建立
8	11DG	检查的轨道区段	11DG 空闲时，进路才能建立
9	ⅢG	检查的轨道区段、迎面敌对	ⅢG 空闲且无迎面敌对照查时，进路才能建立

表 3-4 中所述，敌对进路包括迎面咽喉的敌对进路与本咽喉的调车敌对进路。如本咽喉的调车敌对进路没有建立是指没有建立以 D_1、D_5、D_7 为始端或终端的调车进路。道岔 1/3、5/7和 11/13 与进路为定位约束关系；$S_{Ⅲ}$是敌对信号；ⅢAG、1-7DG、7/11WG、11DG 和ⅢG 为空闲约束关系。只有满足了上述约束条件后才能办理进路，这些约束关系对于一条特定的进路是固定不变的。

(3)描述设备状态的数据

这部分数据用来描述现场信号设备的状态，如信号机的点灯状态、道岔的开通位置状态、轨道区段的空闲状态等。

(4)其他辅助数据

在联锁软件中，还定义了很多其他功能的数据，如操作输入变量、表示输出变量、控制输出变量以及为实现联锁逻辑所需的控制变量及中间变量等。

以上几种数据中，用来表征设备基本属性和基于进路定义联锁关系的数据在联锁运算时是固定不变的，通常称为静态数据；用来表征设备状态的数据、操作输入变量、表示输出变量等在联锁运算时都是变化的，通常称为动态数据。

①静态数据

静态数据是指在联锁运算过程中不能被改变的数据。静态数据在程序中的组织形式称为静态数据结构，这种组织形式对联锁程序的结构、执行效率等都有很大的影响。

下面分别对描述设备属性的静态数据、联锁表型静态数据和个别辅助静态数据进行介绍。

a. 描述设备属性的静态数据

这里介绍的描述设备属性的静态数据与“操作表示软件”中的设备属性静态数据虽然都是描述信号设备的相关静态属性，但其应用场合和作用却不相同，一个应用于联锁逻辑运算软件，一个应用于操作表示软件，两者不能混淆。

(a)信号机静态数据

信号机的静态属性包括：信号机编号、信号机类型、信号机性质、信号机方向、信号机防护区段编号及信号机按钮编号等。表 3-5 列出了信号机的部分静态属性。

如图 3-28 中的 D_3 信号机，其类型为调车信号，信号机防护方向为向右，防护区段为 3-5DG。

表 3-5　信号机的部分静态属性表

编号	信号属性	符　号	说　明
1	信号机编号	SignalID	信号机在联锁程序中的设备编号
2	信号机类型	SignalType	调车信号、列车信号还是列兼调信号
3	信号机性质	SignalProp	进站信号、出站信号、调车信号

续上表

编号	信号属性	符　　号	说　　明
4	信号机方向	SignalDirection	信号机的防护方向
5	信号防护区段编号	SigProtectTrackID	信号机内方第一区段号
6	信号机按钮编号	SignalBtnID	信号机按钮编号

(b)道岔静态数据

道岔的静态属性包括:道岔编号、道岔类型、双动道岔的关联道岔编号、道岔所属轨道区段、道岔所属咽喉区、道岔按钮等。表 3-6 列出了道岔的部分静态属性。

表 3-6　道岔静态属性表

编号	道岔属性	符　　号	说　　明
1	道岔编号	SwitchID	道岔在联锁程序中的设备编号
2	道岔类型	SwitchType	单动道岔、双动道岔
3	双动道岔的关联道岔编号	DSwitchID	如是双动道岔时,其对应的双动道岔编号
4	道岔所属轨道区段	AtTrackID	道岔所在的轨道区段编号
5	道岔所属咽喉区	AtThroatID	道岔所属咽喉区编号
6	道岔按钮	SwitchBtnID	道岔按钮编号

如图 3-28 中的 1/3 号道岔,其类型为双动道岔,1 号所属区段是 1-7DG,3 号道岔所属区段是 3-5DG,1/3 号道岔所属咽喉区是下行咽喉。

(c)区段属性表

轨道区段的静态属性包括:轨道区段编号、轨道区段类型、轨道区段按钮号、包含道岔数、包含道岔编号和相邻轨道区段号等。表 3-7 列出了轨道区段的部分静态属性。

表 3-7　轨道区段的部分静态属性表

编号	区段属性	符　　号	说　　明
1	轨道区段编号	TrackID	区段在联锁程序中的设备编号
2	轨道区段类型	TrackType	有岔区段、无岔区段
3	包含道岔数	SwitchNum	区段包含的道岔数目
4	包含道岔编号	SwitchID	包含的道岔编号
5	左相邻区段号	LeftTrackID	区段的左相邻区段号
6	右相邻区段号	RightTrackID	区段的右相邻区段号
7	区段按钮号	TrackBtnID	区段按钮编号

如图 3-28 中的 1-7DG 区段,区段类型为有岔区段,区段中包含两个道岔,1 号道岔和 7 号道岔,左相邻区段为ⅢAG,右相邻区段为 7/11WG。

b. 联锁表型静态数据

联锁表型静态数据描述了进路与信号机、道岔、轨道区段之间的联锁关系,也就是将进路联锁表以静态数据列表的形式存储在程序中,作为联锁逻辑运算的依据。

下面给出了一种联锁表型静态数据的定义方式,见表 3-8。

表 3-8　联锁表型静态数据举例

编号	属　　性	符　　号	说　　明
1	进路编号	RouteID	进路在联锁表中的编号

续上表

编号	属　性	符　号	说　明
2	进路类型	RouteType	列车进路、调车进路
3	进路性质	RouteProp	正线接车、侧线接车、主要方向发车、次要方向发车
4	始端按钮	StartBtnID	排列进路时要按下的始端按钮
5	变更按钮	ChgBtnID	排列进路时要按下的变更按钮
6	终端按钮	EndBtnID	排列进路时要按下的终端按钮
7	信号机号	SignalID	防护进路的信号机编号
8	敌对信号机数	ConfSignalNum	敌对信号机的个数
9	敌对信号机号	ConfSignalID	敌对信号机号
10	敌对条件	ConfCondition	敌对条件
11	道岔数	SwitchNum	进路中的道岔数
12	道岔号	SwitchID	进路中的道岔编号
13	道岔位置	SwitchPos	道岔约束位置
14	防护道岔数	ProtectSwitchNum	防护道岔数量
15	防护道岔号	ProtectSwitchID	防护道岔号
16	防护道岔位置	ProtectSwitchPos	防护道岔约束位置
17	轨道区段数	TrackNum	进路中的轨道区段数
18	轨道区段号	TrackID	路中的轨道区段编号
19	超限区段数	LimitTrackNum	超限区段数量
20	超限区段号	LimitTrackID	超限区段号
21	超限条件	LimitCondition	超限条件
22	一接近区段号	ApproachTrack1	进路的第一接近区段号
23	二接近区段号	ApproachTrack2	进路的第二接近区段号
24	三接近区段号	ApproachTrack3	进路的第三接近区段号
25	一离去区段号	LetfTrack1	进路的第一离去区段号
26	二离去区段号	LetfTrack2	进路的第二离去区段号
27	三离去区段号	LetfTrack3	进路的第三离去区段号
28	闭塞类型	BlockType	与发车进路相关的闭塞类型

表 3-8 中给出了建立进路联锁表所需要的基本数据元素，如进路号，进路类型，办理进路需要按压的始端、变更、终端按钮，防护进路的信号机，进路的敌对信号机，进路中道岔，进路的防护道岔，进路中的区段，超限绝缘区段等。对于列车发车进路还包括闭塞类型等数据。

以图 3-28 中的 1G 向 D_3 的调车进路为例简要说明进路表及其数据元素的关系。设此进路的进路编号为 1，进路类型为调车进路，始端按钮为 S_1DA，终端按钮为 D_3A，敌对信号有 D_3 和 D_7 两个，进路中有 3 个道岔分别是道岔 9、道岔 3 和道岔 5，其中道岔 9 为反位约束道岔，道岔 3 和道岔 5 为定位约束道岔。进路中包含 3 个区段：9DG、3-5DG 和 D_3 的接近区段，进路的超限区段为 13DG，超限条件是 13 号道岔定位，进路的接近区段为 1G，无离去区段。

在联锁程序中，进路中的相关数据元素分别被定义为某一类型的数值，一条进路就是这些数值按联锁关系建立的一个组合，而整个进路表则是由这些组合构成的一个静态数据库。

当车站规模较大，进路数量较多时，进路表静态数据库势必十分庞大，会占据较多的计算机存储空间。当车站改建和扩建时，需要对总进路表进行较大的修改，工作量大且容易出错，这是联锁表型静态数据结构的不足之处。

在实际应用中，往往采用计算机辅助设计(CAD)方法生成总进路表，再把生成的总进路表纳入程序中调用。或者，将进路表生成软件纳入联锁软件中，当办理进路时，由进路操作命令调用该程序，自动生成一个与进路操作命令相符的进路表，以供联锁软件使用，这种方式的数据称为站场型静态数据。

c. 其他静态数据

除了上面讨论的联锁静态数据外，还存在其他一些静态数据。在联锁程序处理过程中会涉及很多按钮数据，如进路始、终端按钮，各类功能操作按钮等，这些按钮类数据也是静态数据。

按钮类静态数据的主要作用是定义相关按钮的属性及其匹配关系。按钮属性包括编号、类型、匹配关系等，按钮的匹配关系用来描述该按钮能够形成有效命令的匹配条件，具体见表 3-9。

表 3-9 按钮类静态数据

编号	属　性	说　明	编号	属　性	说　明
1	按钮编号	程序中唯一按钮编号	3	按钮类型	功能按钮、信号按钮、道岔按钮、区段按钮
2	按钮名称	按钮名称	4	按钮匹配关系	独立形成命令或匹配形成命令

表 3-10 列举了几个常用按钮的静态数据属性。

表 3-10 按钮数据表举例

编号	按钮名称	按钮类型	按钮的匹配关系
1	总取消按钮	进路功能按钮	与信号按钮匹配使用
2	总人解按钮	进路功能按钮	与信号按钮匹配使用
3	区故解按钮	区段功能按钮	与区段按钮匹配使用
4	总定位按钮	道岔功能按钮	与道岔按钮匹配使用
5	总反位按钮	道岔功能按钮	与道岔按钮匹配使用
6	列车信号按钮	信号按钮	与列车信号按钮匹配使用或与进路功能按钮匹配使用
7	调车信号按钮	信号按钮	与调车信号按钮匹配使用或与进路功能按钮匹配使用
8	道岔按钮	道岔按钮	与道岔功能按钮匹配使用

表 3-10 中，总取消、总人解按钮是关于进路操作的功能按钮，实现总取消、总人解操作需要有相应的信号机按钮进行匹配。总定位、总反位道岔功能按钮配合道岔按钮使用。调车信号机按钮既可以配合总取消、总人解等功能按钮，也可以与其他调车信号机按钮匹配作为进路排列命令使用。

②动态数据

动态数据主要包括信号设备状态数据、操作输入数据、驱动控制数据和联锁程序调度控制数据等。动态数据参与联锁逻辑运算和联锁模块调度，是一类重要的联锁数据。

a. 信号设备状态数据

信号机、道岔、轨道区段等信号设备的状态是联锁运算必需的基础数据，包括物理状态和逻辑状态两类。物理状态反映信号设备的物理动态属性，如信号机的点灯状态、灯丝状态、道岔开通的位置状态、轨道区段的占用/空闲状态等，而逻辑状态反映信号设备的逻辑动态属性，如描述信号机是否曾经开放过的开放标志、道岔的锁闭标志、轨道区段的锁闭标志等。

信号设备的物理状态由输入模块采集继电器接点状态而来，逻辑状态则是进路控制过程中联锁程序赋予信号设备的一类状态标志。

下面分别介绍描述信号机、道岔和区段状态的动态数据。

(a)信号机动态数据

信号机动态数据包括了信号机编号、信号状态、灯丝状态、征用标志、锁闭标志、曾开放标志、信号机控制状态等信息,见表 3-11。

表 3-11　信号机动态数据表

编号	属　性	符　号	说　明
1	信号机编号	SignalID	信号机的编号
2	信号状态	SignalStatus	信号机点灯状态
3	灯丝状态	FilamentStatus	信号机灯丝状态
4	征用标志	UsedFlag	信号机征用状态
5	锁闭标志	LockFlag	信号机锁闭标志
6	曾开放标志	OpenedFlag	信号机曾开放标志
7	信号机控制状态	SignalControl	点灯命令控制标志

(b)道岔状态表

道岔动态数据包括了道岔编号、道岔状态、征用标志、锁闭标志、道岔控制状态、延时参数等信息,见表 3-12。

表 3-12　道岔动态数据表

编号	属　性	符　号	说　明
1	道岔编号	SWID	道岔的编号
2	道岔状态	SWStatus	道岔开通位置状态
3	征用标志	UsedFlag	道岔征用标识
4	锁闭标志	LockFlag	道岔进路锁闭标识
5	功能锁闭标志	FuncLockFlag	道岔单锁或封锁标识
6	引导锁闭标志	CallonLockFlag	道岔引导锁闭标识
7	道岔控制状态	SWControl	道岔动作命令控制输出
8	延时参数	DelayParameter	道岔动作或状态采集延时参数

(c)区段状态表

区段动态数据包括了区段编号、区段状态、征用标志、锁闭标志、曾占用标志等信息,见表 3-13。

表 3-13　区段动态数据表

编号	属　性	符　号	说　明
1	区段编号	TrackID	区段的编号
2	区段状态	TrackStatus	区段占用或空闲状态
3	征用标志	UsedFlag	区段征用标识
4	锁闭标志	LockFlag	区段锁闭标识
5	曾占用标志	OccupiedFlag	区段曾占用标识

b. 操作输入数据

操作输入数据指的是操作表示软件输出至联锁逻辑运算软件的操作命令类数据。例如,办理进路时,进路的始端按钮、终端按钮信息;单操道岔时,道岔操作按钮、道岔按钮信息等。

操作输入数据的具体格式需要操作表示软件与联锁运算软件共同约定,不同的联锁系统可能采用不同的约定格式。例如,有的操作表示软件检测到按钮的按压信息后直接发送给联锁运算软件,该按钮的操作能否形成有效命令必须由联锁运算软件去判断;而有的操作表示软件在判定按压的按钮能够形成有效命令后再发送给联锁运算软件,联锁运算软件直接执行该命令即可。

c. 驱动控制数据

驱动控制数据是指控制信号点灯和道岔转换的变量。控制变量存放在动态数据模块中,而控制命令存放在专门的控制命令表中。控制命令的逻辑地址与输出通道一一对应。控制变量和控制命令都应周期性地刷新,以保证数据的实时性。

d. 联锁程序调度控制数据

联锁程序包括进路控制、道岔控制等多个功能模块,每个功能模块中又包含多个功能子模块。为了实现各功能模块及子模块之间的调度控制,需要为程序运行及进路控制的不同阶段设置相应的控制标志。联锁程序根据这些控制标志来调用相应的功能模块,从而实现联锁功能控制。

e. 其他辅助数据

除了前面介绍的动态数据外,联锁程序中还会有表示输出变量及一些中间变量数据。中间变量是指联锁程序执行过程中产生的一些变量。这些变量为实现联锁逻辑起过渡或中间转换的作用,有的存放在动态数据模块中,有的动态产生并动态释放。不同的数据结构所需中间变量的个数及类型往往也是不同的,但好的数据结构可以避免过多的中间变量。

4. 基本联锁功能软件

计算机联锁软件有多种实现方法,常用的有两种:一种是根据 6502 电气集中联锁系统的继电联锁电路,写出每个继电器电路的布尔逻辑表达式,用计算机软件来模拟每个继电器的动作过程,进而实现联锁功能;另一种是根据车站信号联锁的功能需求,设计联锁数据结构和软件框架,用计算机程序来实现联锁逻辑运算功能。

本部分将针对车站进路控制功能的 6 个基本模块——选排进路、锁闭进路、开放信号、关闭信号/信号开放保持、正常解锁进路、取消进路,先进行功能需求分析,然后介绍各模块的设计和实现方法。

(1)选排进路功能模块

①功能需求

根据操作命令,选出相应的进路后,首先确认进路是否可用,然后设置进路中设备的征用标志,若进路可用但部分道岔不在规定位置,则转动道岔。

②联锁条件

由功能需求可知,选排进路一般有 3 个阶段:第一阶段是根据接收到的进路始、终端按钮,从进路表中找到相应的进路;第二阶段是确认进路的可用性;第三个阶段是征用进路中的设备。如果已完成前 3 个阶段,只是部分或全部道岔不在规定位置,则进入第四个阶段——转换道岔位置。

这几个阶段需要检查的联锁条件见表 3-14。

表 3-14　选排进路的联锁条件

阶段编号	阶段名称	联锁条件			备　注
		信号机	区段	道岔	
1	选路	无	无	无	
2	确认	未被征用	空闲(相邻的超限区段也空闲) 未被征用未锁闭	未被征用 未进路锁闭 未被封锁 未被单锁在相反位置	选排调车进路时,不检查最后一个无岔区段的占用情况

续上表

阶段编号	阶段名称	联锁条件			备　注
		信号机	区段	道岔	
3	征用	敌对信号未开放	空闲(相邻的超限区段也空闲) 未锁闭	未被封锁或进路锁闭 未被单锁在相反位置	选排调车进路时，不检查最后一个无岔区段的占用情况
4	转换道岔	无	道岔所在区段空闲	未被封锁或进路锁闭 未被单锁在相反位置	规定时间内未转换到位，则认为道岔故障

③流程图

选排进路的流程如图 3-29 所示。

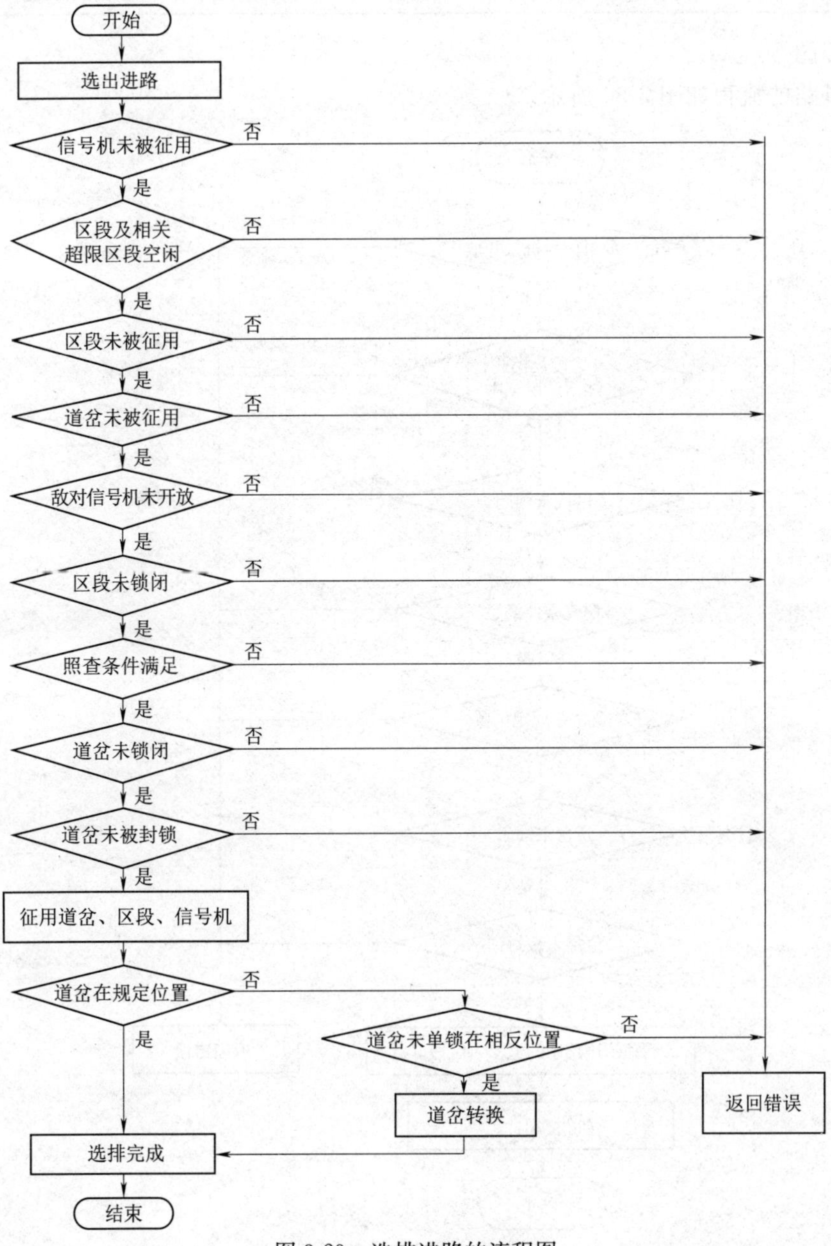

图 3-29　选排进路的流程图

(2)锁闭进路功能模块

①功能需求

针对选排成功的进路,锁闭进路中的道岔、区段,然后清除其征用标志。

②联锁条件

本功能模块只有一个阶段,就是锁闭进路。需要检查的联锁条件见表 3-15。

表 3-15　锁闭进路的联锁条件

阶段名称	联锁条件			备　注
	信号机	区段	道岔	
锁闭	敌对信号未开放	空闲(相邻的超限区段也空闲)未锁闭	位置正确未锁闭未被封锁	调车进路时,不检查最后一个无岔区段的占用情况

③流程图

锁闭进路的流程如图 3-30 所示。

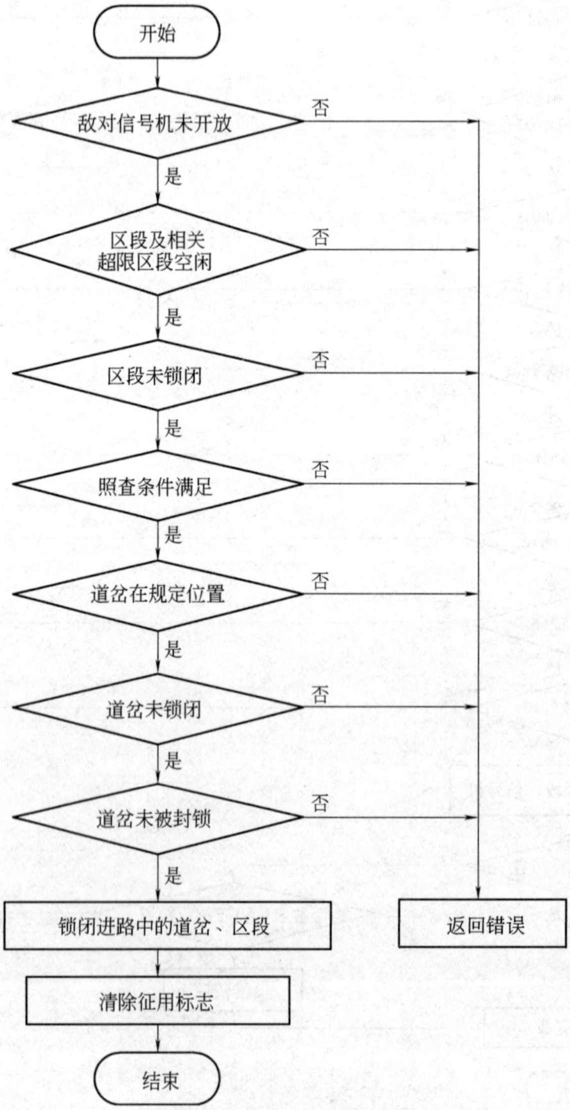

图 3-30　锁闭进路的流程图

(3)开放信号功能模块

①功能需求

对已锁闭成功的进路,开放其防护信号机。

②联锁条件

本功能模块只有一个阶段,就是开放信号机。需要检查的联锁条件见表 3-16。

表 3-16　开放信号的联锁条件

阶段名称	联锁条件			备　注
	信号机	区段	道岔	
开放信号	敌对信号未开放灯丝状态良好	空闲(相邻的超限区段也空闲)锁闭	位置正确锁闭	调车进路不检查最后一个无岔区段的占用情况

③流程图

信号开放功能模块的流程如图 3-31 所示。

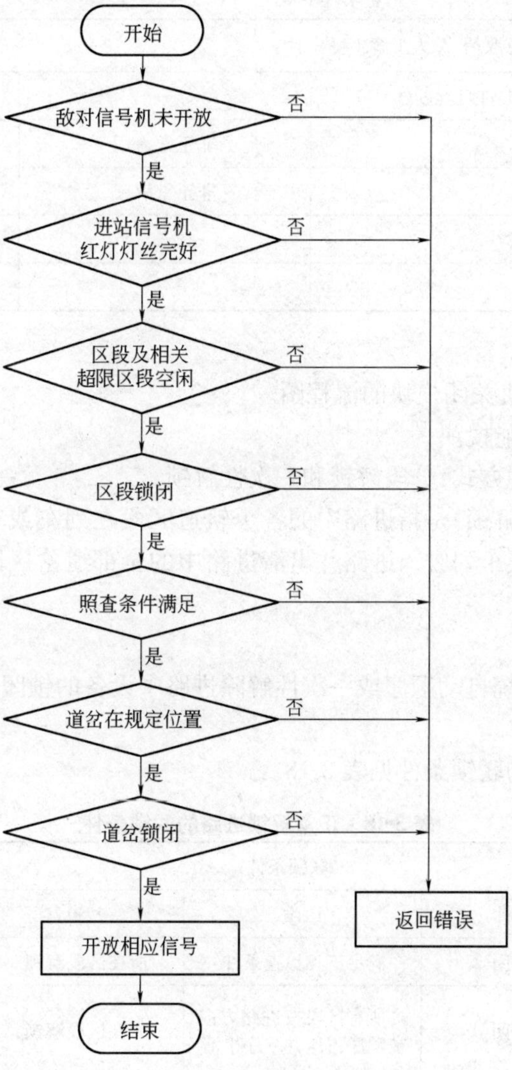

图 3-31　开放信号功能模块的流程图

(4)关闭信号/信号开放保持功能模块

①功能需求

针对已经开放的信号机,检查其保持开放的条件。如果条件不满足,立刻关闭该信号机。

关闭信号机,有两种情况:一种是车列驶入进路,信号机正常关闭;另一种是允许灯丝断丝、区段被非正常占用、道岔位置异常等异常情况,信号机非正常关闭。

②联锁条件(表 3-17)

表 3-17 关闭信号的联锁条件

编号	分类	联锁条件		
		信号机	区段	道岔
1	正常	列车正常驶入列车信号机内方第一区段		
2		调车车列正常驶入进路且全部越过防护信号机		
3		调车进路的接近区段留有车辆或未设轨道电路时,调车车列正常驶入进路且出清信号机内方第一区段		
4		进行总取消/总人工解锁操作时		
5	异常	允许灯丝断丝	—	—
6		—	非正常占用	—
7		—	非正常解锁	—
8		—	—	不在规定位置
9		—	—	非正常解锁

③流程图

图 3-32 为调车信号机关闭模块的流程图。

(5)正常解锁进路功能模块

正常解锁进路有两种方式:分段解锁和一次性解锁。

分段解锁(也称逐段解锁)是指进路中的各个轨道区段在列车或车列通过后,顺序自动解锁。一次解锁是指列车或车列驶入进路并出清进路中的全部道岔区段后解除进路锁闭,一般小站采用一次解锁的方式。

①功能需求

满足相关条件后,系统自动顺序或一次性解除进路中设备的锁闭状态。

②联锁条件

解锁进路时要检查的联锁条件见表 3-18。

表 3-18 正常解锁进路的联锁条件

编号	分类	联锁条件			备注
		信号机	区段	道岔	
1	分段解锁	信号已关闭	满足三点检查条件	所在区段解锁	
2	一次解锁	信号已关闭	所有区段按进路方向被顺序占压并顺序出清	所在区段解锁	

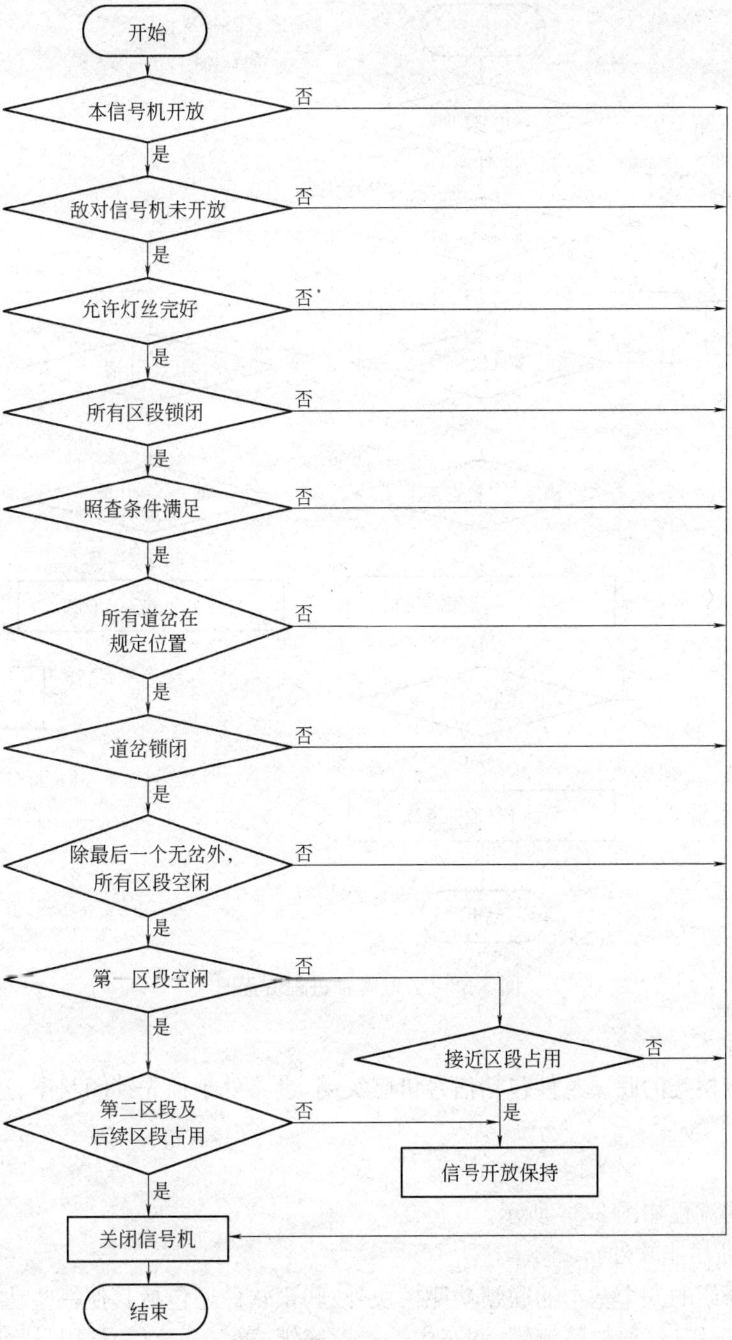

图 3-32　调车信号机关闭模块的流程图

③流程图

不管是列车进路还是调车进路,解锁的基本原理是一样的,都有上述两种解锁方式。分段解锁模块的流程如图 3-33 所示。

(6)取消进路功能模块

①功能需求

接收到总取消命令时,系统首先关闭信号机,满足取消进路的联锁条件后,一次性解除进路中各种设备的锁闭状态。

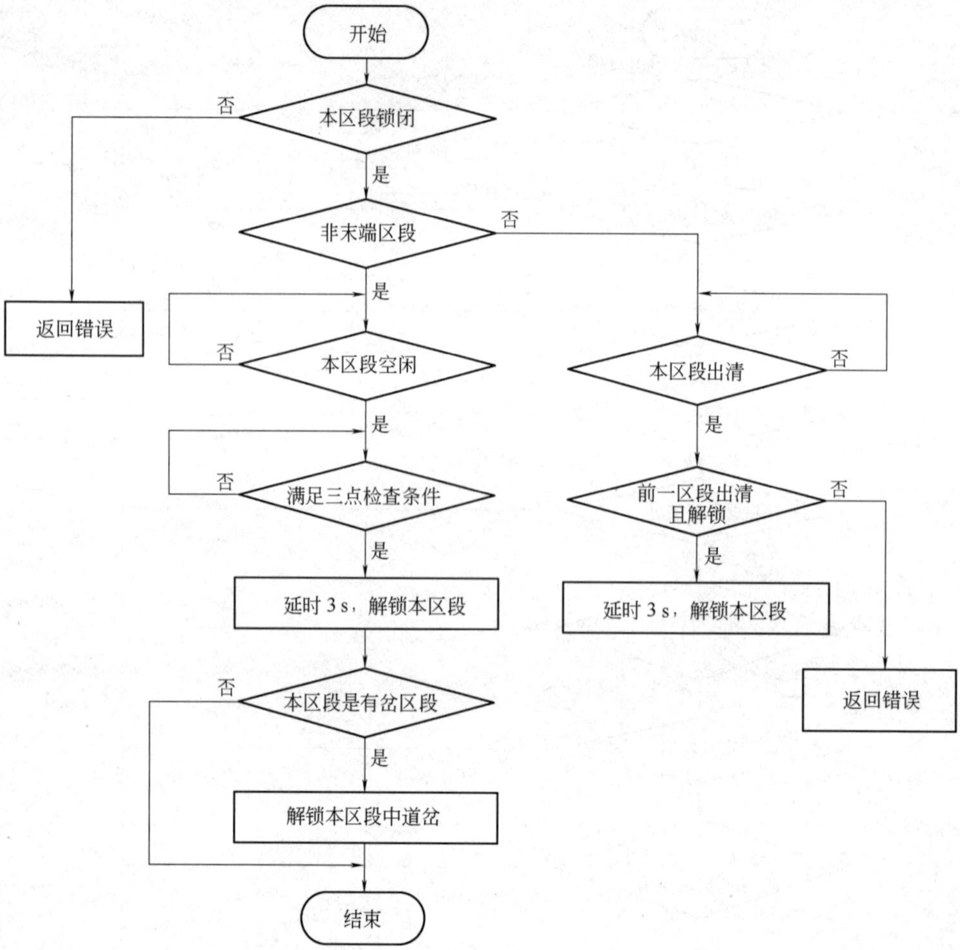

图 3-33　分段解锁进程流程图

②联锁条件

取消进路应检查的联锁条件包括信号机已关闭，进路处于预先锁闭状态、进路空闲且完整锁闭。

③流程图

取消进路的流程如图 3-34 所示。

5. 其他联锁功能软件

除了上述介绍的 6 个基本的联锁功能模块外，联锁软件还包括其他一些功能模块，如道岔操作、人工延时解锁、区段故障解锁、调车中途折返解锁、重复开放信号、引导操作、下坡道延续进路控制、到发线出岔控制等功能模块。

这里简要介绍道岔操作模块的功能需求与联锁条件。

(1)道岔操作功能需求

道岔操作功能模块主要有定位操作、反位操作、单独锁闭、单独解锁、封锁和封解操作。

(2)道岔操作联锁条件

道岔操作的联锁条件见表 3-19。

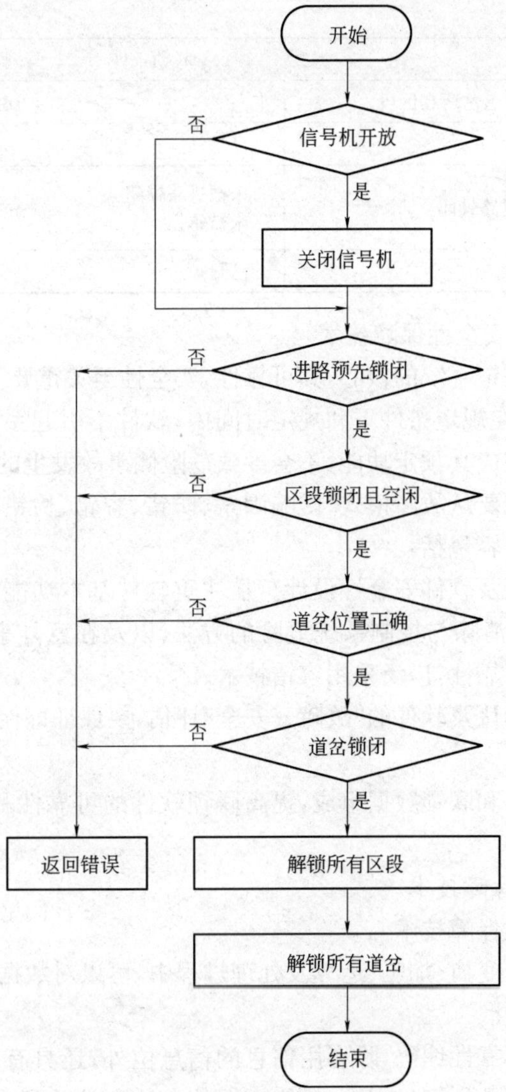

图 3-34 取消进路的流程图

表 3-19 道岔操作的联锁条件

编号	操作名称	联锁条件	
		道岔所在区段	道岔
1	定位操作	空闲 未锁闭	未被进路锁闭 未被单锁 其双动道岔未被进路锁闭/单锁 未在定位
2	反位操作	空闲 未锁闭	未被进路锁闭 未被单锁 其双动道岔未被进路锁闭/单锁 未在反位
3	单锁	无	未失表示 未被封锁/单锁

续上表

编号	操作名称	联锁条件	
		道岔所在区段	道岔
4	单解	无	已单锁
5	封锁	未被进路锁闭	未被进路锁闭 未被单锁
6	封解	无	已封锁

6. 联锁软件可靠性、安全性保障技术

联锁软件是计算机联锁系统的核心，其可靠性、安全性至关重要。

软件的可靠性，是指在规定条件下和规定时间内，软件不引起系统失效的概率；软件的安全性是指软件无论是否完成其预定功能，不会导致危险侧事故发生的概率。

研究软件的可靠性主要从故障模式、影响因素、防错、容错、检错和故障恢复等方面进行。软件安全性研究的主要内容包括：

软件安全性需求分析及软件安全性设计。在注重软件基本功能要求的同时，着重分析软件的安全需求，其中包括消除与控制系统危险的方法，以及在意外事故发生时减少损失的方法。这种设计强化软件可靠性，广泛采用容错技术。

软件安全性验证和确认及软件的"故障—安全"评估，要保证即使发生软件故障，也不会造成危险。

联锁软件由联锁程序和联锁数据组成，提高联锁软件的可靠性和安全性也要从数据和程序两个方面着手。

(1)联锁软件可靠性保障技术

①联锁数据的可靠性保障技术

在数据的传输、存储、变换、加工、运算及处理过程中，可以对数据的错误进行检测、定位和纠正，以提高系统的可靠性。

凡具有纠错能力的可靠性编码，除有用信息的信息位外，还具有一定数量的冗余校验位。这样，在数据的传输、存储及处理过程中，才能根据信息位和校验位之间的这种相关性进行检查，判定信息是否出错、错在哪里，并进行纠正。常用的可靠性编码有：奇偶校验码、汉明码、循环码、剩余码等。

程序执行过程中，要对关键数据及代码定期复核，检查它们是否符合要求，如果符合要求，则继续执行；否则，做出相应的出错处理。

例如联锁程序的进路处理模块中，在每个子模块中都要检查该条进路的敌对条件是否建立。如建立，则立即关闭该进路的防护信号机，并给出相应的错误提示。

②联锁程序的可靠性保障技术

为提高程序可靠性，在程序设计时常采用避错技术和容错技术两种手段，下面对这两种技术手段进行说明。

a. 程序设计避错技术

在程序设计时常采用的避错技术包括加强程序可靠性管理、优化程序设计及强化程序验证。

(a)加强程序可靠性管理

加强程序可靠性管理是从管理角度保证程序达到其可靠性水平的手段。程序可靠性管理必须贯穿要求/规格说明、设计、实现、测试验证和维护 5 个阶段。

(b)优化程序设计

常用的优化程序设计技术有自顶向下设计、结构化设计、递归程序设计、程序综合设计、函数程序设计以及有关的形式说明和程序变换等。采用这些技术会使程序拥有既易于理解又易于验证的良好结构。

(c)程序验证技术

尽管在程序设计过程中采用了一系列的可靠性程序设计技术来减少软件故障的发生，但是实际上故障、差错是难免的。因此，对软件进行测试验证是非常有必要的。

程序验证技术是通过检查程序与其要求/规格说明书是否相符来发现故障、排除故障。程序验证技术研究沿着 3 个方向进行：程序正确性证明、程序测试和程序分析。

b. 程序设计容错技术

程序设计容错技术在程序设计中是不可或缺的，主要包括程序容错的基本技术、容错算法、减少程序失控的编程技术、程序失控的捕捉技术及接口程序的容错技术。

(a)程序容错的基本技术

程序容错基本技术是恢复块技术，假定程序由多个独立的块组成，每一个块都有一个备用块，运行基本块时，对其进行接收测试，如果通过测试便将结果输出给后续程序块。否则，调用备用块。若所有备用块用完后仍未通过测试，便进行出错处理。

(b)容错算法设计

容错算法设计包括数值运算容错设计和逻辑运算容错设计。

数值运算容错设计主要考虑程序的设计算法，合理安排其运算顺序以及在子程序设计时考虑到容错设计。

逻辑运算的容错设计是在设计逻辑运算或判断程序时，必须做到逻辑变量的全覆盖设计，在逻辑变量较多时，往往借助卡诺图的设计方法。

(c)减少程序失控的编程技术

减少程序失控的编程技术包括尽量采用单字节指令，尽量少用程序控制类指令的操作码做多字节指令的操作数，慎用堆栈操作指令、指令冗余、关键指令的双重化、指令复执及程序卷回等。

采用了这些编程措施后，可以减少程序失控的次数和缩短伪链上的持续时间，但这并不能保证不发生程序失控。为此还必须捕捉到程序失控，以便采取相应的恢复技术。

(d)程序冗余设计

采用多版本的冗余程序，由于程序是由不同人员编制，而程序的实现目的都一致，这样在程序运行过程中有一个程序出错，而不会影响到整个程序所要执行的功能。

在计算机联锁系统中，联锁程序都是按照软件工程原则进行需求分析、设计与实现的，并通过严格的测试验证来保证程序的高可靠性。程序设计采用模块化结构，将编码技术、冗余技术及诊断技术有机地结合起来，使得故障每经过一个层次之后，都能被发现定位，或者切除故障模块，最终将危险降低到最低。

(2)联锁软件安全性保障技术

①联锁数据的安全性保障技术

联锁数据的错误可能由硬件故障、外界干扰所产生或因程序错误所派生。联锁数据的错误将导致联锁运算的失效和错误，甚至会产生危险。因此，计算机联锁系统必须采取相应的措施，使系统数据出错后导向安全侧。目前，主要采取以下几种方法提高数据的安全性。

a. 采用不对称编码表示涉及安全的信息

N 个二值码元可组成 $2N$ 个代码。在这些代码中取两个分别代表变量的危险侧值和安全侧值，其余均视为无效或者非法代码，当处理机遇到非法代码时，将非法代码认作安全侧代码予以处理，则其处理结果必然是安全的。

当 N 足够大时，安全侧代码在传输过程中因故障或干扰等原因畸变成危险侧代码的概率远远低于错成非法代码的概率，这样，由于非法代码字在正常的联锁运算时也被认作安全侧代码字，故该码集中仅有 1 种码字对应危险侧。其余状态均对应安全侧。这样就大大提高了联锁数据的安全性。

例如在联锁程序中，区段占用定义为 0x55，空闲定义为 0xaa，0～0xff 之间的其他数值都认为是非法码字。

b. 关键数据异地多份存储

作为空间冗余的一种方式，对同一种存储格式的数据也可以在内存中多处存储。多份存储的各份数据处于不同的存储区域，具有不同的地址，从而使在程序运行过程中通过比较法或多数表决法鉴别数据的合法性成为可能。也就是说，在程序使用数据时，首先从不同的存储区域中读到多份数据，然后对其比较，当它们所代表的信息含义相同时，认为数据无误，或在 N 份数据中有 M 份相同即做出如上判断，从而确认该数据可以使用，并保障关键数据的安全性。

c. 规范化数据结构与数据生成方式

数据结构不仅影响数据本身的质量，也影响到联锁程序的质量和效率，因此应采用经过优化的、规范的数据结构。

在计算机联锁系统中，参与联锁运算的数据量很大，应尽量采用计算机辅助设计的方式自动生成某些关键数据，以减少人为错误。例如可以采用计算机辅助软件，根据站场图形结构来生成站场联锁表。

d. 数据完好的正确性检验

适时运行一个检验软件，实时检查数据的正确性。联锁软件中可以采用仿真模式来检测联锁数据的正确性。

e. 采用固件运行的模式

将静态数据固化在 ROM、EPROM、EEPROM 中，以提高数据的抗干扰能力，防止程序的误运行导致的数据误改写。

②联锁程序的安全性保障技术

提高程序的安全性，主要从以下几个方面考虑：

a. 安全程序设计的基本原则及方法

(a)必须在软件开发中严格遵守软件工程方法。

(b)每个与安全相关的功能，应该采用冗余结构，软件的正确性可由多样性来保证。实现这一目标的有效手段是采用双份编码，即根据同一份规格说明书开发出功能上完全一样的两个程序版本，由于各自开发的程序思路不同，结构不同，甚至所使用的编程语言也不相同，这样两组程序在逻辑上出现相同错误的概率大大减小。

(c)每个安全性相关模块必须经过充分的分析和测试，以确实保证其安全性。

(d)在发现程序运行失败或有可疑之处时，可采用程序卷回的方法，令程序再执行一遍，以确认出错事实。倘若错误是由瞬间干扰或其他瞬间因素引起，则在程序重复执行后，其错误影响应能够消失，从而使程序运行得到正确结果。

(e)采用结构化和模块化程序设计原则，有利于提高软件系统的安全性。

(f)程序模块应该按照正确的次序执行。要确认每一个模块按照规定的次序执行，在模块的入口处，要验证在该模块之前执行的确实是该模块的前模块；在模块出口处，则要确认当前执行的确实是本模块。

(g)采用固件运行的模式，即将程序固化在 ROM、EPROM、EEPROM 中，提高抗干扰能力和程序的误运行不会导致程序被改写。

(h)应该使用硬件定时监视器防止程序进入死循环或者停止运行。只要程序段的执行时间超出规定的范围，就可以认为程序进入死循环。

b. 软件检测技术

采用软件检测技术，及时发现故障，以便进一步采取措施防止危险侧信息的发生和输出。故障检测可以采用脱机检测和联机检测，采用脱机检测，是通过一个专门的诊断程序对其进行检测。联机检测就是在系统运行时检测，包括死循环检测、运算错误检测等。

c. 软件的冗余设计

采用多重软件，则可通过对处理结果进行表决或比较的方法以防止危险侧信息的输出。例如三取二技术就是在同步表决之后，即使单个软件出现错误，也不会导致危险侧信息的输出。

任务四　计算机联锁系统的原理、故障维护

工作任务

本任务主要介绍几种常用的计算机联锁系统的结构组成、工作原理，重点是描述现在常用计算机联锁系统的故障分析和处理方法。

知识点分析

1. JD-ⅠA 型计算机联锁系统

JD-ⅠA 型计算机联锁系统是也称集散型测控系统，其特点是分散控制、集中信息管理。系统的体系结构如图 3-35 所示。

系统包括人机对话层(也称操作表示层)、联锁运算层和执行层。人机对话层与联锁层之间采用双通信网通信，双网同时工作，有一网故障时，另一网可保证系统正常通信。联锁层和执行层之间采用外部控制型总线控制器实现了与计算机总线的分离。

系统所用的联锁机、操作表示机和电务维修机可根据需要选择不同的规格和档次。联锁机通过两套“故障—安全”型动态采集电路采集组合架有关继电器接点的状态，通过双套动态驱动电路输出对动态执行继电器的控制信息，并由动态检测电路对输出电压进行回读检测。

(1)JD-ⅠA 型计算机联锁系统的硬件组成与功能

系统的硬件结构如图 3-36 所示，在运转室，通过车务前台监视器、音箱、输入设备(鼠标)等为车站值班员提供操作表示界面。同时在运转室还可以提供后台监视器，便于车站值班员监视前台操作及站场运行情况。

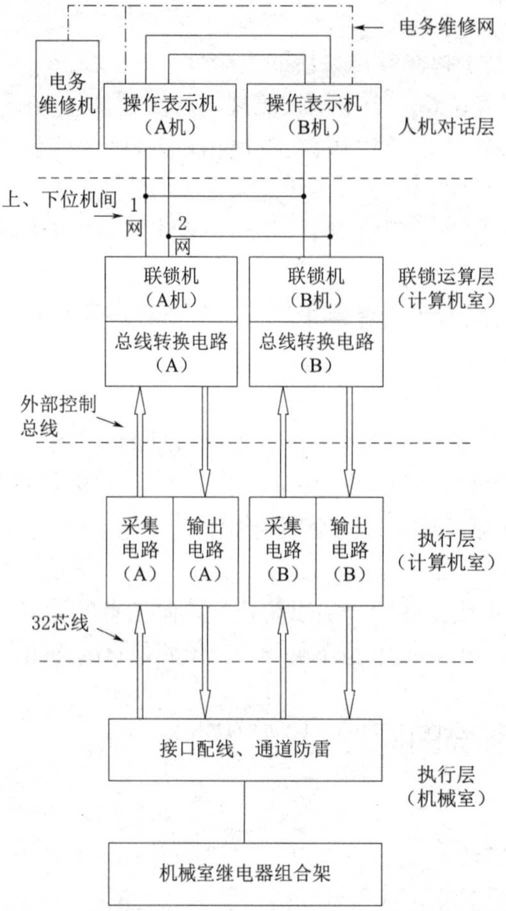

图 3-35　JD-ⅠA 计算机联锁系统体系结构图

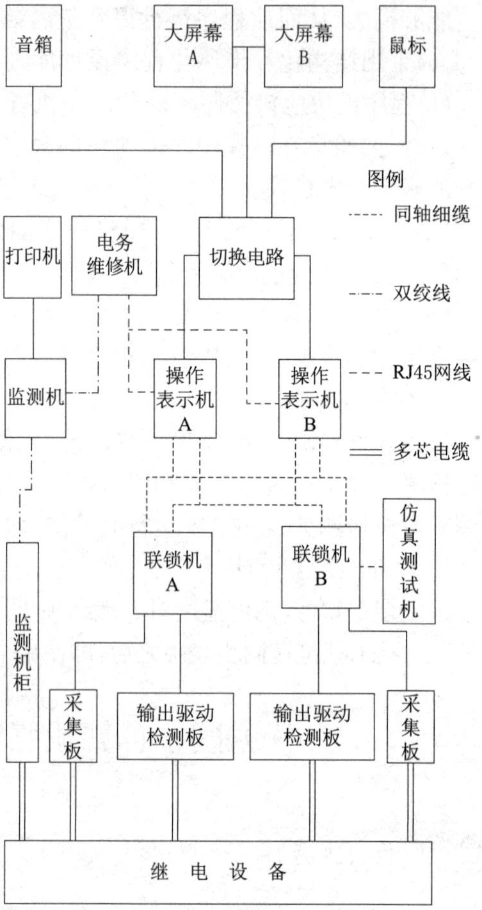

图 3-36　JD-ⅠA 计算机联锁系统硬件结构图

在计算机室，有联锁机 A、联锁机 B、操作表示机、防雷接口，以及提供给电务人员的维修机和终端设备。

如图 3-37、图 3-38 所示，联锁机 A 中包括倒机电路、12 V、5 V、32 V 直流电源（供接口电路、继电器驱动使用）、联锁计算机，以及采集机箱、输出驱动检测机箱。

如图 3-39、图 3-40 所示，联锁机 B 中包括操作表示机、维修机、操作机倒机单元以及不间断电源 UPS。

如图 3-41 所示，防雷接口柜包括电源系统、从组合架接口来的配线（带防雷）以及到联锁机柜中的采集/驱动配线。

下面分别介绍上、下位机的组成与功能：

①操作表示机/上位机

本系统的操作表示机简称上位机，采用双机热备的工作方式。上位机 A、上位机 B，以及上位机倒机电路都放在上位机柜中。系统运行时，两台上位机同时工作，先开启的为主机，后开启的为备机，当主用上位机发生故障时，自动切换到备用上位机。

主用上位机运行时，接收鼠标操作，向下位机（联锁机）发送车站值班员的操作命令，播放语音提示信息。

备用上位机运行时，只能接收下位机传来的站场状态信息，跟踪显示站场运行情况、系统运行情况等，它不能接收操作信息和向下位机发送操作命令，也不能播放语音提示信息。

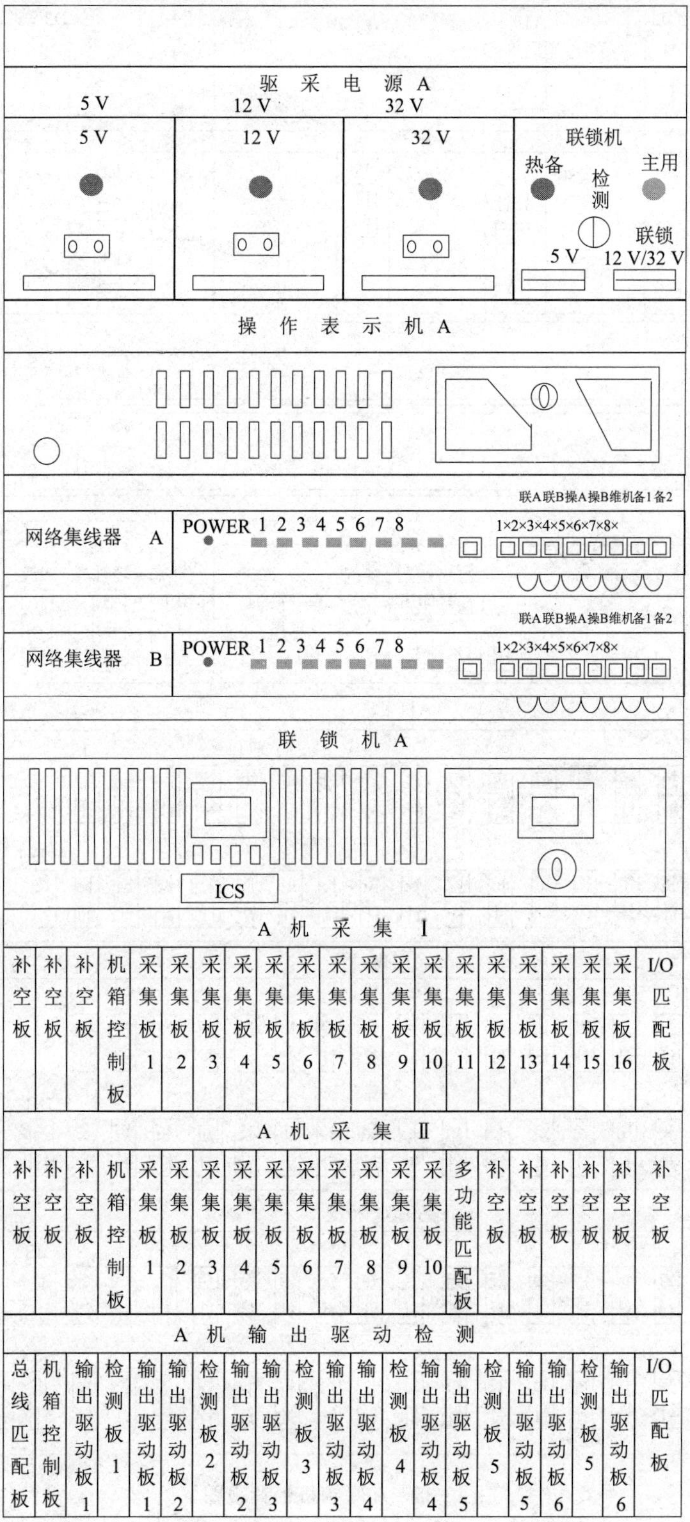

图 3-37　A 联锁机柜正视图

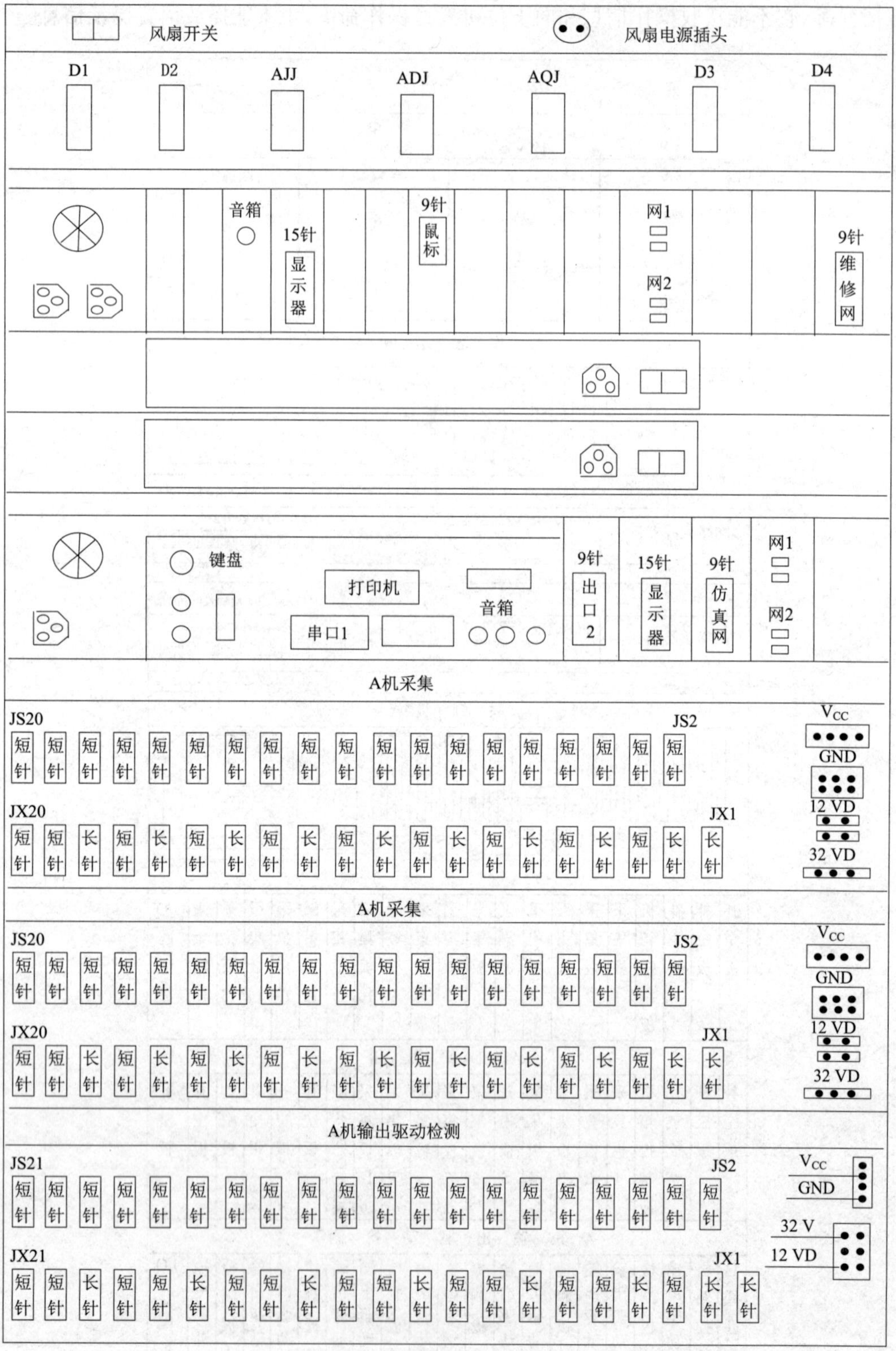

图 3-38　A 联锁机柜背视图

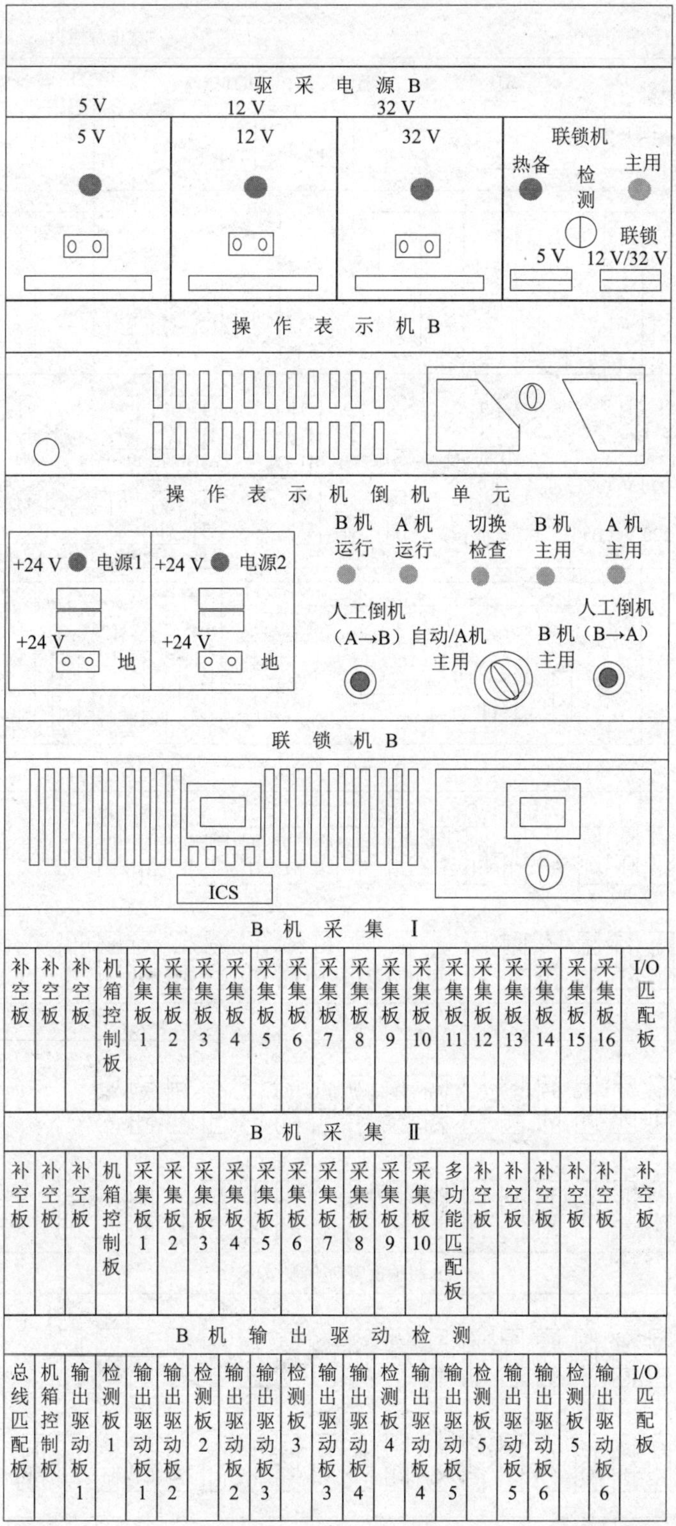

图 3-39　B联锁机柜正视图

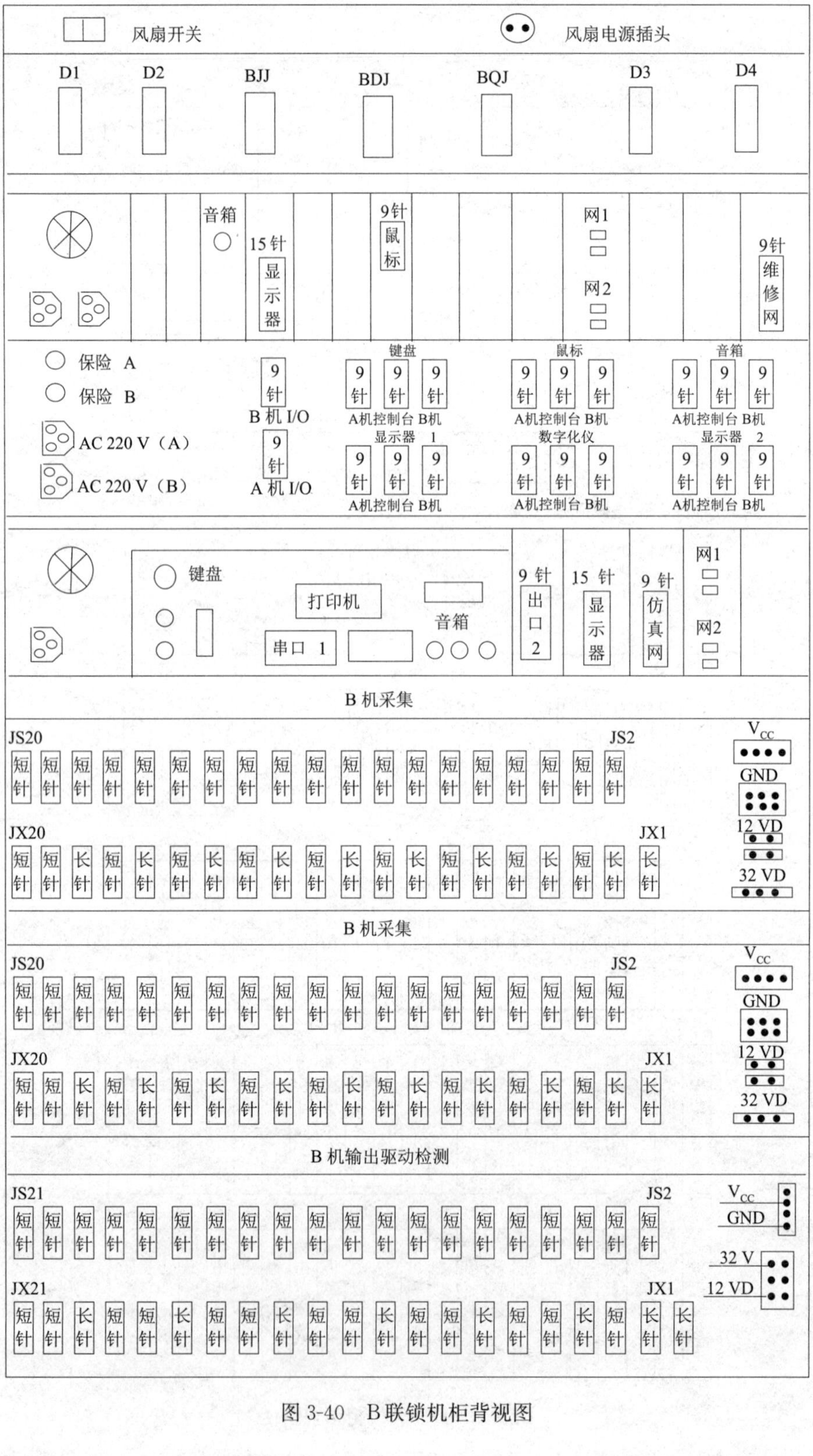

图 3-40　B联锁机柜背视图

操作表示机具有以下功能：

a. 操作功能。它接收车站值班员的按钮操作信息，将按钮操作信息通过网络通信传送给联锁机。

b. 显示功能。它接收来自联锁机的站场状态数据和提示信息等，控制 CRT 显示器或控制台显示站场情况、系统工作状况、提示信息、报警信息等，对主要的错误或故障提供相应的语音报警。

c. 信息转发功能。将站场状态数据及提示信息、报警信息、系统状态信息等转发给电务维修机。

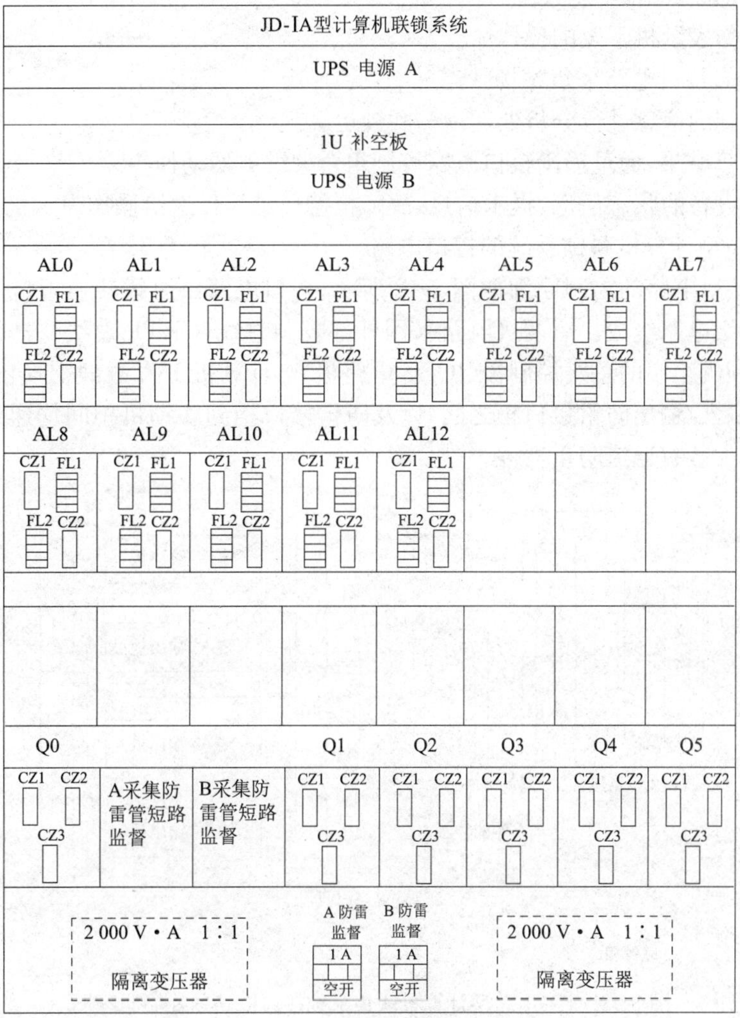

图 3-41　防雷接口柜正视图

②联锁机/下位机

a. 联锁机柜的结构

本系统的联锁机柜采用欧洲标准结构，每个机柜内包括工控机箱、直流电源机箱、采集机箱、输出驱动及检测机箱。采集、输出驱动检测机箱内提供接口板插槽，接口板从机箱前面插入，其面板上设有指示灯，用以观察设备运行情况以及输入/输出接口状态。

每个机箱有一块“机箱控制电路板”，对本机箱的输入或输出板进行选址。另有一块 I/O 匹配板，提供本机箱的外部控制总线终端匹配。每个机箱后面安装有一块 I/O 母板，用以提供外部控制总线。输入或输出电路板通过机箱插槽插在 I/O 母板上。机箱对外的连线通过 I/O 母板后面的接插件连接。

每一个联锁机柜，必须有一个机箱里用一块多功能匹配板取代 I/O 终端匹配板，该板除了具有终端匹配板功能，还具有对本联锁机柜倒机组合的驱动、采集功能。联锁机柜的最后一个机箱，必须插一块总线匹配板，实现整个外部控制总线的匹配。

b. 联锁机的功能

联锁机完成如下功能：

(a)接收操作表示机下发的操作命令。

(b)通过输入接口电路采集站场状态。

(c)将接收到的信息进行分析处理——联锁运算。

(d)根据运算结果，通过输出接口电路控制组合架继电器动作。

(e)将信号设备的状态信息、提示信息、故障报警信息等传送给操作表示机。

(2)JD-ⅠA 型计算机联锁系统的接口电路

本系统的接口电路的控制原理如图 3-42 所示，接口电路由总线转换板、机箱控制板和输入/输出接口三级电路组成。后两级电路采用外部控制总线(CRTP 总线)方式。外部控制总线通过插在联锁机箱中的总线控制板(IOBC 电路板)与计算机 ISA 总线交换信息。从组合架室内分线盘到输入/输出防雷接口柜之间，以及防雷接口柜到联锁机柜间均通过 32 芯电缆相连，防雷接口柜加装有通道防雷器件。

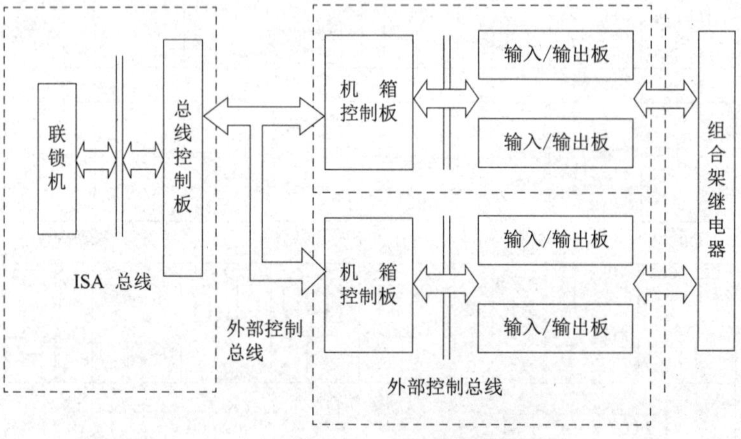

图 3-42　JD-ⅠA 型计算机联锁系统接口电路的控制原理图

联锁机和采集、输出电路相对独立，I/O 电路与联锁机采用光电隔离。外部控制总线可在 15 m 内并行扩展多达 16 个机箱，每个机箱可插 16 块采集板，每板有 32 个采集单元；也可插入 6 组输出驱动板和回读检测板，每组由 2 块 16 路输出驱动板和一块 32 路检测板固定组成，可驱动 32 个控制对象，它能够提供测试返回信号，由检测板对输出电路进行回读检测。

计算机联锁系统驱动的继电器均采用 JPXC-1000 偏极安全型继电器。动态驱动电路的输出又可通过回读检测电路进行检测。

16 路输出电路板接收联锁机发送的动态方波，再控制动态驱动电路，驱动电路接收动态脉冲，进而产生驱动组合架继电器动作的直流电平。

输出接口框图如图 3-43 所示，由于联锁机 A 和联锁机 B 动态驱动板的两同名端子要控制同一台执行继电器，因此，连接驱动控制线的防雷接口柜的电缆插接端子板相当于一个"三通"，联锁机 A、B 的输出驱动板的每一位输出线在防雷接口柜的端子板上的一侧一一对应封连，另一侧与继电器接口架端子板相连，这样将联锁机 A、B 的输出并接在一起控制偏极继电器的线圈端子 4。

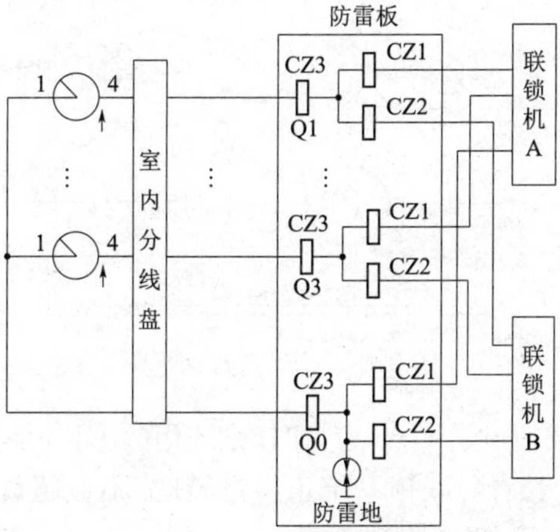

图 3-43 输出接口框图

由于各继电器线圈 1 所接的联锁机 A 供出的负电源（A+32 V 条件地）是检查了 ADJ 前接点的条件电源（B 机输出的 B+32 V 条件检查了 BDJ 前接点），而 ADJ 与 BDJ 不可能同时吸起，因此只有主机的驱动端才能输出有效的驱动电平，而备机不可能产生有效的输出。

如果动态驱动电路故障，则该路指示灯不亮，此时电务维修机会自动记录。如果当前联锁机为主机，则会自动切换至备用联锁机。

(3)JD-ⅠA 型计算机联锁系统的故障分析与处理

系统设备复杂，故障的类型很多，下面从供电、显示、操作、通信、联锁机和接口设备等几个方面对设备的故障进行分析。

①供电故障

a. UPS 面板指示说明

为监督系统的供电，保证在主、副电源切换等短时间掉电时给系统提供稳定的 220 V 电源，使系统正常工作，设置了两套 UPS 电源。在 UPS 的面板上设置了指示灯，如图 3-44 所示，其亮灯的意义如下：

(a)输入显示灯，表示系统由电源屏正常供电。

(b)负载容量显示灯，共 5 个灯，显示负载从 UPS 获取的电力达到 UPS 完全容量的百分比。每一个灯代表完全容量的 20%。

(c)电池充电量指示灯，共 5 个指示灯显示 UPS 电池当前已充电水平达到电池容量的百分比。若能有 5 个灯都亮时，说明电池充分充电。当电池不足 100%充电时，最上面的一个指示灯熄灭。当指示灯闪动时，说明电池所能提供的电力不足。

电源屏正常供电，UPS 正常工作时，就只有上面 3 种指示灯点亮。

(d)电池供电显示,表明 UPS 是由电池供电,室内电源屏提供的交流 220 V 断电。此时 UPS 发出“哔-噼”的报警声(每间隔 30 s 连续 4 次)。当 UPS 恢复电源屏供电时,报警声停止,电池供电指示灯灭,恢复正常。

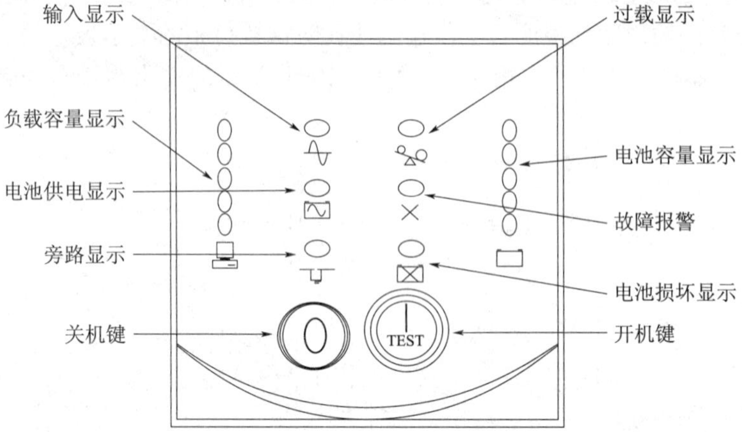

图 3-44　UPS 电源面板图

(e)过负载显示,当负载超过了 UPS 容量时(系统用的 UPS 是 1 400 V · A),超负荷指示灯亮,UPS 发出一个持续的长音。联锁系统正常运转时,不会超负荷。若发现超负荷指示灯亮,要迅速检查负载,排除故障,以消除超负荷。

(f)电池损坏显示,UPS 在使用过程中,每两周进行自检一次(无须人工操作)。在自检过程中,UPS 在短时间内以电池运行负载设备。如果自检通过了,它就完全恢复到电源屏供电运行。如果自检失败(即电池不能供电),则更换电池指示灯亮,同时发出短促的“哔-噼”声。UPS 仍恢复到电源屏供电,并给电池充电一段后,如果更换电池指示灯仍然亮着,则需更换电池。

(g)旁路显示,表示系统不经 UPS 电源,由输入电源直接供电。

(h)报警显示,表示输入电源故障。

(i)电压灵敏度,设在机箱后面板小孔内的一个按钮,并用指示灯的明亮程度表示灵敏度。当 UPS 为正常灵敏度时,指示灯为明亮状态,当调为稍低灵敏度时,指示灯转暗。当调为低灵敏度时,指示灯关闭。一般应调整到低灵敏度。

UPS 面板上还有两个电源按钮,作用如下:

(a)开机按钮,当 UPS 接通 220 V 电源后,按下该按钮并保持 3～4 s 后松开,电池供电指示灯亮,此时 UPS 可向负载供电,同时进行自检。自检通过后,电池供电指示灯灭,电源正常供电指示灯亮。此时 UPS 同时给电池充电,电池充电量指示灯就会亮。

(b)关机按钮,按下断电按钮然后松开,UPS 停止向负载供电。

UPS 可测到各种电压失常,如电压跳动、突降和突升。UPS 通过自动转为电池运行状态而对各种失常做出反应,以保护负载的设备。当电源屏主、副屏切换时,需 150 ms 的时间,电源正常供电指示灯瞬间灭灯,电池供电指示灯瞬间点亮,靠电池供电保证了系统正常工作。

必须注意:当电源屏供电故障,由电池供电时,要及时排除供电故障,APC UPS 在外电网停电 5 min 后将自动关机,以保护电池留有一定电量。此时 UPS 面板上的电源正常供电指示、报警指示和电池供电指示、过负载指示、损坏电池指示,分别循环闪亮。当供电恢复正常后，UPS 自行启动，不用人工干预。人为关机则不能自动恢复供电，必须人为开机才能正常供电。

b. 通过 UPS 面板指示可以分析电源故障

UPS 电源都发出“哔-嘣”的报警声（约每隔 30 s 4 次）。UPS 电源正常供电指示灯灭，UPS 电池供电指示灯亮，联锁系统运行正常，可能是交流 220 V 电压未送到 UPS 电源输入端。此时应参看电源供电的框图，检查计算机联锁系统的送电路径的空气开关、电源线的接线插头、电池及 220 V 供电线路。

如果 UPS 频繁发出“咔-咔”声响，电源正常指示灯和电池供电指示灯频繁互相切换。UPS 供电正常，则可能是外电网供电不稳，电源屏频频互切，供电忽高忽低或时有时无。此时应检查电源屏供电，调低 UPS 的灵敏度。

②显示故障

系统正常运行时，显示器的电源指示灯亮灯，显示器应给出正常的显示。当显示器黑屏，电源指示灯不亮，可能是显示器电源未接通或显示器坏了。

如果电源灯闪亮，显示器仍不能正常显示（黑屏或缺色），可能是视频信号未送到显示器的输入端或显示器坏，具体原因有以下几种：

a. 显示器的视频电缆线插头松动或断线。

b. 上位主用机到上位机倒机单元视频电缆线未接通或断线。

c. 上位机倒机单元到显示分屏器视频电缆线未接通或断线。

d. 上位主用机显示卡坏或死机。

e. 上位机倒机单元故障。

f. 显示器分屏器或显示器故障。

此时，应仔细检查上述各环节，必要时更换电路板或连接线进行试验。

注意：在换视频电缆或电路板时一定要先将显示器关闭，接好视频线后再将电源打开。否则，极易损坏设备。

③操纵设备故障

a. 鼠标故障

当显示屏右下端计时正常，鼠标箭头在控制台显示屏上拖不动，命令发不下去时，说明鼠标故障。可能原因有：

(a)鼠标坏、长期使用太脏。

(b)上位机倒机组合到控制台鼠标线没接好或断线。

(c)上位机倒机组合主用侧继电器接触不良。

(d)主用机 COM1 接口坏。

(e)主用机 COM1 接口到上位机倒机组合连线未接好或断线。

处理时应首先检查鼠标接线各插头插座，将其插紧。若正常了，说明线头松动，若不正常则向下检查。

(a)人为干预，将原上位主用机切向备用机，切换后若鼠标工作正常，说明原主用机 COM1 接口坏、主用机 COM1 接口到上位机倒机组合连线断线、上位机倒机组合后主用侧继电器故障。若仍不正常则转到第 2 步。

(b)再将上位主用机切回原来的主用机，交换主、备机之间 COM1 到上位机倒机组合之间的连线。若变换后鼠标工作正常，说明原主用机连线断线。若还不正常，则说明原上位机主用机 COM1 接口坏或上位机倒机组合继电器故障。检查更换继电器，若继电器无故障，则主用机 COM1 接口坏。

(c)切换后鼠标工作还不正常，故障在上位机倒机组合后，即鼠标坏、上位机倒机组合到运转室之间鼠标连线断，应更换新鼠标。若正常，说明鼠标坏(原鼠标太脏，清洗后再试)；若不正常，则是上位机倒机组合到运转室的鼠标连线断，应用备用鼠标线替换断线即可。

b. 数字化仪故障

用数字化仪操作时，控制命令发不出去，显示屏右下端计时正常，可能原因是：

(a)数字化仪电源未开或电源坏。

(b)上位机倒机组合到数字化仪线没接好或断线。

(c)上位机倒机组合主用侧继电器接触不良。

(d)主用机 COM2 接口坏。

(e)主用机 COM2 接口到上位机倒机组合连线未接好或断线。

遇到这样的故障，应首先仔细检查数字化仪的电源、光笔及数字化仪本身是否正常。数字化仪工作正常后，命令还是发不出去，则人为干预将原上位热备机切向主用机，切换后数字化仪工作正常，说明原主用机 COM2 接口坏，主用机 COM2 接口到上位机倒机组合连线断线，上位机倒机组合原主用侧继电器故障。

若切换后仍不能正常工作，再将上位主用机切回到原来的主用机。交换主、备机之间 COM2 接口到上位机倒机组合之间连线。若数字化仪工作正常，说明原主用机连线断。若不正常说明原上位主用机 COM2 接口坏，或上位机倒机组合继电器故障。检查更换与数字化仪有关继电器，更换后正常，故障在继电器，更换继电器后仍不正常，则主用机 COM2 接口坏。

切换后数字化仪命令还是发不出去，故障在上位机倒机组合后，上位机倒机组合到数字化仪连线断。用备用数字化仪线替换原数字化仪线。

④通信故障

对于系统的通信故障，可以在显示器屏幕上的运行状态显示框中有清楚的了解，可迅速判定故障原因，及时排除故障。下面简要介绍控制台显示器和维修机显示器有关通信网络运行状态框的显示意义。

计算机运行状态显示块和网络运行状态显示块均表示两层意义，一是表示系统中各计算机的状态，主用时显示绿色，热备时显示黄色，故障或关闭时显示红色；二是表示系统中各网络的工作状态，网络工作正常显示绿色，网络故障或断时显示红色。

网络状态是以上位机主用机为中心进行判断的，上位主用机 A 网或 B 网收不到哪台计算机 A 网或 B 网的信息，表示相应计算机方块的上半部或下半部将变成红色。

发生通信故障时，可根据方块和网络的颜色判断查找故障点。

例如：上位机 A 主用时，A 网收不到下位机 A 的信息，但能收到其余两台计算机的信息，将下位机 A 方块的上半部点红(若下位机 A 为主用，方块的下半部为绿色；若下位机 A 为热备，方块的下半部分是黄色)。B 网收不到下位机 A 的信息，但能收到其余两台计算机的信息，将下位机 A 方块的下半部点红(若下位机 A 为热备时，方块的上半部为黄色；若下位机 A 为主用时，方块的上半部为绿色)。

⑤联锁机故障

当发生室内外混线、联锁程序运行不正常、计算机掉电、联锁机硬件损坏等危险性故障时，该联锁机控制的监督继电器落下，无条件切换到备机运行。

当两联锁机有动态信息不一致、I/O故障、网络通信中断等非危险性故障时，联锁机立即查询另一套联锁机的工作状态，当另一套联锁机处于主机状态时，则本机停止工作，重新启动。所谓重启，即在联锁机发生故障并停机后，在维修人员来不及干预的情况下，令该机重新运行，重新和主机请求同步，如果刚才发生的故障是暂时的，则重启后即可恢复正常工作。如果刚才的故障是固定的，则重新检测到该故障后，又会强制重启该联锁机，直到维修人员排除故障为止。

当查询另一套联锁机为备机且处于热备工作状态时，则自动切换到备机，并重新启动故障联锁机。当查询另一套联锁机为备机且不处于热备状态，则此时主机会继续维持工作，直到备机热备。

如果备机自诊断发现自己有故障，则会不断重新启动计算机，主机单机工作，此时一旦主机停机，则会影响行车。因此当备机不断重新启动时，需尽快排除故障，使其正常运行，进入热备状态。

⑥接口设备故障

为便于迅速、准确地查找故障，系统设计了故障子信息表，在联锁机发生故障后，应先从电务维修机取得故障报告，根据故障报告提供的数据，参看故障子信息表，找出故障原因和故障点。

例如：控制台显示屏运行状态显示方块中，联锁热备机热备灯灭灯，重新启动也无法联机。此时，查看电务维修机故障信息为3050908。

故障信息表明为：采集第5号机箱第9块板第8路A通道数据错误。采集接点为闭合，但第1路结果为接点断开(没采到信息)，第2路结果为闭合。这种同一机器两块板采集不一致的状态，称为单口断。

此时在联锁机输入板的面板指示灯可看到3种情况：

a. 第9块板第8位指示灯熄灭，说明采集光耦输入端断路，此时应查找采集通路的断线点。

b. 第9块板第8位指示灯还在闪亮，说明采集光耦输出端以后故障，此时应更换该采集板。

c. 第9块板第8位指示灯亮稳定灯光，说明采集线有直流电混入，此时应查找混线故障。

对于采集接口电路的故障，可以通过观察采集机箱对应的采集单元的指示灯进行判断，由于用两块采集板的两对应单元采集同一信息，当计算机未收到采集信息时，若有一块采集板的指示灯点亮，另一块采集板的指示灯未亮，则未亮指示灯的采集板故障，若两块采集板的指示灯均未亮灯，可能是机外故障，应按照采集信息传输的路径顺序测试查找。

对于输出驱动接口电路的故障，可以通过观察输出驱动检测机箱对应的输出单元和回读检测单元的指示灯进行判断。若计算机输出控制命令后，未能使被驱动的继电器吸起，重新办理时应注意观察输出驱动板该单元的指示灯，左边的指示灯点亮表示有控制命令输出，右边的指示灯点亮表示驱动有效，检测灯点亮表示收到回读信息。若输出灯未亮，则为机内故障；若输出灯闪亮过，而驱动灯未亮，则为输出驱动板故障；若输出、驱动和检测灯均闪亮过，而继电器未吸，则为机外故障。此时应按输出驱动电平传输的路径测试接口电路的各个环节，确定故障点。但应该注意：必须用电压表的红表笔接DC 32 V的地(高电位)，黑表笔沿输出接口端子查找。

⑦应急台的使用

当双套联锁设备发生故障时，可使用应急台。应急台的盘面布置如图3-45所示。

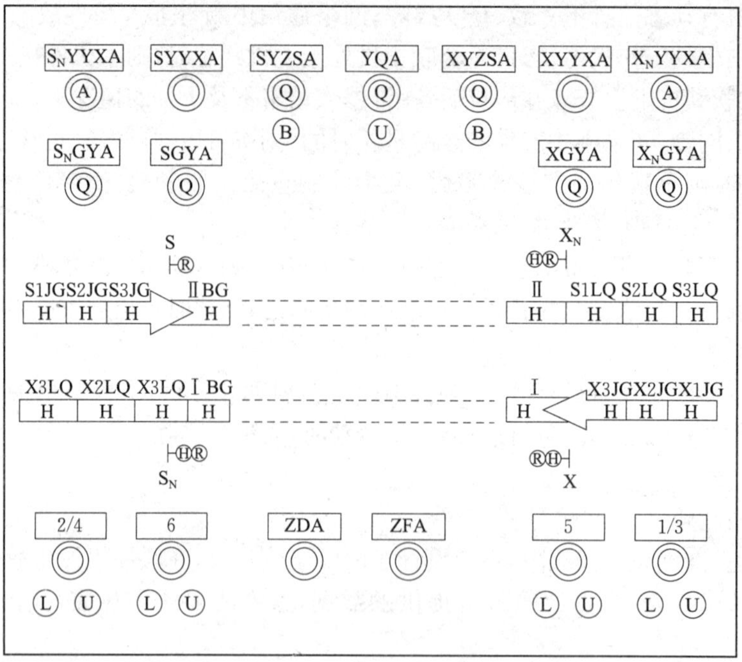

图 3-45　应急台盘面图

应急台上，对应每组道岔（双动为一组）设一个道岔按钮且定、反位各有一个表示灯，全站共用总定位操纵和总反位操纵按钮。单操道岔和道岔表示灯的显示与 6502 相同。

用应急台可操纵道岔时，所有联锁功能失效，道岔位置是否正确，只能人工室外确认。应急台对信号的操作只限于引导总锁闭接车，不能开放列、调车信号。因此，应急台只是一个代替室外手摇道岔的设备。

应急台盘面如图 3-45 所示，其启用与计算机联锁系统互切。使用应急台时，应首先破封按下应急切换按钮（YQA），使应急切换继电器（YQJ）吸起。YQJ 吸起后，其后接点首先切断计算机联锁主机柜向组合架提供动态电源公共回线 $D_3$2G-YQJ，即切断计算机驱动的所有继电器线圈 1 的公共回线。

应急盘道岔控制电路如图 3-46 所示，由 YQJ 的前接点接通应急延时继电器（YYJ），经 3 min延时后，YYJ 吸起才能接通道岔单操控制电路的 KZ 电源，允许道岔单操。

如图 3-47 所示办理引导总锁闭接车时，道岔操纵到位后，先用应急台按钮专用钥匙解锁该咽喉的“引导总锁”按钮，而后按压“引导总锁”按钮，再用钥匙解锁接车口的“引导”按钮，按压“引导”按钮开放引导信号。作业完毕后，应将“引导总锁”按钮恢复原位。

最后必须强调以下几点注意事项：

a. 更换联锁机主机内的板子、上位机和维修机中的板子时，插拔前一定要关机，否则瞬间高压会把击坏电路板。

b. 上位机和维修机的开关上有 3 个指示灯和两个按键，第一个标注 POWER 的指示灯为电源指示灯；第二个标注 H、D、D 的指示灯为硬盘工作指示灯；第三个标注 KB-LK 的指示灯为键盘锁闭指示灯，红色自复式按键为复位键，蓝色非自复式按键为键盘锁闭键，蓝色键按下时，第 3 个指示灯亮，表示已把键盘锁死，此时按键盘无效。为了避免误碰键盘而影响设备的正常使用，平时都要把蓝色键按下锁死键盘，但是，在复位机器或机器掉电重新启动时一定要把蓝色键弹起，键盘锁闭灯熄灭，取消键盘的锁闭，这样机器才可以正常启动。

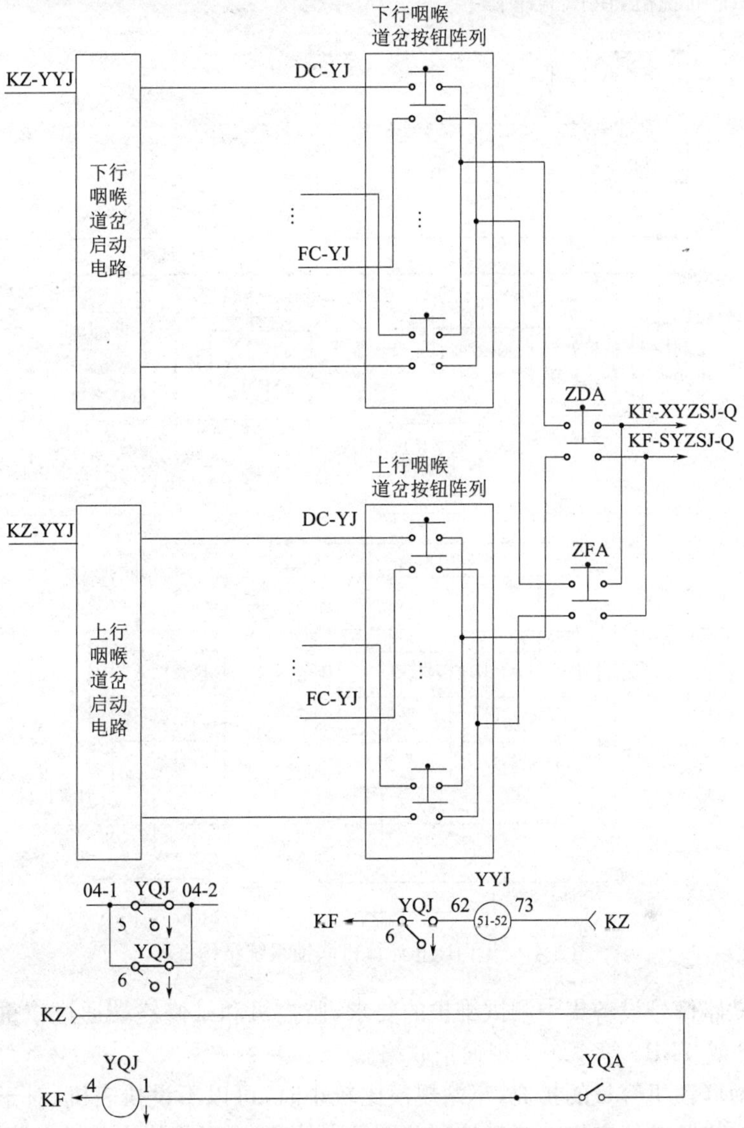

图 3-46　应急盘道岔控制电路

c. 数字化仪的电源开关在右上角的背面，开启电源时最好把光笔和定标器远离数字化仪，以免更改设置。

2. TYJL-Ⅱ型计算机联锁系统

TYJL-Ⅱ型计算机联锁系统是目前我国铁路使用较多的联锁系统，系统的构成采用模块化结构，根据站场的实际需要，可进行拼接组装，构成各种大小不一的系统，其体系结构如图 3-47所示。

系统采用三层三级控制结构，由数字化仪控制台、监视机、联锁机、执表机和维修终端等5 部分组成。数字化仪控制台和维修终端是单套配置，联锁机、执表机为主、备双套具有热备、自动切换功能，监控机也实现了双机热备工作，两台监控机工作状态一致，由于控制台是单套配置，所以双套监控机的区别在于仅有一套与控制台相连，可以通过控制台切换手柄更改连接方式。系统内部各子系统之间采用 STD 网络通信。各备用机同样构成备用子系统与主机同步工作,备用系统可脱机,供试验维修。

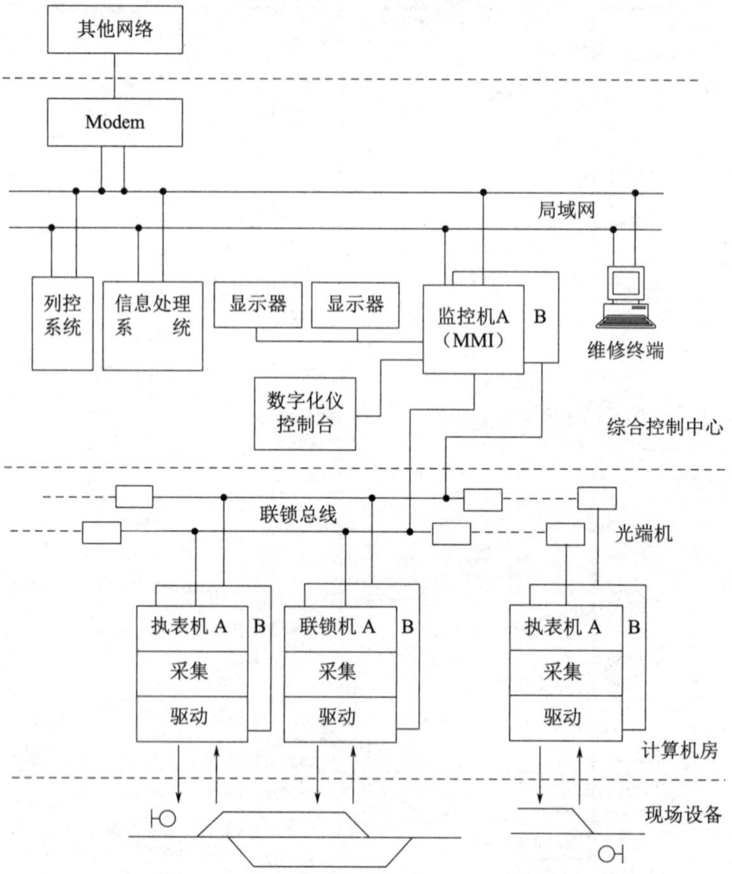

图 3-47　TYJL-Ⅱ计算机联锁系统结构框图

为了适应铁路信号设备集中测试维护的要求,监控机和维修终端通过双重局域网与远程维修终端、CTC 或 TMIS 等系统实现通信联络。

执表机是对联锁机容量的扩充,车站规模比较小时,可以不设执表机,对于规模较大的车站可以增加一套或几套执表机。对于控制范围较大的车站,可将执表机设在监控对象的附近,联锁机与执表机通过光纤通信实现远距离控制。

(1)TYJL-Ⅱ型计算机联锁系统的功能、特点及硬件与组成

①TYJL-Ⅱ型计算机联锁系统的功能

a. 实现联锁的基本功能

实现进路上道岔、信号机和轨道电路的联锁,确保进路正确和列车运行安全。

b. 具有完善的自诊断功能

系统通过动态输入、输出、回读、软件双编码等技术实现自诊断故障到板级的功能,并通过网络通信使用户可在控制中心和维修中心实现故障诊断和查询。

c. 维护和远程诊断功能

系统能够记录所有的操作和信号设备的状态;监测和报告系统故障;查询内存中存储的各种信息;再现和打印信息记录,通过远程诊断功能可以把系统故障远距离通知相应的维修部门。

d. 实现与 CTC、TDCS 结合功能

通过 CTC 系统设于各站的终端设备实现与 CTC 系统、TDCS 的通信，将站场信息传至调度中心，实现调度中心对各站全部作业情况进行监视和控制。

e. 具备故障弱化功能

双机热备的冗余方式使系统出现局部故障时，在不影响设备运行安全的情况下，系统具备故障弱化功能。

f. 具有较强的防雷和抗电磁干扰功能

②TYJL-Ⅱ型计算机联锁系统特点

a. 系统具有高安全性。

(a)系统严格采用闭环控制原理，通过对输出控制命令分层双重回读的闭环控制，可对驱动混线、驱动板故障、I/O 板故障、各级译码器电路错误等故障进行有效检查，当发现可能危及安全的失控情况时，立即切断输出电源，倒向安全。

(b)采用动态输出方式，当软、硬件故障时，系统将自动停止动态输出。对最为关键的输出电源控制，采用更为严格的反相双驱动的动态驱动方式，由专用硬件电路对计算机的输出脉冲相位进行严格检查，异常时将在数毫秒内熔断断路器，确保系统安全。

(c)信息采集采用动态检查、双译码校核及采集总线控制命令回读的工作方式，以确保采集电路的“故障—安全”。由专用的 I/O 检查程序对采集的关键有效信息进行合理性判断，对异常信息进行安全处理，当发现可能危及行车安全的情况(通常由混线造成)时，切断驱动电源。

(d)采用多种软件冗余技术提高系统的安全性。联锁程序采用双软件结构；采集数据和输出控制命令均采用双格式并在不同的缓冲区存储，输入、输出程序采用与之对应的双通道安全校核的处理方式；采集数据、联锁运算的中间变量和输出控制命令均采用安全侧唯一的编码方式。这些措施可以有效地防护因硬件故障或软件错误而可能造成的非安全性的后果。

(e)采用专用的、无任何“黑箱”部分的软件平台和全部软件固化后“就地”运行的工作方式，提高系统软件的可靠性和安全性。采用专用的、开放的软件平台可以避免某些因采用复杂的、内部不可知的软件系统所可能带来的不确定性后果，而能够固化后“就地”运行的软件最为“强壮”，因为其在运行状态下完全无法被更改。

(f)联锁总线采用专门研发安全信息通道。

b. 系统具有高可靠性。

(a)系统全面采用成熟的计算机技术、网络通信技术和工控技术。

(b)TYJL-Ⅱ型计算机联锁系统是国内第一个实现了双机热备功能的计算机联锁系统，该系统直至 I/O 接口及配线部分均为双套，热备时任何部分故障，均不影响正常使用。故障设备可在完全脱机的状态下进行维修而不影响工作系统，即系统的可用性极高。

(c)系统采用双套联锁软件，在控制命令输出级进行比较，命令一致，既向外发出驱动命令，A、B 双套软件从数据结构到程序流程均不相同，保证了机器码一级的数据完全不同。

③TYJL-Ⅱ型计算机联锁系统的硬件与组成

a. 监控机

监控机主要由控制台、监控机(上位机)、维修机及外围设备组成。监控系统的组成如图 3-48所示。

监控机由下列部件组成：

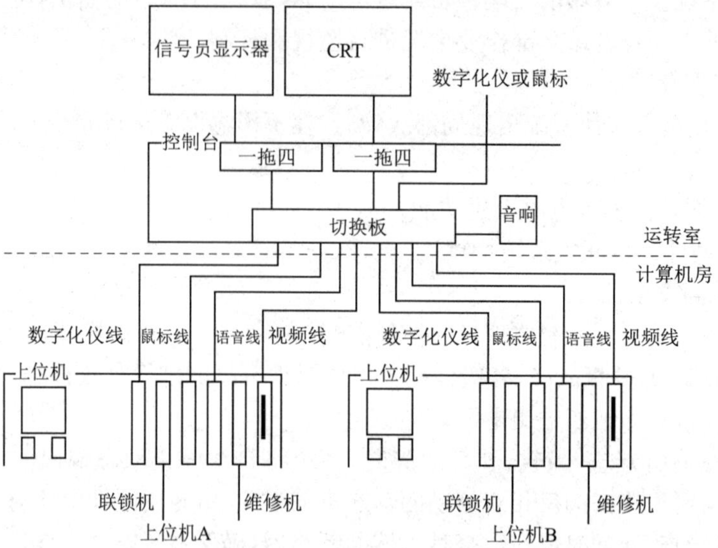

图 3-48　监控机的组成图

(a)主机板。CPU 目前已升级为奔腾芯片，主频 233 MHz，内存容量 32 MB。

(b)2 个 RS-232(串行通信接口)，用于接收数字化仪和鼠标的操作信息。一个并行口，用按钮盘操作时采集操作信息。

(c)12 槽无源 PC 总线母板，插接主机各芯片。

(d)1 块 PC-01 网络板，用于实现本机与系统其他机器的通信。

(e)1 块以太网卡，用于实现与维修机的连接。

(f)3 英寸软盘驱动器 1 个，1 GB 硬盘，用于固化程序。

(g)多屏 VGA 显示图卡，用于驱动两台 21 英寸彩色监视器。

(h)语音声卡，能够产生各种报警信息。

(i)局域网通信卡，连接局域网，实现与其他远程信息系统的通信联络。

(j)监控机的外围设备有键盘和两台 21 英寸彩色监视器。系统的操纵设备是数字化仪配鼠标，采用 Windows 操作系统，操作简单，显示直观清晰。

(k)监控机的主要功能是实现控制、存储、进路初选、电务维护及屏幕显示。其中，监控机完成人机对话、进路初选及实现与联锁机及其他通信系统的通信联系。

(l)维修机通过以太网与主、备监控机连接，实现把实时信息采集到维修机，记录存储供电务人员维护系统时调用查询。

b. 联锁机和执表机

联锁机和执表机的硬件组成结构如图 3-49 所示。联锁机柜、综合柜正面布置如图 3-50 所示。联锁机主要由计算机层、电源层、采集层、驱动层、零层等组成。

每一台机器的主要组成模块如下：

(a)STD 微处理器板(CPU 板)。它是计算机联锁系统的核心，随着工控机档次的提高，该系统的 CPU 已进行了几次换代。

(b)报警板。专为系统报警设计的控制板。

(c)STD-01 通信板。执表机上插一块，联锁机上插两块，一块用于主、备机通信，一块用于与监控机和执表机通信。

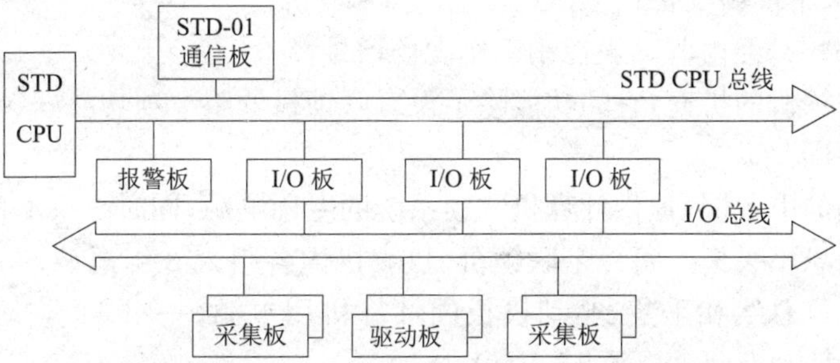

图 3-49　联锁机和执表机的硬件组成结构图

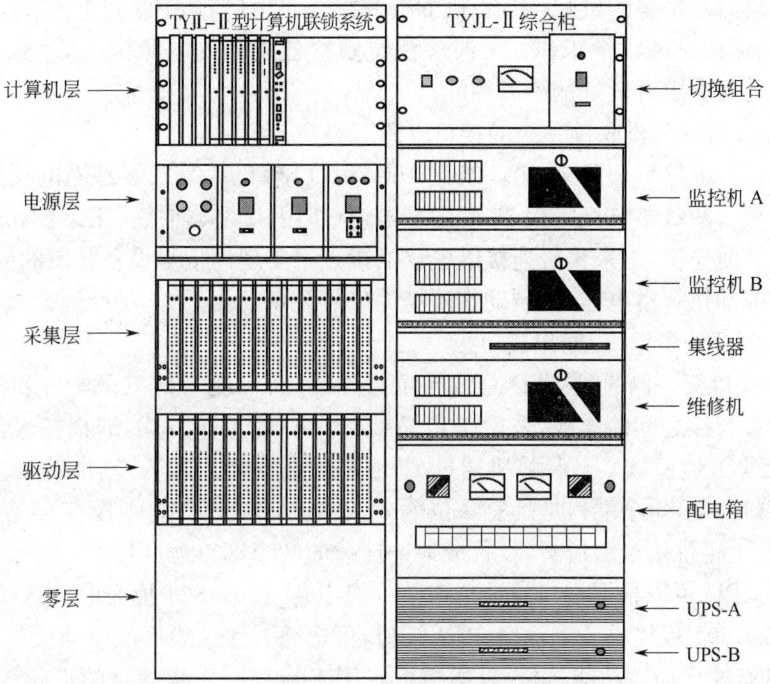

图 3-50　联锁机柜、综合柜正面布置图

(d)1604 I/O 接口板。它是开关量输入/输出接口板，连接光电隔离的信息采集及控制驱动板。

(e)信息采集及控制驱动板。每个机柜的下方设置 12 块或 14 块信息采集板，8 块控制驱动板用于连接计算机和继电器接口电路，采集状态信息，输出控制信息。

在早期的联锁设备中采用 8088 微处理器板(准 16 位机)，联锁机还需有配套的 7308 计数/计时器板、7320 中断控制板和 7710 或 7709 存储器扩展板。

联锁处理机采用高可靠性的工业控制机，其主要功能是：

(a)实现与上位机和执表机的通信调度。采用循环呼叫应答方式，如果通信不通，则超时报警及退出，呼叫下一个设备。在联机状态下，联锁机备机定时呼叫主机进行信息交换和信息比较。

(b)实现信号设备的联锁运算逻辑处理功能，完成进路确选、锁闭，发出动作道岔和开放信号的控制命令，实现进路锁闭解锁。

(c)由采集板采集现场设备状态信息。

(d)输出控制命令，经由驱动板控制动作现场信号设备。

执表机作为联锁机的扩充，它的功能除了没有联锁机的第 2 项功能(联锁运算功能)外，其他与联锁机完全相同。

系统配有专用的电源屏，提供计算机联锁系统的专用电源，同时配有 UPS 电源，保证短时间停电时系统的信息不丢失。每一个联锁机、执表机内各引入 3 组电源，一组是 STD 5 V 系统工作电源，供 STD 总线和采集、驱动模板内计算机用电源；一组 12 V 动态采集条件电源 12 V(T)；一组 12 V 动态驱动电源 12 V(Q)。

机柜电源安装在机柜上层，各路电源在机柜的电源模板上均装有电源指示灯和测试孔。采集和驱动电源盒也设有指示灯。电源误差范围在 15%以内，否则会影响机器的正常工作。为了降低电源故障对采集的影响，主、备机的电源并联使用，当其中一套电源故障时，有另一套电源继续供电，保证设备正常工作。平时应注意观察各机柜的电源指示灯，发现故障及时处理。各路电源之间要求有良好的隔离性能。

(2)TYJL-Ⅱ型计算机联锁系统的接口电路

本系统的接口电路分为两级，第一级是 1604 I/O 接口板，第二级是光电隔离的信息采集板和输出驱动板。两级接口板采用 34 芯扁平电缆(实用 32 芯)连接。采集板和驱动板与继电器组合架通过电缆连接，由采集板连接继电器的接点采集现场信号设备状态的信息；由驱动板输出控制命令驱动执行继电器，控制动作现场的信号设备动作。

①1604 I/O 开关量输入/输出接口板

1604 I/O 接口板一侧通过 STD 总线与主板连接，另一侧与信息采集板和输出驱动板连接。为了减少板与板之间的连线，采用 I/O 总线(母线)的工作方式，即把各采集板和驱动板连接到同一母线(I/O 总线)上，计算机通过 1604 板为母线提供输入/输出端口。每一块 1604 板上有 8 个端口地址，每个端口地址有 8 位输入或输出，即每块 1604 板有 64 位输入/输出信息量，根据板上短路跳接线的位置，设置成地址连续的 8 个端口地址号。

计算机的 CPU 可以根据端口地址选通某一块 1604 板。1604 板为 I/O 总线提供输出、输入端口，每一块 1604 板提供 8 个输出、输入端口，可选通 8 块采集板或驱动板。

1604 板具有输出回读功能，对于采集板可以用来检查所采集信息的正确性，对于驱动板用来检查输出的信息是否被正确执行。

②状态信息采集板

状态信息采集板的容量是每板 32 个采集单元，各采集板的 A_8-A_{15}、B_8-B_{15}、A_{26}-A_{33}、B_{26}-B_{33} 共 32 个采集端分成四列，每列对应 8 个采集单元，由 1604 板选通某一板某一列的采集单元。该列采集单元被选通后，由 1604 板先输出全 0 信号，关闭所有光电耦合单元，计算机收到全 0 信息后，再输出全 1 信号，打开该列各光电耦合单元，采集 1、0 相间的动态信息。这样可以防止某一采集单元发生故障时采集到错误的信息。

单元信息采集电路如图 3-51 所示，电耦合管 H_1 随 H_2 导通截止，C_1 交替充放电。数据输入端将 1、0 相间脉冲送入计算机。采集条件未通或选通端无脉冲或采集电路的任一元件故障时，H_1、H_2 均不能交替导通截止，数据输入端不能收到 1、0 相间的脉冲，从而实现“故障—安全”。

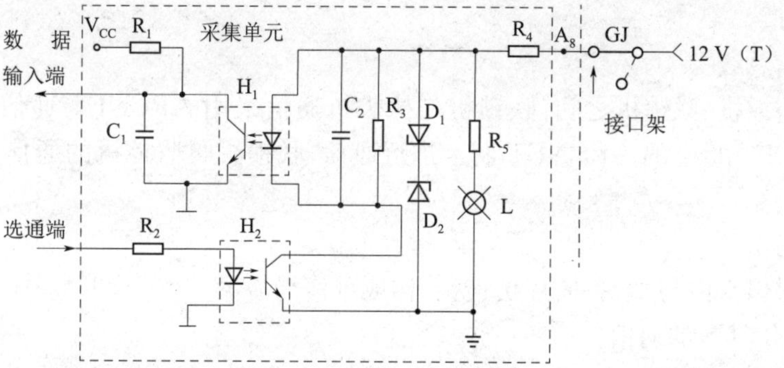

图 3-51　单元信息采集电路

图 3-52 是道岔表示继电器接点与接口架的结合电路，每一组道岔使用 3 个输入接口端子，尽管动态脉冲相同，但道岔的位置不同，收到信息的输入端就不同，计算机即可区分出道岔的位置。

对于与安全直接相关的有关继电器，如：DBJ、FBJ、GJ、XJ 等，计算机不但采集其前接点，还要采集其后接点，由软件对采集的信息进行校核，若均为“1”或均为“0”，可判定采集电路发生了故障，将其作为安全侧信息（后接点接通）处理，以实现“故障—安全”。

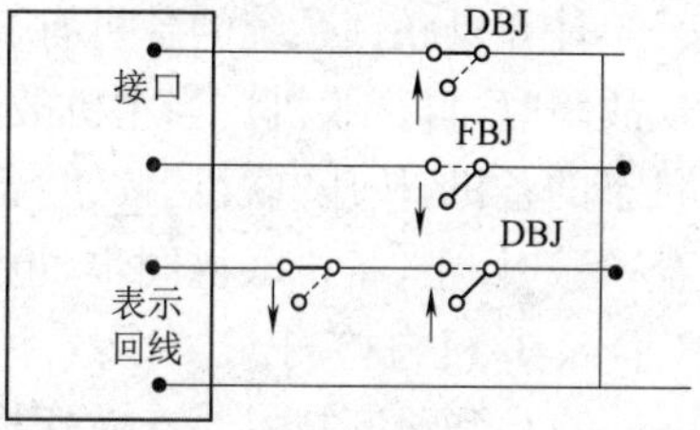

图 3-52　继电器接点信息采集电路

③控制命令输出驱动板

输出驱动板的容量是每板 32 个驱动单元，可以驱动 32 个对象（动态继电器）。1604 板与驱动板的各驱动单元的控制关系与采集板类似。单元驱动电路如图 3-53 所示。

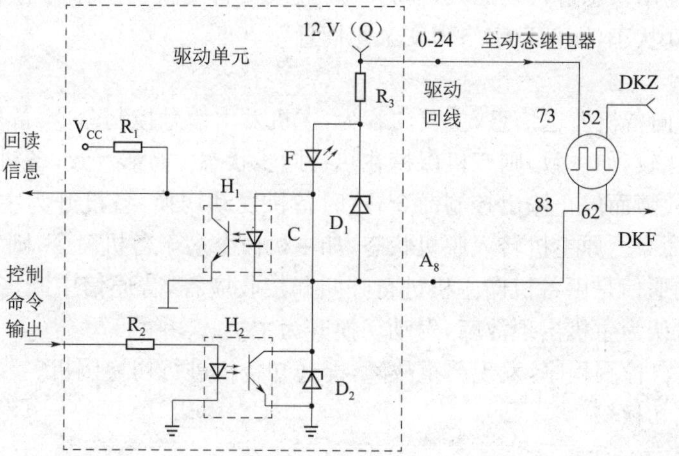

图 3-53　单元驱动电路

当该列的驱动单元被选通后，该单元对应的控制命令输出端输出动态脉冲，它控制光电耦合管 H_2 交替导通截止，H_1 随 H_2 动态工作。驱动单元的输出端（A_8）产生反向动态脉冲，控制动态继电器吸起。同时光电耦合管 H_1 工作，其输出端产生输出脉冲回读到计算机。计算机如果不能收到回读的动态脉冲，将停止向控制命令输出端输出动态脉冲，防止执行继电器错误吸起。

(3)传输通道

①联锁通信总线

联锁机与监控机、联锁机之间,联锁机与执表机通信采用 ARCNET 通信接口,联锁机之间通过集成于 CPU 板上的 ARCNET 网卡进行通信,联锁机与监控机的通信为独立的 ARCNET 网卡。

②维修机通信

维修机通过以太网与主、备监控机连接,构成维修局域网。

③与 CTC、TDCS 的通信

监控机同 CTC、TDCS 的通信,采用 TCP/IP 协议。需解决的技术问题为实现切换功能,必须先解决双机通信、双机同步、单机自检测和双机切换四个技术问题。

a. 双机通信

由备机作为通信主站,定时呼叫主机,双机采用半双工通信方式。

b. 双机同步

计算机联锁系统的备机有 3 种工作状态:脱机状态、联机状态、热备同步状态。当备机出现故障时,自行脱机。当主机故障时,系统自动切换至备机工作,原主机主动脱机。处在脱机状态的备机,按压"联机"按钮,备机转入联机状态,恢复主、备机的通信,待双机的运行状态完全一致时,主、备机联机同步,也就是备机转入热备状态。

c. 单机自检测

自检和诊断技术是有效切换的基础。

(a)软件冗余采用两套联锁软件将输出结果进行比较,如命令不一致,应禁止输出。

(b)采用闭环工作原理,对命令输出和回读信息进行比较,及时发现故障点。

(c)采用信息冗余技术,用编码方法进行检验和纠错,当校验有误时,均做安全处理。

(d)对输入、输出信息进行动态处理,将 1、0 连续交替变换信息作为有效信息,若有故障,信息固定在 1 或 0 状态,则信息定格为安全侧信息。

d. 双机切换

(a)主机定时向备机发送信息,主要内容为:主机发出信号控制命令,备机将此信息与备机的控制命令进行比较,如一致,则双机保持在热备同步状态 ,如不一致,备机命令多于主机,表明主机由于某种故障而停止输出控制命令,这时备机发动切换,备机升为主机工作,继续向现场设备发送控制命令。原主机转入脱机状态,如主机命令多于备机命令,则备机自动脱机。

(b)双机间的通信是由备机向主机进行呼叫和接收应答,若通信中断,备机接收不到主机的信息,此时备机认为主机出现故障,发动切换升为主机。

(c)主机通过自检测程序,发现严重故障,即通知备机进行切换倒机。

(4)联锁机的切换

①切换条件

联锁机的切换只在同步状态下进行,以故障自检和诊断为基础的切换控制程序是核心,切换条件的确定原则如下:

a. 主、备机间同步通信中断

双机间的通信是由备机(主站)向主机(子站)进行呼叫,当没有收到应答时,此时认为主机故障(主机死机或通信故障无法继续同步运行),发动切换。

b. 主机通过自检测程序,发现严重故障,向备机申请切换倒机。

c. 当主、备机间的同步信息出现持续性的差异时，同步处理程序确认主机出现了某种影响系统控制的故障时进行切换。

②切换控制

联锁机的切换电路由热备继电器、联锁机切换手柄、切换继电器和切换校核电路组成。

a. 热备系统中用到的 AQHJ 和 BQHJ 虽然由计算机控制，但它不是动态继电器，而是 JWXC-1700 型继电器。计算机对其输出信息切换命令的指示灯，在相应联锁机的第一块驱动板的第二、三位为稳定灯光。平时输出高电平，联锁机 A 热备切换继电器 AQHJ 和联锁机 B 热备切换继电器 BQHJ 都落下。在联锁机 A 或联锁机 B 发动切换时，第二、三位同时输出低电平，分别驱动 AQHJ 或 BQHJ 的两个线圈，使得 AQHJ 或 BQHJ 吸起，该继电器在完成 A 联锁机、B 联锁机切换后失磁落下，如图 3-54 所示。

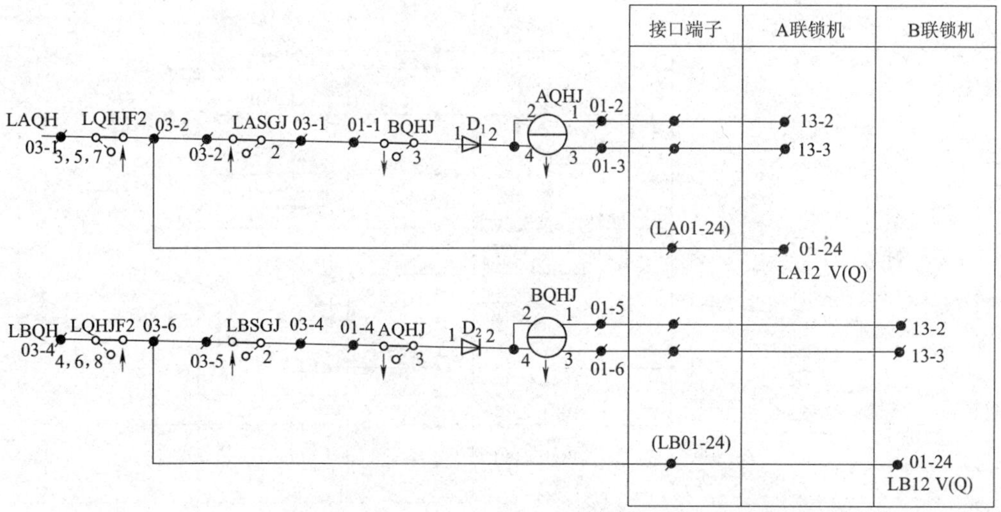

图 3-54　热备切换继电器电路

联锁机 A 发生故障时，其事故继电器 LASGJ 落下，断开 AQHJ 励磁电路，接通 BQHJ 的励磁电路，BQHJ 吸起。同样，联锁机 B 发生故障时，LBSGJ 落下断开 BQHJ 电路，AQHJ 吸起。

AQHJ 吸起，使联锁机切换继电器 LQHJ 吸起，联锁机 A 升为工作机，联锁机 B 处于脱机状态；如 BQHJ 吸起，断开联锁机切换继电器 LQHJ 电路，使 LQHJ 落下，联锁机 B 升为工作机，而 A 机处于脱机状态。

AQHJ 和 BQHJ 状态的变化将改变 DKZ、DKF 的极性，确定由联锁机 A 还是联锁机 B 进行控制。

联锁机切换继电器电路如图 3-55 所示。

(5)TYJL-Ⅱ型计算机联锁系统的故障分析与处理

①操纵设备故障

系统的操作设备可以采用按钮盘、数字化仪或鼠标，下面介绍一下数字化仪的常见故障：

采用数字化仪控制台时，一般不会出现个别按键点不通的现象，假如出现这种现象一般为按键坐标点或盘面图偏移，处理方法是将盘面图复原。盘面右上角有数字化仪状态指示灯，红色为电源指示，绿色表示盘面感应到信息，红闪表示数字化仪在设置状态。如果没有按压按键而指示灯显示绿色或红色闪光时，再按压按键是无效的，这时应重新开启数字化仪电源。在显示器提示对话框中有一个小窗口，当光笔或定标器在数字化仪盘面上移动时，小窗口中的白色亮点也随着移动，按压光笔或定标器，白点变绿，由该窗口可以准确地知道到数字化仪的信息是否已送到上位机进行处理。因此，如果按键按压无效时，要注意小窗口中的点是否在变化，若不变化，再观察显示器上的时钟是否在运行，如果不运行，要对上位机复位，如果时钟还在运行，说明从上位机到数字化仪的连线断线或插头松动。为避免对行车造成长时间的影响，出现此类故障时也应首先切换上位机。注意，定标器与光笔不能同时使用。

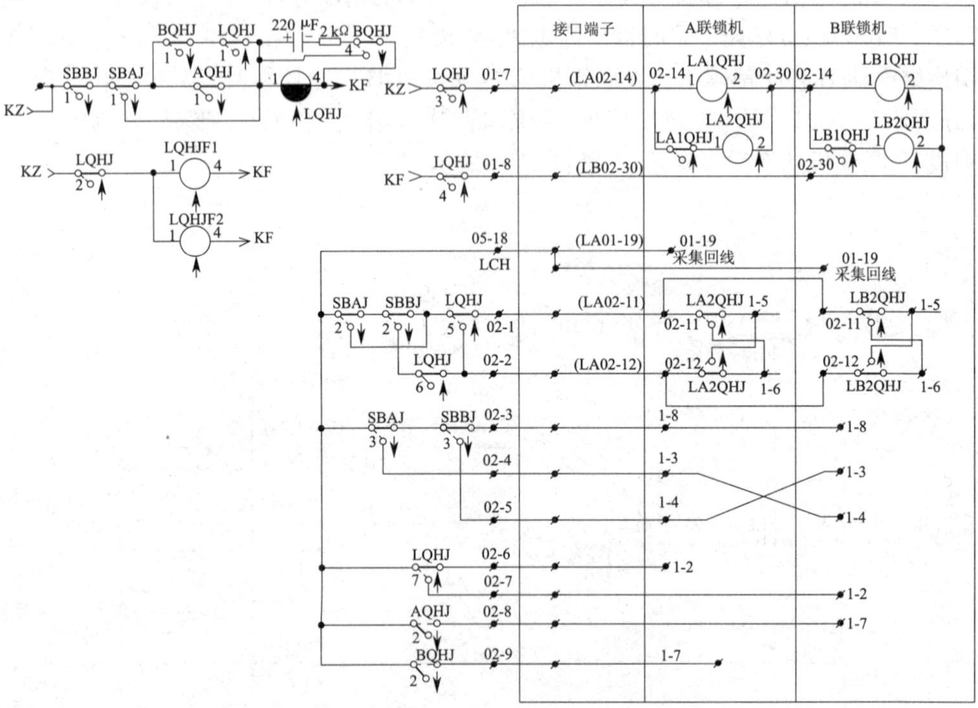

图 3-55　联锁机切换继电器电路

②联锁机和执表机故障

联锁机和执表机的工作状况在机柜上有明确的指示灯表示，该指示灯由软件控制报警板通过不同的口地址输出点亮发光二极管，通过这些指示灯可判断故障的范围。当报警板故障时，虽然影响各种指示灯的正确表示，不会影响系统的正常工作。所以，当指示灯指示不正常而机器工作一切正常时，一般为报警板故障。另外，报警板还控制按钮按下的音响提示和控制台的音响报警。

当运行灯停止闪烁时，表明发生了"死机"故障。冷备站及热备站备机未在同步状态时，工作机的运行灯停止闪烁，控制台显示器上有"联锁机通信中断"的文字报警和音响报警（执表机故障只影响执表机与联锁机的通信，即只影响执表机的输入/输出部分），此时应尽快记录各种指示灯的指示状态，然后对机器重新开启。造成这种情况的主要原因有：电源电压不稳；通信有强的干扰；主机电路板故障等。由前两种原因造成的死机，在故障原因消失后可复位恢复正常，由主机电路板子故障造成的死机可对其进行逐个更换试验。

在热备站，工作灯运行灯停止运行时，系统自动切换使原备用机会升为工作机，在控制台显示器屏幕上只会看到故障倒机时的报警信息，而不会有"联锁机通信中断"的提示。自动倒机后，显示器上备机同步的指示灯也会自动消失。备用机的运行灯停止运行，只会造成备机脱机，不会影响工作机的正常运行。

③通信故障

当发生联锁机通信中断故障时，在控制台处有语音报警，并且屏幕上有“联锁机通信中断”的文字报警提示。

在双机热备时，当备机处于同步状态时，发生联锁机通信中断，联锁机会自动倒机。若倒机后正常，联锁机通信中断的报警提示可能会由于倒机时间极短，在屏幕上来不及显示就又恢复正常。但此时应有联锁机倒机的提示，并且主、备机同步消息也消失，这种现象一般为联锁机故障。当故障部位在联锁机上，倒机后系统不间断使用，此时故障机变为备机并应与备用的上位机通信。

备用机在冷备状态时，出现联锁机通信中断，为缩短影响使用时间，应尽快人工倒机，恢复正常使用后再对故障机进行处理。人工倒机会造成全站锁闭，影响已建立的进路和开放的信号。因此，电务人员和车务值班员共同确认全站没有正在使用的进路且没有车列正在运行时，方可人工倒机。若联锁机倒机后恢复正常，表明故障点在联锁机上。若联锁机倒机后仍不能正常使用，则要按压联锁机 A 第一层的上位机切换按键来人工切换上位机。通过切换上位机恢复正常后，说明故障在上位机上。

当故障在联锁机上时，应先观察联锁机的运行灯是否闪烁。若停止闪烁，记录各指示灯的状态后，先关闭机器，再开启电源，如果上位机会提示“联锁机通信正常”，表明发生故障时外界对电源或通信有强的干扰，干扰消失后设备就恢复正常使用。如果关闭、开启电源后联锁机仍不能正常运行，则要对联锁机的板子逐个更换，直至故障消除。若运行灯正常闪烁，则要更换 STD-01 通信网卡（无网卡要更换 7863-CPU 板）。

上位机故障造成“联锁机通信中断”或“控制台通信中断”的故障报警，一般是上位机的通信网卡，即 PC-01 或 PC-03 网卡故障。

当确定联锁机和上位机均无故障后，系统仍不能正常恢复工作，则故障一定在通信线路上，例如上位机或联锁机处的通信线接头、总线盒上的通信线接头有松动或断线，或者是通信线断线或总线盒故障。确定是通信线路故障，可以通过用临时通信线直接连接联锁机和上位机来应急使用。

④接口电路故障

a. 采集接口电路故障

每一采集板最上面的两个指示灯不停地闪烁表示该板在工作状态，其他每一指示灯对应一个采集信息，正常闪烁时即表示正常采集到该信息。

大量信息采集不到，可能是采集回线有断线，若集中在一块板上，也可能是采集板不工作或接口插座松动。采集板不工作的原因有采集板故障、1604 I/O 板故障或 1604 I/O 板与机柜采集母板的 34 芯扁平连接电缆有故障。1 块 I/O 板可控制 8 块采集板，通过零层端子板送出一条采集回线，在零层端子板的 1 号端子上互连，以防止采集信息相互干扰。采集回线在组合架上分出许多分支，经过各个采集接点接口架送回联锁机。检查采集电路时，可借助采集地测量各采集点处是否有正电。

如果是个别信息采集不到，可能是采集板的对应光耦损坏、信息采集线断线、继电器接点接触不良等。

b. 驱动电路故障

由计算机控制的继电器大多数为动态继电器。计算机有输出信息时，相应驱动板对应的灯以6 Hz左右的频率闪烁，该动态继电器对应的（驱动组合或驱动柜）的指示灯也以相同的频率在闪烁。但是热备系统中用到的 AQHJ 和 BQHJ 虽然由计算机控制，但它不是动态继电器，而是 JWXC-1700 型继电器。计算机对其输出信息切换命令的指示灯在相应联锁机的第一块驱动板的第二、三位为稳定灯光。

事故继电器(SGJ)是为了帮助系统故障导向安全而专设的一个重要继电器，它也是动态继电器，输出表示灯在机柜第一块驱动板的第一位。机器正常时，事故继电器应该保持吸起。备机不在同步状态时，其事故继电器落下。事故继电器是形成 DKZ、DKF 的必要条件，即它是给所有动态继电器提供局部电源的必要条件。

当设备有影响安全的故障时，这种故障从记录中可以查到。此时计算机停止输出，SGJ 落下时，将切断所有动态继电器的励磁电源，锁闭全站，以实现故障导向安全。一般造成停止对事故继电器输出的原因主要有：确定回读出错、有未经驱动的继电器前接点闭合、关键缓冲区校验出错等。

动态继电器要吸起必须满足两个条件，一是有局部电源(DKZ、DKF)；二是有驱动信号。系统曾采用过两种驱动电源，一种是 12 V，一种是 5 V。采用 12 V 驱动电源时，量到的驱动信号是 4～7 V 的脉动电压；采用 5 V 驱动电源时，量到的驱动信号是 2 V 左右的脉动电压。查接口电路主要是查驱动信号是否送到继电器。电路中联锁机 A、B 有各自的驱动回线，它们相互独立，不可混线，否则会造成驱动回读错。检查驱动信号时可用驱动回线做参考高电压，测量驱动信号回路经过的端子上有无脉动信号，以查明是否有断线。

需要指出的是，采集板和输出驱动电路均为通用模板，可以互换，但机柜零层、插头必须对号入座，否则就有采集到错误信息或发出错误控制命令的可能。

⑤双机热备系统脱机和自动倒机

对于双机热备系统，如果主、备机命令不一致且备机命令多于主机，表明主机由于某种故障而停止输出控制命令，这时系统自动切换，原备机升为主机，继续向现场设备发送控制命令，原主机转入脱机状态，若主机命令多于备机命令，则备机自动脱机，等待查明原因。

联锁机的前面板上有 4 组通信接发指示灯，用来指示系统内各部分的通信状态，其中第 1 组指示联锁机与监控机的通信，第 2 组指示联锁机与执表机的通信，第 4 组指示两套热备的联锁机之间的通信。该机与外部设备通信一次，发、收指示灯闪烁一次。

正常运行时，若通信有故障，则接收灯停止闪烁且有音响报警信息，按压“停鸣”按钮，可关闭音响。然后应检查机间通信，并根据错误信息表查对错误。设备恢复正常后，需将按钮复位，以备下次报警。

每一机柜的第一个控制输出驱动事故继电器，双机正常同步工作时，两机的事故继电器均应在吸起状态，设于第 4 层面板上的第一个事故指示灯应不停地闪烁。当主机出现死机、通信中断等故障时，计算机会停止对事故继电器的输出，使其落下。备用机将发出切换命令，使备机的切换继电器动作，如备机为联锁机 B，则 BQHJ ↑，切断设在继电器室内的切换继电器 LQHJ 的自闭电路，使 LQHJ 失磁落下，联锁机 B 升为工作机，而联锁机 A 自动转为脱机状态，系统保持正常工作。在人工切换时，工作机的故障将使事故继电器落下，从而切断动态继电器的局部电源，保证该机柜控制的所有继电器都失磁落下。

由于系统采用的是整机系统切换方式，除计算机部分发生故障需进行备机切换外，对采集、驱动模块的故障，如：信号突然故障关闭时也需进行切换。因此要求备机与主机的进路状态和控制驱动命令完全一致，如主机的某信息采集或驱动模块发生故障而中止驱动命令的输出时，备机能立即发动切换，接替控制命令的输出，而不影响现场设备状态。

造成备机脱机的原因比较多，一般为备机故障、通信干扰、锁闭失步等。分析脱机原因时，主、备上位机的记录都要考虑，尤其是备用上位机的记录直接记录备机脱机时的状态。

造成自动倒机的原因主要是主机故障，包括与主机接口电路故障，其原因可根据主、备上位机的记录分析，主上位机的记录直接记录原工作主机倒为备机的原因。

上位机与联锁机主机通信中断或通信应答时间过长也可导致联锁机自动倒机。

⑥显示器显示不正常

当显示器屏幕无显示或屏幕颜色不全，例如缺红色、黄色或绿色的显示时，均属于显示不正常。造成这种故障的原因如下：

a. 上位机程序运行出错，需将上位机复位，使之正常工作。

b. 电压冲击保护，当给显示器输入的电压瞬间有高电压或低电压的冲击时，有的 20 英寸显示器为了防止冲击对显示器的损坏而自动关闭。由这种原因造成的黑屏可重新开启显示器电源。

c. 从上位机到显示器的视频电缆插头松动或脱落。

d. 切换板故障，若控制台有显示切换板，切换板故障也可导致黑屏或缺色。该故障可以通过跳过切换板直接短连视频线和显示器的显示线而观察显示屏的显示来判断。

e. 显示卡故障，也可造成屏幕无显示。

f. 显示器故障。

前面对本系统各种故障进行了分析，下面对几种典型故障记录进行解释：

a. 关键缓冲区校验出错。此错连续出现三次后将使事故继电器落下，由于系统联锁软件采用冗余技术，因此软件中对许多编码采用多重校验，当校验不一致时就报关键缓冲区校验错，一般为 7709RAM 或 7710RAM 扩展板不好。

b. 采集板输入端口检查出错。采集信息置为安全侧，可直接显示某一机柜具体哪一块采集板的第几端口故障。一般更换该采集板即可。更换采集板后仍不能恢复正常，则要考虑 I/O板故障和 I/O 板与采集板连接部分的故障。

c. 前、后接点采集信息校核出错(同为 0 或同为 1)。为了保证安全，轨道继电器的前、后接点机器都要采集，正常情况前、后接点同时只能有采集到信息。当报此错时，表明机器同时采集到前、后接点或两者都没有采集到。若前、后接点都采集到，表明有混线故障，都没有采集到，则要根据前面所讲的采集故障的查找方法进行查找，报该错时都要显示第几块采集板的第几位前、后接点采集信息校核错(同为 0 或同为 1)，对应该区段在显示器上显示占用状态。

d. 有未经驱动的控制继电器的前接点闭合。发生该错时停止驱动事故继电器。该错也要显示第几块采集板的第几位未经驱动的控制继电器的前接点闭合。发生此错在屏幕上一般可以看到对应信息有不该有的显示，例如不该开放的信号有开放的显示，这种情况表明有混线故障。

e. 驱动板控制回读错。该错可以报到具体哪块驱动板的第几位有回读错，该错指机器没有对所报驱动位发出驱动信号，但回采到不该有的驱动信号。当驱动板故障、动态继电器(驱动组合)故障或混线都有可能报此错。回读错有时在驱动板对应位可看到驱动灯暗闪。

其他类型的故障分析比较简单，在此不一一列举。

(6)设备维修

①监控机的维修

a. 在确认设备连接在位后，开启主机及监视器电源，监控机自动进入开机自检程序，逐个对外部设备及主机进行检查，若系统完好，出现相应提示，机器自动进入工作状态。

b. 当监控机和联锁机通信中断时，屏幕上有“联锁机通信中断”的提示且有语音报警。

c. 如发现屏幕上时钟不变，表明机器工作异常，需由电务值班人员处理，造成这种现象的原因有：

(a)有人误动键盘上某些键，需按一下回车键。

(b)死机，此时需重新启动机器或启用备用机，以保证系统正常工作。

(c)上述情况值班员室的监视器屏幕显示将不变化，不能真实反映情况，但此时联锁机仍工作正常，不会影响已排通的进路和开放的信号及其联锁关系。

(d)根据监控机监视器上的状态显示窗口的显示判断系统机的各种故障，若有问题则需启用备机，以维持系统正常工作。

(e)若屏幕监视器的图像消失，可判断为监视器出现故障或电源接触不良，若颜色显示不正常和图像滚动，是由于监视器的电缆连接线(共 6 线——红、绿、蓝、水平同步、垂直同步、地线)有断线故障造成的。

(f)若监控机与联锁机的通信多次启动后，仍不恢复，可怀疑机内的 PC-01 网络板有故障。

(g)14 英寸显示器平时应关掉，以此达到保护屏幕的目的，只有在查看某些信息时才打开。

②联锁机和执表机的维修

联锁机和执表机的应用程序都已固化在 CPU 板的 FLASH 半导体上，只要开启电源，程序就开始运转。此时设于面板上的通信指示灯闪烁，分别表示联锁机和执表机、联锁机和上位机、联锁机和联锁机的备机通信正常。联锁机和执表机上电、复位和倒机时给出音响指示约 20 s，正常运行时，若有音响输出则为报警信息，应检查机间通信，并根据错误信息表查对错误。

开机时，由于联锁机 A、B 的切换继电器都不工作，设于继电器室的切换继电器 LQHJ 处于落下状态，此时联锁机 B 为工作机，联锁机 A 为备机，若想把联锁机 A 设置为工作机，需要用切换手柄将系统人工切换成联锁机 A 工作，联锁机 B 备用。

联锁机 STD 面板上装有工作指示灯、备用指示灯、同步指示灯、面板中部有“联机”按钮，按钮上装有联机指示灯、备用灯着灯，表示备用机在开机工作，当“联机”按钮按下联机灯着灯，表示备机在联机状态，当主、备机的控制命令和锁闭信息一致时，双机同步，同步灯着灯表示主机、备机已处于联机热备工作状态。当主机出现故障，如死机、通信中断、事故继电器落下等情况时，此时，备机发出切换命令，使备机的切换继电器吸起，例如备机为联锁机 B，则 BQHJ ↑，切断设于继电器室内的切换继电器 LQHJ 的自闭电路，使 LQHJ 失磁落下，备机联锁机 B 升为工作机，而联锁机 A 处于脱机状态。在联锁机 A 故障修复后，需人工按压设于联锁机 A 上的“联机”按钮，联锁机 A 才能与联锁机 B 联机恢复通信。

联锁机和执表机内各设有 3 台电源，一组 STD 电源，供 STD 总线用的 5 V 计算机电源和采集、驱动模板内计算机用电源；一组采集 12 V 电源，12 V(T)；一组驱动 12 V 电源，12 V(Q)。

各路电源在机柜的电源面板上均装有电源指示灯和测试孔。各路电源之间要求有良好的隔离性能。

在计算机的状态表示面板上设有运行、中断、接收、发送等指示灯，若运行灯闪烁，则显示 CPU 运行正常，反之，可判断为 CPU 板或报警板故障。其中，中断 2 灯指示通信中断，请求信号是否正常，应一直闪烁，若中断 2 灯停止闪烁，则可能主板中有故障。中断 1 灯和中断 3 灯应一直处于灭灯状态，目前已无作用。

计算机与外部设备通信一次，发、收指示灯闪烁一次，若有通信故障，则停止闪烁，按压“停鸣”按钮，可以关掉喇叭音响，在设备恢复正常后，需将按钮复位，接通喇叭以备报警用。

每一机柜的第一块驱动板的第一位和第四位控制输出驱动事故继电器，平时工作机的事故继电器在吸起状态，设于第四层面板上的第一个事故指示灯不停地闪烁，当工作机出现某些关键性的错误时，备用机将发出倒机命令，自动将备用机切换成工作机，系统保持正常工作。在人工切换时，工作机的故障将使事故继电器落下，从而切断动态继电器的局部电源，属于该机柜控制的所有对象都失磁落下。

联锁机柜第三层第一块面板左侧的指示灯有如下含义：

第一个指示灯指示该机为联锁机 A 还是联锁机 B，经常着灯的机柜是联锁机 A，不着灯的机柜是联锁机 B。

第二个指示灯指示该机是工作机还是备用机，着灯的是工作机，灭灯的是备用机。

第三、四指示灯指示设于继电器室内切换手柄人工切换时的状态，电路中的接法是工作机的第三个指示灯着灯、第四个指示灯灭灯；备用机的第三个指示灯灭灯、第四个指示灯着灯。

第五、六指示灯指示切换校核条件，校核无误，工作机和备用机必须是第五指示灯着灯、第六指示灯灭灯。当指示不符时，联锁机将按故障处理。

第七个指示灯指示对方机的工作状态，它的点灯条件是 BQHJ 或 AQHJ。

第八个指示灯着灯表示切换手柄在中间（自动切换）位置。第八指示灯着灯时，第三或第四指示灯都不应着灯。

第十六指示灯是联机指示灯。

执表机柜第三层第一块面板左侧的指示灯有如下含义：

第一个指示灯指示该机为联锁机 A 还是联锁机 B，经常着灯的机柜是联锁机 A，不着灯的是联锁机 B。

第二个指示灯指示该机是工作机还是备用机，着灯的是工作机，灭灯的是备用机。

第三、四指示灯指示设于继电器室内切换手柄人工切换时的状态，电路中的接法是工作机的第三个指示灯着灯、第四个指示灯灭灯；备用机的第三个指示灯灭灯、第四个指示灯着灯。

第五、六指示灯指示切换校核条件，校核无误，工作机和备用机必须是第五指示灯着灯、第六指示灯灭灯。当指示不符时，联锁机将按故障处理。

③采集、驱动板的维修

输入整形电路板和输出驱动板均为通用模板，可以互换，但机柜零层、插头必须对号入座，否则就有采集到错误信息或发出错误控制命令的可能。

为了查找故障，可以利用电路图册中采集信息或控制命令表。表内直接给出了某信息或控制命令的序号、机柜零层、面板指示灯、单元板端子及采集光耦、采集芯片或驱动光耦，驱动芯片，从而找出故障所在，判断出故障单元后，单元内的故障可脱机检查，用万用表检测光电耦合器、电容、电阻等元器件，进一步找出故障所在。

(7)计算机联锁系统的日常监测

为了便于车站信号值班员和电务人员查找问题和故障，在车站值班室的屏幕上给出各种汉字提示、联锁机的错误号和与办理进路操作有关的提示。在机械室的电务人员的屏幕上显示执表机错误号，联锁机和执表机机柜上有各种指示灯。

每日应至少两次按如下程序巡视主、备机的工作状态（当通信中断或控制台控制失灵时，亦同样处理）。

首先观察联锁机的面板指示灯。

正常工作时：主控机的工作灯应为稳定的绿灯；其运行灯，中断 2 灯以及 1、2、4 组通信收发灯均应快速闪烁；备机的工作灯应熄灭，其备用灯及同步灯应点亮稳定灯光；备机的运行灯，中断 2 灯以及 1、2、4 组通信收发灯均应快速闪烁。

当联锁机的面板指示灯显示与上述有异时，即可能有故障存在，应记录指示灯的显示情况并进一步查找故障所在。下面列出常见的故障现象：

①运行灯和1、2、4组通信收发灯均停止闪烁时，是联锁机死机，应对联锁机复位（可采用关电再开电的方法）。若不能恢复，应测量计算机电源，该电源应在4.9～5.1 V之间；如电源正常，则可考虑计算机层某块板故障，可用备用板依次更换。

②运行灯正常而第一组接收灯停闪，即与监控机通信中断。此时虽然联锁系统的控制未坏，但已丧失监视记录功能，无法正常控制。应先检查监控机，若其停机或死机可重新启动监控机，如仍不能恢复且监控机图像上的时钟正常走字，可考虑通信插头松动，通信线断线或网卡故障。

③每周应至少测量一次联锁机电源，每天至少查看一次上位机的故障记录，包括机柜自检错误、灯丝转换、熔丝报警等。

3. iLOCK型计算机联锁系统

智能安全型计算机联锁系统——iLOCK，是在一般的“二取二”或者“双系热冗余”安全结构的基础上，再增加独立的“故障—安全”校验CPU，采用NISAL专利技术，构成的智能安全型计算机联锁系统。

(1)系统结构

iLOCK型计算机联锁系统由以下6个子系统组成：联锁处理子系统(IPS)、人机界面子系统(MMI)、值班员台子系统(GPC)、诊断维护子系统(SDM，含信号集中监测——可选)、冗余网络子系统(RNET)、电源子系统(PWR)。iLOCK型计算机联锁系统基本结构如图3-56所示。

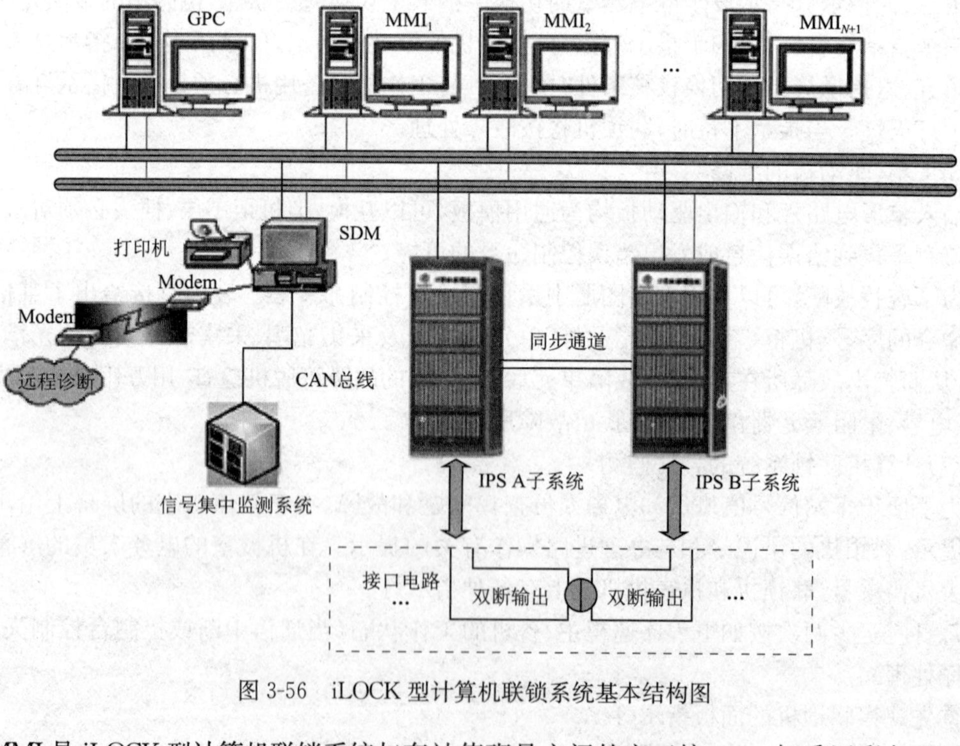

图3-56　iLOCK型计算机联锁系统基本结构图

MMI是iLOCK型计算机联锁系统与车站值班员之间的交互接口，一般采用彩色显示器作为计算机联锁系统的人机交互界面，通过鼠标办理各种作业，显示站场信号设备，并有语音提示。

IPS是由一个或多个机柜组成的二乘二取二系统，A系和B系无论是否同时启动，双系开机并通过安全校验后既能自动同步。A 系和 B 系采集共享、并行输出，当一个系某一路采集或输出发生错误时，只要另一个系对应的码位不发送错误，即不会影响系统的运行。单系实行双通道采集、双断稳态输出，只有在双通道运算结果一致、双通道总线控制结果一致、双通道输出电路完好等各二取二严格条件都满足时，才使输出真正有效。

SDM 采用图形化"诊断维护电子向导"，为维护人员提供系统维护和信号设备检测的工具。

iLOCK 型计算机联锁系统可以通过 MMI 的串口实现与 TDCS、CTC 等系统的信息交换，也可以采用专线 Modem 方式完成终端接入。

(2)设备组成

①联锁处理子系统

IPS 是整个 iLOCK 型计算机联锁系统的核心，它由两套二取二组合"故障—安全"加 NI-SAL 反应"故障—安全"的专用联锁机（IPS A 和 IPS B）组成，根据需要，可以分中央逻辑控制（CLC）和区域逻辑控制（ZLC）的分层结构。

a. IPS 硬件（图 3-57）

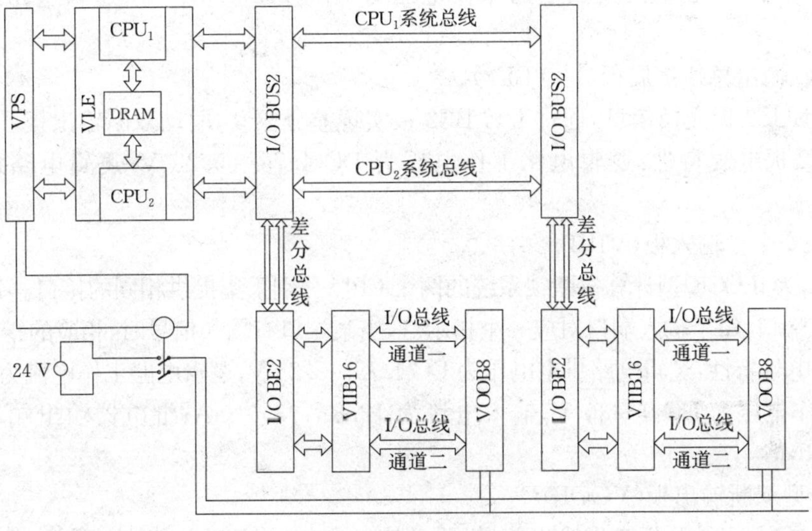

图 3-57　IPS 的二取二结构

(a)安全逻辑运算板（VLE）

VLE 板是整个联锁处理子系统的核心，包括通过 I/O 选址读取输入/输出信息，进行联锁运算，与 MMI、SDM、其他 iLOCK 型计算机联锁系统通信等。对于大型联锁车站或有光通信的车站，为了缓解 VLE 板的通信压力，其中的安全通信由 CPU/PD1 板完成。VLE 板通过总线与 VPS 板、CPU/PD1 板通信。

VLE 板电气特性：逻辑电路工作电压为 DC 4.75～5.25 V；逻辑电路最大电流为 4 A；通信口绝缘电压大于 4 000 V RMS。

(b)安全校验板（VPS）

VPS 板是 iLOCK 型计算机联锁系统的安全型监视机构，独立于 VLE 板面对系统进行全面的安全检查。它以一定的间隔接收到一组编码检查信息，如经检查这组信息正确，则输出一个安全型数字信号，这个信号通过一个安全型滤波器滤波并用于励磁一个安全型继电器 VRD，用以证明系统自检正常。所有通向 iLOCK 型计算机联锁系统的安全型输出的电源都经过该继电器 VRD 的前接点。当发现系统有错误时，在 90 ms 内 VRD 继电器失磁，然后这个安全型继电器将会切断 iLOCK 型计算机联锁系统所有的安全型输出的电源。VRD 继电器在 VPS 经过 7 个周期连续检查后，证明系统是正常时才能再度励磁，以确保系统安全。

VPS 板电气特性：逻辑电路供电电压为 DC 4.75～5.25 V；逻辑电路工作电流为 500 mA；继电器驱动电路的输入电压为 DC 9～15 V；继电器驱动电路的工作电流为 40 mA；继电器落下最大延时为 90 ms。

继电器输出端绝缘电压大于 3 000 V RMS。

VPS 板驱动 VRD 继电器的电气特性：最小励磁电流为 0.019 2 A；线圈电阻为 100 Ω；输入电压为 36×(1 ±5%) V。

(c)输入/输出总线接口板(I/O BUS2)

I/O BUS2 板：是 VLE 板和输入/输出板交换信息的通道，I/O BUS2 为输入板的测试数据和输出板的端口校验数据提供存储空间；同时它也包含逻辑和时序电路，以控制输出端口的连续校验。I/O BUS2 板能与 I/O BE2 板交换信息，通过 I/O BE2 板实现差分驱动，驱动双断输出板。

I/O BUS2 板电气特性：逻辑电路工作电压为 DC 4.75～5.25 V；逻辑电路最大电流为 300 mA。

(d)输入/输出总线扩展板(I/O BE2)

与 I/O BUS2 板交换信息，通过 I/O BE2 板实现差分驱动，驱动双断输出板。

I/O BE2 板电气特性：逻辑电路工作电压为 DC 4.75～5.25 V；逻辑电路最大电流为 300 mA。

(e)双采安全型输入板(VIIB)

VIIB 板：为 iLOCK 型计算机联锁系统的两个 CPU 分别采集提供相同的接口。每块 VIIB 板有 16 个输入端口，每个输入端口对应一个指示灯，当某端口有输入信号时，相应的指示灯点亮。

VIIB 板电气特性：逻辑电路供电电压为 DC 4.75～5.25 V；逻辑电路工作电流为 500 mA；采集电路的工作电压为 DC 9～30 V；输入电流为 12.8～33.0 mA；继电器输出端绝缘电压大于3 000 V RMS。

(f)安全型双断输出板(VOOB)

VLE 板通过 VOOB 板产生输出信号，驱动接口设备，并且系统能实时检测 VOOB 板输出的正确性，输出与实际驱动的一致性。作为双断输出板，VOOB 板为“二取二”系统的两个 CPU 分别提供正、负电控制对象。每块 VOOB 板有 8 对输出，每对输出设一个正电输出和一个负电输出，对应一个有效输出。每对输出端口设一个指示灯，当正电和负电输出同时有效时，相应的指示灯点亮。

VOOB 板的电气特性：逻辑电路供电电压为 DC 4.75～5.25 V；逻辑电路工作电流为 500 mA；驱动电路的工作电压为 DC 9～30 V；输入电流为 12.8～33.0 mA；继电器输出端绝缘电压大于 3 000 V RMS。

(g)母板(MB)

母板是 iLOCK 型计算机联锁系统中各印制电路板之间连接的桥梁，通过母板 VLE 板可以进行 I/O 选址，可以与 VPS 板交换信息。

b. IPS 子系统软件介绍

IPS 联锁处理子系统软件包括“系统软件”和“应用软件”两部分。系统软件包含 IPS 的主任务软件和仿真测试接口、系统诊断等辅助软件。这些软件是 IPS 的系统软件基础，不随具体应用环境和应用对象而改变，即除非选用不同系列的 iLOCK 型计算机联锁系统，否则每个站的系统软件都是相同的。

应用软件是一套描述具体某个系统实际联锁逻辑功能的软件。应用软件由应用工程师在 BOOL-CAD 软件包支持下完成，以满足不同联锁车站的数据和联锁规则要求。应用软件必须经 CAD 软件包编译检查，生成 iLOCK 型计算机联锁系统专用的应用数据（ADS）后才能被系统所接受执行。

②人机界面子系统（MMI）

MMI 提供了 iLOCK 型计算机联锁系统与用户之间的人机接口。MMI 可采用彩色显示器或者控制台等作为计算机联锁系统的人机交互界面，用来供值班员通过鼠标等操作工具办理各种作业。

MMI 工作于 Windows 2000 或更高版本的 Windows 多任务操作系统，对每个车站，采用“$N+1$”热备工作方式，使用高可靠的工业控制计算机，通过高速网口或串口与其他系统（子系统）交换信息。

MMI 的功能：

a. 操作员发送控制命令和接收现场表示信息。

b. MMI 之间、MMI 与 SDM 子系统及仿真测试系统之间通过高速网络交换信息。

c. 完成非安全联锁逻辑功能（如选路判断、表示等）。

d. 数字式道岔动作电流显示。

e. 通过串口可提供 iLOCK 型计算机联锁系统与 TDCS、CTC 系统交换信息的接口。

f. 用户所要求的其他表示与报警功能。

MMI 的操作界面如图 3-58 所示。

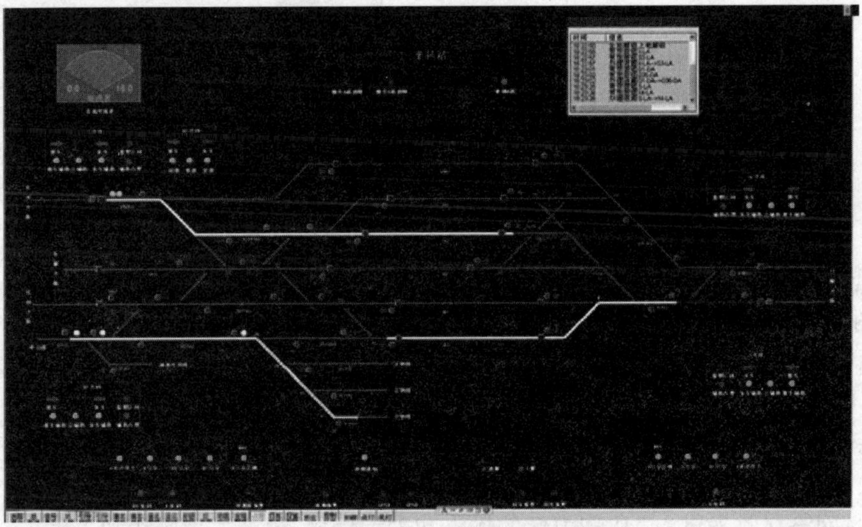

图 3-58　MMI 的操作界面

③值班员台子系统（GPC）

较大车站（一般为 25 组道岔以上车站）根据用户需要设置值班员台（GPC）。GPC 的显示界面与 MMI 完全相同，但是没有操作功能。

④冗余网络子系统（RNET）

iLOCK 型计算机联锁系统采用基于高速交换机的以太网冗余网络结构，进一步加强了网络系统的可靠性。

通过网络通信的各子系统均安装有两块以太网接口卡，将其接入冗余网络，一条网络故障，各子系统可以自动通过另一条网络通信，并在SDM子系统中给出故障诊断信息，便于及时维护。

⑤电源子系统(PWR)

正常情况下，UPS A给A系供电，UPS B给B系供电；UPS A出现故障时，A系自动切换至旁路供电，UPS B出现故障时，B系自动切换至旁路供电。一个UPS故障不影响另一个UPS供电。SDM由UPS A供电，GPC由UPS B供电。电源切换不影响系统的正常工作，如图3-59所示。

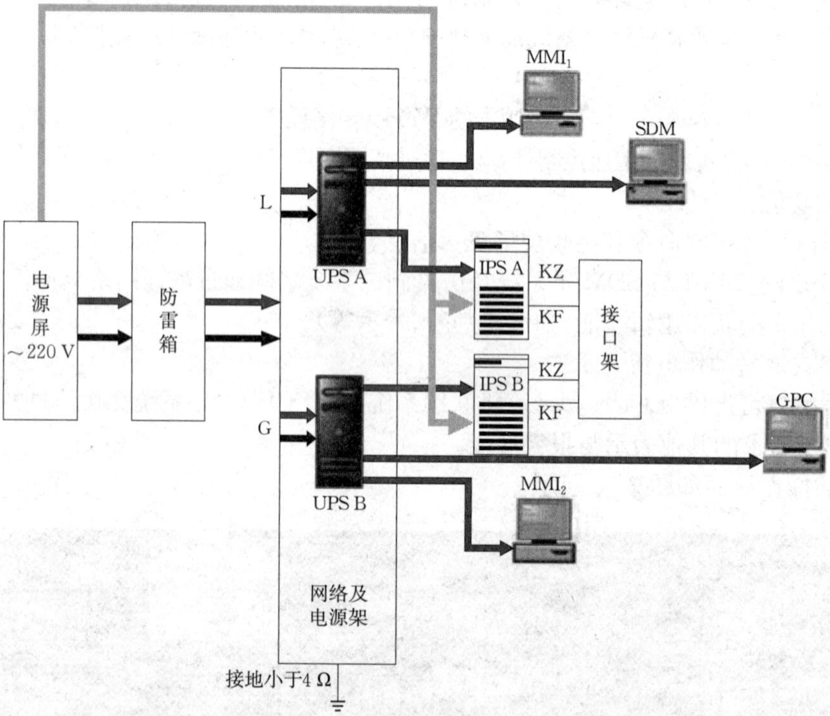

图3-59　iLOCK型计算机联锁系统电源配置图

⑥诊断维护子系统(SDM)

诊断维护子系统(SDM)主要完成系统维护及接口设备监测的功能。SDM由一台工业控制计算机、彩色显示器及激光打印机组成。

SDM的功能如下：

a.“电子向导式”的系统诊断。通过高速网络接收联锁处理子系统的诊断结果信息、输入/输出信息、全站简化参数信息、指定参数追踪信息。

b.通过网络接收来自MMI和IPS的操作和表示信息，记录关键操作和表示。

c.站场显示、历史回放。

d.网络管理。

e.通过Modem实现远程诊断接入。

f.通过CAN总线或串口接收信号集中监测系统的监测信息。

g.根据需要，SDM可以与不同的中央维修中心接口。

SDM网络诊断界面如图3-60所示。SDM-联锁机状态实时显示界面如图3-61所示。SDM联网方案如图3-62所示。

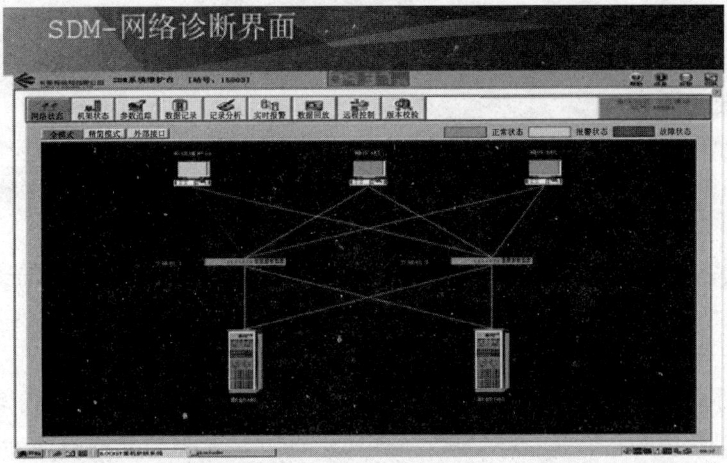

图 3-60 SDM 网络诊断界面

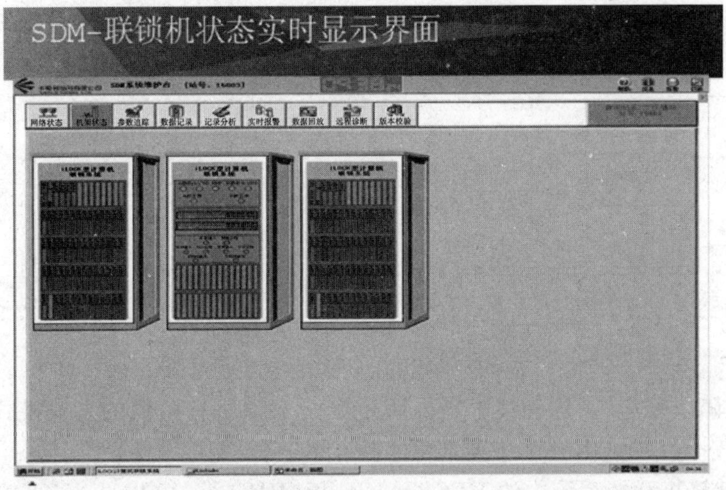

图 3-61 SDM-联锁机状态实时显示界面

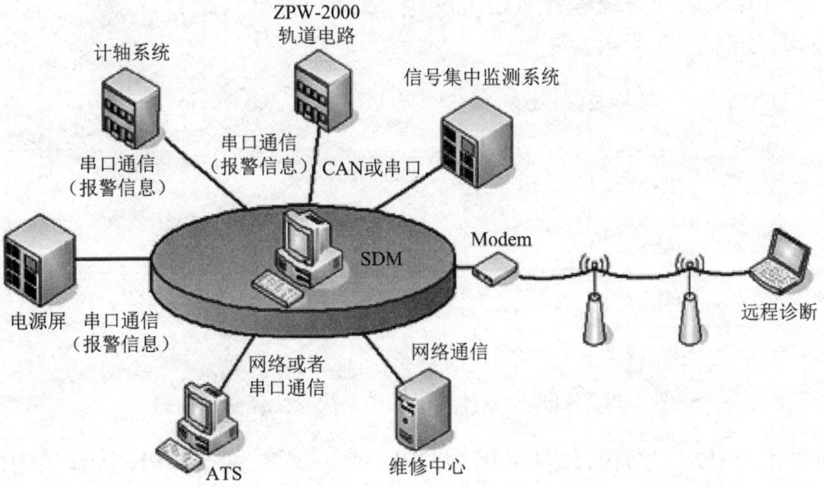

图 3-62 SDM 联网方案示意图

(3)iLOCK 型计算机联锁系统特点

①高安全性

a. NISAL 专利技术

iLOCK 型计算机联锁系统的联锁逻辑是由安全型逻辑组成的。它把传统的由继电器实现的联锁逻辑和控制逻辑“写”成一系列逻辑表达式，这些逻辑表达式的正确实施就是通过 NISAL 技术的联锁安全运算功能来保证的。

NISAL 技术是在基本逻辑(即联锁逻辑)以外运行的，提供了一种独立的安全校核。

b. iLOCK 型计算机联锁系统的“故障—安全”设计

铁路安全电子系统推荐了三种“故障—安全”型设备的体系结构：

(a)反应“故障—安全”。这种体系是由快速的故障检测和对任何危险失效进行避错来保证它的安全。反应“故障—安全”系统的控制和防护部分是完全独立的两部分硬件，而且这两个部分的硬件功能不同，软件也不同，如图 3-63 所示。

(b)组合“故障—安全”。铁路信号计算机安全系统中常用的组合“故障—安全”系统结构模式有二取二、三取二等。使用这种技术时，每个安全性相关功能必须至少由两个部件同时执行，每个部件应当独立于其他的部件。只有当大多数部件一致时，才允许进行输出，如图 3-64 所示。

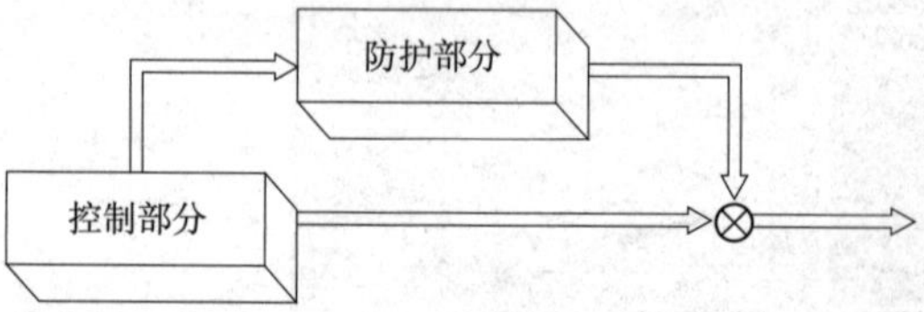

图 3-63　反应“故障—安全”结构图

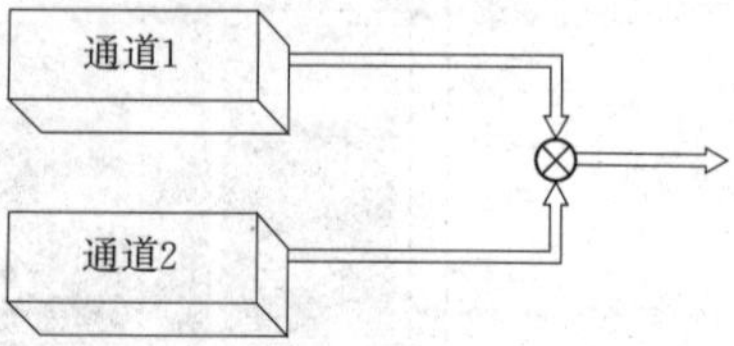

图 3-64　组合“故障—安全”结构图

(c)固有“故障—安全”。这种技术是在假定单个部件所有可信的失效模式均无危险的情况下，允许一个安全性功能由一个单独部件来执行的。

iLOCK 型计算机联锁系统中的 VPS 板、VIB 板、VIIB 板、VOB 板、VOOB 板以及安全输出板中的 AOCD 元器件，均像安全型继电器一样具有固有“故障—安全”特性。

iLOCK 型计算机联锁系统综合运用了反应“故障—安全”、组合“故障—安全”和固有“故障—安全”技术，如图 3-65 所示。

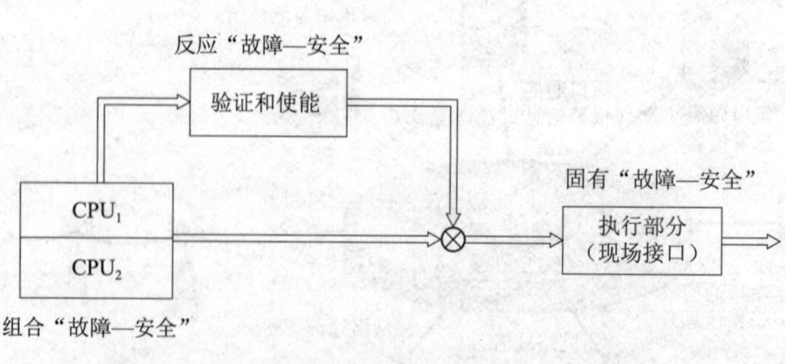

图 3-65　iLOCK 型计算机联锁系统安全体系结构图

VLE 板采用“二取二”结构，软件采用双 CPU 独立运算，两个 CPU 运算采用的数据互不相同。

两个 CPU 分别进行一个通道的运算，只有运算结果相同时，才允许输出。二取二联锁子系统结构示意图如图 3-66 所示。

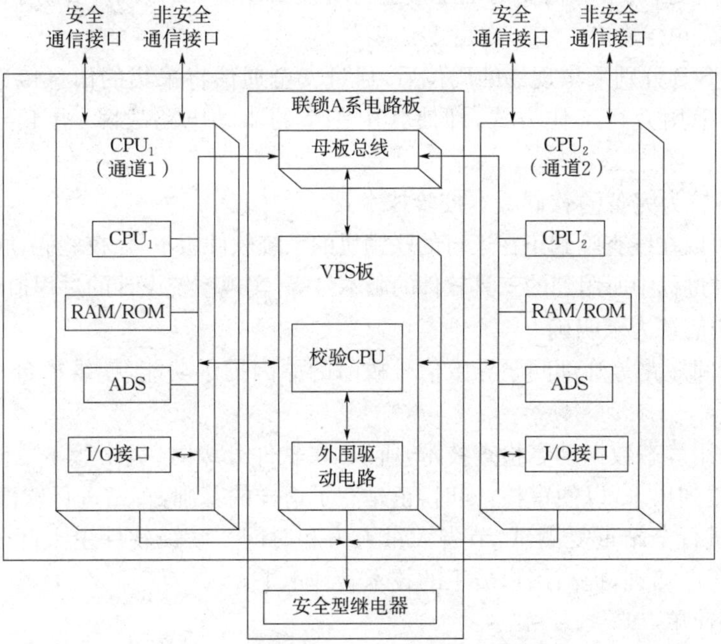

图 3-66　二取二联锁子系统结构示意图

iLOCK 型计算机联锁系统的 VOOB 和 VIIB 板采用了双驱双采技术。由 VLE 板中的 CPU_1 和 CPU_2 分别控制 VOOB 板输出的 KZ 和 KF 电源，其中任一出错都将切断相应输出。VIIB 板上的每一路采集，都由 CPU_1 和 CPU_2 独立采集参加运算，任一出错将导致采集失败。

VPS 校验。VPS 实际上是 IPS 的动态安全监视器，它与 VLE 板一起，构成 IPS 的安全检查核心。

VPS 在精确的周期间隔内接收一组经编码的校验信息。当且仅当校验信息均正确时，VPS 才能输出一个安全的数字信号作为"系统安全校验继电器"的励磁电源，这种电源只在每次系统安全校验通过后才能产生，并只能维持 50 ms，如下一个 50 ms 安全校验周期有任何出错的报警，将立即切断供给各个输出端口的 KZ 和 KF。

系统的这种快速的反应"故障—安全"机制，保证了即使输出端口有出错的可能性，VPS 也能在该错误产生实际的效果之前，可靠切断 IPS 的安全输出电源，保证系统输出控制的安全。

②高可靠性

a. 多重冗余技术

iLOCK 型计算机联锁系统采用"$N+1$"热备 MMI、双系并行控制的 IPS、双网通信、双 UPS 热备供电，采用逻辑上环网连接。另外，采用模块隔离技术，各子系统内部切换不影响其他子系统正常工作，即任何一个 MMI、IPS、网络设备或 UPS 不能正常工作，或即使上、下相邻两级设备发生交叉故障，系统通过自动重组后，仍可继续正常工作，不会导致其他子系统无故切换。并且输入/输出板实现码位级冗余。

高防雷和高抗干扰能：iLOCK 型计算机联锁系统采用多处理器、相互独立的计算机电源保护、防浪涌和双重电源防雷、机箱屏蔽接地、分区滤波等技术，使设备具有较高的防雷和抗干扰能力。iLOCK 型计算机联锁系统优异的防雷和抗干扰性能，使得在电气化区段使用iLOCK型计算机联锁系统时，一般不需要对信号楼进行增设墙体屏蔽的改造，节约了综合投资。

b. 采集共享、并行输出

IPS A 和 IPS B 分别采集现场的码位后，通过安全通信将采集的信息传送给对方；IPS A 和 IPS B 的输出采用并行工作方式，即使其中一系的驱动电路故障，也不会影响本系安全输出。

c. 系统具备较为完备的软件版本校验技术

从维护台，可以在线查验到正在运行的联锁机的系统软件版本号、校验码，联锁软件版本号、校验码，联锁设计过程中所用到的工具软件的版本号等，实现系统设计的过程追踪和版本管理。

d. 诊断维护信息力求明确

新增轨道瞬间短路等外部问题导致信号故障的原因提示功能，使维护台不再是系统工作情况的黑匣子。

联锁软件采用静态数据动态检查技术，所以，在软件升级时，每个版本之间联锁关系的变化，可以很清楚地列出来，以便审核，同时，正是有了这样的基础，车站进行软件升级时，测试范围可控，不需要进行全站重复测试，节省大量人力和时间。联锁软件主干部分可以对用户开放，用以进行员工的培训，提高用户员工的技术管理水平。

③接口电路简单

NISAL 专利技术的使用，使得 iLOCK 型计算机联锁系统的输出控制只需采用普通安全型继电器，不需要采用昂贵的动态继电器或动态组合电路。这既确保了输出驱动电路的安全性和可靠性，又简化了接口电路结构，并且大大降低了室内接口电路的工程造价和用户的维修成本。

由于 iLOCK 型计算机联锁系统所有输出的继电器都不需要回采，在任何情况下都不会产生错误输出，道岔启动电路中也不需要串接轨道条件等，因而接口电路的定型率最好，输入(采集)接口电路原理如图 3-67 所示。

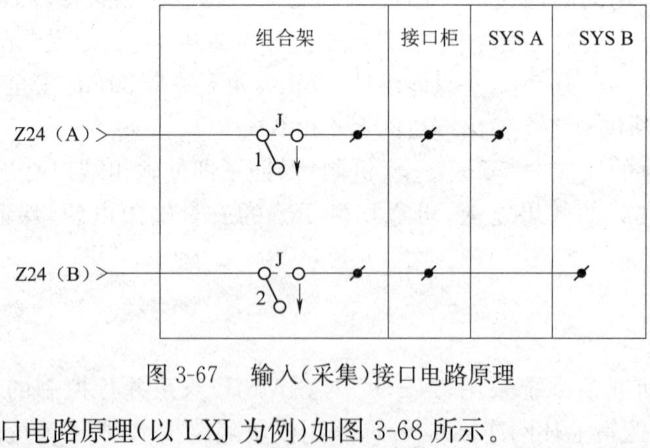

图 3-67　输入(采集)接口电路原理

输出(驱动)接口电路原理(以 LXJ 为例)如图 3-68 所示。

④维护手段全面易懂

iLOCK 型计算机联锁系统的自诊断功能完善，故障定位到板级，输入/输出板故障定位到具体位。用户可通过观察指示灯或者在 SDM 上单击“诊断维护电子向导”等多种方式进行故障处理。同时，系统配有远程诊断接口，可接至公司进行远程故障诊断。

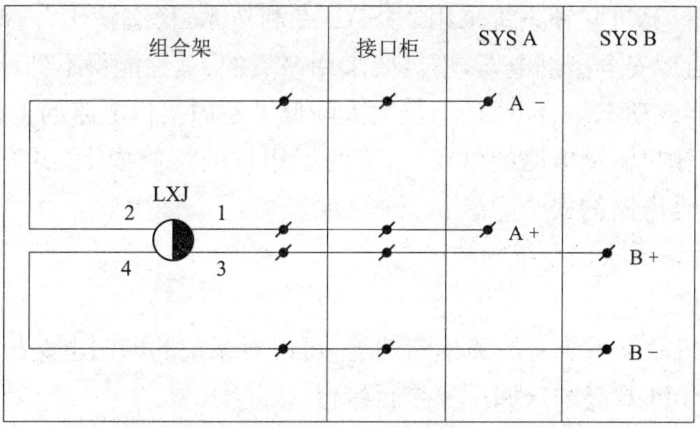

图 3-68　输出(驱动)接口电路原理(以 LXJ 为例)

⑤系统适用面广

iLOCK 型计算机联锁系统支持单点和多点安全型串行通信,有与国外多种 ATP 系统实现安全通信的经验。系统组态灵活,能很方便地构成车站或区域计算机联锁,并能与 TDCS、CTC、信号集中监测等系统接口,同时具有优化硬件配置的特点,有利于减少系统的综合投资。

站间安全通信技术:与系统同步通过国际第三方独立安全认证,具备方向电路无接点化、邻站安全信息传递无接点化的应用业绩,适用面宽,前景广阔。

(4)iLOCK 型计算机联锁系统与其他系统的接口

iLOCK 型计算机联锁系统能够实现与其他系统、自系统接口,如图 3-69 所示。可以通过 MMI 的串口实现与 TDCS、CTC 等系统的信息交换。通过标准的联网方式,可以在任何地点接入任意数量的调度显示终端。根据距离远近和用户所能提供的通道情况,可以采用光缆方式,也可以采用专线(或拨号)Modem 方式完成终端接入。iLOCK 型计算机联锁系统可以通过专用的 FSFB2 安全通信协议,实现与 ATP 等安全系统联网构成全程全网的综合安全系统。

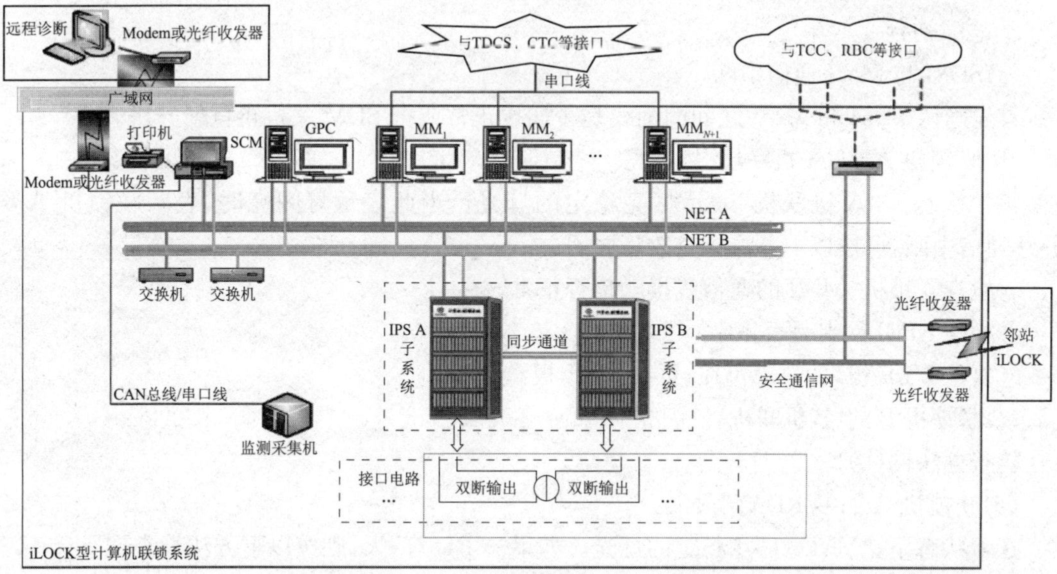

图 3-69　iLOCK 型计算机联锁系统与其他系统接口

iLOCK 型计算机联锁系统可与室外信号设备、区间闭塞设备、场间联系电路等设备接口,联锁机通过驱动普通安全型继电器和采集安全型继电器接点与继电接口,实现计算机联锁设备与现场设备的电路衔接和安全隔离。

由于 iLOCK 型计算机联锁系统采用 NISAL 专利技术，稳态输出，内部回采输出信息，输出控制只需采用普通型安全型继电器，不需要采用昂贵的、其性能得不到计算机系统持续的直接检查的动态继电器或动态组合电路，不仅大大降低了室内接口电路的工程造价，也简化了接口电路结构，确保了输出驱动电路的可靠性，节约了用户的维修成本，更重要的是彻底消除了动态继电器/动态组合电路的安全隐患。

(5)iLOCK 型计算机联锁系统的故障处理

①PCB 故障诊断

iLOCK 型计算机联锁系统有故障诊断功能，可以对系统的印制电路板(以下简称 PCB)进行故障诊断。故障的 PCB 必须送回厂家进行维修。

a. iLOCK 型计算机联锁系统的故障诊断的方法

iLOCK 型计算机联锁系统的故障诊断可以有以下方法：

(a)观察 PCB 的 LED 灯

每块 PCB 的面板上有许多表示灯，这些表示灯能够用于判断 PCB 的故障。

(b)通过系统维护台来诊断

系统维护台可用来查询系统运行状态，获得较详细的信息，或者用来查询布尔逻辑参数的结果和输出状态，读出输入结果或许多其他系统内部参数。

b. iLOCK 型计算机联锁系统诊断维护应检查的内容

在进行系统诊断维护时，首先应该检查以下内容：

(a)在 PCB 的电压测试点上测量到的电压值必须在 4.85 V 和 5.25 V 之间。

(b)I/O BE 板插有正确的鉴别芯片，PCB 插在正确的槽道上。

(c)供给 VPS 板的 12 V 电源必须在 9.0 V 和 6.0 V 之间。

(d)VLE 板上的应用芯片里的数据是最新版本。

c. 故障初判

(a)SDM 与 MMI 通信中断

首先确认 SDM 和 MMI 之间的网线是否连接正常或把 SDM 关机再重新开机。

(b)联锁机 A 的"A 机联机"灯闪亮

正常状态下"A 机联机"表示灯亮稳定的灯光。当此表示灯闪亮时，表示联锁机 A 与 MMI 通信中断，可按以下办法检查故障原因：

ⓐ检查联锁机、MMI 的通信线接触是否正常。

ⓑ检查 MMI 网卡是否正常。

ⓒ复位 VLE 板，如故障仍在，更换 VLE 板。

(c)联锁机 B 的"B 机联机"灯闪亮

检查办法同(b)。

(d)联锁机 A 的"VRD 灯"灭

正常状态下，"VRD 灯"点稳定的灯光。如果"VRD 灯"灭，则按以下方法检查：

ⓐ检查此灯的灯泡是否完好。

ⓑ对联锁机进行诊断，判断故障所在。

(e)联锁机 B 的"VRD 灯"灭

检查办法同(d)。

(f)联锁机“同步工作”表示灯灭

正常状态下,“同步工作”表示灯点稳定的灯光。如果“同步工作”表示灯灭,则按以下方法检查:

ⓐ检查此表示灯的灯泡是否完好。

ⓑ检查联锁机A和联锁机B间的安全通信线、非安全通信线接触是否牢固。

ⓒ复位VLE板,如故障仍在,更换VLE板。

d. PCB板更换步骤

一旦确定印制电路板故障,按照下列步骤更换PCB板。确认新PCB板的工作。这些步骤适用于iLOCK型计算机联锁系统的各种类型维修,但并不代表每个特定故障的处理办法,供处理故障参考。

(a)VLE板

ⓐ关闭IPS电源。

ⓑ拔出故障电路板。

ⓒ拔出板上系统和应用电子盘。

ⓓ备用板安装系统和应用电子盘。

ⓔ检查备用板上跳线和开关的位置是否与被更换板相同。

ⓕ插入板子,观看SDM有关诊断信息。

ⓖ如果SDM诊断显示系统正常,没有必要验证板子的功能。

ⓗ观察系统运行至少5 min,如果没有异常,系统恢复使用。

ⓘ系统维修日志中记录有关维护信息。

(b)VPS板、I/O BUS2(I/O BE2)板、VIIB板、VOOB板

ⓐ关闭IPS电源。

ⓗ拔出故障电路板。

ⓒ更换备板。

ⓓ恢复使用,在系统维修日志中记录有关维护信息。

(c)VIB板

ⓐ关闭系统电源。

ⓑ拔出故障电路板。

ⓒ将故障板上的SIGNATURE HEAD安装在备用板上,上电后,观察系统工作情况。

ⓓ如果没有异常,验证板子的功能。改变每个输入口的状态,观察诊断口显示。

ⓔ恢复使用,在系统维修日志中记录有关数据。

(d)关闭系统电源。

ⓐ拔出故障电路板。

ⓑ将故障板上的特征鉴别芯片安装在备用板上。

ⓒ上电后,观察系统维护台诊断显示。

ⓓ如果没有异常,验证该板的功能。执行系统逻辑,打开和关闭板上每个输出口,观察有关LED显示是否与输出状态一致,以及有关接口继电器工作情况。

ⓔ恢复使用,在系统维修日志中记录有关数据。

②故障排除方法

a. 区分是室外故障还是室内故障

(a)采集

主要查看相应的继电器状态是否与意图一致，如一致，则故障点在室外；如不一致，则故障点在室内。

若故障点在室内，对照联锁机采集码位表，查看相应的印制电路板灯位，如灯确实与继电器状态一致，则说明是 IPS 故障。若灯位与继电器状态不一致，则说明故障发生在采集板与接口继电器电路之间。此时在联锁机接口架处相应的位置电压，判断出哪一根线的连接有故障。

譬如：在 MMI 上有道岔挤岔表示，首先查看道岔表示继电器是否有吸起，如无吸起，则为室外故障，如吸起，则为室内故障。

(b)驱动

查看相应的继电器位置是否与要求的一致。如一致，则故障点在室外；如不一致，故障点在室内。

对照联锁机驱动码位表，查看相应的印制电路板灯位，如灯已点亮而继电器无驱动，说明驱动的条件电源没有，查看联锁机机架后 24 V 电源处熔断器的状态。

b. 重新启动上位机

在遇到下列故障时，重新启动上位机：

(a)按钮按下无反应。

(b)操作道岔无红闪反应。

(c)无语音报警。

(d)白光带出现之后，道岔还在红闪。

(6)iLOCK 型计算机联锁系统计算机辅助设计系统

计算机辅助设计工具软件：TLE 设计软件包，BOOL 代数计算机辅助设计软件包(简称 CAD 软件包)，iLOCK 型计算机联锁系统计算机辅助应用软件包(简称 CAA 软件包)。

①TLE 设计软件包

TLE 设计软件包用于编辑和描述站场信息，即 MMI 界面上的元素，如站名、轨道电路、道岔、信号机(进站、出站、调车等)、信号机名称、按钮、报警灯及文字等。

有了 TLE 设计软件包，MMI 便可以在满足关于操作界面显示规定的同时，根据用户要求或设计人员的意图，灵活的显示站场图。

②CAD 软件包

CAD 软件包是由软件工程师开发、面向信号工程师的计算机辅助设计软件。CAD 软件包能根据站场拓扑结构和车站作业要求，自动生成 BOOL 联锁软件。CAD 软件包中包含了一定的联锁规则库，包括基本联锁规则库、特殊联锁(包括到发线出岔、自动/半自动闭塞、站间/场间联系接口、非进路调车、单沟溜放、6‰下坡道等)规则库，对于无新增特殊联锁的车站，在新建车站设计和既有车站改造时，经过信号工程师的简单配置，CAD 软件包能自动完成硬件、软件设计；对于有新增特殊联锁的车站，在应用人员按语法规则补充联锁规则后，CAD 软件包也能自动完成全部设计，而不需要修改 CAD 软件。

CAD 软件包简洁明了，经过简单培训，相应设计单位的技术人员便能很快地掌握并进行设计，克服了手工编写联锁逻辑带来的工作量大、易产生错误的缺点。

③CAA 软件包

CAA 软件包提供了将信号工程师设计的联锁软件转化成系统可执行代码的工具,具有很大的灵活性,适用于多种型号、各种规模的联锁应用设计。

CAA 软件包的具体功能如下:

a. 设计人员可在计算机上利用编辑功能定义联锁车站硬件和联锁逻辑。

b. 把有关应用设计的联锁逻辑译成可执行的代码。

c. 进行 ADV 检查,鉴定应用数据是否正确。

4. DS6-K5B 型计算机联锁系统

(1)DS6-K5B 型计算机联锁系统的组成

DS6-K5B 型计算机联锁系统的体系结构如图 3-70 所示。

DS6-K5B 计算机联锁系统由控制台、电务维护机、联锁机、电子终端(ET)、计算机检测和电源 6 个部分组成。

控制台由控显双机和车站值班员办理行车作业的操作和显示设备组成。操作设备可以选择按钮操纵盘,鼠标和数字化仪。显示设备可选单元式表示盘或图形显示器。每一台控显机内安装了两个采用光缆连接串行通信接口板,用于同联锁机的二重系通信。控显双机的工作方式可选冷备和温备。控显机转换箱用于控制一套操作显示设备与控显双机之间的转换。

电务维护机包括:监测机、键盘、显示器、打印机。监测机内安装两个采用光缆连接串行通信接口板,用于与联锁机二重系通信,从联锁双机取得联锁系统维护信息。检测机通过串行通信接口从计算机检测前置机取得模拟量检测信息。电务维护人员可以通过键盘、显示器、打印机查询或输出各类监测信息。

联锁机由二重系组成,以主从方式并行运行。两系之间通过并行接口建立的高速通道交换信息,实现二重系的同步和切换。联锁机每一系各用一对光缆经过光分路器与控显双机相连,使联锁机的每一系都能够分别与两台控显机通信。联锁机每一系用一对光缆分别与监测机的两个光通信接口相连,联锁机每一系的维护信息分别送到监测机。联锁机每一系有 5 个连接电子终端的通信接口,每个通信接口可连接一个电子终端机架。

DS6-K5B 型计算机联锁系统开关量输入/输出接口采用京三公司生产的电子终端机(简称 ET)。电子终端电路具有二重系结构,二重系的输入电路从继电器的同一组接点取得输入信号,分别发给联锁二重系。联锁二重系的输出分别送给电子终端的二重系。电子终端二重系的输出并联连接负载。

DS6-K5B 型计算机联锁系统的电源由一套 UPS 和两路直流 24 V 稳压电源组成。UPS 的输入由信号电源屏单独提供的一路交流 220 V 电源供给。一路直流 24 V 电源(用符号 L24 表示),用于向联锁机和电子终端的逻辑电路供电,另一路直流 24 V(用符号 I24 表示),供电子终端的输入/输出接口电路用电。

(2)DS6-K5B 型计算机联锁系统各子系统的组成与功能

①联锁机

DS6-K5B 型计算机联锁系统的联锁双机(Ⅰ系和Ⅱ系)安装在机架内,两系的组成完全相同。每一系由 F486-2 联锁 CPU 板,IF486 电子终端接口板,FSD486 人机界面(控显机、监测机)接口板 3 块电路板组成。每一系的机架由两个空闲插槽,需要时可插入其他系统通信的接口板(如 CTC 系统通信用 OPU 板等)。各板之间通过 VME 总线互联。机架上空余的槽位用于安装其他选件。在本系统中不用。联锁Ⅰ系电源和联锁Ⅱ系电源是两个输入直流 24 V、输出直流 5 V 的 DC/DC 电源，用于分别向联锁Ⅰ系和联锁Ⅱ系的逻辑电路提供 5 V 电源。

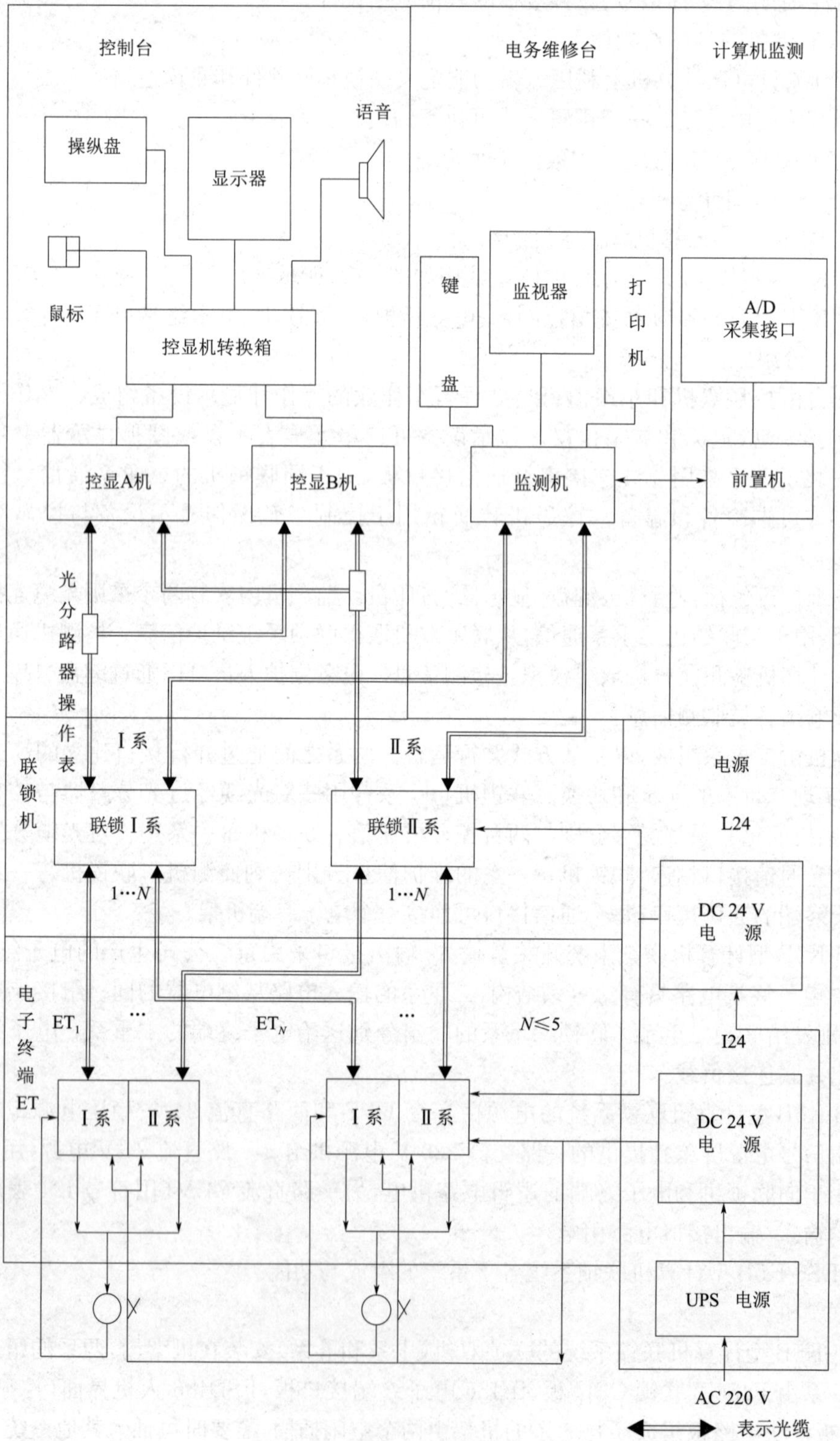

图 3-70　DS6-K5B 型计算机联锁系统的体系结构

在联锁机架的背面，每系各有两块光电转换板：RSIO3 和 TLIO。RSIO3 板是 FSD486 的光电转换板，用于联锁机与控显机和监测机之间的光缆连接。TLIO 板是 IF486 板的光电转换板，用于联锁机与电子终端之间的光缆连接。

a. F486-2 板

F486-2 是联锁机的主 CUP 板。二重系每一系各有一块 F486-2 板，安装在联锁机架每一系左边第一个槽位（正面）。

F486-2 的功能：完成联锁逻辑运算，二重系间通信及切换控制，二重系一致性检查、系统的故障检测及报警，异常时停止动作。

板上的 ROM 存储系统管理程序。每次联锁机加电需从 IC 卡读入联锁程序和站场数据，存储在 RAM 中。

b. IF486 板

IF486 是联锁机与电子终端的通信接口板。联锁二重系每系各有一块，安装在联锁机的第二个槽位。板上 ROM 存储了通信处理程序。每个 IF486 板上有 5 路与电子终端的通信接口。

c. FSD486 板

FSD486 板是联锁机与控显机、监测机的通信接口板，安装在联锁机的第三个槽位。FSD486 通过联锁机箱背面 RSIO3 光电转换板用 4 根光缆与控显机和监测机相连。

d. 联锁机架背面光电接口板说明

TLIO 板是 IF486 与 ET 之间通信光电信号变换接口。TLIO 板上有 5 个 ET 线路的光缆接口。本系统使用其中的 L1H、L2H、L3H、L4H、L5H 五个光缆插孔（其余光缆插孔在本系统中不用）。每一个插孔可插入一个两芯光缆连接一个 ET 机架，同时最多可连接 5 个 ET 机架。

RSIO3-T 是 FSD486 与控显机、监测机之间通信的光电信号变换接口。RSIO 板上有 4 个光缆插孔，每个插孔可插入一个单芯光缆。CN1T、CN1R 用于连接控显机；CN3T、CN3R 用于连接监测机。

②电子终端

DS6-K5B 系统的输入/输出接口称为电子终端（Electronic Terminal，ET）。ET 电路安装在 ET 机架内，每个 ET 机架内必须安装两个 ET-LINE 模块，用两根两芯光缆与联锁Ⅱ系的 TLIO 接口的一个 ET-NET 线路连接。IF486 共有 5 个 ET-NET 线路，可同时连接 5 个 ET 机架。

一个 ET 机架内有 12 个插槽。机架正面左边的两个插槽用于安装两个 ET-LINE 模块，其余的 10 个插槽用于安装 PIO 模块。ET 为二重系并列结构，左边第一个插槽安装Ⅰ系 LINE，与联锁Ⅰ系的 IF486 连接。第二个插槽安装Ⅱ系 LINE，与联锁Ⅱ系的 IF486 连接。

a. PIO 模块的地址设置

在机架上实际安装 PIO 模块的数量根据系统配置需要确定。PIO 模块必须成对安装。每对 PIO 模块组成并列的输入/输出接口，对外共同连接 32 路输出和 32 路输入。

PIO 模块是通用的。每个 PIO 可插在机架的任意插槽上。系统对 PIO 的识别（寻址）通过 ET 机架底板上每个插槽的地址设置实现。PIO 插槽地址用一个四位的开关设定。每一对 PIO 必须设为相同的地址。每个机架内的五对的 PIO 地址可在 01H 到 0FH 范围内设置。不同机架内的 PIO 地址可以重复设置。一个系统内 PIO 总数小于或等于 15 对时，从第一个机架的第一对 PIO 到第三个机架的最后一对 PIO，地址可以从 01H 到 0FH 连续设置。

b. 电子终端的输入信号电路

电子终端的输入信号电路如图 3-71 所示，PIO 输入信号电源从电源柜的接口 24 V（IB24）

的“＋”引出，通过采集继电器的接点到接口架和联锁机柜的 CS-TX19-36T/Z 型插头/插座，从 PIO 的 J1，进入 PIO 模块，经 J4、J5 回到接口 24 V 电源的“－”。

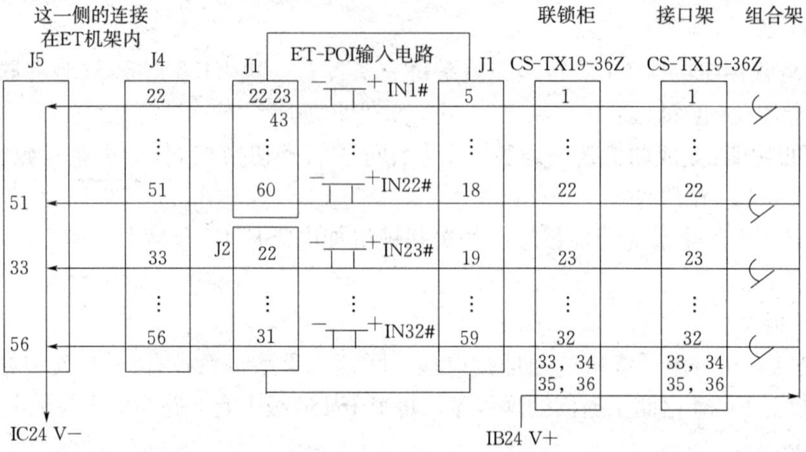

图 3-71　电子终端的输入信号电路

c. 电子终端输出信号电路

电子终端输出信号电路如图 3-72 所示，电子终端 PIO 的输出驱动信号电压为 24 V，输出信号极性为“＋”。电子终端输出驱动信号从 PIO 模块的 J2 引出，经联锁机柜和接口架的 CS-TX19-36T/Z 型插头/插座，连接到被控继电器，经继电器线圈返回到接口 24 V 电源的“－”(IC24)。

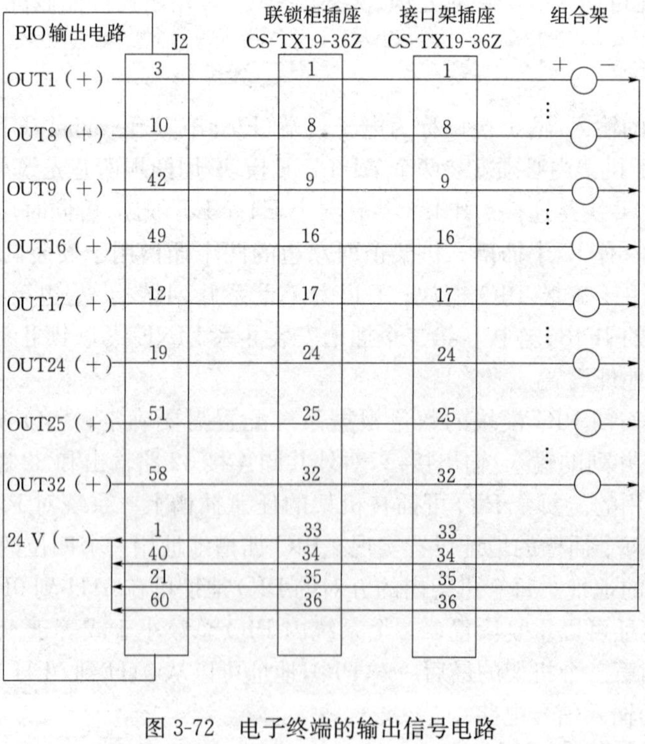

图 3-72　电子终端的输出信号电路

d. 联锁机与电子终端之间的连接

DS6-K5B 型计算机联锁系统联锁机和电子终端均采用了二重系设计。联锁每一系都要接收电子终端二重系的输入信息，经过“或”处理后，作为联锁运算的输入。联锁二重系的输出通过电子终端的二重系并联输出。联锁机与电子终端之间的物理连接通过 ET-NET 光缆实现。联锁机的 IF486 模块是联锁机与电子终端的通信接口，一个 IF486 模块上有 5 个 ET-NET 通道。通过 TLIO 光电转换板引出 5 对光缆，连接 5 个电子终端机架。TLIO 的端口与电子终端之间用一根两芯光缆连接。

③控制台

DS6-K5B 型计算机联锁系统的控制台采用 DS6 系列的传统结构。操作显示设备设在运转室。根据用户要求操作设备可选择按钮盘或鼠标。表示设备可选单元式表示盘或显示器。控显机采用 PC 总线工控机。机箱内除安装连接操作显示设备的接口板外，安装两块带有光电转换的串行通信接口卡 INIO，用于同联锁机通信。

控显机采用双机互为备用。控制台的操作和显示设备：按钮盘或鼠标；表示盘或显示器只设一套。通过控显机转换箱与工作的控显机连接。

双机互备方式可以采用热备或冷备方式。在热备方式下，控显双机同时加电运行，同时接收联锁机发送的信息，但只有工作机向表示设备发送表示信息和接收控制台的按钮操作信息。控显双机切换需人工操作控显转换箱上的转换开关，将控制台操作和表示设备切换到备用机。在冷备方式下，备用控显机不加电。进行双机切换时，需先将备用机加电使其运行，然后按压控显转换箱上的“切换”按钮。

为了实现每一台控显机都能够与联锁机的每一系单独通信，构成交叉互备的冗余关系。控显双机每一台机器内安装了两块 INIO 通信卡：INIO1、INIO2，分别用于同联锁机Ⅰ系和Ⅱ系通信。联锁机的每一系只有一个与控显机通信的接口：CN1T（发送）、CN1R（接收）。为了实现联锁的每一系都能够与控显双机同时或与其中的任意一台单独通信。在联锁机与控显机之间的通信线路上增设了光分路器（Optical Branch Unit，OBU）。光分路器的作用是将一侧一根光芯输入的信号分成两路输出，同时将另外两根光芯输入的信号合并，从一根光芯输出。

在 DS6-K5B 型计算机联锁系统中用了两个光分路器（型号：SPHC）。1 号光分路器用于联锁Ⅰ系同控显机 A 连接；2 号光分路器用于联锁Ⅱ系与控显机 B 连接。每个光分路器由两块电路板组成，一块电源板 SPHC-PW，一块信号传送板 SPHC-TT。光分路器由接口 24 V 供电。电源板产生 5 V 电压供信号传送板工作。

④电务维护台

电务维护台由监测机、显示器、键盘、打印机等组成。监测机采用 PC 总线工控机，机箱内安装两块带有光电转换的串行通信接口卡 INIO，用于同联锁机二重系通信。

监测机接收来自联锁二重系的设备动作状态信息和监测报警信息。监测机通过串行通信接口与计算机检测的前置机相连，接收信号集中监测采集的模拟量信息。

DS6-K5B 型计算机联锁系统分别安装在联锁主机柜、电子终端柜、监控机、计算机电源柜上，另设信号集中监测工作台一个。根据站场规模不同，系统中用的电子终端架的个数不等，电子终端柜的个数为 1 或 2 个。一般情况下，小于 50 组道岔的车站有 3 个电子终端架，用一个电子终端柜；50 组道岔以上车站有 4 或 5 个电子终端架，需用 2 个电子终端柜。

在联锁机柜和电子终端柜的上端有联机插座安装板，用于安装电子终端到组合架之间输入/输出信号的联机插座。插座采用 CS-TX19-36/Z 型 36 线插座。

⑤电源

DS6-K5B 型计算机联锁系统要求信号电源屏经隔离变压器单独提供一路单相交流 220 V 电源。从电源屏来的 220 V 电源送到 DS6-K5B 型计算机联锁系统的电源柜，经过 UPS 后向计算机设备供电。

控显机、监测机及控制台显示器等设备使用 UPS 输出的 220 V 电源。DS6-K5B 型计算机联锁系统的联锁机和 ET 采用两路直流 24 V 电源供电。第一路称为逻辑 24 V 电源(L24)。此电源经 DS6-K5B 型计算机联锁系统内部的 DC-DC 变换，产生逻辑电路工作所需的 5 V 电源。第二路称为接口 24 V 电源(I24)，供输出接口驱动继电器和输入接口采集继电器状态。

在组合架上，所有受计算机控制的继电器用的 24 V 电源，均由计算机系统的 I24 V 电源供电。在组合架上，不受计算机控制的继电器的电源仍使用信号电源屏电源。

计算机输出电路送出 24 V＋经过继电器线圈，形成公共回线，回到 I24 V－。计算机采集的继电器接点组的中间接点连接到 I24 V＋。经过采集接点组的前接点或后接点回到计算机输入电路。

供 DS6-K5B 型计算机联锁系统设备的两路 24 V 电源，安装在计算机系统的电源柜内。每一路 24 V 电源均由 3 个 AC-DC 开关稳压电源模块组成。其中两个模块在线工作互为热备，可自动切换，另一个模块为冷备份。

电源柜输出的两路直流 24 V 分别送到联锁柜和电子终端柜底部的滤波器盒(NFB-BOX)的 8 柱端子板 8P-A 上，经过 NFB-BOX 前面板上空气开关进入滤波器。通过滤波器输出的 24 V 电源连接到 10 柱端子板 10P-A 上。逻辑 24 V(L24 V)从 10P-A(1、2 端为 24 V＋；3、4 端为 24 V－)接到电源总线 1(POWER BUS1)。接口 24 V(I24 V)从 10P-A(5、6、7 端为 24 V＋；8、9、10 端为 24 V－)接到电源总线 2(POWER BUS2)。电源总线的 1、3、5 接“＋”；2、4、6 接“－”。PIO 接口 24 V 供输出接口驱动继电器和输入接口采集继电器状态。

DS6-K5B 型计算机联锁系统供电及电源柜安装分别如图 3-73 和图 3-74 所示。

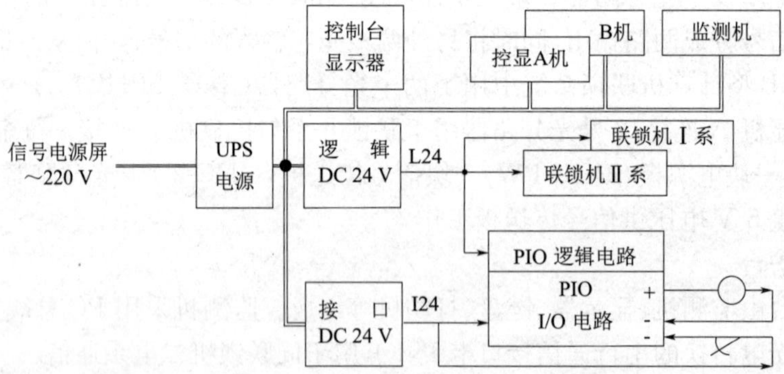

图 3-73　DS6-K5B 型计算机联锁系统供电网络图

(3)DS6-K5B 型计算机联锁系统的故障分析与处理

①故障判断

分析检查系统故障必须掌握系统各组成部分的连接关系，DS6-K5B 型计算机联锁系统联锁机到组合架之间输入/输出信号的连接关系，如图 3-75 所示。

设备发生故障，应首先认清故障现象、故障影响范围，区分模块本身电路故障和模块之间通信联系故障，根据设备的连接关系进行测试，查找故障点。

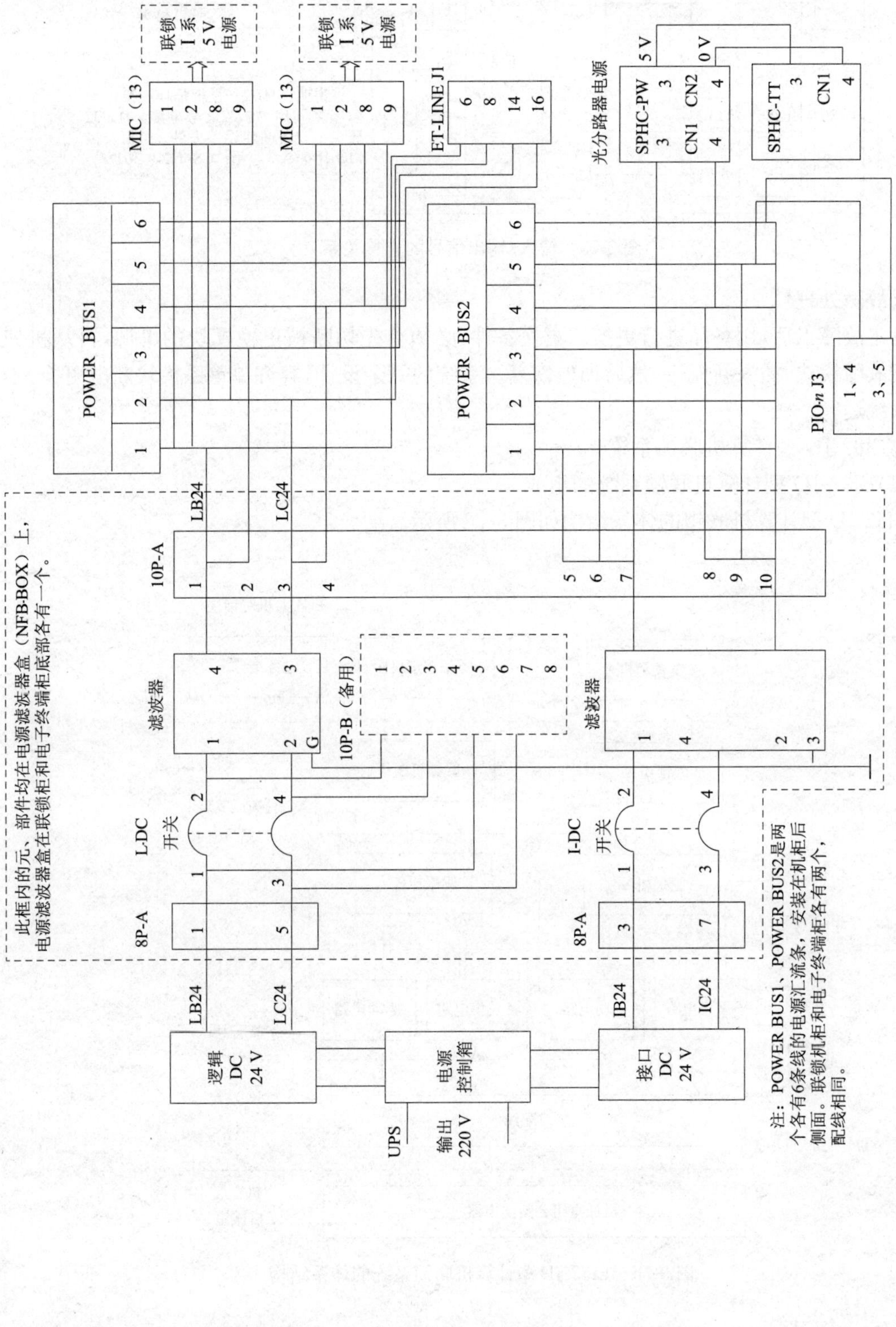

注：POWER BUS1、POWER BUS2是两个各有6条线的电源汇流条，安装在机柜后侧面。联锁机柜和电子终端柜各有两个，配线相同。

图 3-74 DS6-K5B 型计算机联锁系统供电网络图(双路供电)

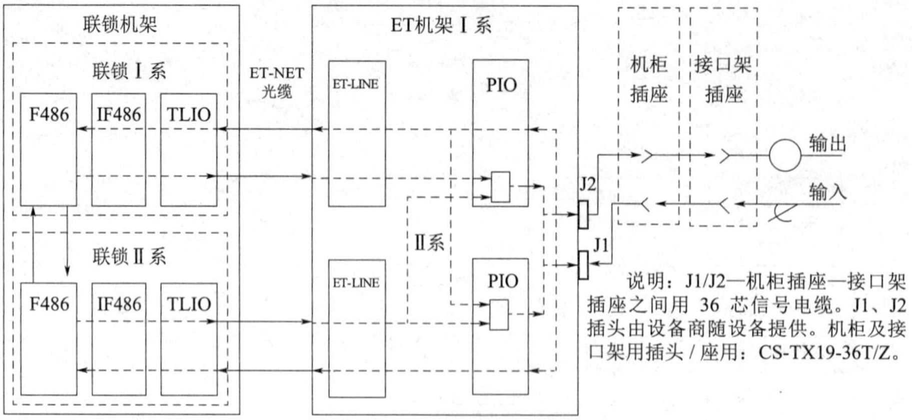

图 3-75　输入/输出信号的连接关系

②故障处理

确定故障点后，用备品进行更换。更换备件，必须首先切断被更换模块的电源，再从机架上取下故障模块，插入新模块，然后加电恢复。系统的冗余设计，容许单重系模块断电更换，不间断系统运行。

5. EI32-JD 型计算机联锁系统

(1)EI32-JD 型计算机联锁系统的组成

EI32-JD 型计算机联锁的体系结构如图 3-76 所示。

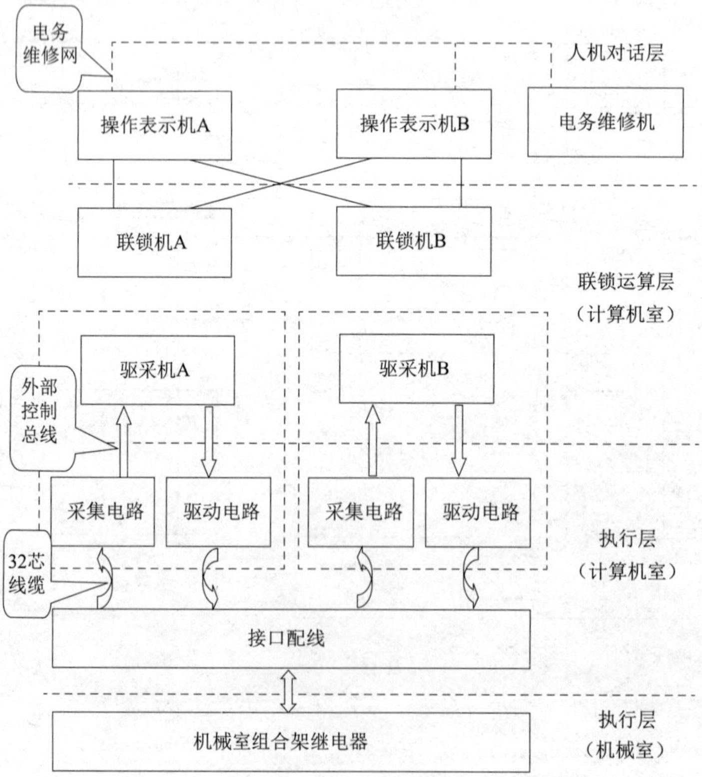

图 3-76　EI32-JD 型计算机联锁系统的体系结构

由可以看出操作表示机与联锁机之间的连接关系。EI32-JD 型计算机联锁系统的核心为联锁机，联锁机所有驱动采集机均通过光缆连接为内部联锁局域网(LAN)。操作表示机与联锁机直连的目的在于减少设备间的耦合，提高开发的成功率。

(2)EI32-JD 型计算机联锁各子系统的组成与功能

EI32-JD 型计算机联锁系统包括的主要子系统有：操作表示机(即上位机)、联锁机、驱采机及驱动、采集接口、控制台相关设备，包括站场屏幕显示器(根据车站大小采用 1 或 2 台 21 英寸彩色显示器)、鼠标、数字化仪、语音提示报警音箱、显示驱动器、继电器组合架、电务维修机及信号集中监测系统。

各子系统部件的组成功能及作用如下：

①操作表示机

操作表示机(俗称上位机)和联锁机(包括驱采机)构成上、下位控制的分层结构。操作表示机采用 PC 系列工业控制计算机。根据系统具体配置和要求的不同可插入不同的电路板。CPU 采用 PⅢ或以上的处理器，向上兼容。

操作表示机的主要作用是为车站值班员提供操作显示界面。操作表示机从联锁计算机取得站场当前状态，驱动站场屏幕显示器，采集操作信息传输给联锁计算机，将当前联锁状态信息传输给电务维修机和监测机。

操作表示机为双机热备。设备的倒接无须人工干预，也不对正常行车造成干扰。

操作表示机可支持单元拼装式控制台、数字化仪、鼠标器、显示器等多种操作显示工具。

②联锁机

联锁机(全称联锁计算机)，两套共 4 个 CPU 构成二乘二取二容错系统。

联锁机接收来自操作表示机传来的操作命令、接受驱采机传来的室外信号设备状态，进行联锁运算，向驱采机传输室外信号设备动作命令，同时向操作表示机传输表示信息。联锁机为安全型系统。

③驱采机

驱采机同为二乘二取二容错结构，其作用为采集室外信号设备的状态，驱动室外信号设备动作。驱动采集环节也为安全型系统。

安全型驱动采集电路为驱动采集计算机的组成部分，其小型化的动态采集、输出电路为其电路特色。

④驱采机执行层

驱采机执行层为组合架，完成现场状态信息的输入和控制命令的输出。组合架上安装有信号点灯电路、道岔控制及表示电路、轨道继电器、其他结合电路等继电器电路。

(3)EI32-JD 型计算机联锁系统联锁控制的冗余结构

EI32-JD 型计算机联锁系统联锁处理级采用二乘二取二冗余结构。所谓二取二即为在一套系统上集成双套 CPU 系统。双套系统严格同步，实时比较，只有双机运行一致时才对外输出或传输运算结果。

“二乘二”的作用为上述双机组合取用两组，可采用双机热备或并用方式。

EI32-JD 型计算机联锁系统输入/输出接口、驱动单元电路、电源均为双套。

在保证安全的基础上，为提高系统的可靠性，操作表示机、通信网络也采用双套。操作表示机也实现了双机热备。

①二取二 CPU 电路(FS-32 单元)

图 3-77 是二乘二取二计算机联锁核心部件——二取二安全型 CPU 板的电路结构。在该印制板上集成了完全相同的两套计算机系统,包括时钟、RAM、ROM 和必要的接口电路,还集成了实现双机校核的总线比较电路。CPU-A 和 CPU-B 硬件完全相同,所装软件包括系统软件和应用软件完全相同。正常情况下,A、B 两套 CPU 电路应当工作完全相同,此时,由该板驱动一个继电器,称为正常继电器,证明该印制板双套电路工作正常且同步,可以运用。只有正常继电器接点闭合,才能给该板输出部供电,形成真实的输出,从硬件上保证设备的安全。

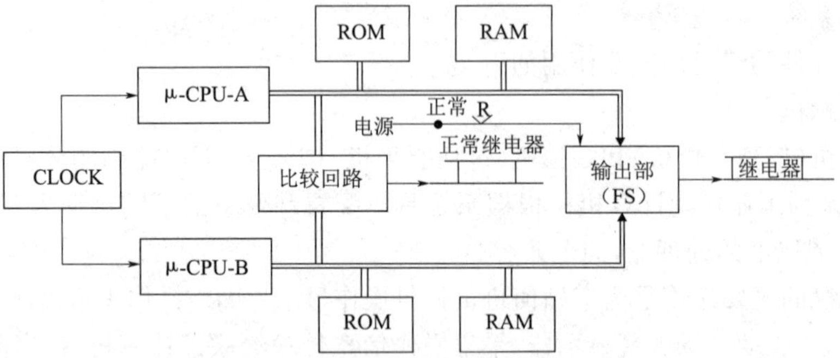

图 3-77　二取二安全型 CPU 板的电路结构

②双系热备

a. 双系热备的原理

EI32-JD 型计算机联锁系统支持双系热备型冗余结构,如图 3-78 所示。每一系的任一处理部的单系——联锁机Ⅰ系、Ⅱ系、输入/输出处理机Ⅰ系、Ⅱ系即为前述双机校核的 CPU 系统,因而它总体上是一个 4 机系统。

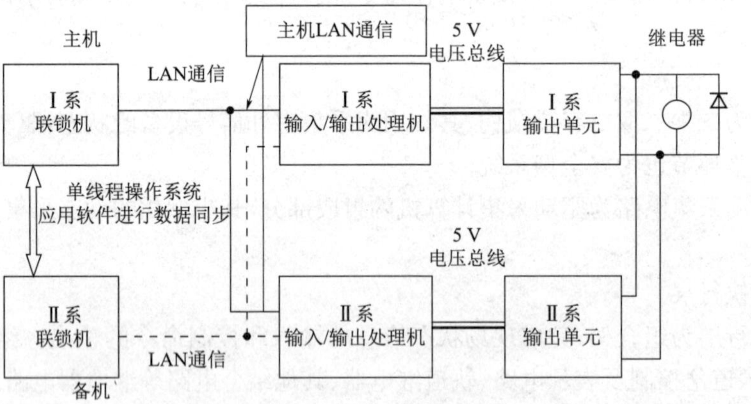

图 3-78　双系热备型冗余结构

双系热备的方式中:输入/输出处理机的Ⅰ系和Ⅱ系均仅接收同一联锁机发来的输出信息,如联锁机Ⅰ系的输出或联锁机Ⅱ系的输出,而联锁机另一系的输出不予采纳。也就是说,联锁机的双系中存在主用系和备用系的区别。只有主系对外的输出才被输入/输出处理机采纳,备系的输出虽然也被送到局域网上,但不被输入/输出处理机取用,而仅用于联锁机双系之间的校验。当联锁机的主系发生故障时,才自动地倒向备系。从这个意义上说,联锁机双系之间采用的是双系热备的方式。在双系热备方式中,联锁两系之间采用单线程操作系统实现应用软件的数据同步。

由上述介绍可以看到：无论是双系热备，还是二重系方式，输入/输出处理机均同时工作，同时产生输出；并且均以线圈并联的方式连接到被驱动的继电器上。因此，双系热备或二重系工作方式均为仅对联锁机而言，对于输入/输出处理机，双系均以二重系并联方式运行。

b. 倒机电路

EI32-JD型计算机联锁系统采用了双系热备的工作方式，虽然倒机电路驱动硬件及倒机电路与JD-ⅠA型计算机联锁系统不同，但其倒机原理是完全一样的。

输入/输出电路具有回读监测能力。当电路发生故障时，输入/输出处理机具有自诊断功能，EI32-JD型计算机联锁系统的底层软件给出故障报告，应用软件予以判断，决定是否切除本系或倒机。例如判断输出和回读是否一致（和JD-ⅠA型计算机联锁系统一样）；输入电路也同JD-ⅠA型计算机联锁系统一样，在采集的间隙进行部分电路的自诊断。

EI32-JD型计算机联锁系统有支持双系切断的硬件电路（VSYS电路板）。该板上安装有数个小型的安全型继电器，对各系的主CPU板及其软件运转正确性的判断，最终驱动一组倒机继电器，其状态决定主系和备系。

采用二重系时，两系的切换时间为300～500 ms。实际上，EI32-JD型计算机联锁系统的双系切换，本质上是输入/输出处理机对联锁机通过LAN传来的主用信息的校核，从而输入/输出处理机的输出缓冲区从“根据原主机设置内容”切换到“根据当前主机设置内容”。

联锁机、输入/输出处理机的每一系均提供一个倒机切换板（VSYS板），安装有复位开关，允许通过对本机系统复位实现人工倒机。VSYS板上安装的各种继电器均在设备面板上有指示灯，便于维护人员监督设备运行，辅助判断故障。

（4）EI32-JD型计算机联锁系统的故障分析与处理

EI32-JD型计算机联锁系统的信息采集、驱动应符合下列要求，否则会产生故障：

①系统采集板采集的动态信号的电压范围：DC 21.6～26.4 V，由驱采24 V电源供出，可在内分线盘上与采集24 V电源负极进行测量。

②系统驱动板输出的驱动电压范围为DC 20～26 V，由驱动24 V电源供出，可在继电器线圈上测量。联锁机通过驱动机箱的接口电路驱动组合架JWXC-1700型继电器。

③系统驱动板工作正常时“绿灯”点；驱动板故障时“红灯”点亮；有驱动信息时“绿灯”点亮；无驱动信息时灭灯。

系统的主、备机同步和转换应满足下列要求：

①正常工作时双机处于自动切换状态，当工作机出现故障时，自动切换至备机，待故障修复后，重新开机，能自动与工作机实现同步，恢复双机热备工作状态。按下“复位”按钮，可实现主、备机的人工切换。

②当两台联锁机失去同步时，在5 s内备机应脱离联机状态。若15 s内不能恢复同步，则备机停止工作（停机）。

③操作表示机为双机热备，人工方式进行切换时，须两个运行灯都点亮的情况（表示两个操作表示机工作正常）时，按压操作表示机倒机单元上“A→B”或“B→A”按钮进行切换。

④操作表示机倒机单元切换开关必须置于“自动”位。

⑤备机自诊断发现自己有非危险性故障，则会不断重新启动计算机。

表3-20列举了EI32-JD型计算机联锁系统比较常见的一些故障，当故障发生时，应参照进行处理。

表 3-20　EI32-JD 型计算机联锁系统常见故障分析

序号	现　象	原因分析	处理办法
1	采集信息采集不到	1. 采集回路有断线； 2. 采集板或 I/O 板故障； 3. 继电器接点故障	1. 检查采集回路的完好(没有断线、虚焊、脱焊现象)； 2. 更换继电器
2	系统加电后无任何动作	没有接通 AC 220 V	1. 确认电源是否有电； 2. 确认电压选择是否正确
3	系统运行速度很慢，容易死机	工控机工作异常	1. 关闭工控机，重新启动； 2. 检查 CPU 风扇是否停转或转速很慢，如果需要更换
4	系统死机且无法重启动	工控机故障	检查机箱内各印制板插接是否良好，重新拔、插主板和各种接口卡
5	监控机、维修机不能启动	1. 机器掉电或电源故障； 2. 键盘锁定； 3. 软驱中插有软盘； 4. 主板故障； 5. 电子盘或硬盘故障； 6. 操作系统故障； 7. 其他板卡故障	1. 检查电源； 2. 检查键盘没有锁定； 3. 取出软驱中插有的软盘； 4. 更换主板； 5. 更换电子盘或硬盘； 6. 重新装操作系统； 7. 检查其他板卡
6	输出板上的所有输出都不工作	对应的输出电源有问题	检查两台接口电源是否都发生故障

6. TYJL-TR9 型计算机联锁系统

(1)TYJL-TR9 型计算机联锁系统的构成

TYJL-TR9 型计算机联锁系统由容错联锁主机、监控机、控制台、电务维修机、系统电源、接口架及继电器组合架，以及配套的计算机监测系统(可选用)、远程诊断设备等组成，如图 3-79所示。

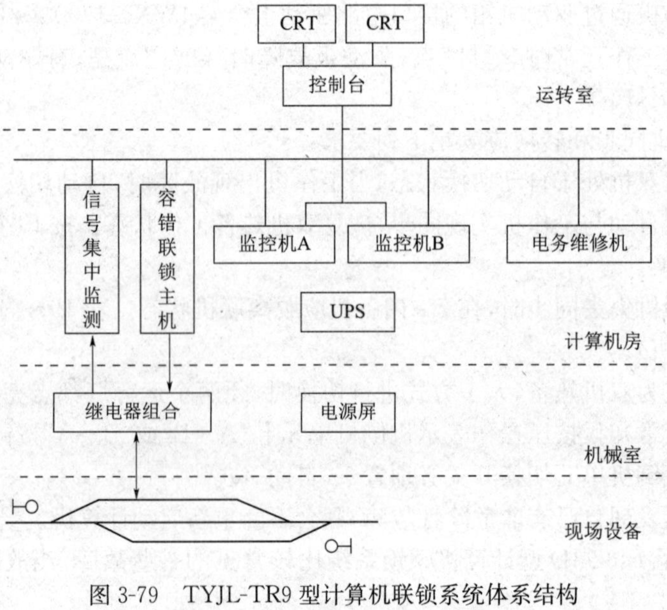

图 3-79　TYJL-TR9 型计算机联锁系统体系结构

(2)容错联锁

①容错联锁机

联锁机由主处理器模块、电源模块、采集、驱动和通信模块构成,3 个主处理器之间通过 TRIBUS 内部总线进行通信,是车站计算机联锁系统中的核心部分。它主要对现场设备进行信息采集,通过监控机接收车站值班员发出的操作命令,通过联锁程序进行逻辑运算,根据不同的运算结果进行驱动输出,直接动作继电器,控制现场的信号设备,并把现场的状态传递给监控机,以便在控制台上显示。

a. 容错联锁主机基本原理

容错联锁主机原理如图 3-80 所示。

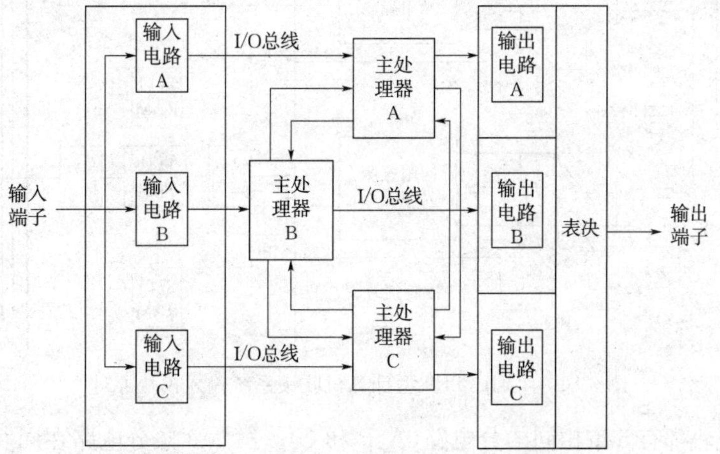

图 3-80　TYJL-TR9 型计算机联锁系统容错主机原理

TYJL-TR9 型计算机联锁系统的容错联锁机的容错能力是通过系统从输入模块、主处理器模块到输出模块 3 大部分的全面三重化结构来实现的,这样保证了系统中任何部件的单永久性故障或由于各种原因造成的瞬间故障发生时,容错联锁系统仍能无差错、不间断的工作。

容错联锁系统的每个 I/O 模块都有 3 条完全独立的分电路。输入模块上的每条采集分电路分别采集继电器接点并将采集结果经过 3 条 I/O 总线送入相应的主处理器,在每个联锁扫描周期,3 个主处理器通过专门的高速总线系统 TRIBUS 进行同步通信,表决输入数据。每个主处理器模块根据表决后的输入数据执行联锁程序,然后将联锁程序产生的输出数据经过 3 条 I/O 总线送到输出模块,在输出模块上进行硬件表决,三取二或二取二(一路故障时)后输出,最后驱动相应继电器。

对每个 I/O 模块,容错联锁系统都支持热备功能,若主模块在运行中发生故障,容错联锁系统能立即将热备模块投入联锁,保证系统不间断运行。

b. 监控机

监控机又称上位机,硬件上采用高可靠性工业控制计算机,其主要功能是实现人机对话,操作人员利用鼠标进行操作,办理接发车进路、调车进路等。上位机根据操作人员不同的操作情况给联锁机发送不同的命令,联锁机根据上位机发来的命令,经过联锁运算,把站场进路状态信息发送给上位机,在监视器上表现出来,提供车务操作人员分析现场情况。

c. 输入/输出接口电路

系统的输入接口电路是对现场信号设备信息的采集,输出接口电路是联锁机对有关执行设备的驱动。采集信息通过输入模块进入联锁机，如图 3-81 所示。

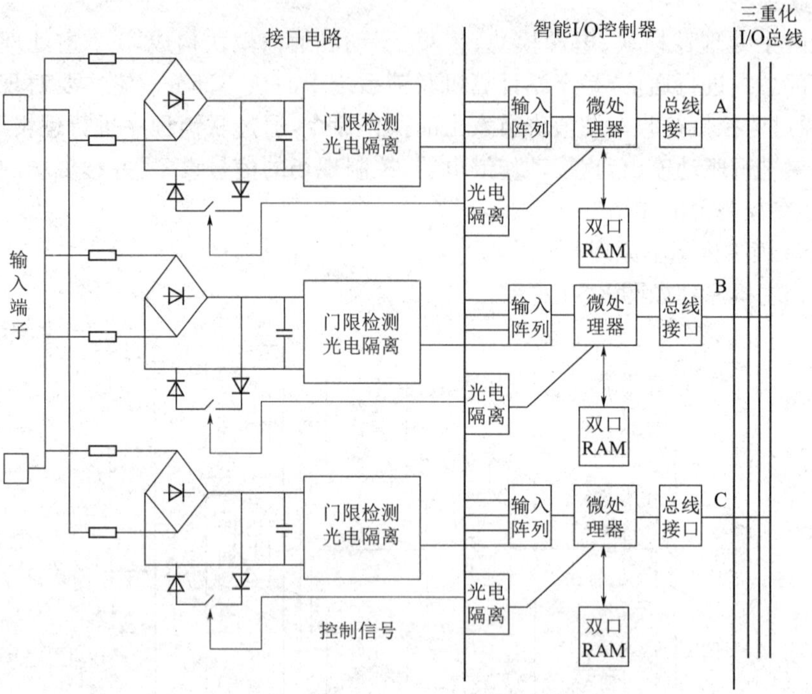

图 3-81　TYJL-TR9 型计算机联锁系统输入模块原理

每个输入模块都有 3 条相同的分电路(A、B 和 C)。虽然 3 条分电路在同一模块内，但是它们完全隔离并独立操作，一条分电路的故障不会扩散到另外的分电路。每条分电路都有一个 8 位的微处理器处理与相应主处理器间的数据交换。3 条分电路中的每条分电路并行地采集输入信号，采集数据放在相应的 A、B 和 C 输入表中，每个输入表通过相应 I/O 总线用相应主处理器模块中的 I/O 通信处理器进行定期轮询取走，如主处理器 A 通过 I/O 总线 A 取走输入表 A。

例如：轨道电路，同时采集它的前接点和后接点，以做校核，如图 3-82 所示。

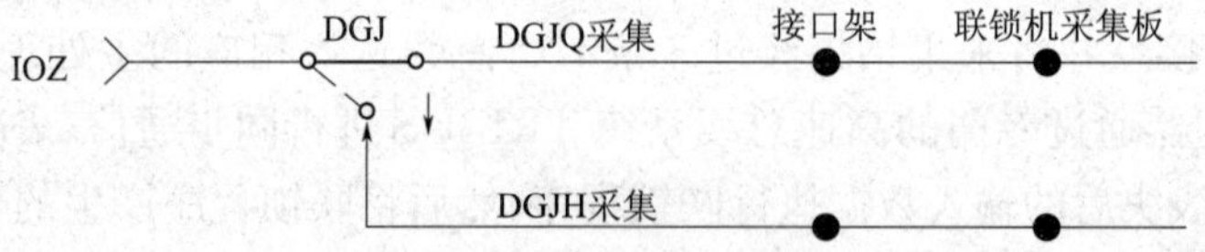

图 3-82　轨道电路采集信息

对于一送多受的轨道电路来说，系统只采集其总复示继电器 GJF 的接点。如果在电气化区段采用二元二位的轨道继电器，不能直接采集二元二位轨道继电器接点，应为其设复示继电器，再采集其复示继电器接点。

②容错联锁机系统的输出

系统的输出是通过输出模块完成的，如图 3-83 所示。

TYJL-TR9 型计算机联锁系统有两类输出模块：三取二(TMR)型和二取二型。每个输出模块都有 3 条相同的隔离分电路。每条分电路有一个 I/O 微处理器通过相应的 I/O 总线从相应的主处理器中获取输出数据。TMR 型输出模块采用 H 形硬件三取二表决电路进行输出。二取二型输出模块采用串行硬件二取二表决电路进行输出。每类输出模块都对每个输出点执行专门的输出表决诊断。每个微处理器可通过模块上的回读电路读取每点的输出值，以便判断输出电路内存在的隐蔽型故障。输出表决诊断的时间不超过 2 ms（典型值为 500 μs），不会对外部的继电器产生任何影响。

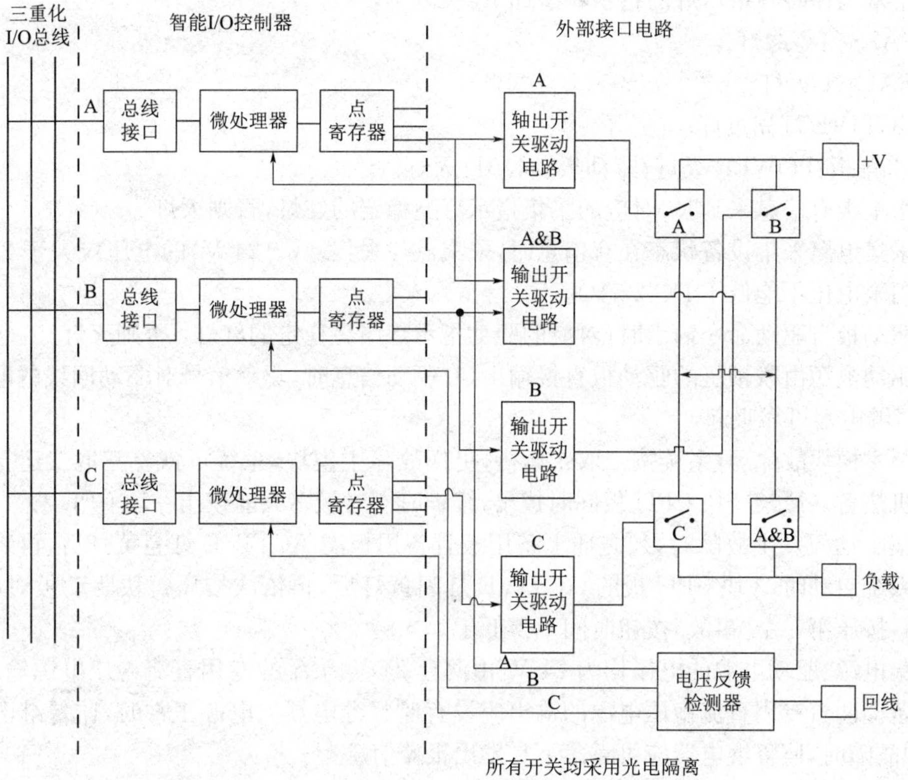

图 3-83　TYJL-TR9 型联锁系统输出模块原理图

例如，出站信号机的驱动。在出站信号机的电路中，联锁机驱动的是信号防护继电器 XFHJ和 LXJ，如图 3-84 所示。在开放出站信号机时，同时驱动 LXJ 和 XFHJ，只有 XFHJ 吸起，LXJ 才能吸起。这样防止了单点混电造成 LXJ 误动。同时确认 LXJ 驱动后是否吸起，又对 LXJ 进行前接点采集。如果驱动后前接点采集不到，则在一定时间内将不再驱动，保证了室内外的显示一致。

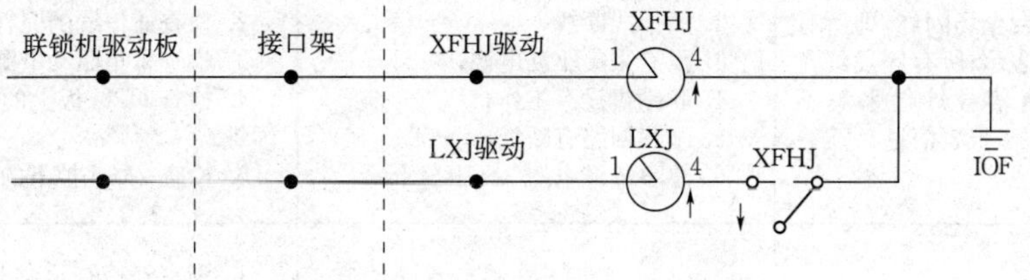

图 3-84　出站信号机 LXJ 的区段

如果此出站信号机可以作调车信号机用，则当其办理调车进路时，联锁机同时驱动其 DXJ 和 XFHJ，同样对 DXJ 前接点进行采集。

(3) TYJL-TR9 型计算机联锁系统的故障分析与处理

TYJL-TR9 型计算机联锁系统的信息采集、驱动应注意符合下列要求，否则容易产生故障。

①采集板每块有 64 个采集点、驱动板每块有 32 个驱动点。

②每块采集或驱动板板顶部有 4 个指示灯，它们分别为：PASS 灯；FAULT 灯；ACTIVE 灯和 POWER（采集板）或 LOAD 灯（驱动板）。

其正常工作时各指示灯的指示状态如下：

a. PASS 灯亮绿灯。

b. FAULT 灭灯。

c. ACTIVE 灯亮黄灯。

d. 采集板：POWER 灭灯；驱动板：LOAD 灭灯。

③采集板有信息采到时，对应的采集指示灯亮稳定的红灯，否则灭灯。

④采集电路采集设备状态在有信息时，采集点与采集地（−24 V）的电压应大于 22 V（采集板的门限电压不能低于 DC 22 V）。

⑤驱动板有驱动命令输出时，对应的驱动指示灯应亮稳定的红灯，否则灭灯。

⑥驱动电源由联锁机的驱动板直接输出，有驱动信息时，驱动信号对驱动回线的电压应大于 22 V，继电器可靠吸起。

当一主模块故障后，系统按二取二运行，更换故障主模块，系统可恢复三取二运行。上位机为双机热备。严禁 3 块 CPU 板同时拔出，维护时同时最多只能拔出一块 CPU 板。

采集驱动板发生故障时，须先插上备用板且备用板的 ACTIVE 灯亮黄灯后，再将故障板拔下。系统启动时，3 块 CPU 板的 ACTIVE 灯闪黄灯后，再依次按压每块驱动板对应的“事故”按钮，按压第一个“事故”按钮时间不得低于 1.5 s。

采集电源、驱动电源的电压均为 24 V，由两台 24 V、5 A 的专用直流稳压电源输出，并联供给设备。两台专用直流稳压电源的输出应设有监督继电器。电源正常时，监督继电器应吸合；电源故障时，监督继电器应可靠落下且发出报警信息。

表 3-21 列出了一些 TYJL-TR9 型计算机联锁系统常见的故障。当系统发生下列情况时，应参照表进行处理。

表 3-21　TYJL-TR9 型计算机联锁系统常见的故障

序号	现　象	原因分析	处理办法
1	UPS 在电源屏供电和电池供电之间切换	1. 电源屏电压波动； 2. UPS 灵敏度过高	1. 调整电源屏的输出； 2. 调整 UPS 的灵敏度
2	控制台全场闪红，即所有道岔无表示；所有区段红光带；所有信号灯丝采集不到；有很多报警信息	1. 通信板故障； 2. 通信线断线； 3. 没有采集驱动电源； 4. 联锁机没有工作； 5. 采集回路有断线； 6. 总事故继电器 ZSGJ 掉下	1. 更换通信板； 2. 检查通信线的完好； 3. 检查采集驱动电源； 4. 检查 CPU 板上的 ACTIVE 灯是否闪烁； 5. 检查 ZSGJ 掉下的原因
3	道岔无表示	1. 表示继电器（DBJ 或 FBJ）没有吸起； 2. 组合侧面到接口架断线； 3. 继电器接点故障； 4. 采集板采集点故障	1. 到室外检查道岔是否四开，检查表示继电器的励磁电路； 2. 在接口架相应点测量是否有采集的 24 V； 3. 更换继电器； 4. 采集板故障灯是否点亮，如点亮且相应的采集点不亮灯，则更换采集板

续上表

序号	现　象	原 因 分 析	处 理 办 法
4	道岔操纵不动	1. DCJ、SFJ 或 FCJ、SFJ 是否动作； 2. 道岔启动电路故障； 3. 驱动电路故障	1. 检查驱动板是否故障，驱动时检查 DCJ、SFJ 或 FCJ、SFJ 是否吸起； 2. 检查道岔启动电路； 3. 检查道岔驱动电路
5	出站信号不能开放	1. 相应发车口的开通条件不具备； 2. LXJ 不能励磁； 3. 进路上超限条件不满足或防护道岔没有到位	1. 在采集板上查看相应的开通条件的采集点是否采到； 2. 检查驱动板，驱动电路是否故障； 3. 检查进路的超限条件或防护道岔是否满足
6	ZSGJ 掉下，全场闪红	1. 采集驱动电源混电； 2. 总事故继电器励磁电路断线； 3. SG_1 驱动电路故障；（是否正确）； 4. 第一块驱动板故障； 5. 信号无驱开放故障	1. 检查控制台或维修机报警柜； 2. 检查 ZSGJ 的励磁电路； 3. 检查 SG_J 驱动电路； 4. 检查第一块驱动板，如果故障，且造成 1、2、3 点中的任何一点不能驱动，更换驱动板； 5. 检查是否有信号无驱开放的报警（采集混电、驱动混电均有可能造成该故障）

7. 全电子执行单元

(1)系统构成

采用 LDJLZ-Ⅱ型全电子执行单元的计算机联锁系统由联锁机、电子执行单元、监测机（和信号集中监测）、电源系统组成。电子执行单元与联锁机、控制台、维修监测机、电源屏等共同组成全电子化计算机联锁系统，其总体结构如图 3-85 所示。

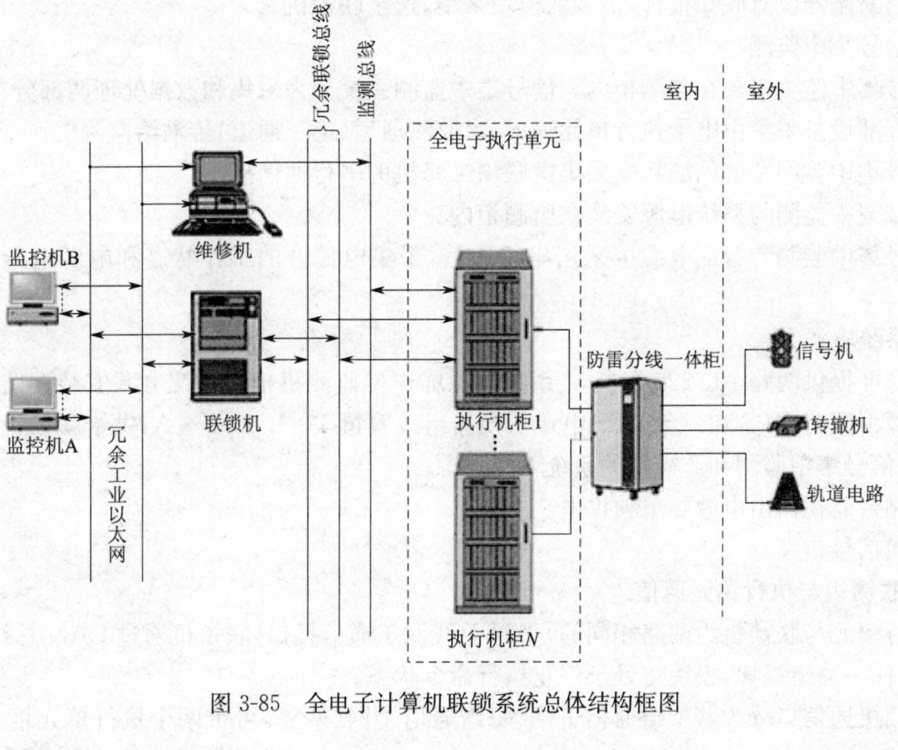

图 3-85　全电子计算机联锁系统总体结构框图

①联锁机

与电子执行单元配套的联锁机可以是双机热备、三取二、二乘二取二，联锁机采用两路CAN总线与电子执行单元结合。

②电子执行单元

电子执行单元采用单元模块电路进行组合，安装在执行单元柜中。执行单元柜是计算机联锁系统全电子智能化模块控制机的主机柜，为标准工业机柜。采用双冗余系统电源均为热备的并联供电方式，以保证模块工作电源的稳定性和可靠性。每个机柜装有4层模块机笼、机柜配有断路器开关、通信插座和零层端子、通信插座、防雷端子和接地端子防雷、接地端子等。每层有8个单元模块，每个机柜可插32个单元模块。模块按工程设计图模块排列表排列，在排列表的每个模块位置指定有模块型号、设备名称、排列位置、模块地址。两个机柜为一个通信组(通信子网)，在增加联锁机通信组的情况下模块容量可以单机系统为254个(8个机柜)，双机系统为508个(16个机柜)。

执行单元柜正面设有状态灯，分别为1路电源指示灯、2路电源指示灯和总路电源指示灯。正面下方设有电源。

电子模块分为道岔、信号、轨道、零散、闭塞和电码化6种类型，根据设备类型又可细分多种。每种模块有1～4个单元电路，每种模块安装尺寸相同，根据设计需要可以插在机柜任一位置。同一种功能模块、同一个咽喉的模块应尽量设置在一起，便于电源环线，上、下行设备模块应分开设置在不同的执行机柜。道岔区段模块和道岔模块尽量设置在同一机柜内，便于配线。模块通过机柜模块槽内两组32位欧式插接件连接，模块可以带电热插拔。模块后面与机柜模块内有鉴别销，用于防止错插模块。模块正面设有状态灯。

执行单元经防雷设备(防雷柜或防雷分线柜)25 Hz轨道电路防护设备(防护盒HF25和防雷补偿器FB-1)、分线盘与室外设备相连。

柜内断路器设有脱扣报警，由零散模块采集，送至联锁机。

③信号集中监测

信号集中监测安装在监测柜内。信号集中监测系统分为采集和数据处理两部分。信号集中监测外部设备采集由电子执行单元完成，由监测通道(第三通道)传输给监测机。

信号集中监测系统站场数据采集由联锁维修机的串行通信提供。

信号集中监测与系统电源安装在监测柜内。

信号集中监测与智能电源屏采用串行通信，采集电源屏的工作状态和电源电压、电流工作值。

④系统电源

电源屏提供两路AC 220 V、5 V系统电源屏连接监测机柜。系统电源安装在监测柜内。系统电源由两台UPS和一台UPS电源切换器组成容量1～1.5 kV·A，供给联锁机、电子执行单元、信号集中监测和监视器的系统工作电源。

控制台监视器由电源屏单独供电。

⑤通信接口

a. 联锁机与执行单元通信

执行单元与联锁机为两路相同的CAN总线双工通信接口，联锁机通过CAN总线访问执行模块，任一通道损坏，模块将处于停止执行命令状态。

联锁机通信口分为若干组通信子网，每组通信子网(两路)可带两个执行单元柜、64个模块单元。中、小站一般采用每组通信子网(两路)带一个执行单元柜、32个模块单元。

每个模块槽内插座上有固定的模块地址,用于通信响应,地址范围01H～FEH。

通信组地址中00H和FFH禁止使用,执行单元柜该地址不得插有含有通信功能的模块。

联锁机与模块柜的通信速率为500 kbit/s,每个通信子网的访问周期小于250 ms。

采用区域控制时,本站与遥控站不使用同一通信子网,联锁机设单独通信子网通过光端机与遥控站执行单元通信。

b. 联锁机与模块检测机的通信

联锁机通信子网总线上并接有监测机监听接收设备,用于监测通信总线工作状态,该设备对其他设备不发生任何控制和应答信息。

信号集中监测系统站场数据采集由联锁维修机的串行通信提供。

c. 监测机与执行机模块柜通信

监测机与执行单元单独组网,使用同一模块地址,为CAN总线通信,双工通信接口。

(2)系统功能

LDJLZ-Ⅱ型全电子执行单元主要包括全电子执行机柜,分为两部分,即联锁执行区域和监测区域。其中:联锁执行区域主要包括驱动采集模块、网络管理模块;监测区域主要包括设备监测功能模块和监测系统。

①驱动采集模块

执行机由各种类型的驱动采集模块构成。驱动采集模块采用双重结构,由两套联锁执行子模块、通信子模块、智能采集子模块构成,在完成联锁执行驱动的同时,对外部设备和自身设备实时监测,具有“故障—安全”性能,进一步提高了系统的可靠性和安全性。通过网络接收并执行联锁机的信号设备驱动命令,并将设备的状态实时传送给联锁系统,将监测到的设备状态和故障信息传送给监测系统。

驱动采集模块主要包括设备驱动子模块、设备状态逻辑子模块、通信管理子模块、模块自测及“故障—安全”子模块。

设备驱动子模块根据联锁机下发的控制命令进行设备驱动,联锁命令通过两条独立的联锁总线分别送到智能输出子模块的各自独立的CPU处理器,驱动命令通过表决后,执行驱动命令。

设备状态逻辑子模块根据驱动设备的状态反馈进行逻辑判断,然后将设备状态反馈给联锁机。

模块自测及“故障—安全”子模块主要是对模块内部的器件及程序进行实时监测,屏蔽故障并防止故障的传播,提高系统的可靠性和安全性,保证“故障—安全”。

执行机系统电源采用双路冗余并机均流电源,当一路故障时,另一路电源自动不间断地承担全部系统电源供应。执行模块控制总线和控制电路采用双路逻辑“与”电路,任何一路控制总线或控制电路发生错误都不会产生错误的输出。

执行模块采用动态控制技术,当两路微控制器(MCU)中任一路故障或控制电路中任一开关器件故障都会自动切除控制电源,保证不产生错误的输出。交流道岔模块在三相电源缺相和相序错时不能启动转辙机。信号机执行模块在通信故障、MCN故障和开关故障时自动转为禁止信号。执行模块对设备在维修、施工和故障状态下产生的线间短路可以迅速切断电源,现场恢复后自动复原。这解决了现场熔断器的频繁更换问题,也对室外信号设备和执行模块做到了有效的防护,执行机因此取消了所有熔断器。道岔表示电路混线、开路、表示二极管的反接都能做出判断,给予告警,并及时上传给联锁机。

②网络管理模块

网络管理模块主要由联锁控制网络模块和设备监测网络两部分构成。联锁控制网络由两条独立的联锁总线构成，联锁控制网络模块主要管理联锁机与执行机之间的通信链路，为联锁系统和执行系统提供安全的通信信道，保证系统安全、可靠的工作。设备监测网络模块主要管理设备监测功能模块与监测系统之间的通信链路。

③设备监测功能模块

设备监测功能模块包括智能信号设备输入模块和模块内部目测模块。智能信号设备输入模块采集现场信号设备的状态数据，完成信息的加工与处理。模块内部目测模块监测模块内部的状态信息，进行逻辑分析处理，判断出故障的可能起因，然后将这些信息传送给监测系统进行记录和显示，方便电务部门的维修。

(3)系统特点

①可靠性高

执行驱动模块采用双CPU同时工作的方式，没有切换电路，简化电路设计，尽可能在保证功能的前提下，减少电子元器件使用，降低执行部分的复杂性，减少了故障点，提高了可靠性。该系统完善的在线自诊断功能，能迅速诊断到故障点，现场维护人员可根据系统中各模块的工作状态指示灯及时更换故障模块，并且所有模块都可以带电拔插而不影响系统的工作状态，大大缩短了故障恢复时间。

②安全提高

驱动采集模块通过双网络接收联锁命令，各CPU利用表决判断执行驱动命令。同时，智能驱动采集模块可以通过回读电路将输出的命令与返回的状态进行逻辑判断，在发现没有命令而有危险侧输出时，立即报警并切断控制电源输出，以确保系统故障导向安全。系统的输入、逻辑判断、控制输出等各个环节通过自诊断功能，都能将错误控制在各自环节内，使整个系统具有较高的安全性。

③扩展灵活，适用范围大

由于系统中各个功能模块之间是通过独立的通信系统进行连接的，因此，只要增加或减少功能模块的数量，就可以满足不同规模站场的要求。对于30组道岔以内的中、小站，系统完全可以安装在两个标准执行机柜内。对于大站，则可以将执行机柜放置在咽喉区，由信号楼集中控制，通过光纤连接联锁机。这样，可以进行远距离遥控，扩大控制范围，实现集中联锁、分布控制，直接控制邻近的小站或区间道岔，完全满足高速铁路的运营条件，从而增强了系统的适用性。

④网络功能强大，网络结构多样化

系统具有很强的网络功能。执行机可与目前各种广泛使用的通信网络进行连接，监测系统采用目前广泛使用的局域网通信技术，可进行远程故障诊断，并可通过光纤进行远程监控，将执行系统放在不利于人员值守的车站，通过光纤网络在远端进行控制。可以接入上层的网路架构，形成车站综合信息局域网，连接CTC/TDCS，形成多种多样的网路架构。

⑤维护量小，便于扩展

由于系统采用组件设计思想，可扩展性强，可根据车站的大小和需求进行组合，安装方便快捷。驱动采集模块具有自诊断功能，能够定位故障点并在监测系统中显示出来，便于维修。由于具有热拔插功能，便于设备的更换；在设计思路上遵循“故障—安全”原则，保证系统的可靠性和安全性。

⑥国产化程度高

全电子执行单元的软件及硬件全部都是自主开发，造价比国外相同类型的系统低，其执行机可以分散放置，靠近现场信号设备，大量减少干线信号电缆，大幅度降低系统工程造价。简化了接口电路，可方便地与各种类型的系统进行连接，此外，通过网路远程监控方式直接控制现场信号设备，可以降低运营成本。

(4)电子模块

电子模块分为道岔、信号、轨道、零散、闭塞和电码化 6 种类型，根据设备类型又可细分为多种类型。

①信号模块

信号模块用于控制各种信号机、信号表示器的点灯，并取消灯丝继电器。它实时接收和执行由联锁机下发的控制命令，直接控制信号灯的点亮和熄灭，并实时监测信号灯的工作状态，反馈给联锁机。

信号机模块分为两种模块：一驱一列车信号机模块（LXA-2 型）、一驱四调车信号及复示表示器模块（简称调车模块，DX-2 型）。各种模块均具有短路保护功能。

a. 一驱一列车信号机模块（LXA-2 型）

LXA-2 型信号机模块替代进站、进路信号机和出站信号机的控制电路。

一个 LXA-2 型信号机模块可以控制 8 个灯位，即可控制 1 架列车信号机。模块有固定的灯位，在失去命令时模块会自动点禁止灯光，关闭其他信号灯光。

每个模块有 8 条驱动线 X1 ～ X8 和 4 条回线 X_{12}H、X_{34}H、X_{56}H、X_{78}H。X1～X8 灯光驱动由联锁机指令直接控制到灯位，但禁止灯光和允许灯光（引导灯光除外）不得同时出现，否则信号机模块认为是无效命令，拒绝执行。禁止灯光（红灯）指定位 X3。

信号机模块将 8 条点灯线的信号机点灯状态（DJ）全部反馈给联锁机，由联锁机自行判断，有 2DJ 点灯指定位是 X5 或 X6 或 X7，由联锁机判断工作是否正常。模块有供检查主灯丝断丝报警使用的 2DJ 接点开关。

单灯位复示信号机可以用本模块空闲线位由联锁机控制，也可由回线控制，由回线控制时不需联锁机干预，建议采用 DX-2 型模块驱动。

列车信号有闪光信号时，闪光命令由联锁机与点灯命令同时下达有效。闪光频率（1 Hz/s）由模块控制。

模块满足集中联锁对信号点灯控制电路运营技术条件：模块故障，不得造成信号升级乱显示；模块接收的控制命令中断时间超过 2.5 s，则自动点禁止灯光；黄灯、绿灯、二黄灯转换到红灯时，延时 3 s。

模块具有过流和短路自动保护功能，由 MCU 微控制器通过隔离的点灯电流检测电路，实时监测点灯负载电流。当过载或外线路短路时，MCU 将在很短的时间内切断控制电路，自动保护电子开关电路，省去了原点灯控制电路中的熔断器，不仅简化了主电路，而且省去了熔断器监测报警以及更换熔断器等一系列的附属设备和工作。此项功能为信号设备的无维修、少维护创造了一个良好的基础条件。

模块增加了智能化动态闭环监测功能，无论是开放信号，还是关闭信号，每个灯位均采取闭环反馈监测，既可连续监测灯丝完好及点灯状态，又可监督模块内主开关元件的完好，一旦出现故障，可及时报警。

b. 一驱四调车信号及复示表示器模块(DX-2 型)

一驱四调车信号及复示表示器模块简称调车模块,一个 DX-2 型模块用于驱动 4 架信号机、表示器、单灯位复示器。DX-2 型信号模块代替调车信号机控制电路。

一个 DX-2 型信号机模块可以控制 8 个灯位,即可控制 4 架调车信号机。它仅用于驱动调车信号机、预告信号机、单灯位复示器、表示器,驱动复示器、表示器时禁止灯光位不使用。模块有固定的灯位,失去命令时,将点亮各组的禁止灯光。

模块满足集中联锁对信号点灯控制电路运营技术条件:模块故障,不得造成信号升级显示,不得造成信号乱显示;模块接受的控制命令中断时间超过 2.5 s,白灯转换到蓝灯时延时 0.5 s。

模块将 4 组 8 个点灯(DJ)状态全部反馈给联锁机处理。每组只有一个点灯命令有效,两个点灯命令同时下达时,视为无效命令。

调车信号机的溜放信号命令由联锁机的 LOXJ 命令与点灯命令同时下达,闪光频率(1 Hz/s)由模块控制。

预告信号机使用一驱四模块,由联锁机控制点灯,此时预告信号机 YL、YU 和 YXH 电缆不能和进站信号机共用 LUH、HH 电缆芯线,应单独使用电缆芯线。在技术改造的车站,也可与进站信号机使用同一信号机模块,YXH 接室外分线盘经熔断器接 XJZ_{220}。

发车进路表示器使用一驱四模块。

模块具有过流和短路自动保护功能,增加了智能化动态闭环监测功能,同 LXA-2 型信号机模块。

②道岔模块

道岔模块替代道岔控制表示电路,可取代 DCJ、FCJ、1DQJ、2DQJ、DBJ、FBJ、FSJ,具有过载和负载短路自动保护功能,省去了原电路熔断器,简化了电路;具有电路自监测功能,实现了控制、监测、监督一体化;具有动态监测和智能判断监督功能,可有效判定出许多虚假表示,及时报警。执行由联锁机下发的控制命令,直接控制道岔的转动,并实时监测道岔的工作状态。

道岔模块分为直流四线制、直流六线制、单项交流四线制和三相交流五线制(单机、双机、三机、六机)等类型,其控制电路不同,但控制命令及状态信息相同。

道岔模块道岔控制电路技术条件:道岔区段被车占用(区段锁闭)的道岔不能启动转换;被进路锁闭或单独锁闭的道岔不能启动转换;当道岔已启动后,车辆驶入道岔轨道区段,则能保证转辙机继续转换到底,而不受区段锁闭的限制;当道岔启动电路接通后,如因故电机电路不通时,能立即切断启动电路,以防道岔中途自动转换;能保证道岔无论转到什么位置,都可通过相反的操作命令,随时使它能向反方向转换;道岔转换完毕,自动切断转辙机电路,能保证实现断线、混线保护要求,能保证在道岔转换期间和挤岔时,使道岔处于无表示状态。

道岔模块具有短路保护、混线报警功能。

执行单元具有道岔总锁闭切断道岔总电源(DZ_{220}、DF_{220})功能(由联锁机通过零散模块执行)。

联锁机向道岔模块下达 4 种命令:DCJ↑、FCJ↑、SFJ↑(YCJ↑)解锁命令和 DQJ↑五线制道岔切断命令。道岔模块向联锁上传 4 种状态:DBJ↑、FBJ↑、DBJ↓、FBJ↓、SFJ↓(YCJ↓)、SFJ↑(YCJ↑)、1DQJ↑(道岔启动)。道岔模块故障时,向联锁机上传模块故障报告。

道岔模块接收到命令,一旦启动将会使道岔转动到底(五线制多机同步除外)。道岔在转动过程中,接到反向转动命令,可以向相反方向转动。道岔在转动过程达到 40 s,仍未转换到底，模块将切断道岔电源，并可以按照联锁机的命令转回原位。

区段锁闭接轨道模块的轨道锁闭条件，双动道岔时两个道岔的轨道条件串联后接道岔模块。五线制道岔多机时轨道锁闭条件并联。

a. DC4/6X-2 型道岔模块

DC4/6X-2 型道岔模块是替代原有四线制或六线制道岔表示电路，完全满足原四、六线制道岔控制电路技术条件：一个道岔模块控制一组道岔电路，其外电路可以是一台转辙机也可以是多动转辙机；六线制道岔，X5 与 X1 并联，X6 与 X2 并联。

新增加的功能有：过流和短路自动保护、监测、可控动态监测与智能监督、参数测量功能。

(a)过流和短路自动保护功能

过流后有 60 s 的关闭保护；道岔模块采用交流电源驱动，降低了对电源屏供电种类和质量的要求；1 min 转不到底(有电流，无表示)，自动切断启动电路(主要用于调整道岔摩擦电流)。

(b)监测功能

30 s 转不到底自动报警；无操作命令状态下，失去表示 1 s 报警。

(c)可控动态监测与智能监督功能

在道岔定、反位基本监测的基础上，实现可控动态实时监测，即周期性进行反方向动态监测，以便及时发现混线、外部人为短接等多数非正常情况。

在基本监测和动态监测的基础上，充分发挥软件逻辑判断优势，综合监督道岔的实际位置状态，并及时上传位置状态信息和报警信息，杜绝各种设备原因或人为原因造成的道岔位置假表示。

(d)参数测量功能

在每次道岔转换过程中，自动测量动作电流，经过处理得出转换电流的平均值和最大值，上传给控制机或监测上位机。在必要时，上位机可通过专门指令，要求上传转定位或转反位动作过程完整的电流曲线数据。道岔动作时间的自动测量，单动道岔在 1～4 s 之间，多动道岔最长 20 s。

b. DC5X-2 型道岔模块

DC5X-2 型道岔模块是替代五线制道岔控制表示电路。一个道岔模块控制一台三交流五线制转辙机，一个道岔有多台三相交流转辙机时应设置同等数量道岔模块。同一组道岔的所有道岔模块启动命令应同时下达，其中一个道岔模块故障超过 30 s 时，联锁机应切断该组所有道岔模块启动命令(同步功能)，其中任一道岔模块断相或相序错误时，联锁机应立即切断该组所有道岔模块启动命令(相序保护功能)。

新增加过流和短路自动保护功能。

(a)过流和短路自动保护功能

由 MCU 微控制器通过隔离的动作电流传感器和处理电路，实时监测道岔动作电流，当电机过载或外线路短路时，MCU 将在 5 ms 以内切断控制输出电路。1 min 转不到底(有电流，无表示)，自动切断启动电路(主要用于调整道岔摩擦电流)。

(b)参数测量功能

道岔动作电流的自动测量，在每次道岔转换过程中，自动测量动作电流，经过处理得出转换电流的平均值和最大值，上传给控制机或监测上位机。在必要时，上位机可通过专门命令，要求上传转定位或转反位动作过程完整的电流曲线数据。

道岔动作时间的自动测量。

③轨道电路模块

轨道电路模块分为交流连续轨道电路(480 型)、25 Hz 相敏轨道电路、25 Hz 轨道停电监督电路。

每个轨道模块具有 4 组轨道电路单元。

轨道电路模块用于一送多受时,多个受电端同时上传给联锁机,由联锁机判断一送多受区段是否空闲或占用。

轨道电路模块向联锁机上传两种状态:GJ↑(0.4 s)、GJ↓(0.5 s),联锁机收到确认状态,用于联锁电路控制。轨道电路模块向监测机上传轨道电路电压及相位。

a. DG50-2 型轨道模块

DG50-2 型电子模块是替代 JZXC-480 型继电器作为轨道电路的接收设备,用于接收轨道信号电流。它满足 JZXC-480 型轨道继电器的特性,与 JZXC-480 型轨道继电器的阻抗相匹配,与 JZXC-480 型轨道继电器的可靠工作值与释放值相一致。它实时检测现场轨道电路的状态,通过总线传给联锁机,同时控制相应的电子开关,为同一区段的道岔模块提供区段锁闭的条件。一个 DG50-2 型电子模块最多可以接有 4 路轨道信号电流的输入,即可替代 4 个 JZXC-480 型轨道继电器,同时轨道信号的电流值可由第三通道从监测机上看到。

b. DG25-2 型 25 Hz 相敏轨道模块

DG25-2 型电子模块是替代交流二元继电器作为轨道电路的接收设备,适用于 25 Hz 相敏轨道电路。它满足 25 Hz 相敏轨道继电器的特性,与交流二元轨道继电器的阻抗相匹配,与交流二元轨道继电器的理想相位角、可靠工作值、释放值相一致。它实时检测现场轨道电路的状态,通过总线传给联锁机,同时控制相应的电子开关,为同一区段的道岔模块提供区段锁闭的条件。一个 DG25-2 型电子模块最多可以接有 4 路轨道信号的输入,即可替代 4 个交流二元轨道继电器。

新增加的功能有:可以实时监测局部信号的电压和频率,当局部信号出现异常时,将轨道信号导向安全侧输出;通过第三通道向监测机发送轨道电压信息。

25 Hz 相敏轨道电路设有轨道电路防护盒(HF-25)和防雷补偿器(FB-1),符合现行 97 型 25 Hz 轨道电路图册标准。

25 Hz 相敏轨道停电监督模块(与 25 Hz 相敏轨道电路模块相同)用于监督 25 Hz 电源屏 4 路局部电源的电压及相位,1GJZ、2GJZ 用于下行、3GJZ、4GJZ 用于上行,也可上、下行分设轨道停电监督模块。轨道电源应并接防雷单元,经轨道停电监督变压器降压至 15 V 后引至 25 Hz 相敏轨道停电监督模块轨道输入端。25 Hz 轨道停电监督模块向联锁机提供 1JDJ↑、2JDJ↑、3JDJ↑、4JDJ↑四种状态。25 Hz 轨道停电模块缓放 0.5 s。

④LSA-2 型零散电路模块

零散电路模块用于个别零散电路的状态采集、命令执行。零散电路模块具有的功能是:道岔总锁闭、列车信号机主灯丝断丝报警、断路器报警、主副电源监督和 50 Hz 交流轨道停电监督。增加了第三条通道,用于向监测机上传“模块柜主负载断路器开路位置信息”和“上下行列车主灯丝断丝位置信息”。

a. 道岔总锁闭(XZSJ、SZSJ)

按联锁机的指令,控制电源屏下行道岔总锁闭(XZSJ)、上行道岔总锁闭(SZSJ)、信号调压开关 TYAJ 接触器,电压 AC 220 V。其中,TYAJ 由 3 个接触器并联而成。

道岔总锁闭分上、下行两路,用于引导总锁闭时切断咽喉道岔启动电源 XZSJ、SZSJ(相当于 YZSJ 切断道岔电源)。平时联锁机控制使该电源交流接触器吸合,引导总锁闭及道岔模块故障时联锁机控制切断道岔启动电源。

b. 电源屏状态采集

检测上、下行轨道停电监督(SGTD、XGTD),主、副电源状态(ZDY、FDY),将轨道停电与否,当前主、副电源状态上报联锁机。负载电源使用 DC 12 V。

上、下行交流轨道停电监督电路用于交流 50 Hz 轨道电路区段轨道停电的监督。轨道停电电路分上、下行,轨道停电采集 4 路轨道电源工作继电器接点状态,分上、下行信息上传给联锁机。

25 Hz 相敏轨道电路停电监督不使用零散模块轨道停电电路,联锁机应向 25 Hz 轨道停电监督模块采集轨道停电信息。

c. 执行单元柜主负载断路器开路监测(RBJ)

执行单元柜主断路器开路报警电路用于监督执行单元主断路器工作状态。一个零散模块最多可接 8 个执行单元柜,超过 8 个执行单元柜时增加一个零散模块,此时联锁机将收到两个 RBJ 报警条件。每个执行单元柜有一个状态条件(柜内的 10 个断路器在柜内处理)。负载电源使用 DC 12 V。检测出的报警条件上传给联锁机。

每个机柜装有 6～10 个断路器,可以通过零散模块正面指示灯判断断路器脱扣的机柜号。机柜上可以看到脱扣的断路器手柄。

d. 列车信号机主灯丝断丝报警(XDSJ、SDSJ)

上、下行列车信号机主灯丝断丝报警电路用于监督列车信号机主灯丝,模块将检测到的主灯丝状态上传给联锁机。列车主灯丝报警负载电源固定使用为 AC 36 V,分上、下行两路输入,每路可监测 9 架列车信号机,特大站两路合并可监测 18 架列车信号机(此时另一咽喉再加一个零散模块)。每一架信号机主灯丝监测回路串有不同的电阻,以区分报警列车信号机的名称[电阻两端并联有二极管,正半周确认报警(开关量),负半周测量电阻值(模拟量)]。

采用带有列车主灯丝断丝报警点灯单元和报警接收电路的设备时,可以采用串口通信与零散模块交换主灯丝状态信息。

e. BSB-2 型半自动闭塞模块

半自动闭塞模块是继电半自动闭塞的状态采集、命令执行电路,用于传输半自动闭塞站间信息,替代 64D 型继电半自动闭塞电路。一个模块满足一个闭塞区间的信息传输。

半自动闭塞电路模块具有的功能有:与邻站 64D 型继电半自动组合电路的驱动和采集;与采用通信光信道的双音频接口;与采用信号自备光端机的 RS-485 总线接口;与计轴站间闭塞设备接口。输入电压可区分正向电压、反向电压和开路状态。输出回路有正向电压、反向电压和高阻 3 种状态。

⑤CL-2 型场间联系模块

场间联系模块主要用于场间联系、站间联系、道口通知、机务段同意等继电器电路接口。

每个场输出由联锁机控制输出正电、负电、高阻 3 种状态,输出电压有 60 V、48 V 和36 V 3 种,通过场联模块 J2 端子调整输出电压,可以驱动阻抗 500～1 700 Ω 的信号继电器,最大控制距离小于或等于 10 km(使用信号电缆单芯线)。

每个输入口可以输入正电、负电、无电 3 种状态,输入工作电压为 24 V,输入电压范围为 16～36 V,输入的状态由场联模块上传给联锁机。

⑥DDM-2 型电码化模块

DDM-2 型电码化模块替代继电器所构成的 ZPW-2000 接口电路。它根据联锁机下发的命令，执行相应的编码和发码控制输出，控制发送器，向轨道发送移频信号。

模块内有 12 路独立的驱动电路，MCU1、MCU2 通过两套 CAN 总线分别接收联锁命令，“与”逻辑控制输出，并实时检测控制输出状态，只有控制输出与反馈状态一致，才认为控制输出正常，并将控制输出信息反馈给联锁机。为防止混线，模块采集没有采用共回线，而是输出线和输入线成对。模块工作时具有过流保护功能，当线路短路时，会自动关断输出，给出过流报警。电码化轨道传递电路采用叠加预发码电路，隔离电路和器材与现发电路一致。

发码模块检测发送的低频信息，编码输出和发送输出的低频信息不一致时，切断发送输出回路。

(5)电源系统

电源系统采用智能电源屏“1＋1”备用，有电源监测和上传通信接口与信号集中监测系统相连，通信接口为串行接口。

①系统电源

联锁机和执行单元系统电源各接有两台大于或等于 1 000 W 的 UPS，执行单元 UPS 容量按机柜数量多少确定，每台执行单元机柜系统电源负荷小于或等于 250 W。

联锁机使用系统电源按联锁机的电源技术要求由电源屏提供。

电源屏使用执行单元提供两路交流 AC 220 V 系统电源。每路 1 100 V · A(5 A)可以带动 4 个执行单元柜。

②道岔启动电源

电源屏提供的四线制道岔启动电源为交流 AC 220 V 电源，按上、下行分两束供电。

电源屏提供的五线制道岔启动电源为三相交流 AC 380 V 电源，按上、下行分两束供电。

联锁机在引导总锁闭时通过零散模块控制电源下行道岔锁闭 XZSJ 或上行道岔锁闭 SZSJ，它们落下时切断道岔启动电源。

控制台道岔电流表为交流电流表，由电源屏电流互感器输出。

③其他电源

电源屏其他电源，如信号点灯、轨道电路等，按需设置。

④电源监测

电源监测不与联锁机发生关系，智能电源屏监测系统与信号集中监测系统相连，通信接口模式为串行接口。

电源屏向零散模块提供主、副电源 ZFDJ，轨道停电 GDTJ 和道岔锁闭 XZSJ、SZSJ 接点条件。

单元总结

随着计算机技术的迅速发展，特别是对于可靠性技术和容错技术的深入研究，计算机联锁技术已趋向成熟。

计算机联锁系统通常采用通用的工业控制计算机和其他一些电子、继电器件以及各种计算机软件组成的具有“故障—安全”性能的实时控制系统。它自动采集、处理信号机、道岔、轨道电路的信息，把车站值班员的控制命令和现场的各种表示信息输入计算机，再根据存储在计算机内的有关条件，进行联锁关系的逻辑运算和判断，然后输出信息至执行机构，实现对车站信号设备的控制和监督。

计算机联锁系统安全可靠，处理速度快，与继电集中联锁相比具有十分明显的技术优势，设计、施工、维修和使用大为方便。

计算机联锁系统的操纵方法和显示屏各功能按钮的用途及含义与继电联锁基本相同,其显示方式更加多样化。

计算机联锁系统的硬件利用冗余技术,使其自身构成容错控制系统,满足可靠性与安全性技术要求,实现故障导向安全。目前,计算机联锁系统按照冗余方式主要分为双机热备系统、三取二系统、二乘二取二系统三大类型。

计算机联锁系统软件采用安全型软件结构,应设计成实时操作系统或实时调度程序支持下的多任务实时系统。

计算机联锁系统传输安全数据应采用“故障—安全”型接口电路,传输不涉及行车安全的数据可采用通用的标准接口。

计算机联锁系统根据各主要部分的功能和设置地点的不同,系统一般分为人机会话层、联锁层、监控层(执行层)和室外设备层。

复习思考题

一、填空题

1. 参与联锁运算的静态数据与动态数据在存储器中的组织方法称为(   )。

2. 计算机联锁系统冗余方式分为(   )、软件冗余、信息冗余和时间冗余。

3. TYJL-Ⅱ型(   )与联锁机交换信息,发送操作命令给联锁机,接收联锁机发来的站场信息及计算机设备工作状态信息。

4. TYJL-Ⅱ型(   )与调监系统、信号集中监测系统等信息管理系统接口。

5. TYJL-Ⅱ型道岔号红闪是该道岔(   )表示。

6. iLOCK型计算机联锁系统的联锁逻辑是由安全型逻辑组成的,它把传统的由继电器实现的联锁逻辑和控制逻辑写成(   )。

7. 凡是参与联锁运算的数据我们都把它们称为(   )。

8. 信号形成电路应具有(   )、隔离和去抖功能。

9. 国内计算机联锁系统的主要冗余制式有双机热备、三取二和(   )三种制式。

10. 计算机联锁系统在一次错误办理和发生一处故障时,不应有(   )侧输出。

11. TYJL-Ⅱ型计算机联锁系统联锁层由计算机层、电源层、(   )、驱动层和零层等组成。

12. TYJL-Ⅱ型计算机联锁系统的驱动I/O可以采用(   )输出和静态输出两种方式。

13. 计算机联锁运算的变量包括(   )、状态输入变量、表示输出变量、设备控制变量和中间变量。

14. TYJL-Ⅱ型计算机联锁系统第一块驱动板的1、4位输出驱动(   )。

15. 计算机联锁的状态变量在RAM中有集中存储方式和(   )方式两种方式。

16. 数据场用来存放数据块,(   )用来实现节点之间的联结。

17. TYJL-Ⅱ型计算机联锁系统是(   )系统。

18. 计算机采集的表示信息由(   )的状态信息和控制命令输出的反馈信息两部分组成。

19. TYJL-Ⅱ型计算机联锁系统电务维修机采用以太网与计算机联锁系统的(   )通信。

20. TYJL-Ⅱ型计算机联锁系统联锁机柜电源层由计算机用电源、采集电源和(　　)组成。

21. 联锁数据分为常量和变量,常量存储在 ROM 中,变量存储在(　　)中。

22. TYJL-Ⅱ型计算机联锁监控系统的时钟统一由(　　)进行调校。

23. 计算机联锁设备中,备机只有在(　　)状态,系统才处于热备状态。

24. TYJL-Ⅱ型(　　)根据操作员的始、终端按钮初选进路。

25. iLOCK 型计算机联锁系统输出驱动的接口继电器的类型为(　　)。

26. iLOCK 型计算机联锁系统是通过(　　)实现与 TDCS 和 CTC 等系统进行信息交换的。

27. TYJL-TR9 型计算机联锁系统容错联锁系统的每个 I/O 模块都有(　　)。

28. TYJL-TR9 型计算机联锁系统容错联锁机由(　　)、电源模块、采集、驱动和通信模块构成。

29. 计算机联锁系统中的通道与接口,按所传输的信息是否涉及行车安全来分,主要有通用接口和(　　)接口。

30. TYJL-Ⅱ型计算机联锁系统的辅助系统主要由(　　)、监测系统以及其他信息处理系统组成。

31. TYJL-Ⅱ型计算机联锁系统的监视控制机采用的为(　　)的冗余结构。

32. TYJL-Ⅱ型计算机联锁系统的联锁机采用的为(　　)的冗余结构。

33. TYJL-Ⅱ型计算机联锁系统的联锁机与监控机之间通过(　　)交换信息。

34. JD-ⅠA 型计算机联锁系统,A、B 联锁机中应有一机工作在主用状态,相应机柜顶部的(　　)指示灯点亮。

35. JD-ⅠA 型计算机联锁系统,在设备正常工作时,操作表示机倒机单元切换开关必须置于"(　　)"位。

36. JD-ⅠA 型计算机联锁系统,在设备正常工作时,联锁机的钥匙开头必须是指向"联锁"位,而不能指向"(　　)"位。

37. EI32-JD 型计算机联锁系统,联锁机上电启动后,采集到另一套联锁机已处于主机状态的前提下,经(　　),认为本机无故障且与主机的动态信息同步后,进入热备工作状态。

38. EI32-JD 型计算机联锁系统,主用(　　)运行时,接收鼠标操作,向联锁机发送车站值班员的操作命令,播放语音提示信息。

39. EI32-JD 型计算机联锁系统,两套驱动电路通过 LAN 通信接收联锁机的控制命令,但最终根据(　　)的控制命令控制自己的动态驱动电路产生输出,进而控制继电器动作。

40. EI32-JD 型计算机联锁系统,两套联锁机在运行期间,不但通过自诊断系统验证本机是否工作正常,还实时交换(　　),相互比较、验证,判断本机以及邻机是否正常工作。

41. EI32-JD 型计算机联锁系统,在双机切换和联锁机重启动时,不影响整个系统的运行,即实现(　　)切换。

42. EI32-JD 型计算机联锁系统,双机热备的联锁机有 4 种工作状态,可通过查看运转室的操作表示机显示器或查看计算机室的(　　)的显示器得知各机器的工作状态。

43. DS6-K5B 型计算机联锁系统,控显双机切换需(　　)控显转换箱上的转换开关,将控制台操作和表示设备切换到备用机。

44. DS6-K5B 型计算机联锁系统,联锁机与(　　)之间用六芯光缆中的带红、蓝、白、紫四色标志的光芯，带黄、绿标志的光芯备用。

二、判断题

1. 计算机联锁系统中静态数据分为站场型静态数据和进路表静态数据。（　）
2. 容错技术是指当系统的某一部分发生故障时，仍使系统保持正常工作的技术。（　）
3. 联锁软件的基本模块有五块。（　）
4. 联锁程序固化在随机存储器中。（　）
5. TYJL-Ⅱ型计算机联锁系统由备机作为通信主站，定时呼叫主机。（　）
6. TYJL-Ⅱ型计算机联锁采用双机热备系统，备机在联机状态即可实现热备状态。（　）
7. TYJL-Ⅱ型计算机联锁系统采用单版本软件结构。（　）
8. 计算机联锁系统中道岔采集的继电器是 FBJ 和 DBJ。（　）
9. 联锁软件对各个子程序功能模块的管理和调度的两种调度方式是集中调度和分散调度。（　）
10. TYJL-Ⅱ型计算机联锁系统采用双机热备的静态冗余结构。（　）
11. 参与进路的控制的动态数据只有操作输入变量和状态输入变量。（　）
12. 静态数据模块存放在随机存储器中。（　）
13. 计算机联锁系统中静态数据分为站场型静态数据和进路表静态数据。（　）
14. 容错技术是指当系统的某一部分发生故障时仍使系统保持正常工作的技术。（　）
15. TYJL-Ⅱ型计算机联锁设备，如主机出现故障，系统自动倒向备机，不影响现场设备状态。（　）
16. iLOCK 型计算机联锁系统人机界面子系统的缩写是 MMI。（　）
17. iLOCK 型计算机联锁系统驱动为稳态输出。（　）
18. 计算机联锁系统功能的核心部分是人机对话功能。（　）
19. iLOCK 型计算机联锁系统联锁机内部的 VRD 继电器需要定期维护。（　）
20. iLOCK 型计算机联锁系统人机界面子系统的缩写是 SDM。（　）
21. iLOCK 型计算机联锁系统属于双机热备型。（　）
22. iLOCK 型计算机联锁系统驱动为稳态输出。（　）
23. TYJL-TR9 型计算机联锁系统三机表决系统属于静态冗余结构。（　）
24. TYJL-TR9 型计算机联锁系统在三机表决系统中三台计算机所能实现的功能有差异。（　）
25. TYJL-TR9 型计算机联锁系统在三机表决系统中实现同步是三机系统的核心。（　）
26. 进路中道岔的数量应作为静态数据处理。（　）
27. 在静态数据模块中，它的指针场应存放它自身的首地址。（　）
28. 表示输出数据在计算机联锁系统中属于动态数据。（　）
29. TYJL-TR9 型计算机联锁系统当一主模块故障后，系统可降级按二取二运行。（　）

三、简答题

1. 联锁软件的基本模块有哪些？计算机联锁运算的变量包括哪些？

2. TYJL-Ⅱ型计算机联锁系统如何测量采集电压?

3. 信息显示任务是如何实现的?

4. TYJL-Ⅱ型计算机联锁系统主备机切换条件是什么?

5. 按钮的操作原则是什么?

6. TYJL-Ⅱ型计算机联锁系统完成双机切换必须解决的四个问题是什么?

7. TYJL-Ⅱ型计算机联锁系统如何测量驱动电压?

8. 什么叫计算机总线?分为几类?

9. 简述计算机联锁系统软件任务的划分。

10. TYJL-TR9型计算机联锁系统的组成是什么?

11. 简述TYJL-Ⅱ型计算机联锁系统控制台的道岔屏幕显示的含义。

12. 简述TYJL-Ⅱ型计算机联锁系统控制台的道岔名称显示的含义。

13. TYJL-Ⅱ型计算机联锁系统怎样开放引导信号?

14. 简述可靠性冗余结构。

15. 简述安全性冗余结构。

四、论述题

1. 计算机联锁系统由哪些设备组成?请简述计算机联锁系统与6502电气联锁相比有哪些优点。

2. 计算机联锁系统一般由哪几部分组成?各个部分的作用是什么?

3. TYJL-Ⅱ型计算机联锁系统的主要功能有哪些?

4. TYJL-Ⅱ型双机热备系统是如何完成自检测和诊断功能的?

5. 电务维修机是如何实现与远程诊断设备通信功能的?

6. iLOCK型计算机联锁系统由几个子系统组成?

7. 假如iLOCK型计算机联锁系统联锁机采集信息故障,如何区分是室外故障还是室内故障?

8. iLOCK型计算机联锁系统的三种“故障—安全”体系结构是什么?画出安全体系结构图。

参考文献

[1] 中国铁路总公司.铁路技术管理规程(普速铁路部分)[S].北京:中国铁道出版社,2014.

[2] 中国铁路总公司.铁路技术管理规程(高速铁路部分)[S].北京:中国铁道出版社,2014.

[3] 中国铁路总公司.计算机联锁系统[M].北京:中国铁道出版社,2015.

[4] 铁路职工岗位培训教材编审委员会.信号工(联锁、列控与区间信号设备维修)[M].北京:中国铁道出版社,2009.

[5] 中国铁路总公司.普速铁路信号维护规则[S].北京:中国铁道出版社,2015.

[6] 中国铁路总公司.高速铁路信号维护规则[S].北京:中国铁道出版社,2016.

[7] 高睿泽.计算机联锁及信号微机监测系统[M].北京:中国铁道出版社,2016.

[8] 钱艺,翟红兵.车站信号自动控制系统维护[M].北京:中国铁道出版社,2014.